## 丛书编写委员会

**主　　任**　张金清

**编　　委**（按姓名笔画排序）

　　　　　　李心丹　杨　青　杨玉成

　　　　　　周光友　刘红忠　束金龙

　　　　　　沈红波　刘莉亚　陈学彬

　　　　　　张宗新

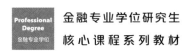
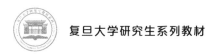

金融专业学位研究生核心课程系列教材

复旦大学研究生系列教材

上海市金融专业学位研究生教育指导委员会推荐教材

Corporation Finance  2nd Edition

# 公司金融（第二版）

沈红波　编著

复旦大学出版社

**内容提要**

公司金融是金融学的一个重要组成部分，本书的主要特色包括三个维度：基本理论的介绍和最新发展，公司金融理论在中国的具体运用，案例研究分析公司的价值和价值变化。

本书以企业价值评估为主线，通过对公司金融的投资决策、融资决策、股利政策和价值评估、公司治理四大部分进行详细的介绍和分析，帮助读者更好地理解公司金融的理论；同时，本书特别关注了中国特有的制度环境对公司金融理论实际发展进化的影响，每章都配有深入的案例研究，使读者能更加贴切地感受到公司金融理论在中国的实际环境中如何应用以及演变的。本书修订的一些最新案例是从中国金融环境的实际出发，对部分西方理论研究作出的浓缩性总结。

本书适用于高等院校金融学、经济学和管理学专业的本科生和研究生。

# 总　序

　　强大的金融人才队伍,是金融强国必须具备的五大关键核心金融要素之一,也是实现2023年10月中央金融工作会议首次提出的"金融强国"建设目标的基础性保证,更是中国高校必须承担和完成的历史使命。自2010年教育部批准设立金融专业硕士学位(以下简称"金融专硕")以来,全国金融专业学位研究生教育指导委员会、上海市金融专业学位研究生教育指导委员会以及各高校金融专硕教学团队一直积极探索金融专硕教学与人才培养模式,将扎根本土金融、强调案例教学作为金融专硕人才培养的目标与教学导向,取得了许多重要进展。但是,近年来在金融专硕的教学实践和人才培养过程中,在教材体系建设、教学内容设计、教学方法选用、学位论文审核等一些关键环节,仍存在着偏重学术、理论与实务关系难以把握、实务与实践不足等诸多问题,从而导致金融专硕人才培养的实际效果与"金专四技能"目标(即具备卓越金融实践问题解决能力、金融案例分析能力、金融交易策略构建能力、金融创新产品方案设计能力)存在着相当的差距。尤其是近年来,在大数据技术、AI与数字技术全面赋能金融业的新形势下,如何立足于本土现实去构建中国金融自主知识体系,培养符合时代需要、引领思想潮流的金融高素质人才是当前金融专硕教学面临的严峻挑战。

　　复旦大学经济学院的金融专业教学团队一直注重金融专硕人才教学改革与创新实践、金融专硕案例教学和案例型教材建设。自2017年开始,复旦大学金融专硕教学团队陆续出版了12本核心教材和4本案例集,对金融专硕案例型教学进行了积极的创新和改革,围绕教材、教学内容、教学方法和学位论文四个维度逐步形成了较为成熟的金融专硕"四维"培养模式,并取得了一些重要的教改成果:张金清教授主持的教改项目"基于案例型教材的金融专硕"四维"培养模式的创新与探索"获得上海市优秀教学成果一等奖(2022),教改项目"案例型金融专硕教材的创新与探索"获得复旦大学研究生教学成果特等奖(2021)。

在金融强国建设的新时代目标下,为了持续培养兼具国际视野、专业基础和实务应对能力的金融人才,复旦大学经济学院在"经管类专业学位研究生核心课程系列教材"(2016—2019)建设的基础上,针对金融科技、量化投资、大数据金融、绿色金融等领域的新进展、新形态和新趋势,计划在2024—2026年推出"金融专业学位研究生核心课程系列教材",包括:《金融风险管理实务》《投资学》《金融理论与政策》《公司金融》《财务报表分析与估值》《金融科技》《数字金融》《量化投资》《金融衍生工具》《碳金融理论与实务》《固定收益证券的技术分析》《金融市场与机构》《证券投资分析》等。张金清教授担任本系列教材编委会主任,负责教材的总体筹划、设计与组织出版工作。

本系列教材得以顺利出版,要感谢复旦大学陈学彬教授、南京大学李心丹教授、上海市学位办原主任束金龙教授、上海财经大学刘莉亚教授、复旦大学出版社徐惠平副总编辑对本系列教材提出的宝贵意见和建议。2024年4月,由上海市金融专业学位研究生教育指导委员会、复旦大学经济学院、复旦大学出版社联合举办"金融教材建设与金融强国"专题研讨会,以上海市金融专业学位研究生教育指导委员会委员为主形成的专家组,强调了金融强国背景下金融专硕案例教材建设的必要性,特别对本系列教材建设进行了高度评价,并提供了建设性指导意见。上海市学位办、复旦大学研究生院、复旦大学经济学院、复旦大学出版社等部门都对此套教材的出版给予了大力支持和帮助。此外,本系列教材还获得了2022年度复旦大学研究生院研究生教材专项资助支持,以及2023年度上海市研究生教育改革项目"'三位一体'金融专硕人才培养模式探索与创新实践"的项目支持。在此,教材编委会向上述专家和单位,以及其他关心、支持、帮助本系列教材出版的老师和单位表示最衷心的感谢!

最后,敬请读者和同人不吝指正,共同推进金融专硕案例型教材的建设和金融专硕人才的培养!

金融专业学位研究生核心课程系列教材编委会<br>
2024年7月

# 前　言

公司金融又可称为公司财务,是金融学的一个重要组成部分和金融专业的学生必修的课程之一。公司金融涉及的内容主要有三个方面,即企业的资本预算决策、筹资决策和营运资本管理,而企业投融资决策的核心是价值评估。因此,本书以价值评估为主线,对公司金融的大部分领域进行了介绍和分析,并特别强调了公司治理问题,以帮助读者理解公司金融的理论。本书的主要内容包括四大部分。

第一部分是公司投资决策(第一章至第四章)。该部分首先介绍了公司金融的相关概念,公司制企业的出现使公司和资本市场的联系越发密切,公司作为社会财富的创造主体为社会注入巨大的活力。其次,本书明确了企业的最终目标是实现价值最大化,通过创造性的活动创造财富,公司的发展可以为股东和利益相关者带来价值增值。紧接着,本书讲述了考虑时间和风险后的价值,分析了企业价值的相关概念。各种投资决策方法可以量化项目价值,帮助企业管理层在众多的项目中抉择出能够创造价值的项目。而通过对有效市场的探究,使读者对传统的基于有效市场成立的理论有批判性的思考,同时保持客观的评价态度。

第二部分是融资决策(第五章至第七章)。企业投资的资金来自融资活动,而常见的融资包括股权和债权融资。股权融资包括普通股融资和优先股融资等,债权融资包括长期借款、公司债券和可转债融资等。不同的融资方式有各自的特点,适用于不同发展阶段的公司。而中国公司虽然一直依赖间接融资,但直接融资比重上升,资本市场和中国公司的融资活动联系更为紧密。在众多的融资方式中,选择哪种融资方式取决于融资成本的计算,而在估计公司融资的整体成本时,由于公司融资方式的多样性特征,常常用到加权平均资本成本。不同的融资方式,使企业有不同的资本结构,围绕资本结构出现了非常多的理论,从无税MM理论到有税MM理论,再到财务困境成本理论和权衡理论,资本结构理论的研究得到全面发展。

第三部分是股利政策和价值评估(第八章至第九章)。股利政策是投资者重视的重要信息,公司的股利政策影响投资者对公司价值的判断。而企业价值评估是对企业价值系统而全面的分析,结合企业过往表现估计未来、判断企业价值,是公司在决策前的重要参考依据。常见的价值评估方法包括绝对价值法和相对价值法,这些方法在实务中被广泛应用。

第四部分是公司治理等专题研究(第十章至第十二章)。随着金融的发展和公司的扩张,伴随而来许多问题和挑战。在公司遭遇财务危机时该如何化解;两权分离带来的公司治理问题该采用什么样的机制;如何从日趋复杂的财务报表分析公司的盈利能力的本质;怎样看待现代社会繁多的金融衍生品对公司的影响,等等,这些问题需要大家深入思考,也是公司金融不断完善和发展的方向之一,更是公司金融研究引人入胜的原因所在。

本书与其他公司金融类书籍的不同之处在于考虑了公司金融在中国的实际发展与演变,特别关注了中国特有的制度环境对公司金融理论实际发展进化的影响。公司金融的核心是制度环境,即中国公司金融。对制度性缺陷的研究是发现理论模型的假设和实际的距离的有效方法,也是形成包括中国在内的新兴证券市场的理论体系的核心课题。成熟市场的证券理论,例如资产定价理论等,都是建立在制度性缺陷不存在的假设下而提出的,而在新兴市场中,这些假设都是不成立的。所以研究这些缺陷对金融理论的影响,也就是研究新兴市场的理论。而这些制度性缺陷正是证券市场改革和建设中需要处理的首要问题。

从目前的教学实践来看,公司金融以及公司金融蕴含的公司价值评估、重大事件冲击对公司价值的影响尚处于基本理论领域。目前还没有系统的基于案例研究和实务经验出发的公司金融教学。这将不适应现代金融专业硕士教学的需要。因此,本课程将进一步建立公司金融的理论分析框架,并通过实务教学和案例教学结合,以期推动公司金融教学质量的提升。教材的主要特色包括三个维度:基本理论的介绍和最新发展,公司金融理论在中国的具体运用,案例研究分析公司的价值和价值变化。

值得说明的是,公司金融与社会的发展紧密关联,是一门需要"不断学习"的学科。我们可以从四个维度不断理解公司的内在价值:第一是企业的竞争壁垒或护城河,此时可采用波特的竞争优势五力模型,但更重要的是理解企业的战略和商业模式;第二是需要从理性投资者的角度去理解"市场先生",有时企业的估值高启但高增长难以持续,而有时企业虽然亏损但市场早已对亏损定价,投资者不该过度悲观反而应考虑企业基本面的环比变好情况;第三是需要从政府的角度出发理解宏观经济周期和宏观政策;第四是可以从居民和消费者视角理解产品需求偏好的变迁。

在研究具体鲜活的公司内在价值时,还可以跨学科学习不同行业的相关知识,将这些行业知识和企业价值关联。此时,案例研究的重要性就凸显出来了。习近平总书记说过,"时代是思想之母,实践是理论之源"。只有掌握正确的理论和思维方法,并将其与具体的案例融合,才能更好地学好公司金融。

深入的案例研究,能够使读者更加贴切地感受到公司金融理论在中国的实际环境中是如何应用以及演变的,能够使读者对公司金融理论与中国现实冲击、融合有更强烈的感觉。当然,案例从理论到现实,是从抽象到具体、从一般到特殊的过程。本书修订的一些最新案例,是从中国金融环境的实际出发,对西方理论研究的某些方面作浓缩性总结。案例研究对中国资本市场的主体——中国上市公司的各种现象进行了详细的描述,剖析了现象背后的原因,它既回答"怎么样"和"为什么"的问题,也有助于读者把握事件的来龙去脉和本质。案例来源于现实,没有经过理论的抽象与精简,是对客观事实全面而真实的反映,将案例研究作为公司金融研究学习的一个方面,能够增加实证的有效性,能立足中国实际,更好地把握来自西方的公司金融理论。

本书适用于高等院校金融学、经济学和管理学专业的本科生和研究生。本书的编写顺序也是参照一般的公司金融教学过程的顺序来写的,在编写过程得到了很多人的帮助,特别是上海交通大学上海高级金融学院的张春教授、山东港口集团的贾福宁先生和罗剑先生,以及在复旦大学研究生授课期间的多位研究生:李逸君、尹健茹、寇宏、胡婷、顾丹薇、周海琴、罗擎、许基集、崔沁馨、张东东等。写一本具有最新案例的教材是一个大胆的尝试,它使我们教师和同学们认识到公司金融是一门鲜活的学科,本书通过讲解理论框架、介绍实务研究以及进行案例讨论,使学生有了更深刻的理解,而这样的教学方式也能够使理论和实务不断融合,促进学科的建设。遗憾的是,由于时间限制,教材难以达到尽善尽美。书中如有遗漏和写得不当之处,还请读者朋友们批评指正!

沈红波

复旦大学经济学院

2024 年 5 月

# 目 录

总　序 …………………………………………………………………… 1
前　言 …………………………………………………………………… 1

**第一章　公司金融的基本概念** ………………………………………… 1
　第一节　企业与公司 ………………………………………………… 1
　　一、企业的三类组织形式 ………………………………………… 1
　　二、公司制的优点 ………………………………………………… 3
　第二节　公司金融的基本内容 ……………………………………… 4
　　一、公司金融的定义 ……………………………………………… 4
　　二、公司金融的内容 ……………………………………………… 4
　　三、公司金融与金融市场 ………………………………………… 6
　　四、公司的价值创造过程 ………………………………………… 7
　　五、公司金融与财务会计的区别与联系 ………………………… 8
　第三节　公司金融的基本目标 ……………………………………… 8
　　一、目标：股东财富最大化 ……………………………………… 8
　　二、价值最大化还是利润最大化？ ……………………………… 9
　　三、如何看待社会责任？ ………………………………………… 11
　第四节　中国公司金融研究的基本现状 …………………………… 11
　　一、中国的企业发展现状 ………………………………………… 12
　　二、公司金融理论的研究现状 …………………………………… 18
　　三、全面注册制下公司金融的研究趋势 ………………………… 19
　案例分析　ESG 理念的兴起与可持续投资 ……………………… 21
　本章小结 ……………………………………………………………… 28
　习题与思考题 ………………………………………………………… 29

**第二章　价值的基本概念** ……………………………………………… 30
　第一节　价值评估在公司金融中的作用 …………………………… 30

一、为什么要进行价值评估 …………………………………………………… 30
　　二、清算价值、内在价值、账面价值和市场价值 …………………………… 30
　　三、价值评估在公司金融中的运用 …………………………………………… 31
　第二节　货币的时间价值 ……………………………………………………………… 32
　　一、什么是货币的时间价值 …………………………………………………… 32
　　二、终值与复利计息 …………………………………………………………… 32
　　三、现值与贴现率 ……………………………………………………………… 34
　第三节　特殊形式现金流的估值 ……………………………………………………… 35
　　一、年金 ………………………………………………………………………… 35
　　二、递延年金 …………………………………………………………………… 37
　　三、永续年金 …………………………………………………………………… 37
　　四、永续增长年金 ……………………………………………………………… 38
　　五、增长年金 …………………………………………………………………… 39
　第四节　风险与收益的权衡 …………………………………………………………… 40
　　一、收益和风险的概念与度量 ………………………………………………… 40
　　二、风险和收益的历史权衡 …………………………………………………… 42
　第五节　投资组合理论简介 …………………………………………………………… 44
　　一、两项风险资产构造的投资组合 …………………………………………… 44
　　二、多项风险资产构造的投资组合 …………………………………………… 47
　　三、系统风险与非系统风险 …………………………………………………… 48
　　四、无风险资产和风险资产的组合 …………………………………………… 50
　第六节　资本资产定价模型 …………………………………………………………… 51
　　一、系统风险与贝塔系数 ……………………………………………………… 52
　　二、证券的风险报酬与资本资产定价模型 …………………………………… 53
　案例分析　Shibor与市场基准利率 …………………………………………………… 54
　本章小结 ………………………………………………………………………………… 58
　习题与思考题 …………………………………………………………………………… 59

## 第三章　投资决策方法的介绍与比较 …………………………………………………… 61
　第一节　投资决策的基本概念 ………………………………………………………… 61
　　一、什么是企业的项目投资决策 ……………………………………………… 61
　　二、项目投资的分类 …………………………………………………………… 62
　　三、项目投资的基本步骤 ……………………………………………………… 63
　第二节　投资项目的现金流量 ………………………………………………………… 64
　　一、项目现金流量的构成 ……………………………………………………… 64
　　二、项目现金流量估计的原则 ………………………………………………… 66

三、项目现金流量的计算 ································· 67
第三节　投资决策方法的比较 ································· 68
　　一、净现值法 ··········································· 68
　　二、获利指数法 ········································· 70
　　三、回收期法 ··········································· 70
　　四、内部报酬率法 ······································· 73
　　五、平均会计回报率法 ··································· 74
　　六、不同方法之间的比较 ································· 74
第四节　不确定状况下的投资决策分析 ························· 77
　　一、情景分析 ··········································· 77
　　二、敏感性分析 ········································· 78
　　三、盈亏平衡点分析 ····································· 79
案例分析　东方日升：高效太阳能电池项目可行性分析 ············ 80
本章小结 ··················································· 89
习题与思考题 ··············································· 90

# 第四章　有效市场的基本概念与检验方法 ······················· 92

第一节　有效资本市场的基本概念 ····························· 92
　　一、资本市场有效性的体系构架 ··························· 92
　　二、有效市场的定义 ····································· 93
　　三、有效市场的基本假设 ································· 94
　　四、有效市场假设条件的逐步放松 ························· 94
第二节　有效资本市场的类型和检验 ··························· 95
　　一、有效市场的类型 ····································· 95
　　二、弱式有效市场的检验 ································· 97
　　三、半强式有效市场的检验 ······························· 99
第三节　中国资本市场的制度特征和有效性 ····················· 100
　　一、中国资本市场的制度特征 ····························· 100
　　二、中国资本市场存在的制度缺陷 ························· 103
　　三、中国资本市场的有效性 ······························· 105
　　四、中国多层次资本市场建设 ····························· 107
案例分析　观典防务：转板上市与多层次资本市场建设 ············ 114
本章小结 ··················································· 121
习题与思考题 ··············································· 122

## 第五章　融资渠道与方法介绍 ········· 123
### 第一节　企业的融资决策介绍 ········· 123
　　一、投资决策和融资决策的差异 ········· 123
　　二、直接融资和间接融资 ········· 124
### 第二节　股权融资 ········· 125
　　一、普通股的基本概念 ········· 126
　　二、普通股的种类 ········· 126
　　三、普通股的发行 ········· 127
　　四、股票上市 ········· 129
　　五、普通股融资的优缺点 ········· 130
　　六、优先股融资 ········· 131
### 第三节　债务融资 ········· 132
　　一、长期负债融资的特点 ········· 132
　　二、长期借款融资 ········· 132
　　三、债券融资 ········· 134
　　四、可转换债券融资 ········· 137
### 第四节　不同融资方法的比较 ········· 140
　　一、不同融资方法的优劣势比较 ········· 140
　　二、企业不同生命周期的融资特点 ········· 141
　　三、成熟资本市场的上市公司较少使用外部权益融资 ········· 141
　　四、中国上市公司常用外部权益融资 ········· 142
### 第五节　中国上市公司的融资现状 ········· 142
　　一、权益融资规模呈增长趋势，直接融资比例上升 ········· 142
　　二、债务融资种类多样，债券市场支持作用明显 ········· 144
### 案例分析　科大讯飞：定向增发中大股东认购的信号效应 ········· 145
### 本章小结 ········· 151
### 习题与思考题 ········· 152

## 第六章　融资成本的计算 ········· 153
### 第一节　融资成本的基本概念 ········· 153
　　一、企业融资成本的概念 ········· 153
　　二、融资成本与投资回报的关系 ········· 154
　　三、融资成本的用途 ········· 155
### 第二节　公司债务融资成本的确定 ········· 155
　　一、债券的信用评级及其有效性 ········· 155
　　二、债务融资成本估计的方法 ········· 163

第三节　公司权益融资成本的确定 ················································· 165
　　　　一、权益资本成本的计算方法 ················································· 165
　　　　二、股票贝塔的影响因素 ······················································· 168
　　第四节　加权平均资本成本的确定 ················································· 171
　　　　一、加权平均资本成本的计算 ················································· 171
　　　　二、加权平均资本成本的影响因素 ············································ 173
　　　　三、在计算资本成本时应注意的问题 ········································· 174
　　案例分析　创业板的注册改革和融资成本 ········································· 177
　　本章小结 ··················································································· 182
　　习题与思考题 ············································································ 183

# 第七章　如何确定企业的资本结构 ················································· 185
　　第一节　关于资本结构的无税 MM 理论 ········································· 185
　　　　一、MM 理论的一个引例 ······················································· 185
　　　　二、无税 MM 理论的假设 ······················································· 188
　　　　三、无税 MM 理论的两个命题 ················································ 189
　　第二节　关于资本结构的有税 MM 理论 ········································· 192
　　　　一、税收对公司价值的影响 ····················································· 192
　　　　二、有税 MM 理论的两个命题 ················································ 193
　　　　三、对 MM 理论的认识 ·························································· 197
　　第三节　最优资本结构及其影响因素 ·············································· 197
　　　　一、财务困境成本理论 ··························································· 198
　　　　二、权衡理论 ······································································· 198
　　　　三、新资本结构理论 ······························································ 200
　　　　四、资本结构的影响因素 ························································ 203
　　第四节　中国上市公司的资本结构 ················································· 204
　　　　一、中国企业融资结构的发展历程 ············································ 205
　　　　二、中国上市公司资本结构的变化趋势 ······································ 206
　　案例分析　许继电气资本结构的动态调整 ········································ 208
　　本章小结 ··················································································· 215
　　习题与思考题 ············································································ 216

# 第八章　股利政策 ······································································· 218
　　第一节　利润分配与股利支付 ······················································· 218
　　　　一、利润分配的项目与顺序 ····················································· 218
　　　　二、股利支付的程序与方式 ····················································· 219

## 第二节　股利政策与公司价值 ………………………………………………… 221
一、现金股利政策和公司融资 ……………………………………………… 221
二、股利政策对公司价值的影响 …………………………………………… 222
三、股利政策制定时应考虑的因素 ………………………………………… 226
四、常见的股利政策 ………………………………………………………… 228

## 第三节　股票股利、股票分割和股票回购 …………………………………… 229
一、股票股利 ………………………………………………………………… 229
二、股票分割 ………………………………………………………………… 230
三、股票回购 ………………………………………………………………… 231

## 第四节　中国上市公司的股利政策 …………………………………………… 234
一、上市公司的现金股利政策 ……………………………………………… 234
二、上市公司的股票股利政策 ……………………………………………… 237

**案例分析**　福华化学：IPO前的高额现金股利 …………………………… 238
**本章小结** …………………………………………………………………… 243
**习题与思考题** ……………………………………………………………… 244

# 第九章　企业价值评估 ……………………………………………………… 246

## 第一节　企业价值评估基本介绍 ……………………………………………… 246
一、企业价值评估的目的 …………………………………………………… 246
二、企业价值评估的对象 …………………………………………………… 247
三、价值评估的价值类型 …………………………………………………… 249

## 第二节　企业的绝对价值评估 ………………………………………………… 251
一、自由现金流量预测 ……………………………………………………… 252
二、"终值"预测 …………………………………………………………… 254
三、预期自由现金流量贴现 ………………………………………………… 255
四、权益价值的计算 ………………………………………………………… 256

## 第三节　企业的相对价值评估 ………………………………………………… 257
一、市盈率法 ………………………………………………………………… 257
二、市净率法 ………………………………………………………………… 260
三、市销率法 ………………………………………………………………… 262

## 第四节　宏观经济周期对企业价值的影响 …………………………………… 263
一、美林时钟与经济周期 …………………………………………………… 263
二、经济周期对企业估值的影响 …………………………………………… 265

**案例分析**　百济神州：科创板亏损公司的定价 …………………………… 268

本章小结 ································································· 276
　　习题与思考题 ···························································· 276

## 第十章　财务困境与公司重组 ····················································· 278
### 第一节　财务危机与财务危机管理 ·········································· 278
　　一、财务危机 ····························································· 278
　　二、财务危机管理 ······················································· 280
### 第二节　财务困境的解决办法 ················································ 282
　　一、应对财务困境 ······················································· 282
　　二、股权重组 ····························································· 283
　　三、债务重组 ····························································· 284
　　四、资产重组 ····························································· 284
### 第三节　中国上市公司的并购重组 ·········································· 285
　　一、中国并购重组发展概况 ············································· 285
　　二、龙头企业上市与横向并购 ·········································· 287
　　三、并购重组与企业转型 ··············································· 289
　　案例分析　钧达股份：并购重组引领转型升级 ······················ 290
　　本章小结 ································································· 296
　　习题与思考题 ···························································· 297

## 第十一章　公司治理 ····························································· 298
### 第一节　公司治理与代理问题 ················································ 298
　　一、两权分离和代理问题 ··············································· 298
　　二、股份公司的代理问题 ··············································· 300
　　三、代理问题的表现形式 ··············································· 302
### 第二节　公司治理机制 ························································ 303
　　一、内部治理 ····························································· 304
　　二、外部治理 ····························································· 307
### 第三节　中国上市公司的代理问题 ·········································· 308
　　一、国有上市公司的代理问题 ········································· 309
　　二、国有企业改革的策略 ··············································· 310
　　三、大股东与中小股东之间的代理问题 ······························ 312
　　案例分析　金帝股份：限售股融券借出下的变相减持 ············ 312
　　本章小结 ································································· 318
　　习题与思考题 ···························································· 319

## 第十二章　公司的盈利能力和绩效评估 ········ 320

### 第一节　盈利能力和比率分析 ········ 320
一、企业盈利能力分析 ········ 320
二、杜邦分析法 ········ 321
三、可持续增长模型 ········ 323

### 第二节　企业的绩效评价分析 ········ 324
一、经济利润和经济增加值 ········ 324
二、计算EVA时对会计报表的调整 ········ 327
三、对EVA价值评估模型的评价 ········ 328

### 第三节　中国上市公司的业绩粉饰和盈利质量 ········ 329
一、上市公司业绩粉饰的动因 ········ 329
二、上市公司业绩粉饰的手法 ········ 331

案例分析　比亚迪盈利能力分析 ········ 332
本章小结 ········ 338
习题与思考题 ········ 339

## 第十三章　案例研究：党建引领下的山东港口文化建设 ········ 340

## 参考文献 ········ 358

# 第一章

# 公司金融的基本概念

> **学习目标**
> 1. 了解企业的不同组织形式,重在理解公司制企业。
> 2. 掌握公司金融的基本内容和目标。
> 3. 了解中国公司金融的基本现状。
> 4. 了解公司金融的研究趋势。

## 第一节 企业与公司

依法自主经营、自负盈亏,独立核算的商品生产和经营单位叫作企业。以营利为目的的企业多如牛毛,但并非所有的企业都是公司。实际上,典型的企业组织形式有三种:个体业主制、合伙制和公司制。而公司制企业是公司金融的研究主体。

### 一、企业的三类组织形式

#### (一) 个人独资企业

个人独资企业是由一个自然人投资,财产为投资人个人所有,投资人以其个人财产对企业债务承担无限责任的经营实体。该类企业的规模一般非常小,员工数较少。

个人独资企业的优点是:

(1) 设立简单。无须正式的章程,在大多数行业中所需遵守的政府规定少,很多新企业都以这种形式设立。

(2) 无须缴纳公司所得税。投资者可以获取全部利润,企业利润视同个人所得,按照个人所得税规定纳税,避免双重纳税负担。

其缺点是:

(1) 业主对企业债务承担无限责任。个人资产与企业资产之间没有差别,如果企业未能履行偿债义务,债权人有权要求企业所有者以个人资产偿还债务。

(2) 企业寿命有限。企业存续期受制于业主本人的生命期,且所有权的转让较困难。

(3) 企业发展受限。企业筹集的权益资本仅限于业主个人的财富，企业难以从外部获取大量资金用于扩大经营。

多数个人独资企业规模较小，抵御经济衰退和经营困境的能力不强，平均存续年限短。其中一部分个人独资企业发展壮大，转变成合伙制企业或公司制企业。

### （二）合伙制企业

合伙制企业是由各合伙人订立合伙协议，共同出资，合伙经营，共享收益，共担风险，并对合伙债务承担无限连带责任的营利性组织。通常，合伙人是两个或两个以上的自然人，有时也包括法人或其他组织。合伙制企业的主要特征是：

(1) 所有合伙人对企业债务负有无限连带责任。如果一个合伙人没有能力偿还其应承担的债务，其他合伙人负有连带责任，需替其偿还债务。

(2) 所有权转让困难。法律规定合伙人转让其所有权时，需取得其他合伙人的同意，有时甚至需要修改合伙协议。

(3) 企业的存续期以一个普通合伙人希望卖出其所有权或者合伙人死亡为限。

一些重视所有者个人声誉的企业还保留着合伙制的企业形式，比如律师事务所、医疗诊所、会计师事务所等。对这类企业而言，合伙人的个人责任能够增强客户对企业的信心，合伙人也非常注重维护其个人声誉。合伙制企业分为一般合伙制和有限合伙制。

在一般合伙之中，所有的合伙人同意提供一定比例的工资和资金，并且分享相应的利润或者亏损。每一个合伙人承担合伙制企业中的相应债务，常见的采用一般合伙制的企业为律师事务所。

有限合伙制允许某些合伙人的责任仅仅限于个人在合伙制企业的出资额。有限合伙制企业的所有者包括两类：普通（一般）合伙人和有限责任合伙人。有限合伙人以出资额为限对企业债务承担有限责任，而普通合伙人对企业债务承担无限连带责任。有限合伙制通常要求至少有一个人为普通合伙人，而且有限合伙人不参与企业管理。

产业主导型的私募股权基金与风险投资基金也是有限合伙制。在这些投资基金中，几个普通合伙人投入自有资本，从外部投资者（有限合伙人）处募集其余的资本。普通合伙人控制全部资本的投资，并积极参与所投资项目的运营。而合伙制中的外部投资者除了监督其自身投资的运营和表现外，不会发挥更加积极的作用。

合伙制企业的缺点是：一般合伙人承担无限连带责任；企业生命有限；产权转让困难；难于筹集资金。

### （三）公司制企业

公司制企业是一个独立的、以公司身份出现的法人，是一种最为重要的企业组织形式。几乎所有大型企业均采取公司制的组织形式，刚刚组建的公司其投资者仅限于公司经理和少数股东，公司股票不进行公开交易。随着公司的成长，如果公司所需资金更多依赖于股票融资，企业则会发放更多的新股来筹集资金，其股票也渐渐转向公开交易，公司便成为上市公司，其股票在二级市场上交易。

公司制企业可以无限存续。一个公司的创始人和原有经营者退出后，公司仍可继续存在。同时，公司能够较为便利地转让所有权。公司的所有者权益被划分为若干股权份额，每个份额可以单独转让，无须其他股东同意。而且，公司股东承担有限责任。公司债务是法人的债务,不是所有者的债务,所有者的债务责任以其出资额为限。

常见的公司制企业有有限责任公司和股份有限公司。有限责任公司的股份不必划分成相等的份额,其股东人数受到限制,根据《中华人民共和国公司法》(以下简称《公司法》)的规定,有限责任公司股东不得少于二人,不得超过五十人。而股份有限公司需等额划分股份,股东人数没有上限,发起人一般不少于五人。股份有限公司可以发展成为上市公司。

在最简单的公司制中,公司由三类不同的利益者构成:股东、董事会成员和公司高层管理者。股东,即公司的所有者,股东控制公司的方向、政策和经营活动。股东选举董事会成员。董事会成员选择高层管理人员,高层管理人员应当以股东利益为重,管理公司的日常经营活动。但是,公司制企业存在委托代理问题。经营者和所有者分开以后,经营者成为代理人,所有者成为委托人,两者的目标不一致的时候,代理人可能为了自身利益而伤害委托人利益。

## 二、公司制的优点

市场上大多数的经济活动都由公司来实现。几乎所有的大型企业都采用公司制,比如联合利华、通用电气、中石油等跨国公司都是采用公司制企业,其所有者是遍布世界各地的股东。同时,当个体业主制企业或者合伙制企业由于较高的再投资率而谋求转型时,公司制也是其首选的企业组织形式。那么,是什么因素在引导企业更多地采用公司制这一组织形式呢?

第一,个体业主制和合伙制具有无限责任、有限企业寿命和产权难以转让的困难,而这三个困难对于大型企业而言都是严重的缺陷。首先,无限责任限制了公司举债融资的动力,因为一旦遭遇大的亏损,企业无法偿还债务,投资者将倾家荡产。其次,有限企业寿命限制了债权人进一步向公司提供资金的冲动,在发放贷款时难免短视。最后,产权转让困难使投资者的资产缺乏流动性,降低了投资者的投资热情。这三个缺陷,都决定了它们难以筹集其发展所需的大量资金,包括权益资金和债务资金。

第二,公司融资灵活性强。任何企业的成长都需要资金的支持,同时,为了满足未来成长与投资的需要,企业需要提高自身的融资能力。由于个体业主制和合伙制企业的所有者在收益要求权方面具有排他性,因此,这些组织形式缺乏利用股票市场融资的能力。而且,由于这两类企业的规模小,它们在债务市场上的融资能力也比较有限。相比之下,公司的股票融资极具开放性,公司的成长过程就是公司通过不断发放新股票吸纳更多新股东的过程。另外,公司制企业的债务融资也极具灵活性。

第三,公司的再投资机会多。一般而言,合伙制企业要将其净现金流量分配给合伙人,而进行再投资的部分很小。相比之下,尽管公司的股权集中程度有大有小,但是,在决定留存收益的比重上,公司总体上拥有较大的自由。因此,公司可以更多地对有利可图的投资机会进行投资。

三种企业组织形式中,个人独资企业占企业总数的比重大,但绝大部分的商业资金由公司制企业控制。同时,基于公司在经济发展中不可替代的重大作用和优点,本书将公司作为讨论的主体,这也是国内外公司金融相关教材的研究重点。

## 第二节　公司金融的基本内容

### 一、公司金融的定义

公司金融的英文是 corporate finance，也被译成公司财务或公司理财。公司金融是研究公司制企业如何运行、如何获取资金（融资决策）、如何分配资本（投资决策或称之为资本预算决策）的学科，通过一系列的金融活动实现企业生存和发展的目标。公司的金融活动表现为公司资金的不断循环、周转及其所体现的经济关系。公司首先将通过各种途径筹集到的资金转变成各种非现金资产，如固定资产、原材料等。原材料经工人加工成为产品，产品在市场上售卖，转变为公司现金流。销售产品获得的现金流入（即销售收入）一般大于生产原始投入的现金流出（即生产成本），在扣除了生产过程中发生的各项直接、间接费用后，剩下的资金即为企业的利润，利润帮助公司实现了资金增值。税前利润中一部分以税收、股利形式流出公司的生产经营环节，剩余部分成为公司的留存收益，继续参与公司的生产经营过程。公司的资金就是这样不断循环和周转。

价值取代利润的主导地位，是公司金融发展的一个里程碑；与此相适应，以价值为基础的管理，成为公司金融的基本理念。公司金融关注公司的财务决策对公司价值的影响。任何财务决策均以公司价值最大化或者股东财富最大化为目标，公司财务活动成功的标志是实现公司价值的增值。因此，一定财务目标条件下的公司投资决策、融资决策和营运资本的管理构成了公司金融的基本内容。

### 二、公司金融的内容

资产负债表是反映公司财务状况的载体，因此可以在某一时间点借助资产负债表来纵览公司财务状况以及金融活动。

资产负债表各组成部分简图（图1-1）的左侧列示公司资金的使用情况，即公司的资产，包括流动资产，长期资产（固定资产、无形资产等）。公司的资产状况反映了公司流动资产管理水平以及长期资产投资状况。

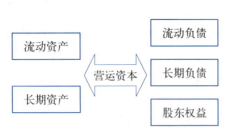

图1-1　资产负债表各组成部分简图

资产负债表各组成部分简图的右侧列示公司的资金来源，包括流动负债、长期负债和股东权益。公司的负债和所有者权益反映了公司在融资方式以及融资结构方面的决策结果。而股东权益则展示了公司利润分配的情况。

为了满足公司的正常运作，公司需要配置多少流动资产以及需要多少短期现金流量来履行到期财务责任呢？这就是公司的营运资本管理，营运资本管理又包括流动资产管理和流动负债管理。

因此财务分析的内容主要有以下三个部分：投资决策、融资决策、营运资金管理。

## （一）投资决策

投资是寻找有价值的项目并投入资金的过程，也被称为资本预算，投资的目的是获得收益。公司在创立之初以及面对未来成长机会时，需要进行投资决策，这涉及资产负债表各组成部分简图的左侧部分。在现实生活中，长期投资的未来现金流入具有不确定性，要真正发现有价值的长期资产投资项目并非易事。根据公司经营的目标，应当选择能够增加公司价值的项目。投资决策主要是解决以下几个问题：

（1）做什么？确定公司的投资方向。
（2）做多少？确定投资项目的数量。
（3）何时做？选择投资时机进行投资。
（4）怎样做？明确资产形式与资产构成。

资本预算的基本特点是：投资基于现有的支出，而回报基于未来的收益，但未来是不确定的。因此，资本预算决策需要考虑两方面的回报，一是资金的时间成本，二是不确定的收益所对应的风险溢价，这是公司金融理论中两个非常关键的问题。投资决策决定了企业资金的运用方向和未来的收益状况，从而决定了企业的价值。企业管理层在进行资本预算时，必须认真分析项目的现金流量，寻找收益超过成本的投资机会，综合考虑项目现金流大小、时间点和风险之间的关系，实现企业价值增值和股东财富最大化。

## （二）融资决策

融资决策侧重于企业发行债券、股票及银行信贷等中长期融资。融资是指公司为了满足投资和日常经营的需要，筹集资金的过程。融资为投资服务，投资是融资的目的和手段，投资的规模和收益决定了融资的战略。在公司投资于一种固定资产或者发生资本性支出之前，公司要考虑如何筹集投资所需的资金。金融市场极具竞争性，所有在金融市场上寻找资金的公司都是竞争对手，资金在不同区域流动，且流动速度很快。因此，金融市场的完善程度越高，融资的差异性越小，能够增加公司价值的融资渠道相对越少。也就是说，融资决策的难度要高于投资决策。融资主要是解决以下几个问题。

（1）融资方式是采取股权筹资还是债权筹资？
（2）在筹集金额中，股权与债权的比例各自是多少？
（3）公司选择筹集长期资金还是短期资金？
（4）在总的筹资额中，长期资金与短期资金的比例是多少？
（5）公司决定以何种形式、何种渠道进行筹资？
（6）如何选择筹资的最佳时机？

长期的融资决策其实还包括股利分配。股利分配决策同时也是企业的内部融资决策，净利润属于股东，本应该分配给股东，如果留存一部分收益用于再投资，实际上就是向现有股东筹集权益资本。

公司可以从不同的渠道获得资金，不同融资渠道的融资成本和风险也不同。公司在做出融资决策时，首先必须控制融资成本，其次需要合理安排融资结构，最后应该做到融资与投资相适应，密切配合投资和生产经营的实际需要，做到资金适时适量。

## （三）营运资本管理

营运资本管理是公司的短期资金管理，它的目的是提高公司运营的效率。对一个企业而言,一方面,现金、应收账款等流动性很强的资产价值经常变化;另一方面,应付账款、应交税费、到期债务必须按时偿还。因此,企业必须对流动资产和流动负债予以关注。同时,经营中的现金流出与现金流入在时间和金额上不一定匹配,需要公司不断地进行协调,以保证公司日常经营的需求。营运资本管理可分为流动资产管理和流动负债管理。

公司如何配置流动资产主要取决于流动资产管理水平、生产经营周期长短、销售政策、收账政策等。营运资本管理主要包括:

(1) 现金管理;

(2) 短期投资管理;

(3) 应收账款管理;

(4) 存货管理。

公司的短期融资构成了企业的流动负债。在短期融资决策中,首先以融资成本最小化为原则选择短期融资方式。主要的短期融资方式有以下几种:

(1) 银行借款管理;

(2) 商业信用管理;

(3) 短期融资券管理。

公司的财务活动远不止这些,除了以上投融资基本内容之外,在公司实际经营过程中,还有一些金融活动是对这些内容的综合利用和拓展深化,包括兼并购、公司治理,等等。以上几种是公司财务中最为重要的部分,而且提供了一个关于公司财务的基本框架。

### 三、公司金融与金融市场

公司与金融市场的相互作用,如图 1-2 所示:

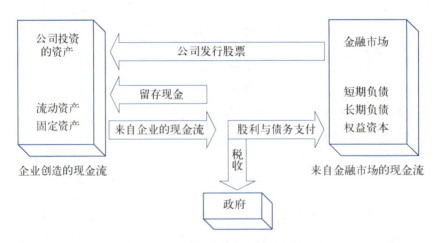

图 1-2 公司与金融市场的资金流动

公司通过在金融市场筹措股票获得企业发展所需资金,在流动资产投资、固定资产投资等方面存在的资金缺口都可以通过金融市场加以解决。企业通过投资,创造价值,获得收入。收入的一部分以税收的形式支付给政府,一部分以股利以及债务本息的形式支付给金融市场投资者,剩余部分成为企业的留存收益,公司将留存收益再投资,进一步为企业创造更多价值。

作为金融市场的主力,公司以投资者和融资者的身份在金融市场上完成投资以及实现资金的融通。随着金融市场的发展,公司与金融市场的关系更加紧密。金融市场为公司提供了众多可以选择的融资品种,主要为三类:

(1) 固定收益证券。它是指能够提供固定或根据固定公式计算出来的现金流的证券。例如,公司债券的发行人承诺每年向债券持有人支付固定利息。有的债券是浮动利率,但会规定计算方法,例如某公司债券的利息支付是在同期限的国债利率基础上上浮100个BP(即1‰)。固定收益证券是公司筹资的重要形式,公司可以在债务市场上举债获得经营所需资金,而证券持有人可以获得稳定的收益。

(2) 权益证券。它代表特定公司所有权的份额。发行人事先不对投资者做出支付承诺,收益取决于公司的经营业绩和净资产价值,具有不确定性,其风险高于固定收益证券。如果公司上市,公司在股票市场上发行新股,投资者的收益为股利和股票买卖价差。权益证券是公司筹资的最基本形式,任何公司都必须有权益资本。它的收益和发行人的财务状况相关度高,证券持有人非常关注公司的经营状况。

(3) 衍生证券。衍生证券种类繁多、创新频出,包括各种形式的金融期权、期货和互换合约等。衍生品的价值依赖于基础资产,既可以用来套期保值,也可以用来投机。衍生品是公司进行套期保值、转移风险的工具。

金融市场按照证券是否为初次发行分为一级市场和二级市场:

(1) 一级市场,也称为发行市场或初级市场,是资金需求者首次将证券出售给公众时形成的市场。该市场的主要经营者是投资银行、经纪人和证券自营商,他们承担政府、公司的证券发行。

(2) 二级市场,也称为流通市场或次级市场,是在证券发行后,不同证券在投资者之间买卖流通所形成的市场。二级市场是一个交易平台,提供了流动性。该市场的主要经营者是证券商和经纪人。证券的持有者在需要资金时,可以在二级市场将证券变现。想要投资的人,也可以在二级市场购买已上市的证券,出售证券的人获得货币资金,但证券的发行公司不会获得新增资金。

一级市场和二级市场有着密切联系。一级市场是二级市场的基础,没有一级市场就不会有二级市场;二级市场是一级市场存在和发展的重要条件之一,二级市场使证券更具流动性,使其更受欢迎,才使投资者更愿意在一级市场购买证券。二级市场上证券价格越高,企业在一级市场出售证券的价格越高,公司发行筹措的资金越多,因此,公司金融和二级市场紧密联系。

## 四、公司的价值创造过程

所谓价值创造是指公司创造的现金流入量必须超过其所使用的现金流出量。公司通过投资决策、融资决策和资产流动性管理等财务活动来为公司创造价值。

假设公司的财务活动始于融资活动,那么公司现金流量的过程如下所示。

(1) 公司在金融市场上向投资者发行公司债券或者普通股、优先股。
(2) 将所筹集的资金投资于流动资产或者长期资产(有利可图的项目)。
(3) 当一个生产阶段结束后,通过产品销售获得了现金。
(4) 公司以现金方式向债权人支付利息,偿还本金;向政府纳税;向股东支付股利。
(5) 获得公司留存收益。

当投资所产生的现金流入量超过初始资产投资时,或者当支付给债权人和股东的现金流量超过从金融市场上筹集到的资金时,公司才实现了价值的创造。

### 五、公司金融与财务会计的区别与联系

财务会计一般是往后看的,对公司的历史活动做一个客观的记录,为外部使用者提供信息。公司财务所关注的投资融资和并购等决策都是向前看的。这些决策必须是建立在对未来的某种预期之上的,有时是很主观的,但这些决策也是可以建立在一些科学分析之上的。本书主要介绍的就是一些分析这些决策的框架和思路。但是这些框架需要的数据必须是决策者提供的,而且最后的决策仍然依赖于管理者的经验判断。

会计报表记录的是账面价值,公司金融更看重市场价值,尤其是分析公司决策对市值的影响。会计报表和事前的预期也相互关联,会计报表常为公司金融的预测提供历史依据。

## 第三节 公司金融的基本目标

现代公司是通过一系列契约关系,将不同生产要素和利益集团组织在一起,进行生产经营活动的一种企业组织形式。这些契约的签订者就是与企业有关的利益集团,即企业的利益相关者。利益相关者可以分成三类:(1) 所有权利益相关者,是指持有公司股票的一类人,包括董事会成员和高级管理人员。(2) 经济依赖性利益相关者,包括了员工、债权人、消费者、供应商、竞争者、管理机构等与公司有业务往来的利益群体。(3) 社会利益相关者,包括政府机关、媒体、特殊群体等机构,它们与公司在社会利益上有一定关系。利益相关者之间存在矛盾,他们的利益目标存在一定差异。围绕利益相关者的利益实现产生了公司的目标之争,主要分为股东利益最大化和相关者利益最大化这两种观点,而在股东利益最大化之中,又有价值最大化和利润最大化之争。

### 一、目标:股东财富最大化

股东创办企业的目的是增加财富。如果企业不能为股东创造价值,他们就不会为企业提供资金,没有了权益资金,企业也就不存在了。因此,企业的目标应该是为股东创造财富。公司制企业有众多的利益相关者,包括雇员、管理者、顾客、社会、政府、债权人、股东和供应商。一般地说,一个公司的最终目标是为它的投资者(股东)创造价值。当然在为股东创造价值的过程中,它必须兼顾到企业其他利益集团的利益,不然它也很难实现股东价值的极大化。

主张股东财富最大化，并非不考虑利益相关者的利益。根据各国公司法的规定，股东权益为剩余权益，只有满足了其他方面的利益之后，才会有股东的利益。企业必须交税，给员工提供薪酬，为顾客提供满意的产品和服务，在这之后才能获得税后收益，其他利益相关者的要求先于股东被满足。

股东财富最大化目标为公司的各类财务决策提供了决策依据，公司股利政策的制定、融资方式的选择、投资项目的选择等具体的决策行为都依赖于公司的财务目标。在股东财富最大化这一个单一的目标体系之下，任何公司的财务决策，只要能提高或至少保持股东财富，都被视为好的决策，所有降低公司价值的决策都被视为坏决策。股东财富最大化目标也是本书认同的目标。

## 二、价值最大化还是利润最大化？

股东利润指当期利润，而股东价值则反映股权在当期和长期的市场价值。在股东财富最大化的共同目标之下，出现了利润最大化还是价值最大化之争。

### （一）利润最大化

投资者在衡量一家公司经营是否成功时，往往参考利润指标，因而很多人将利润最大化作为公司的目标。将利润最大化作为目标有很多优点，它反映了企业经营行为的本质，为企业加强管理、降低成本、提高生产效率提供了动力。而且利润最大化目标简洁明了，便于接受和理解。它考虑了信息的不完全性和人们认识能力的局限性，易于获取财务数据，为企业发展设置了一个显性的可行的目标，能够满足各方利益诉求。

但利润并不等于价值，利润最大化目标存在明显的缺点：

（1）利润最大化目标使企业利益相关者过于关注短期，导致企业无法进行有价值的长期投资。以科技型企业为例，这些公司在发展的初期需要投入大量的资金进行项目投资，研发阶段往往面临亏损，前几年难以盈利。但一旦研发成功，将会为企业带来巨大的价值，形成公司的核心竞争力，给投资者以丰厚的回报，这有利于公司的长远发展。而在即期利润最大化目标之下，这些投资行为往往不被允许。这种"不愿进行有利的投资"行为损害了公司的长期利益，不利于公司的发展。

（2）以利润最大化作为经营目标，变相助长管理层的不作为行径，企业往往将资金浪费在无价值的投资上。公司通过削减当前股利、扩大自有现金流来增加考核期的利润。如果公司的投资收益率低于资本的机会成本，这种"不作为"的行径将损害股东利益。这种"过度进行无利投资"的行为损害了公司的长期利益，不利于公司的发展。

（3）利润指标本身容易被操纵，经过粉饰的利润指标会掩盖公司的真实风险，损害投资者利益。利润是对企业经营成果的会计度量，它可能反映了企业的真实价值创造，也可能没有正确反映企业的价值创造。对同一经济问题的会计处理方式具有多样性和灵活性，而且某些做账方法可以增加企业的会计利润，但实际上并没有增加企业的现金收入。通过财务手段操纵得到的会计利润的增加，并不能帮助企业提高持续经营和持久盈利的能力。

（4）利润最大化目标建立在确定性假设的基础之上，没有考虑风险与收益的关系。企业经营环境复杂多变，无法事先得知企业的经营成本和销售收入，因而无法准确估算出投资利润,也就无法追求利润的最大化。经验和理论表明,高收益必然伴随着高风险,过分追求高利润可能导致企业的经营风险大大加剧。

以利润最大化为目标,具有一定的片面性,在现实中难以被接受。

### (二) 价值最大化目标

最被广为接受的观点是:公司经营的目标是实现股东价值最大化。首先,公司是属于股东的,公司的价值就是股东的财富价值,理性投资者的利益最大化就是公司的价值最大化,价值最大化帮助投资者实现财富的可持续增长。其次,实现股东价值最大化,也就保障了其他利益相关者的价值。如前文所述,股东是在债权人、员工、供应商等其他利益相关者之后享有对公司收益的剩余索取权,股东价值的增长,是在满足了其他利益相关职责的诉求之后才得以实现的。最后,价值最大化以现金流量为经营成果考察的出发点,无投资的长短期之分,不存在管理层短视现象。这一目标考虑了公司经营的收益与风险的关系,考虑了不确定性的环境因素,能够克服企业追求短期利润的行为,较为贴近现实。

对有不同偏好的公司股东而言,他们的共同目标也是公司价值最大化。有的股东偏好当期消费,有的股东偏好未来消费,不同股东的效用函数也不一致,但当公司投资项目的收益率超过市场平均利率时,所有股东都会同意投资该项目。假定市场借贷利率相同,都为5%,投资项目的收益率10%,股东可以选择放弃投资,在当期获得股利100美元,也可以选择投资项目,在下一期获得110美元,理性的投资者会选择投资项目。偏好未来消费的股东可以在公司项目结束后,获得110美元,这多于将100美元用于贷款在下一期获得的105美元。偏好即期消费的股东仍愿意支持公司的投资,他可以现在从银行借款100美元消费,下一期还款105美元,仍然有5美元的剩余。公司的投资决策独立于股东的个人效用偏好,公司管理层只需要为公司股东创造最大化的价值,而不需要考虑各个股东特有的偏好,这使公司经营有着统一的目标。

决定企业价值或者股东财富的,不是企业的会计利润,而是企业自由现金流和相关风险的大小。现金流量的计算不仅考虑了企业经营利润的高低,还考虑了企业可以用于自由支配资金和资金的获取时间。只有企业的自由现金流才能用于后续投资和发展,从而实现股东财富增长和企业价值创造。

为便于说明,从现金流量的角度出发,企业的价值由如下简化的等式决定:

$$V = \sum_{t=1}^{n} \frac{CF_t}{(1+r)^t} \tag{1-1}$$

式中,$V$ 为企业价值;$CF_t$ 为企业在第 $t$ 期预计得到的现金净流入量;$r$ 为对企业各期所得的现金净流入量的贴现率;$t$ 为各期现金流入的时间;$n$ 为现金净流入量产生的总期数。

从企业价值的表达式可以看出,企业的价值与现金的净流入量成正比,与贴现率成反比。贴现率 $r$ 的大小反映了风险的高低,风险越高,贴现率越大,反之亦然。

一般来说,收益与风险正相关,收益越高,风险越大,收益的增加以风险的提高为代价。因此,价值最大化目标综合考虑了收益和风险的影响,使它们达到一个均衡,从而帮助企业实现价值最大。将价值作为衡量业绩的最佳标准,也能够促使资源从业绩不佳的公司流向竞争者,提高市场活力,促进财富涌流。

## 三、如何看待社会责任？

这里的社会责任是指企业对于超出法律和公司治理规定的对利益相关者最低限度义务之外的、属于道德范畴的责任。

企业对于合同利益相关者的社会责任主要是：(1) 劳动合同之外员工的福利。例如帮助住房按揭、延长病假休息、安置职工家属等。(2) 改善工作条件。例如优化工作环境、建立体育俱乐部等。(3) 尊重员工的利益、人格和习俗。例如尊重个人私有知识而不是宣布个人私有知识归公司所有，重视员工的意见和建议，安排传统节日聚会等。(4) 设计人性化的工作方式。例如分配任务时考虑不断增加员工的满足感而不是仅仅为了经济利益，采取灵活的工作时间等。(5) 友善对待供应商。例如改进交易合同的公平性，宽容供应商的某些失误等。(6) 就业政策。例如优待少数民族员工，不轻易裁减员工等。

企业对于非合同利益相关者的社会责任主要是：(1) 环境保护。例如将排污指标降低至法定标准之下，节约能源等。(2) 产品安全。即使消费者使用不当也不会对其安全造成严重威胁。(3) 市场营销。例如广告具有高尚情趣，不在某些市场销售本公司产品等。(4) 对社区活动的态度。例如赞助当地活动，支持公益事业，参与抗震救灾等。

股东财富最大化并不意味着管理者可以忽视公司的社会责任，如保护消费者权益，提供安全的工作环境以及进行环境保护等。当然，在为股东创造价值的过程中，企业必须履行它的社会责任和遵守社会道德规范，兼顾到企业其他利益集团（雇员、顾客、社会、债权人和供应商）的利益。只有遵守社会道德规范的企业才能得到社会各个群体的认可，才能赢得商机。

牺牲其他利益集团的正常利益是无法实现股东财富最大化的：如果企业产品质量不高，企业的产品将失去市场；如果企业压低工人工资，企业将得不到优秀的工人；如果企业违反法律法规，企业将失去存在的基本资格。但是过分要求商业性企业为社会服务，把商业性企业的目标改为照顾社会的各种利益集团的福利也是不好的，这样容易使企业又倒退到以前经营国营企业的年代，最后的结果是谁的利益都无法兼顾，最终反而给社会带来极大的负担。

道德问题基本不会危及企业生存。在金融和财务领域的道德问题已经成为世界关注的焦点之一。许多公司和银行的破产都与不道德的理财行为有关。道德上的错误在金融和财务领域是不可原谅的。首先，不道德的行为导致企业失去信用，在这种情况下，资本市场的交易无法进行。其次，如果企业发生内部交易丑闻、冒险投机、管理层不作为、贪污腐败等不道德行为，公众对企业产生不满，会使公司陷入财务危机。因此，财务道德关乎企业的存亡与发展。

## 第四节 中国公司金融研究的基本现状

作为公司金融的主体，中国的企业有其不同于西方的特点，它们的类型、规模、融资方式等都和中国的具体国情紧密联系。而公司金融理论是研究公司的资金流动和运动规律的科学，它起源于西方国家，以发达、完善的资本市场为基础。随着我国经济发展和资本市场的建立,我国的公司金融研究也日益增多。要先了解中国公司金融的主体——中国的企业,再来了解西方公司金融理论在中国的研究现状。

## 一、中国的企业发展现状

整体来看,中国的企业发展呈现三个主要的特点:一是企业的规模不断增长,国有企业和民营企业齐头并进,一起为中国经济的腾飞做贡献;二是代表新兴产业的公司不断发展,为中国经济转型升级蓄力;三是与发达国家相比,中国资本市场并不完善,上市公司存在一定问题,资本市场和上市公司的发展还有一定的提升空间。

### (一) 企业规模迅速增长,国有企业和民营企业齐头并进

企业的迅猛发展,为中国经济发展注入了无限活力。国家统计局数据显示,2022年,中国的企业法人数量已经超过3 282万家,且呈不断增长的趋势。其中,私人控股企业占比95.9%,是中国经济发展的中坚力量(见图1-3和图1-4)。

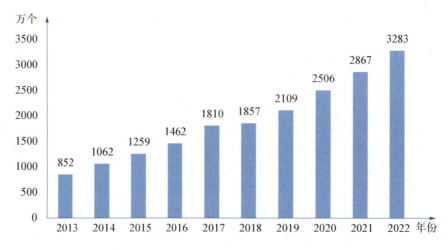

图1-3　中国企业法人数量

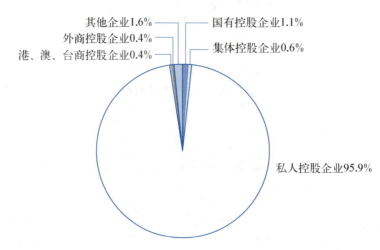

图1-4　中国不同类型的企业法人占比

除了民营企业,中国的企业构成中,还有很多国有控股企业和集体控股企业,虽然它们在数量上少于民营企业,但由于国有企业在政府资源获取上具有天然优势,很多国有企业都是对应领域的大型龙头企业,是中国经济发展的领头羊。2023 年,有 97 家国有企业跻身《财富》杂志评选的世界 500 强企业,包括中石化、中石油、中国工商银行、中国移动、中国联通、中国电信等大型国企。国有企业为经济社会发展提供了坚强支撑,正从"大而全"向"强而精"发展。

阿里巴巴、华为等民营企业品牌过硬,研发设施领跑全球,并通过并购提升自身商业运作模式;而对国营企业的产能整合亦会提高传统领域的产出效率,提高总体经济的回报率。国有企业和民营企业都是创造物质财富的主体,使中国成为世界第二大经济体,第一大出口国;它们都是技术创新的主体,使中国成为世界第二大发明专利申请国,第四大国际专利申请国。两种所有制企业在市场经济中协同发展,帮助中国经济实现腾飞,创造了一个又一个奇迹。

从上市公司的角度来看,也能发现中国的企业在飞速成长。自 1990 年 12 月上海证券交易所成立以来,中国资本市场飞速发展,A 股市场已经拥有超过五千家上市公司,近年来沪深两市总市值超过 70 万亿人民币,成为全球资本市场的重要一员(见图 1-5)。不过,从上市公司的总市值变化也可以看到,中国的资本市场波动较大,体现为一部分上市公司市值大幅波动。市场非理性和散户盲目、投机的心理经常干扰资本市场的平稳运行,这也是我国资本市场还未发育成熟的表现。

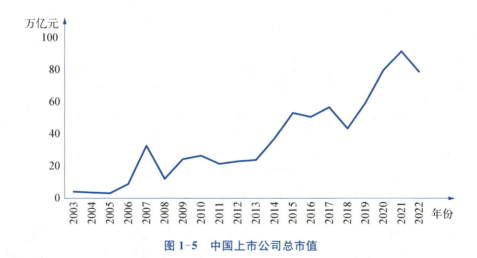

图 1-5　中国上市公司总市值

### (二) 新兴产业公司比重增长

中国经济要从自然资源和要素投入驱动的传统经济发展模式,向资源配置效率和创新驱动的发展模式转型,离不开代表新兴产业的公司的发展和推动。在经济"新常态"下,具体表现为传统产业的萎缩和新兴产业的快速增长。国家统计局数据显示,自 1996 年以来,第一产业、第二产业占国内生产总值的比例不断下降,第三产业占比逐年上升;在 2013 年,第三产业占比首次超越第二产业。2015 年,第三产业占国内生产总值的比重超过 50%,对 GDP 增长的贡献超过第一、二产业之和,成为国民经济发展的支柱产业(见图 1-6 和图 1-7)。

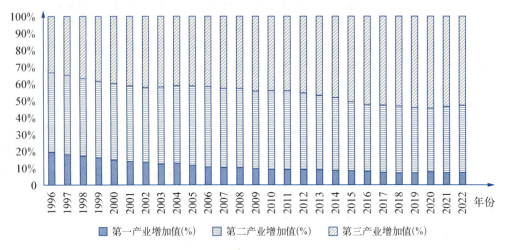

图 1-6 中国三次产业构成

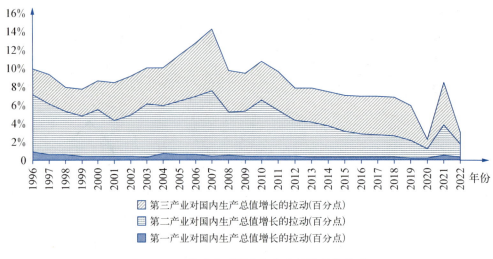

图 1-7 三次产业对国内生产总值增长的拉动

从中国产业结构的变迁来看,20 世纪 90 年代进入生活消费时代,百货家电风靡,家电行业的公司在资本市场如鱼得水,消费品制造业不断发展。2000 年进入工业制造时代,中国加入世界贸易组织(WTO),带动了出口额攀升,拉动 GDP 高速增长,全球掀起一股"中国制造"的潮流。从上市公司分行业数据统计表可知,制造业企业上市数量和总市值都稳居第一,是过去几十年中国经济增长的重要推手。自 21 世纪以来,城镇化进入加速期,房地产迎来黄金时代,其间进出口贸易相关行业和地产产业链,包括下游地产,中游的工程机械、卡车、建筑、建材,上游的有色、煤炭等公司受到投资者欢迎,价值不断增长。房地产相关行业的公司也发展壮大,房地产成为中国 A 股市场第五大行业,建筑业则紧随其后,是我国资本市场第六大行业。2008 年全球金融危机后,全球重构经济增长模式,移动互联网时代到来,中国的信息科技和互联网行业降低了社会交易成本,TMT 类行业

(科技、媒体和通信三个领域的融合)的公司受到市场追捧。在中国的资本市场,信息传输、软件和信息技术服务业成为第四大行业(见表1-1)。

表1-1　中国上市公司分行业数据统计

| 行　业　名　称 | 公司家数 | 市值(亿元) | 市值占比(%) |
|---|---|---|---|
| 制造业 | 3 637 | 455 697.79 | 51.62 |
| 金融业 | 126 | 154 859.99 | 17.54 |
| 信息传输、软件和信息技术服务业 | 440 | 69 855.98 | 7.91 |
| 采矿业 | 83 | 58 919.21 | 6.67 |
| 电力、热力、燃气及水生产和供应业 | 138 | 31 335.18 | 3.55 |
| 交通运输、仓储和邮政业 | 120 | 27 520.28 | 3.12 |
| 批发和零售业 | 202 | 16 300.13 | 1.85 |
| 建筑业 | 110 | 15 836.91 | 1.79 |
| 房地产业 | 111 | 12 097.61 | 1.37 |
| 科学研究和技术服务业 | 118 | 9 496.72 | 1.08 |
| 租赁和商务服务业 | 69 | 7 042.22 | 0.80 |
| 农、林、牧、渔业 | 50 | 6 895.10 | 0.78 |
| 文化、体育和娱乐业 | 63 | 6 260.02 | 0.71 |
| 水利、环境和公共设施管理业 | 102 | 4 606.81 | 0.52 |
| 卫生和社会工作 | 17 | 3 512.61 | 0.40 |
| 综合 | 13 | 1 049.82 | 0.12 |
| 住宿和餐饮业 | 9 | 884.82 | 0.10 |
| 教育 | 11 | 582.43 | 0.07 |
| 居民服务、修理和其他服务业 | 1 | 16.61 | 0 |

由高投资转向高消费,由制造业转向服务业的大背景下,中国经济一步步向价值链上游迈进。以电信设备、能源设施(核反应堆)、铁路系统(高速铁路)、船舶制造为代表的重工业领域当中,中国企业已可媲美甚至反超发达国家的竞争对手;而高附加值的制造业产品,譬如个人电脑和智能手机,已经大量销往海外,占据中国出口总额的半壁江山。金融业、批发和零售业、文化、体育和娱乐业等服务业和高端制造业的发展,是中国经济创新驱

动发展、转型升级的源泉。

### (三) 中国资本市场和上市公司发展仍存提升空间

改革开放以后,我国主要以农村经济为主,政府实行家庭联产承包责任制,充分调动了农民的积极性,解决了最初的温饱问题。随后,邓小平的南方谈话将中国带入了社会主义市场经济,充分发挥了经济的活力。21世纪,我国加入WTO,将产品和劳动力推向世界。同时,房地产市场化改革即城镇化改革使中国经济再次腾飞。

回顾我国经济发展过程,分别经历了要素驱动和投资驱动阶段。要素驱动是指通过劳动力、资源、环境的投入推动经济增长,也就是比较优势时代。投资驱动是指通过房地产和基础设施投资拉动经济增长。根据波特的国家竞争优势理论,中国在经历了前两阶段后,如果想要继续增长必须通过创新驱动,也就是进入经济新常态。

2001年,上证指数到达2245点,二十多年后指数仍然在3000点附近,远远低于GDP增速和通货膨胀增速。上证指数涨幅有限,受到了多方面因素影响(见图1-8)。首先,在上市公司中,国有企业过多,国有企业的管理层缺乏市场激励,有些管理人员是从政府部门调任企业,不知道如何经营企业、创造财富。国企本身存在一定的产权不清问题,企业责任、权力和利益相分离,导致了较为严重的代理问题。其次,我国的周期性产业存在产能过剩的问题。例如钢铁、水泥、煤炭等产业,在经济高增长时,企业有着良好的利润表现,但当经济一旦下滑到8%以下就会开始亏损。同时需要注意的是,虽然我国上市公司中有很多优秀的民营企业,但是有些企业滥竽充数,公司高管在企业上市之后不思进取,真正有活力的民营企业太少。

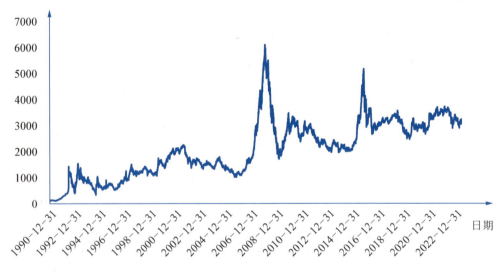

图1-8 上证指数历史行情序列

国有企业在股票市场的发展中经历了三个阶段。第一阶段为分拆包装上市,由于1998年以前国有企业亏损严重,因此政府将优质的公司拆分出来进行包装上市,融入大量资金。第二阶段为国企股份制改革,同时该阶段迎来了中国经济的高速增长,许多国企借着宏观经济增长发展壮大起来。第三阶段即经济新常态,有效需求不足,GDP 增速放缓,国有企业产能严重过剩。

2008 年全球金融危机之前,民企与国企的资产回报率都在稳步上升,两者之间的盈利能力差距不如后来那么大。但自 2008 年以来,民企的资产回报率已大幅升至 11%,而国企资产回报率有所下降,近年徘徊于 5% 上下。资产回报率表述是两个比率之积:利润率(利润/收入)和资产周转率(收入/资产)。当以这种方式解构国企和民企的资产回报率时会发现:两者之间的重大差别在于资产周转率,民企的生产效率远远高于国企。换言之,对于给定的资产,民企产生的收入远高于国企,即便两者从单位收入中赚取的利润几乎相等。这一差异的根源在于政府 2009 年的刺激政策,这些刺激主要通过国企传导,鼓励国企创建长期难以消化的冗余产能。另一方面,民企在针对市场境况变化进行调整方面做得不错。

综合来看,中国的上市公司或多或少都存有一定问题。国企与民企的盈利能力差距并不大,但是国有企业一方面产能严重过剩,致使其周转率很低;另一方面经营效率低下,代理成本严重。中国经济高增长,但大部分国企没有给投资者带来回报,因为其并非真正的市场经济企业。国有企业代理问题严重。部分公司的高管不懂得如何经营企业,更有甚者只谋求私人利益,因此其利益一般与股东不一致。而民营企业存在代际传递问题。许多成功民营企业的高管年龄较大,缺乏年轻人的活力和热情,既没有动力也没有能力将公司做得更好。同时企业也难以找到合适的接班人,而人力资本对于民营企业是非常重要的因素。民营企业没有"利益相关者治理",由于 A 股市场壳资源价值较高,企业缺乏契约精神,在经营不善时把公司卖掉仍然会有很高收益。

中国经济当前处于转型期,实体企业的转型在资本市场的市值占比上也会有相应的体现。在经济的新常态下,传统产业慢慢萎缩,新兴产业快速增长,成为新的经济增长点。股票市场如果按照行业的景气度来看,是经济的晴雨表,它体现的不仅仅是经济的整体增长速度,而且体现了经济的产业兴衰结构。这体现在股票市场上,就是新兴产业的股票市值比重不断提高。

从产业结构和有效市场的角度,如果市场是有效的,产业的市值一定会体现未来行业的景气周期。从中国产业结构的变迁来看,20 世纪 90 年代进入生活消费时代,百货家电风靡,于是 1996 年到 2001 年,家电行业市值领涨。2000 年进入工业制造时代,中国加入 WTO 带动出口额攀升,拉动 GDP 高速增长,城镇化进入加速期,房地产迎来黄金时代,其间进出口贸易相关行业和地产产业链,包括下游地产,中游的工程机械、卡车、建筑、建材,上游的有色、煤炭等涨幅居前,大盘价值表现占优。2008 年全球金融危机后,美国带领全球重构经济增长模式,移动互联时代来临,中国的信息科技和互联网行业降低了社会交易成本,TMT 类行业领涨,小盘成长表现占优。

如果将上证 50 指数设定为价值,将创业板综合指数设定为成长,按照创业板指数/上证 50 指数定义中国经济转型指数,也能得到中国的新经济在股票市场市值占比不断增长的结论。图 1-9 是按照创业板指数/上证 50 指数计算的中国经济转型图。2018 年去杠杆周期结束后,尽管有时市场偏好代表中国传统经济的价值,导致价值类公司上涨,但从中长期来看,成长类公司的涨幅是超过传统价值类公司的。

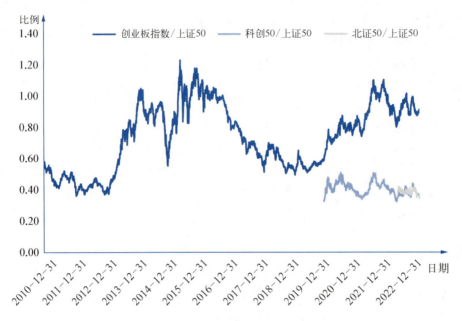

图 1-9 转型指数历史行情序列

## 二、公司金融理论的研究现状

对于公司金融学习来说,案例研究尤为重要。案例研究不仅让教学与时俱进,提升学术研究,还能使读者更好地理解企业和社会,做到见微知著、举一反三。案例除了教学型案例、研究型案例以外,还包括投资型案例。

这里重点介绍从宏观视角进行投资型案例研究的五维分析框架。该分析框架从政府的政策视角、企业家的视角、居民消费偏好视角、投资者的视角来评估公司价值。公司金融起源于会计,而后发展到独立的投融资,其关键之处在于理论框架。如图 1-10 所示,横向来看,右端是企业,左端是投资者,二者是研究公司的重要因素,但仅仅考虑企业和投资者是远远不够的,还需加入纵向的居民消费偏好和政府政策因素,另外还需考虑世界经济汇率情况,由此形成投资型案例的五维分析框架。

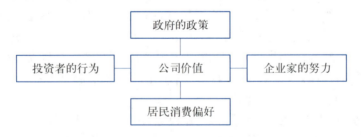

图 1-10 公司金融案例的分析框架

西方经典的公司金融理论包括 MM 理论、权衡理论、代理成本理论、信号传递理论、控制权理论等,主要经历了三个阶段。第一阶段,体现为 Franco Modigliani 和 Merton

H. Miller(1958)的 MM 理论。其主要内容是：在完美、有效的市场和完全套利的假设下，公司的融资结构和股利政策不会影响公司的市场价值。这是现代公司金融研究的出发点。第二阶段，体现为对完美市场假设的放松。研究人员开始考虑税收、破产成本、信息不对称等因素，但仍然保留了投资决策的外生性和半强势有效市场的假设。第三阶段，体现为对投资决策外生性假设的放松。研究者开始考虑所有权结构对公司经营管理的影响，但仍保留了半强势有效市场的假定。

西方公司金融理论在中国的研究现状主要体现在三方面：

（1）公司融资行为研究。包括资本成本分析、融资偏好分析、资本结构研究等方面。主要采用资本资产定价法、Modigliani 和 Miller 的平均成本定价法等来计算我国上市公司的资本成本。融资偏好和资本结构多以实证研究为主，这方面的主要研究结论是：我国上市公司的资本成本呈下降趋势，上市公司存在强烈的股权融资偏好。关于中国上市公司资本结构的研究在本书第七章会有详细分析。

（2）公司投资政策研究。主要包括企业并购的绩效、动机研究，公司的"融资约束"现象等方面。

（3）公司股利政策研究。包括三个方面：我国上市公司的孤立分配现状；公司股利政策的影响因素；股利是否具有信号传递效应，信号效应具体的表现形式。

西方资本市场上市公司股权分散，委托代理问题体现为管理层和股东之间的矛盾，而中国上市公司"一股独大"现象较常见，委托代理问题体现为大股东盘剥中小股东利益。两者的债务约束、投资者理性程度、控制权市场、税收制度都存在较大差异。西方经典公司金融理论的前提是完善的内部治理机制和有效的外部市场，以公司价值最大化作为目标函数。而中国资本市场和公司治理结构还不完善，中国有着不同于西方的制度结构。因此，不能简单照搬西方公司金融理论来研究我国的公司金融问题。

## 三、全面注册制下公司金融的研究趋势

2023 年 2 月 1 日，中国证监会、上交所、深交所和北交所就全面实行股票发行注册制的主要制度规则向社会公开征求意见，并于 2 月 17 日正式发布实施全面股票注册制的相关制度规则，这意味着此前在科创板、创业板和北交所的局部试点工作进一步向沪深主板、新三板基础层和创新层等剩余市场进行全面推广，历时多年的核准制正式退出历史舞台。不同于以往的核准制，股票上市由监管部门审核批准，注册制（Registration-Based IPO Regime）主要是指企业真实披露 IPO 信息，股票的发行和定价由市场来决定，能够更加适应市场经济的发展需要。全面注册制改革如何重塑资本市场生态这一重要问题，树立对全面注册制改革的正确观念认识。探究全面注册制改革如何重塑资本市场生态，树立对全面注册制改革的正确观念认识尤为重要。

在法治建设足够充分和完善的情况下，股票市场的全面注册制制度将企业 IPO 上市的决定权和定价权交还给企业本身、市场和相关金融主体，监管部门的角色从事前审核转变为事中监督，需要着力建设和完善有关法律法规，并引导国内外长期资金入市来进一步优化投资者结构，进而从供求两端对资本市场的原始生态进行了多方面的重塑升级，以此充分发挥注册制的制度优势，促进中国资本市场的国际化和长期健康发展。在学术研究

层面,虽然已有学者就科创板的注册制试点工作展开了相应的理论和实证研究,但还处于较为新兴的研究领域,有关问题还有待进一步发掘,而且,随着全面注册制工作的进一步开展,实践层面产生的新问题又会对原先的学术理论框架产生新的挑战与发展,公司金融未来研究将从以下几个方面展开。

(1) 全面注册制下的 IPO 定价效率研究。在以往的审核制和保荐制下,由于发行人和投资人之间的信息不对称,发行人需要通过抑价来吸引投资者参与,即新股发行价格通常低于市场价格,这使投资人能够在公司 IPO 上市后获得超额的回报,也就是常说的"打新股",这一现象最早由 Rock 教授在 1986 年提出。企业为了吸引更多的投资者参与认购而选择溢价发行,以此提高发行成功率和股票上市后的表现,但是这种做法可能会对公司的长期发展产生负面影响,特别是对于具有科技属性的科创板公司更不能采用低价发行策略,它们需要通过高价发行来保证融资额和估值,以及增强市场认可度和投资者信心,提高公司的发展前景和长期价值。现行的注册制试点以及未来的全面注册制将会有效改善这一问题。例如,科创板试点了高管战略配售和投资银行跟投制度,将利益相关者,特别是维护了中小股东的利益,发行人不用再通过抑价方式来吸引投资者,而且可以选择合适的时间和结合公司的发展阶段进行多次融资,更加体现了定价的市场化和通过市场竞争的方式来决定 IPO 定价水平。那么,全面注册制会提高 IPO 定价的效率吗,这有待于实践层面更多数据的验证与支撑。

(2) 全面注册制下的投资银行甄别能力研究。在以往的保荐制下,投资银行的主要利润或出发点是将公司保荐上市成功然后获得对应的保荐费用和相关的承销费,而且公司的定价越高,投资银行获得的收益也越高,这使其有动机帮助企业来包装自己。而且,如果保荐的公司存在欺诈发行或质量一般的问题时,投资银行一般不需要承担相应的风险和责任,即投资银行不需要考虑更多与"投资"紧密相关的公司质量和发展前景等问题,而是主要考虑公司相关要件的合规性以及如何帮助企业上市融资。而投资者希望能够投资到优质的上市公司,所以更关注的是公司上市后的长期表现,这使投资者与投资银行和拟上市公司之间存在一定的信息不对称问题,投资者处于弱势地位。而全面注册制下,跟投制度可以让投资银行与投资者一起承担项目的风险和收益,减少投资者的风险,同时也能够增加投资银行自身的风险意识和责任感,促进其更加谨慎地甄别项目,减少后续的风险。那么,全面注册制下,市场是否更加认可投资银行跟投的上市公司,以及投资银行跟投制度的作用效果如何,这有待实践层面的检验。

(3) 全面注册制下的公司盈利质量研究。在以往的核准制下,公司 IPO 上市被认为是实现公司市值和股东身价跃迁的重要里程碑,而且对于某些公司的控制人而言,成功上市就是公司经营的最终目标,特别是在退市制度不完善的情况下,这一动机被进一步放大,这也是为什么许多公司在上市前会进行"利润包装",甚至财务造假,而上市后就出现"利润滑坡"和股价爆雷,这与公司上市的目的相悖,也不利于资本市场的健康发展。而全面注册制将加强对企业财务信息的审查,企业必须透明地披露其财务信息,如果企业存在虚增收入、隐瞒负债等行为,将会被证监会及时发现并严惩,这在监管层面上起到了提高企业盈利质量的作用。此外,全面注册制的市场环境让 IPO 上市不是完成时,而是进行时,即公司会进行多次股权融资,特别是经过资本市场认可后,在后续的定向增发中可以以更高的价格进行股权融资,这使其在 IPO 时进行"财务包装"的动机降低。那么,全面注册制下,公司的盈利质量相比于保荐制而言是否会大幅提高,而且其具体的影响机制如何,是监管层面上的要求使然,还是市场给予优质公司更多的融资机会,这有待于实践层面的经验检验。

(4) 全面注册制下的审计风险研究。在以往的核准制下,审计机构主要负责对企业的发行申请文件进行审核,并对企业的财务报表进行核准,其主要职责是审核发行申请文件和核准财务报表的真实性,以保证企业的上市申请合规性。这意味着审计机构与被审计企业之间仍存在一定的信息不对称问题,审计机构仅对企业提交的申请材料和财务报表进行审核,这使企业有空子可钻,而且有研究发现很多企业愿意高价聘请当地的小审计师事务所进行审计,这些审计机构也愿意为其背书或者同流合污来欺骗投资者,财务造假事件和审计师更换事件非常之多,这不利于构建一个透明健康的资本市场。而在全面注册制下,审计机构的角色和责任得到进一步加强,同时也会承担更多的审计风险,需要为不能正确地评估公司的财务状况而产生的损失承担连带责任,"康美药业财务造假案"就是一个例证。因此,在全面注册制下,审计机构会进一步加强自身的管理和能力,提高审计质量和审计报告的准确性和权威性。那么,全面注册制下,审计机构出具的审计意见是否更加谨慎,是否更具参考价值,审计机构或审计师声誉的作用是否更加凸显或向头部集中,以及全面注册制下的审计风险相比于核准制而言是提高还是降低等,同样需要实践层面的检验。

## 案例分析

### ESG 理念的兴起与可持续投资

ESG 投资,也称作可持续性投资(Sustainable Investing)或者社会责任投资(Socially Responsible Investing),是指在投资决策中考虑环境、社会和公司治理因素的投资方法和理念。ESG 是环境(Environmental)、社会(Social)、治理(Governance)三个英文单词首字母的缩写,它打破了过去对公司财务绩效的单一关注,将公司的环境、社会和治理表现同时纳入评价体系。其中:环境(E)主要关注资源利用、污染物排放等企业经营、投资活动对环境的影响;社会(S)主要关注企业与其各方利益相关者之间的协调和平衡;治理(G)主要关注公司内部的治理结构和治理规则。

**一、ESG 理念的兴起**

ESG 的相关概念早在 20 世纪六七十年代就开始萌芽,在 20 世纪 90 年代以后,随着气候、污染、人口、资源等环境问题和贫富不均、性别种族歧视等社会问题的恶化,ESG 逐渐得到社会各界的广泛关注。2004 年,联合国和各大金融机构联合发布了一份题为"谁在乎赢"(Who Cares Wins)的报告,在这份报告中,ESG 概念第一次被正式提出;2006 年,在联合国的支持下,众多金融机构联合成立了"负责任投资原则"(PRI)组织,简单来说,签署 PRI 的机构投资人承诺将 ESG 因素纳入投资决策流程;此外,2007 年联合国召开气候峰会,2015 年底巴黎协定签订,同年联合国制定了 17 个"可持续发展目标"(sustainable development goals)。随着我国环保理念的增强,ESG逐渐在政策上受到重视。2018年,证监会修订《上市公司治理准则》,确立了我国ESG信息披露基本框架。2020年,国务院印发《关于构建现代环境治理体系的指导意见》,明确要建立健全环境治理的企业责任体系,要求企业公开环境治理信息。在2030年实现碳达峰和2060年实现碳中和目标的背景下,我国ESG相关政策指导呈不断增强趋势。从这一系列标志性事件中,我们可以看出ESG已经成为一个全球性的议题,ESG不仅受到国际组织的关注,也引起了监管者、投资者、消费者,以及各种利益相关者的高度重视。

总的来说,投资人关注ESG有三个原因:一是不同于传统的财务指标,企业的ESG表现可以反映它的社会价值,ESG信息可以帮助投资人更好地衡量投资标的的长期价值(long-term value);二是ESG可以帮助衡量企业经营的潜在风险,ESG信息可以帮助投资人完善风险管理(risk management);三是越来越多的投资人不再以赚钱为终极目标,他们希望自己的投资能带来正向的社会价值。由于这三个原因,投资人对ESG投资越来越感兴趣,对ESG投资理财产品的市场需求越来越大。与此同时,资本市场上的各大金融中介机构,包括共同基金公司、保险公司等,他们积极地迎合投资人的偏好和需求,不断推出ESG相关的投资产品,比如ESG概念基金、ESG指数基金等。

## 二、ESG相关理论基础

### (一)利益相关者理论

企业的利益相关者包括所有者、顾客、员工、供应商、政府等,企业的发展离不开各方利益相关者的投入和参与,企业应该追求整体利益最大化,而不仅仅是股东利益最大化。企业在环境、社会责任及公司治理上的不健全将损害员工、所在社区甚至是整个社会的利益,降低社会对企业的估值,影响企业的长期社会效益。这使越来越多的投资者在公司经济绩效维度之外,同时关注E(环境)、S(社会)和G(治理)等维度的情况。

### (二)可持续发展理论

可持续发展概念起源于环保问题,它的提出最早可以追溯到1972年召开的斯德哥尔摩世界环境大会。1987年世界环境与发展委员会(WCED)在报告《我们共同的未来》中指出,可持续发展旨在满足当代人需求的同时,又不损害后代人满足其需求能力的发展。此后,人们在实践和研究中逐步形成了可持续发展理论。可持续发展理论以公平性、持续性和共同性为原则,是ESG的理论支柱之一。ESG的基本理念是基于对可持续发展模式的不断探索,发现企业在ESG方面表现良好才能实现经济、社会和生态效益的共赢,进而提升投资者对企业发展的信心,实现良性资本循环。

### (三)委托代理理论

随着生产力的发展和公司经营管理活动的日益复杂,所有者逐渐力不从心,开始寻求具备专业管理能力的职业经理人来管理公司,由此职业经理人成为公司的实际经营者,公司逐步呈现"两权分离"的局面,委托代理关系产生。与所有者相比,管理层在公司运营管理过程中掌握了更多的内部信息,为了追求自身利益其可能做出损害所有者利益甚至危害企业生存与发展的决策,这便是第一类关于委托人(所有者)与代理人

(管理层)的委托代理问题。加大ESG投入有助于管理层树立更优质的企业家形象，而所有者与管理层之间存在的信息不对称使管理层有动机实施企业ESG漂绿行为以欺骗股东。因此，规范的企业ESG信息披露要求与相应的公司治理机制建设便显得尤为重要。

相较于已有的CSR(企业社会责任)概念，ESG概念基于可持续发展理论，将环境因素纳入公司实现长远发展需要关注的要素中，更有利于形成公司内部治理效果和外部效应提升的和谐统一。基于利益相关者理论、可持续发展理论和委托代理理论将E(环境)、S(社会)、G(治理)这三个方面结合起来考虑ESG概念，更加契合全社会实现可持续发展的要求。而结合ESG概念调整ESG的测量方式有利于利益相关者了解企业的ESG表现，为利益相关者的投资决策提供依据。

**三、ESG表现与企业发展**

企业越来越重视ESG治理，并将环境保护和可持续发展作为企业战略的重要组成部分。为了改善ESG表现并最终实现ESG的外部环境效应向企业内部经济效益转化，企业需要全面考虑ESG表现对企业发展的影响路径，在了解各种影响路径的内在影响机制前提下，逐步将ESG理念融入企业发展战略。

(一) 缓解企业融资约束

企业履行环境和社会责任能够帮助其在缓解融资约束方面发挥积极作用。

首先，企业良好的ESG表现所体现的非财务信息能够让利益相关者进一步了解企业的生产经营状况、财务实力和可持续发展能力，可有效减少企业信息不对称，从而降低投资者和债权人等要求的风险溢价，以降低融资成本，缓解企业融资约束。

其次，主动提升ESG表现的企业会向利益相关者传递出其经营状况良好、对未来预期较高的信号。即使企业目前经营状况欠佳，但其良好的ESG表现能够削弱高管的信息隐匿动机，从而有助于企业获得投资者的情感支持与认同，提升投资者的投资意愿，达到缓解融资约束的目的。

最后，企业的生存发展需要获取资源，ESG表现传递出的积极信号有助于企业获取政府补助等资源，能够缓解企业应对财务风险的资源约束，降低财务风险，进而缓解融资约束。有研究表明，企业良好的ESG表现能够使其以较低的银行贷款成本获取所需资金，降低财务风险，缓解融资约束。

(二) 促进技术创新

创新是决定企业发展方向、速度和规模的关键因素，是实现企业可持续发展目标的重要战略支撑。党的二十大报告对创新在我国市场经济发展中的重要作用进行了阐述，突出了企业在创新中的主体地位，提高创新活力、加大创新投入是发展的持久动力，而企业良好的ESG表现能够通过获取外部知识和增加研发投入来促进企业创新。

一方面，良好的ESG表现使企业信息透明度提高，能够与利益相关者建立牢固的伙伴关系，促进内部和外部知识交流和共享，并帮助企业吸收和整合来自外部的新知识，从而增强其创新能力。与外部利益相关者建立和保持良好的关系，有助于企业获取各种外部知识和信息,从而参与更高水平的创新活动,促进企业创新。另一方面,ESG表现良好企业的高管大局意识较强,比较看重企业创新的潜在利益,能够利用组织学习来感知和把握外部机会,获取新的外部知识,并整合和创造知识,进而促进企业创新。当高管的大局意识较强时,不会拘泥于现有资源的使用,更倾向于主动获取新的外部信息,并敢于冒险和尝试新事物,因此有利于企业创新。

企业良好的ESG表现能够通过增加研发投入来促进企业创新。一方面,企业良好的ESG表现能够强化内部治理机制,提高科学决策水平,从而抑制企业资源错配,使管理层合理配置企业创新活动所需资源,加大研发投入。积极提升ESG表现的企业会制定可持续发展战略并通过监督、制衡、反馈等一系列内部治理机制的设计,来提高治理透明度,纠正管理层刻意回避风险的防御倾向,提高企业资源配置的科学性和前瞻性,进一步降低企业资源错配风险,提高企业资源配置效率,尽可能将资源配置于与企业未来发展密切相关的创新项目中,以提高企业创新水平。另一方面,良好的ESG表现能够使企业获得利益相关者的认可和信任,从而拥有更多的外部资金来进行技术的迭代和升级,进而促进企业创新。虽然在提升企业ESG表现前期产生的信息制造成本与专有性成本可能会对创新绩效造成不利影响,但随着ESG表现的改善,相关制度会日趋成熟,边际成本也会逐步降低,成本效应所带来的负向影响减弱,企业将有更多资源用于研发投入,促进企业创新。

(三) 提高经营绩效

企业良好的ESG表现有助于企业与利益相关者之间的积极互动和有效沟通,提高利益相关者的信任和认可,为企业绩效带来积极影响。

从客户角度来看,企业良好的ESG表现能够提高生产力,为客户提供更低价格和更高质量的产品与服务,提升客户忠诚度和市场占有率,增加现金流,促进企业绩效的提高。

从员工角度来看,企业提高ESG水平能拥有更好的人力资本。根据效率工资理论,企业提高员工待遇、改善员工工作环境,可以减少员工偷懒、离职行为,提高员工忠诚度,激发员工的工作热情。同时,关心员工利益的企业与员工拥有共同的目标和价值理念,员工对企业的自豪感和认同感更强,从而自觉地努力工作。

从政府机构角度来看,ESG表现的改善有助于获取更多政策支持。企业ESG表现的改善显示出企业在积极承担社会责任,如主动承担环境责任、提升员工待遇、保护消费者权益和投身社会公益等,这有助于企业分担当地政府社会责任压力,提升企业在政府机构中的影响力,提升其在政府机构中的声誉,进而获得更多政府支持。

从舆论角度来看,媒体会为具有良好ESG表现的企业进行更多和更有利的报道,提高企业声誉,由此企业可收获利益相关者的信任,从而获取发展所需关键资源;同时,外部监督也会促使利益相关者积极地发挥监督作用、更多地反馈企业运营中存在的问题,从而帮助企业提升治理水平、改进管理流程,提升公司长期经营绩效。

(四) 降低企业风险

一方面,ESG表现好的企业风险管理更全面、合规标准更高,可以有效减少由和利益相关者摩擦带来的法律风险。随着 ESG 相关法规的完善,企业如果不注重员工权益、产品质量、环境保护等,将面临法律诉讼和行政规制,除了赔偿和处罚带来的直接支出外,还将因声誉受损而蒙受更大的经济损失。

另一方面,良好的 ESG 表现帮助企业积累了道德和声誉资本,能发挥一定的保险效应,可以帮助企业更好地应对外部不利冲击。在企业面临的外部经济环境恶化时,容易出现客户流失、融资困难、股价下跌等问题,社会绩效好的企业与利益相关者建立了稳固的合作和信任关系,因而能得到利益相关者的支持以渡过难关。不仅如此,ESG 的"保险效应"可以减少企业负面事件带来的损失。企业凭借良好的 ESG 表现获得了利益相关者的认可,树立了正面的品牌形象。社会公众对声誉好的企业包容度更高,当企业出现负面新闻时,利益相关者更愿意相信这是偶发事件、源于企业的失误而非恶意为之,因此不会对企业施以严厉的处罚,这给了企业纠偏的机会和时间,避免产生巨额经济损失。

**四、ESG 投资实践**

(一) ESG 投资现状

ESG 投资的第一个特征是"火爆"。根据美国可持续和社会责任投资论坛(US SIF)的统计,截至 2020 年,美国已经推出超过 4 000 只 ESG 基金,覆盖的总资产规模达到 17 万亿美元。全球来看,截至 2021 年 3 月,全球 3 826 个签署了 PRI 的金融机构的总资产管理规模超过了 120 万亿美元。中国的基金公司也积极地参与 ESG 投资的行列,目前已有超过三十家公募基金和保险公司签署了 PRI,是增速最快的国家。

第二个特征是"百花齐放"。一方面可以看到很多国际性组织,比如联合国、会计准则委员会等,都在努力推动建立统一的 ESG 评估、披露框架体系,但是在金融市场上,ESG 投资产品呈现出越来越大的差异性、多元性。以 ESG 基金的投资策略为例,有的基金采取"筛选排除策略",确保投资不流向 ESG 表现差的公司;有的基金采取"ESG 整合策略",把 ESG 信息整合进投资流程中,帮助分析风险和长期回报;也有的基金采取前面两种策略的混合策略,这种基金通常被称作"ESG 主题基金"。再以 ESG 的关注点为例,有的基金关注广泛的 ESG 问题,比如很多 ESG 指数基金;也有的基金关注具体的维度,比如在美国市场上有"女性领导力基金""水资源基金""化石燃料基金"等。这种 ESG 基金产品层面的"百花齐放",反映了投资人在 ESG 问题上多元性的偏好、目标和价值观。同时也反映了基金公司对投资人需求的主动迎合,以及产品设计、市场定位等层面的智慧。

(二) 中国 ESG 基金产品

ESG 投资作为一种投资范式,自然离不开投资策略及其载体——投资产品。2020 年我国政府提出"碳达峰、碳中和"目标以来,中国 ESG 基金规模稳步增长,占基金比重提升。截至 2023 年 6 月底,我国共有 473 只 ESG 基金,资产规模近 5 920 亿元。其中,环保主题基金规模最大,占比近 50%。从产品新发情况来看,ESG 产品在 2020 年和 2021 年发行规模较大,2022 年后增长趋于稳定。2022 年,全国社保基金在《实业投资指引》中提出探索开展可持续投资实践,加大对ESG主题基金和项目投资。近年来,保险资金也在加大ESG的投资力度,长期资金加速纳入ESG考量。同年,社保基金ESG投资组合面向国内公募基金公司招标,自上而下地引领国内公募基金践行ESG投资,加强ESG投资能力建设。

从类型分布来看,ESG基金以主动股票产品居多,被动指数型基金关注度不断提升。在国内ESG基金中,偏股混合型基金占比最高,截至2023年6月30日,偏股混合型ESG基金规模达到2 222.58亿元,占ESG基金总规模比重为37.5%。若以偏股混合、普通股票和灵活配置型基金为主动权益基金的统计口径,同期主动权益产品规模占ESG基金64%。被动指数型ESG基金的规模占比位列第二,截至2023年6月30日规模达到1 005.54亿元。被动型产品占权益类ESG基金总规模的比重自2020年以来连续上升,从12%上升至目前的20.9%。

从持仓特征来看,ESG基金以新能源产业链为主,近期行业集中度下行。截至2023年6月30日,ESG基金持仓最多的三个行业依次为电力设备及新能源、基础化工和汽车行业,这些行业自2020年以来增长明显,主要是顺应新能源及汽车产业链的快速发展趋势,同时,由于新能源作为减缓气候变化的解决方案,得到越来越多国内投资者的关注。从行业集中度来看,行业集中度自2016年以来到达低点后持续上行,并在2022年中到达高位,ESG基金行业投资主要分布于部分行业,此后行业抱团现象出现一定下行。

从管理人格局来看:(1)头部规模管理人相对稳定,根据Wind数据,2021年以来,汇添富、东证资管、华夏基金、富国基金ESG产品管理规模持续位列前4。2022年,华夏、富国、广发、南方基金逆势上行,这一方面源于投资者较强的可持续投资意向,另一方面源于新能源板块震荡下抄底资金的持续流入。(2)头部管理人策略各有侧重。汇添富、东证资管、中银基金以ESG策略基金为主,华夏、富国、工银瑞信、易方达、东方、南方基金以环保主题基金为主。广发基金除环保主题外,重点布局社会责任主题基金。(3)纯ESG基金管理人从集中分布到多点开花。2019年,易方达、富国等机构主导,前十机构占据纯ESG基金市场多数份额。此后随着更多公募积极参与,机构集中度下降,呈现多家机构齐头并进的态势。

从基金产品ESG表现来看:(1)国内ESG公募基金整体表现优于非ESG基金。尤其是纯ESG基金表现最佳,有22.9%的基金获得领先等级(AAA及AA)。(2)多数基金产品的ESG评级集中在中等水平(A、BBB、BB),而泛ESG基金的表现仍有提升空间,如环境保护和社会责任主题基金。(3)近两年ESG基金持仓S和G评分整体下行,而E评分变化不大。

(三)ESG投资策略

ESG投资策略是市场资金实现资源配置功能、资产管理机构践行ESG投资理念的方法。ESG投资诞生初期,投资者主要通过负面筛选的方式,在投资组合中排除一些与他们的价值观和伦理相悖的行业或公司。因此,负面筛选/排除法可以说是最早的ESG投资策略。近年来,随着社会发展和公众对ESG认知的提高,以及政府、监管、机构的大力推动,ESG 投资理念得以不断扩充,ESG 投资策略亦不断丰富。目前,ESG 投资策略主要分为七类:负面筛选、正面筛选、ESG 整合、参与公司治理、国际惯例筛选、可持续主题投资和社会责任投资。其中,负面筛选、ESG 整合、参与公司治理应用相对广泛,下文会重点介绍这 3 类 ESG 策略。

1. ESG 负面筛选:早期应用最广泛的 ESG 策略

ESG 负面筛选指的是基于 ESG 标准,从投资组合中剔除特定行业或公司。早期的 ESG 投资主要采用排除法来进行个股和行业筛选,在投资过程中规避在主营业务上会对社会和环境带来负面影响的行业和企业,例如不投资烟草、军工或者石化等行业。一些早期的 ESG 指数,例如 FTSE Social Index,其编制标准也是剔除涉及化石燃料、烟草、酒精、核能等业务的公司之后,采用市值加权法进行编制。从剔除方式来看,分为静态剔除与动态剔除两类。静态剔除是根据公司所处的行业或主营业务进行剔除;动态剔除主要指可以不定期根据公告进行剔除,例如企业因财务造假或被监管部门处罚,一旦公告,可以立即从投资组合中剔除。ESG 负面筛选对于规避尾部风险有显著的效果。

2. ESG 整合策略:在投资决策中综合考量 ESG 与财务等信息

ESG 整合是一种全面的投资分析方法,将 ESG 信息和传统财务信息等进行全面评估,以形成投资决策。ESG 整合由公司研究和投资组合分析两部分组成:公司研究指从多重渠道收集财务和 ESG 信息并加以分析,找出影响公司、行业的重要财务和 ESG 因子;投资组合分析指评估上述重要因素对投资组合的影响,并据此调整预期财务数据、估值模型或者调整投资组合内股票的权重。进行 ESG 整合时,投资者一般会用到定性分析或者定量分析方法。ESG 整合出现初期,主要采用定性分析,而非定量分析的方法。随着投资策略的日益丰富和量化分析工具的普及,越来越多的管理人会将 ESG 信息量化并整合到公司分析的框架之中。

3. ESG 参与公司治理:弥补信息不对称

ESG 参与公司治理策略是指奉行 ESG 投资理念的投资者不仅在投资决策过程中纳入 ESG 考量,而且以股东的方式主动参与所投资企业的公司治理,从而进一步实现 ESG 投资目标。ESG 投资者直接参与被投资公司的公司治理是非常有价值的,尤其是在新兴市场。在 ESG 相关数据披露不足,监管尚未到位,无法强制要求企业披露的情况下,通过参与公司管理能够弥补这些不足,也能协助与督促所投资企业推行 ESG 理念。近年来,越来越多的机构投资者,尤其是主权投资机构和养老机构都在加强与上市公司的接触。根据 ProxyPulse 在 2020 代理季节回顾(Proxy Season Review)报告中的数据,股东关于环境/社会议题、公司治理议题的关注程度在逐年提升。

(四)ESG 投资对基金公司的影响

推出 ESG 基金产品可以给基金公司带来巨大的好处。马芳原等(2023)在 *Launching For The Greater Good: Spillover Effect Of ESG Funds* 中观察了基金公司的 ESG 投资情况。研究发现,推出 ESG 基金产品给基金公司带来的好处来自两个方面:一方面,ESG 基金产品本身可以吸引大量的资金流,但相比于非 ESG 产品,它们的手续费也更高一些。基金公司的收入主要取决于资产管理规模和手续费比例两个方面,因此 ESG 基金产品本身对于基金公司来说属于"黄金产品"。

另一方面,ESG 基金产品的推出会给基金公司已有的其他非 ESG 基金带来溢出效应。虽然每只基金是独立的产品,当它们隶属于同一个基金公司旗下时,一只产品的需求可能会影响到另一只产品的需求。这种溢出可能为正也可能为负。(1) 如果投资人在基金公司的投资额基本固定,那么推出一个非常受欢迎的产品很有可能对其他产品产生"蚕食效应"。比如投资者一共有 100 块钱都投在基金公司 A 里面,投资者不考虑其他基金公司,或不存在其他基金公司,投资者本来 100 块投在非 ESG 基金里,ESG 基金推出以后投资者很喜欢,取出 100 块投过去,这就产生了"蚕食效应"。(2) 一个成功旗舰产品有可能帮助基金公司打开市场,吸引更多的新客户新资金,同时打造基金公司的品牌效应,产生正向的溢出效应。例如基金公司 A 推出了一个特别受欢迎的 ESG 基金,好多投资人都感兴趣,在关注这个基金的同时也开始关注基金公司 A。由于各种原因,这些投资人在买 ESG 基金的同时就会顺手买点非 ESG 基金。这种情况下,推出 ESG 基金就会给整个基金公司带来正的溢出效应。

马芳原等(2023)发现了正的溢出效应,这并不是因为非 ESG 产品变绿,也不是因为非 ESG 产品经理的技能提高,比如学习利用 ESG 信息,从而有了更优秀的财务表现。真正的原因在于成功的市场营销,基金公司借助投资人和社会对 ESG 的日益重视,成功打造并营销自己的 ESG 产品的同时,营造了更好的品牌形象,吸引了更多资金流入。资金流入主要来自非机构投资人,它们对基金公司的市场营销手段更敏感,也容易产生光环效应。

ESG 投资产品无比火爆的背后,是来自投资人的巨大需求,和基金公司的热情供给。基金公司推出 ESG 投资产品,不仅可以给他们带来直接的好处,也可以惠及公司旗下的所有产品。另外,ESG 营销具有巨大影响力。非专业的散户投资人的决策很容易受到基金公司营销手段的影响,尤其在目前市场上 ESG 产品"百花齐放"的现状下,投资者应该仔细辨认认购产品是否真的符合自己的投资需求和偏好。多元化的产品设计是把双刃剑,一方面提供给客户更多的选择空间,另一方面也给基金公司创造了更大的"创意营销"空间。投资者和监管部门都应该警惕,杜绝某些基金公司跨过"道德的底线",把"创意营销"变成"挂羊头卖狗肉",销售一些名义上的 ESG 产品。

## 本 章 小 结

企业有三种组织形式:个体业主制、合伙制和公司制。前两种形式的企业受到有限寿命、无限责任以及发展资金筹集困难等因素制约,公司制企业是前两种企业发展到一定规模后转型升级的企业组织形式。公司制企业具有无限寿命、有限责任、融资灵活性强、再投资机会多等优点。

公司金融是研究公司制企业如何运行、如何获取资金（融资决策）、如何分配资本（投资决策或称之为资本预算决策）的学科。公司的金融活动表现为公司资金的不断循环、周转及其所体现的经济关系。公司金融的内容主要包括：投资决策、融资决策、营运资金管理。

企业的目标应该是为股东创造财富，将股东财富最大化作为公司运营的基本目标，在利润最大化还是价值最大化目标之争中，由于利润最大化目标过于关注短期，容易引起管理层不作为、会计利润易被操纵，故价值最大化目标更被广为接受。公司的发展要考虑到其他利益相关者利益，需承担一定的社会责任。

中国的企业发展有三个主要特点：一是企业的规模增长，国有企业和民营企业都对经济增长作出贡献；二是代表新兴产业的公司不断发展，为中国经济转型升级蓄力；三是中国的上市公司或多或少都存有一定问题：国有企业产能严重过剩，资产周转率很低，同时经营效率低下，代理成本严重。而民营企业存在代际传递问题。许多民营企业的高管年龄较大，没有动力和能力将公司做得更好。

西方经典公司金融理论较为完善，但它的前提是完善的内部治理机制和有效的外部市场，而中国资本市场和公司治理结构还不完善，有着不同于西方的制度结构。因此，要辩证地看待中国的公司金融问题。

## 习题与思考题

1. 企业有哪些组织形式？不同的组织形式有哪些优缺点？
2. 公司金融的主要内容是什么？
3. 公司金融和财务会计有哪些联系和区别？
4. 为什么说"股东财富最大化"或"价值最大化"是企业经营的基本目标？
5. 企业有哪些利益相关者？
6. 中国的企业发展到了什么阶段，具有什么样的特点？
7. 中国公司金融研究在哪些地方不同于西方的公司金融研究？
8. 通常按照什么框架研究公司金融案例？
9. 全面注册制背景下，公司金融的研究趋势是怎样的？
10. 何为ESG投资，ESG表现如何影响企业价值？

# 第二章

# 价值的基本概念

## 学习目标

1. 了解价值的概念和价值评估的方法。
2. 掌握终值与现值的计算方法,理解货币的时间价值。
3. 掌握特殊形式现金流——年金的终值与现值计算。
4. 了解风险的概念和表示方法。
5. 学会计算单项资产的风险与收益。
6. 掌握资产组合理论和资本资产定价模型。

## 第一节 价值评估在公司金融中的作用

### 一、为什么要进行价值评估

公司金融既然以企业价值最大化为目标,就需要使每一项决策都有助于增加企业价值。为了判断每项决策对企业价值的影响,必须计量价值。因此,价值是公司金融的核心问题,几乎涉及每一项财务决策。

价值评估是指对一项资产价值的估计。这里的"资产"可能是股票、债券等金融资产,也可能是生产线、厂房等实物资产,甚至可能是一个企业。这里的"价值"是指资产的内在价值,或者称为经济价值,是指用适当的折现率计算的资产预期未来现金流量的现值。

### 二、清算价值、内在价值、账面价值和市场价值

价值具有不同的表现形式和分类,为了更好地理解价值,服务于企业价值最大化目标,还需要掌握清算价值、内在价值、账面价值和市场价值的联系与区别。

清算价值是指企业清算时,一项资产单独拍卖产生的价格。清算价值以企业即将进行清算为假设情景,而内在价值以继续经营为假设情景,这是两者的主要区别。清算价值是在"迫售"状态下预计的现金流入,由于不一定会找到最需要它的买主,它通常会低于正常交易的价格;而内在价值是在正常交易的状态下预计的现金流入。清算价值的估计,总

是针对每一项资产单独进行的,即使涉及多项资产也要分别进行估价;而内在价值的估计,在涉及相互关联的多项资产时,需要从整体上估计其现金流量并进行估价。

账面价值是指资产负债表列示的资产价值。它以交易为基础,主要使用历史成本计量。资产负债表列出的账面价值与资产的真实价值存在差异。首先,资产负债表列示的很多资产都是以历史成本计价,不能表示当前的真实价值。比如,一台使用多年、账面价值低的设备,由于运转状况良好,且该设备生产的产品是畅销品,具有较高的市场价值。一台使用时间短、账面价值高的设备,由于其他高效率设备的出现,或者它所生产的产品已被市场淘汰,只具备很低的市场价值。其次,公司很多有价值的资产并未出现在财务报表上,资产负债表不包括没有交易基础的资产价值。例如,公司品牌的市场影响力、员工的专业技能、企业自创商誉、管理团队良好的管理素质等,都无法被囊括在报表中。最后,财务报表上列示的资产,不包括资产的预期未来收益,如未实现的收益等。因此,资产的账面价值经常与其市场价值相去甚远,导致其决策的相关性不强。

成功的公司往往能在资本市场获得比资产账面价值更多的资金,这是因为投资者认为公司的市场价值远高于其账面价值。市场价值是指一项资产在交易市场上的价格,它是买卖双方竞价后产生的双方都能接受的价格。内在价值与市场价值有密切关系。如果市场是有效的,即所有资产在任何时候的价格都反映了公开可得的信息,则内在价值与市场价值应当相等。如果市场不是完全有效的,一项资产的内在价值与市场价值会在一段时间里不相等。投资者估计一种资产的内在价值并与其市场价值进行比较,如果内在价值高于市场价值,则其认为资产被市场低估了,投资者会决定买进资产。投资者购进被低估的资产,会使资产价格上升,回归到资产的内在价值。而如果市场上存在卖空机制,投资者还可以利用卖空机制进行套利,这种出售资产的行为,会使目标资产的市场价格下跌。因此,只有当资产的内在价值等于市场价格时,市场处于均衡状态,这种现象就是"无套利均衡"。

正是因为资产负债表中账面价值与市场价值不一致,又存在等式:股东权益=资产-负债,所以股权的账面价值同其市场价值之间存在差异。对企业的投资者和经营者而言,更为重要的是企业的市场价值。在第一章中提到的股东财富最大化目标,其实就是股东权益的市场价值最大化。

## 三、价值评估在公司金融中的运用

财务估价的基本方法是折现现金流量法。该方法涉及三个基本的财务观念:货币的时间价值、现金流量和风险价值。

首先,价值评估涉及"货币的时间价值",主要讨论现值的计算方法。从资金运用的角度来说,资金的时间价值常常是针对资金在运用过程中可以不断增值的现象而言的。货币增值中的一部分体现为货币的时间价值,可以简单理解为一笔无风险投资随时间变化而获得的收益。

其次,价值评估涉及现金流量问题。要计算货币的时间价值,首先就要弄清楚每一笔资金发生的时间和流向。资金发生的时间,是指每一笔资金是在哪一个时点上发生的。而资金发生的流向,是指这一笔资金是流入企业还是流出企业。流入企业则给企业带来收益,流出企业表明企业正为投资项目付出成本。公司决策往往面临在不同的投资方案中间做出选择,不同的投资方案表现为不同的现金流量,通过对现金流量的分析可以评价不同投资方案的优劣,从而对投资方案进行比较和决策。

最后,价值评估与"风险和收益"密切相关,主要讨论风险价值问题。作为一种必需的生产要素,资金投入使用的条件是获取相应的报酬。投资是有风险的,而这笔报酬中除去货币的时间价值,还有一部分报酬是对风险的补偿。风险越高,投资者要求获得的风险溢价越高。对风险与收益进行权衡的经典理论有资产组合理论、资本资产定价模型等。

货币的时间价值、现金流量和风险价值统一于折现现金流量模型,采用的核心方法都是一致的。价值评估作为公司决策的重要依据,为公司进行科学的投资决策提供了一个可参考、可评价的方法与手段。

## 第二节  货币的时间价值

### 一、什么是货币的时间价值

货币的时间价值,是指货币经历一定时间的投资和再投资所增加的价值,也称为资金的时间价值。在商品经济中,有这样一种现象:现在的1元钱和1年后的1元钱经济价值不相等,或者说其经济效用不同。现在的1元钱,比1年后的1元钱经济价值要大一些,即使不存在通货膨胀也是如此。为什么会这样呢?例如,将现在的1元钱存入银行,1年后可得到1.10元(假设存款利率为10%)。这1元钱经过1年时间的投资增加了0.10元,这就是货币的时间价值。在实务中,人们习惯使用相对数字表示货币的时间价值,即用增加价值占投入货币的百分数来表示。例如,前述货币的时间价值为10%。

货币投入生产经营过程后,其数额随着时间增加而不断增长,这是一种客观的经济现象。企业资金循环和周转的起点是投入货币资金,企业用它来购买所需的资源,然后生产出新的产品,产品出售时得到的货币量大于最初投入的货币量。资金的循环和周转以及因此实现的货币增值,需要或多或少的时间,每完成一次循环,货币就增加一定数额,周转的次数越多,增值额也越大。因此,随着时间的延续,货币总量在循环和周转中按几何级数增长,使货币具有时间价值。

**[例 2-1]** 已探明一个有工业价值的油田,目前立即开发可获利 100 亿元,若 5 年后开发,由于价格上涨可获利 160 亿元。如果不考虑资金的时间价值,根据 160 亿元大于 100 亿元,可以认为 5 年后开发更有利。如果考虑资金的时间价值,现在获得 100 亿元,可用于其他投资机会,平均每年获利 15%,则 5 年后将有资金 200 亿元($100 \times 1.15^5 \approx 200$)。因此,可以认为目前开发更有利。后一种思考问题的方法,更符合现实的经济生活。

### 二、终值与复利计息

利息的计算有单利和复利两种。单利是指计息期内仅最初的本金作为计息的基础,各期利息不计息。而复利则是指计息期内不仅本金计息,各期利息收入也转化为本金并在以后各期计息。按照这种方法,每经过一个计息期,要将所生利息加入本金再计利息,逐期滚算,俗称"利滚利"。这里所说的计息期是指相邻两次计息的时间间隔,如年、月、日等。除非特别指明,计息期为1年。复利充分体现了资金的时间价值,在讨论终值与现值问题时,一般采用复利的概念。

终值(future value,FV)是指未来时点上现金流的价值,也称为未来值。也就是说,终值是当前时刻的现金流 $C_0$ 按照期望收益率 $r$ 进行投资后,在未来的 $t$ 时点上取得的值。所以多期投资按照复利计算的终值表达式为

$$FV = C_0 \times (1+r)^t \tag{2-1}$$

[例 2-2] 某人将 10 000 元投资于一项事业,年收益率为 5%,经过 1 年时间的期终金额为

$$\begin{aligned} FV_1 &= P + Pi \\ &= P(1+r) \\ &= 10\ 000 \times (1+5\%) \\ &= 10\ 500 (\text{元}) \end{aligned}$$

式中,$P$ 为现值或初始值;$r$ 为收益率或利率;$FV$ 为终值或本利和。

若此人并不提走现金,将 10 500 元继续投资于该事业,则第二年本利和为

$$\begin{aligned} FV_2 &= [P(1+r)](1+r) \\ &= P(1+r)^2 \\ &= 10\ 000 \times (1+5\%)^2 \\ &= 10\ 000 \times 1.102\ 5 \\ &= 11\ 025 (\text{元}) \end{aligned}$$

同理第三年的期终金额为

$$\begin{aligned} FV_3 &= P(1+r)^3 \\ &= 10\ 000 \times (1+5\%)^3 \\ &= 10\ 000 \times 1.157\ 6 \\ &= 11\ 576.25 (\text{元}) \end{aligned}$$

第 $n$ 年的期终金额为

$$FV = PV(1+r)^n$$

现实生活中,投资者在投入一次资金后,往往会在后续阶段继续投入资金,进行多次投资,以不断获取收益。

[例 2-3] 假设某人计划现在存入银行 1 000 元,一年后再存入 1 000 元,给定存款利率 1%,求两年后的总收入。

解:第一年年底,收入为 $1\ 000 \times (1+1\%) = 1\ 010$(元)

将这 1 010 元和第一年底存入的 1 000 元一起存入银行。

第二年年底,收入为 $2\,020\times(1+1\%)=2\,040.2$(元)

所以两年后的总收入为 2 040.2 元。

多次投资现金流的终值就等于每次现金流的终值之和。一般来说,次数为 n,每次现金流为 $CF_t$,利率为 r 的多次现金流的终值计算公式如下:

$$FV_n = \sum_{t=1}^{n} CF_t(1+r)^{n-t} \tag{2-2}$$

[例 2-4] 利率为 10%,小王进行投资,在未来四年的年末分别投入 100 元,200 元,300 元,400 元。四年后,这些投入资金的终值总共为多少?

解:投入资金的终值为

$$FV_4 = 100\times 1.10^3 + 200\times 1.10^2 + 300\times 1.10^1 + 400\times 1.10^0 = 1\,105.10\,(元)$$

## 三、现值与贴现率

现值(present value,PV)是指未来时点上产生的现金流在当前时点上的价值,设在未来 t 时点上的现金流为 $CF_t$,那么现值 PV 可以由式(2-3)计算,这一计算未来现金流现值的过程就叫作贴现,它是复利计算的逆过程。式中,r 为贴现率,$\dfrac{1}{(1+r)^t}$ 为贴现因子(discount factor)。

$$PV = \frac{CF_t}{(1+r)^t} \tag{2-3}$$

[例 2-5] 某人计划 5 年后获得 10 000 元,银行利率为 4%,以复利计息,请问他现在需要存入多少资金?

解:现在需要存入的资金为

$$PV = \frac{C_t}{(1+r)^t} = 10\,000\times\frac{1}{(1+4\%)^5} = 10\,000\times 0.821\,927 = 8\,219.27\,(元)$$

为了计算现值,需要在资本市场汇总寻找等价或者风险等级相同的投资对象,并将该投资对象的期望收益率作为贴现率。在经济意义上而言,该贴现率也称为资本机会成本,它是指在无套利的资本市场上,在同等投资风险条件下可以获得的最大期望收益率。由于对目标项目的投资,投资者失去了本可以得到相同风险等级债券的最大期望收益率,这一收益率也是投资者对目标投资项目所要求的投资收益率。

长期资产和投资项目所产生的现金流往往是一组独立的现金流序列 $\{CF_1,CF_2,\cdots,CF_T\}$ 出现的。如果现金流之间是相互独立的,不存在相互关联和影响的话,那么,多期现金流的现值等于各期现金流现值之和,这就是价值可加性原理。即:

$$PV(CF_1,CF_2,\cdots,CF_T) = PV(CF_1)+PV(CF_2)+\cdots+PV(CF_T) \tag{2-4}$$

当 $r_t = r$ 时,上式可以表示为

$$PV(CF_1,CF_2,\cdots,CF_T) = \sum_{t=1}^{T}\frac{CF_t}{(1+r)^t} = \sum_{t=1}^{T}\frac{CF_t}{(1+r)^t} \tag{2-5}$$

式中，$r$ 为平均贴现率；$T$ 表示投资项目所持续的时期数；$CF_t$ 表示 $t$ 时期的现金流量。

[例 2-6] 某项目投资的有效期或者存续期为 3 年，每年年底产生的现金流入分别为 30 万元、40 万元和 50 万元。该项目的贴现率为 10%，不考虑目标项目残值。

解：项目的现值为

$$PV=\frac{30}{(1+10\%)}+\frac{40}{(1+10\%)^2}+\frac{50}{(1+10\%)^3}=97.90（万元）$$

## 第三节　特殊形式现金流的估值

第二节内容介绍了多期投资的终值与现值计算，如果每一期的现金流都不相同，且现金流入流出的期数过多，那么，终值与现值计算会很烦琐。然而，有一类遵循特殊规律的系列现金流可以提供简便的计算方法。

### 一、年金

年金是指一组期限为 $T$ 期的现金流序列，每期现金流入或者流出的金额是相等的。在现实经济生活中，年金很常见，比如分期付款赊购、等额还本付息、发放养老金等。年金可以表示为 $(C, C, \cdots, C)$，$C$ 为每期期末所产生的现金流量，期限为一固定的 $T$ 期。年金的现金流可以用如下的时间线（图 2-1）表示：

图 2-1　年金现金流

年金终值是指其最后一次支付时的本利和，它是每次支付的复利终值之和。当贴现率 $r_t = r$ 时，对每期期末支付 $C$ 的 $T$ 期年金，其终值公式为

$$\begin{aligned}FV &= C + C(1+r) + C(1+r)^2 + \cdots + C(1+r)^{T-1} \\ &= C\sum_{t=1}^{T}(1+r)^{t-1}\end{aligned} \quad (2\text{-}6)$$

式中，$\sum_{t=1}^{T}(1+r)^t$ 被称为年金终值系数。

[例 2-7] 某人三年内每年年底存入银行 2 000 元，存款利率为 4%，按复利计息，计算第三年年底时的年金终值。

解：第三年年底的终值 $FV$ 为

$$FV = C\sum_{t=1}^{T}(1+r)^{t-1}$$

$$= 2\,000 \times \sum_{t=1}^{3}(1+4\%)^{t-1} = 2\,000 \times 3.121\,6 = 6\,243.20(元)$$

年金现值是指为了在每期期末获得相等金额的款项，现在需要投入的资金。当贴现率 $r_t = r$ 时，对每期期末支付 $C$ 的 $T$ 期年金，其现值公式为

$$PV = \frac{C}{(1+r)} + \frac{C}{(1+r)^2} + \frac{C}{(1+r)^3} + \cdots \frac{C}{(1+r)^T} = \sum_{t=1}^{T} \frac{C}{(1+r)^t} \quad (2-7)$$

式中，$\sum_{t=1}^{T} \frac{1}{(1+r)^t}$ 被称为年金现值系数。不难发现，年金的现值公式是一个等比数列，根据数学中的等比数列求和公式，我们可以得到年金现值的简化公式：

$$PV = \frac{C}{r} - \frac{C}{(1+r)^T} = C\left[\frac{1}{r} - \frac{1}{(1+r)^T}\right] \quad (2-8)$$

[**例 2-8**] 某人出国 3 年，请你每年年末代付房租，每年租金为 10 000 元，设银行存款利率为 10%，他应当现在给你在银行存入多少钱？

解：这个问题可以表述为：请计算 $r=10\%, T=3, C=10\,000$ 元的年终付款的现值为多少。

解：设年金现值为 $PV$，

$$PV = 10\,000 \times (1+10\%)^{-1} + 10\,000 \times (1+10\%)^{-2} + 10\,000 \times (1+10\%)^{-3}$$
$$= 10\,000 \times 0.909\,1 + 10\,000 \times 0.826\,4 + 10\,000 \times 0.751\,3$$
$$= 10\,000 \times (0.909\,1 + 0.826\,4 + 0.751\,3)$$
$$= 10\,000 \times 2.486\,8 = 24\,868(元)$$

除了根据公式(2-8)算出年金现值，我们还可以根据这一公式计算一定金额的现值对应的年金。

[**例 2-9**] 假设以 10% 的利率借款 20 000 元，投资于某个寿命为 10 年的项目，每年至少要收回多少现金才是有利的？

解：每期偿还数额的现值为 20 000 元，根据公式(2-8)，每个月需要还款的金额为 $C$，

$$C = PV \div \left[\frac{1}{r} - \frac{1}{(1+r)^T}\right]$$
$$= 20\,000 \div \left[\frac{1}{0.1} - \frac{1}{0.1 \times (1+0.1)^{10}}\right]$$
$$= 3\,254(元)$$

因此，每年至少要收回现金 3 254 元，才能还清贷款本利。

前面提到的年金计算公式假设第一笔年金支付发生在第一期期末，这一类型的年金通常被称为后付年金，也可称作普通年金。现实生活中有很多的现金支付发生于期初，这种现金流量发生在每期期初的年金称为先付年金。

[**例 2-10**] 6 年分期付款购物，每年初付 200 元，设银行利率为 10%，该项分期付款相当于一次现金支付的购价是多少？

解：可以将这些现金流看成是第 0 期的 200 元和一个 5 期的后付年金的组合,那么,这个组合而成的先付年金的现值 $PV$ 为

$$PV = 200 + 200 \times \left[\frac{1}{0.1} - \frac{1}{0.1 \times (1+0.1)^5}\right] = 958.16 \text{（元）}$$

先付年金的计算有一种比上面这个例子更为简便的方法。先假定现金流发生在每期期末,这就是一个后付年金求解的问题。又因为现金流实际发生在每期期初,只需把按照后付年金计算的结果乘以$(1+r)$,即可算出先付年金的现值。不难得出,先付年金与后付年金现值的关系为

先付年金的现值 = 后付年金的现值 $\times (1+r)$

所以,计算先付年金的步骤为:(1) 将其看成是后付年金,算出一个现值;(2) 将第一步算出的后付年金现值乘以$(1+r)$,即可求出答案。

## 二、递延年金

递延年金是指第一次支付发生在第二期或第二期以后的年金。用 $m$ 表示第一笔支付发生在第 $m$ 期期末。第 $m$ 期以后每年支付金额为 $C$,在第 $T$ 期期末,支付结束。递延年金的现金流形式如图 2-2 所示:

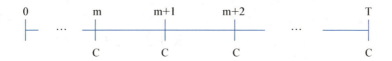

**图 2-2　递延年金的现金流**

递延年金的现值计算方式有两种。第一种方法是,将递延年金视为 $n$ 期普通年金,求出递延期末的现值,然后再将此现值调整到第一期期初(即图 2-2 中所示为 0 的位置)。第二种方法是,假设递延期中也进行支付,先求出 $T$ 期的年金现值,再扣除实际并未支付的递延期的年金现值,即可求出最终结果。递延年金的现值公式为

$$PV = \frac{C}{(1+r)^m} + \frac{C}{(1+r)^{m+1}} + \cdots \frac{C}{(1+r)^T} = \sum_{t=m}^{T} \frac{C}{(1+r)^t} \quad (2-9)$$

**[例 2-11]**　现有一个投资项目,现在投入资金,4 年以后开始产生现金流,每年 100 万元。项目存续期为 7 年,投资者的要求收益率为 10%。请问,这一项目的现值为多少?

解：由题意可知, $m=4$,项目存续期 $T=7$,贴现率 $r=10\%$,则项目现值 $PV$ 为

$$PV = \frac{100}{(1+10\%)^4} + \frac{100}{(1+10\%)^5} + \frac{100}{(1+10\%)^6} + \frac{100}{(1+10\%)^7}$$
$$= 100 \times 2.381\ 6 = 238.16 \text{（万元）}$$

## 三、永续年金

无限期地定额支付的年金,称为永续年金。现实中的存本取息,可视为永续年金的一

个例子。英国政府曾发行的统一公债,承诺每年向债券持有者支付固定利息。永续年金没有终止的时间,也就没有终值。永续年金的时间线如图2-3所示,第一笔现金发生在第一期的期末,每一期固定支付现金C。

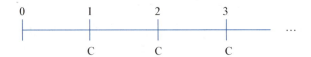

图 2-3 永续年金的现金流

如果利率为r,永续年金的现值可以通过普通年金现值的计算公式导出:

$$PV=\frac{C}{(1+r)}+\frac{C}{(1+r)^2}+\frac{C}{(1+r)^3}+\cdots=\frac{C}{r} \quad (2-10)$$

比如,一项每年提供100元现金流量的永续年金投资,在贴现率为10%时,其价值为 $PV=\dfrac{100}{10\%}=1\,000(元)$。

## 四、永续增长年金

如果永续增长年金的每期现金流不是等额的C,而是在C的基础上以一个固定的速度g匀速增长,而且增长趋势会永远持续下去的话,此类永续年金被称为永续增长年金(growing perpetuity)。永续增长年金有如下形式的系列现金流(图2-4):

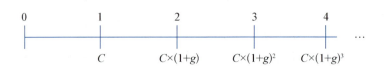

图 2-4 永续增长年金的现金流

一般而言,永续增长年金第一笔支付发生在第1期期末,支付金额为C,以后每期金额以g的速率增长。类比于永续年金的计算公式,永续增长年金的现值公式为

$$PV=\frac{C}{(1+r)}+\frac{C\times(1+g)}{(1+r)^2}+\frac{C\times(1+g)^2}{(1+r)^3}+\cdots=\frac{C}{r-g} \quad (2-11)$$

式中,g表示每期增长率;r为适用的贴现率;C为第一期期末所产生的现金流量。注意,在公式(2-11)中,r是大于g的。当g大于等于r时,现金流增速小于贴现速度,现值计算失去意义。

[例2-12] 一位企业家准备成立一个永久性的慈善基金,每年捐助贫困山区。考虑到通货膨胀,在第一年捐助了50 000元后,后面的捐助金额每年增加3%,基金的年化回报率为10%。如果这位企业家是一次性投入资金成立基金的话,请问这位企业家现在需要拿出多少资金,才能满足慈善基金的运营需求?

解:根据公式(2-9),基金在第一年年末捐助50 000元,以后每年以g=3%的速率增

长,贴现率 $r=10\%$,那么,企业家需要一次性投入的资金为

$$PV = \frac{50\,000}{10\% - 3\%} = 714\,286(元)$$

## 五、增长年金

在年金中,如果每期的现金流是在 $C$ 的基础上以一个固定的速率 $g$ 匀速增长的话,并且是在一个有限的时期 $T$ 内增长的现金流序列,那么这样的年金为增长年金(growing annuity),也称为非永续增长年金。增长年金有如图 2-5 形式的系列现金流:

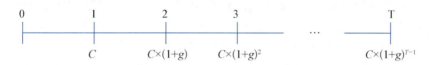

**图 2-5 增长年金的现金流**

一般而言,增长年金第一笔支付发生在第 1 期期末,支付金额为 $C$,以后每期金额以 $g$ 的速率增长,第 $T$ 期的现金支付为 $C\times(1+g)^{T-1}$。类比于年金的计算公式,增长年金的现值公式为

$$PV = \frac{C}{(1+r)} + \frac{C\times(1+g)}{(1+r)^2} + \cdots + \frac{C\times(1+g)^{T-1}}{(1+r)^T} \tag{2-12}$$

其实,增长年金可以看成是两个永续增长年金的差。永续增长年金 1 首次支付发生在第 1 期期末,支付金额为 $C$,而永续增长年金 2 首次支付发生在第 $(T+1)$ 期期末,支付金额为 $C\times(1+g)^{T-1}$,两者的现金流增速都为 $g$。因此,增长年金现值等于永续增长年金 1 的现值减去永续增长年金 2 的现值。

永续增长年金 1 的现值为

$$PV_1 = \frac{C}{r-g}$$

永续增长年金 2 的现值为

$$PV_2 = \frac{C(1+g)^T}{r-g} \times \frac{1}{(1+r)^T} = \frac{C}{r-g} \times \frac{(1+g)^T}{(1+r)^T}$$

因此,可以得到增长年金的现值公式:

$$PV = \frac{C}{r-g} \times \left[1 - \frac{(1+g)^T}{(1+r)^T}\right] \tag{2-13}$$

**[例 2-13]** 某人得到了一份年薪 10 万元的工作,工资将在年末发放。年薪以 5% 的速率增长,40 年后退休。如果现在市场利率为 6%,请问这个人在 40 年间获得薪酬的现值是多少?

解:由题意可知,一初始现金流 $C$ 为 100 000 元,增长率 $g$ 为 5%,贴现率 $r$ 为 6%,则

这个人获得所有薪酬的现值 $PV$ 为

$$PV = \frac{100\,000}{6\% - 5\%} \times \left[1 - \frac{(1+5\%)^{40}}{(1+6\%)^{40}}\right] = 3\,155\,569(元)$$

## 第四节 风险与收益的权衡

### 一、收益和风险的概念与度量

假设你以 $P_0$ 的价格买入一股某公司的股票，在你持有股票期间该公司分发了数额为 $Div_1$ 的股利，并且下一年你以 $P_1$ 的价格卖掉了该股票。那么该项投资的收益包括两个部分：一是买卖股票的差价，也就是 $P_1 - P_0$，称为资本利得(capital gain)；二是持有股票期间得到的公司分发的股利(dividend) $Div_1$。也就是说，你从一只股票中得到的收益就等于资本利得加上股利。

上述的收益是用一个绝对的数值表示了你投资于某公司股票的所得，但是因为百分比表示的收益与投资额无关，所以在一般情况下，用百分比表示收益比用绝对值表示收益更加简明扼要。用百分比表示的收益称作投资的收益率，即投资每一单位的资金所能获得的收益是多少。使用上述的表示方法，可以得到投资该股票的收益率分别为

资本利得收益率 $\frac{P_1 - P_0}{P_0}$，表示股票价格的变动幅度与初始价格的比值；

股利收益率 $\frac{Div_1}{P_0}$，表示获得的股利与初始价格的比值。

将资本利得收益率与股利收益率相加，就可以得到这一年中投资于该公司股票的总收益率。用 $R$ 来表示收益率，可以得到其计算公式为 $r = \frac{P_1 - P_0}{P_0} + \frac{Div_1}{P_0}$，或者用更具有普遍意义的方法来表示这一概念：用 $P_t$ 表示 $t$ 期的股票价格，用 $Div_{t+1}$ 表示持有一年后的股利所得，用 $r_t$ 表示 $t$ 期的总收益率，那么就有：

$$r = \frac{P_{t+1} - P_t}{P_t} + \frac{Div_{t+1}}{P_t} \tag{2-14}$$

假设某公司股票年初的价格为 25 元，年末的价格为 35 元。在年度内，公司支付了每股 2 元的股利。那么，该股票的收益率计算如下：

$$r = \frac{P_1 - P_0}{P_0} + \frac{Div_1}{P_0} = \frac{35 - 25}{25} + \frac{2}{25} = 40\% + 8\% = 48\%$$

式中，股利收益率为 8%，资本利得收益率为 40%，总收益率为两者之和 48%。

如果你投资一只股票并且持有一年以上，那么该项投资的收益率又是多少呢？假设在持有期内第 $t$ 年的收益率为 $r_t$，并且你将每次现金分红的股利再投资到该股票上，那么持有该股票 $N$ 年的收益率可以用式(2-15)计算得到：

$$持有期收益率 = (1+r_1)(1+r_2)\cdots(1+r_t) - 1 \tag{2-15}$$

该收益率称作持有期收益率(holding period return),它描述了投资者持有某项投资 N 年之后所能获得的收益率。例如,在过去的三年中,每年的收益率为 11%、5% 和 9%,若在期初投资 1 元,第三年年末将获得:$(1+11\%)(1+5\%)(1+9\%) = 1.11 \times 1.15 \times 1.09 = 1.27$ 元。应该注意的是,这 0.27 元的收益是指总收益,包括了再投资收益,也就是将第一年的股利再投资两年和将第二年的股利再投资一年所得到的收益。图 2-6 描述了在 2002 年年初投资 1 元人民币到中国股票市场和国债市场到 2022 年年底的收益。从该图中可以看到,投资 1 元人民币到股票市场沪深 300 指数,20 年后该投资变成了近 2.94 元,收益率为 1.94 倍。而投资到 10 年期的长期国债指数,20 年后,当初 1 元的投资变为 2.03 元,收益率为 1.03 倍。尽管在此 20 年间,投资股票的收益率高于投资国债的收益率,但从图 2-7 可以看出投资股票的年度回报率的波动性也远高于投资国债的年度回报率:在好的年份里,投资股票的回报率超过 150%,但在糟糕的年份里,其收益率可为 −60%;相比之下,投资国债的年度回报则是稳定在 2% 以上的正收益率。

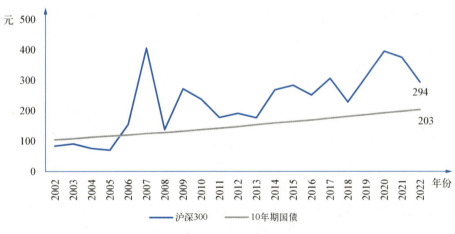

图 2-6 投资 1 元在 20 年后的累计收益

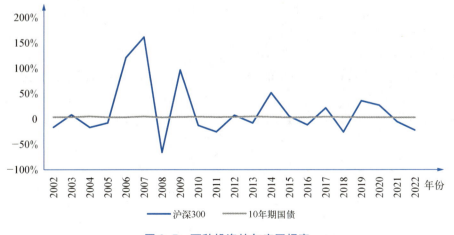

图 2-7 两种投资的年度回报率

从图 2-2 也可以看到,投资的历史回报率是不确定的,在有些年里高,有些年里低。在金融领域,通常把未来收益的不确定性通称为风险。当投资有风险时,可能获得的回报就不同。也就是说,一项投资的年度收益率在理论上是一个随机变量($R$)。每一种可能的回报都有其发生的可能性。对每一种可能的年度回报($r$)分配相应的概率($P_r$),并称之为年度回报率的概率分布。

## 二、风险和收益的历史权衡

知道一项投资回报的概率分布后,如何来度量风险的大小呢?一种最常用的方法就是考虑收益率分布的离散程度。一个分布的离散或延伸表明某一特定收益偏离平均收益的程度。如果这个分布很分散,未来产生的收益就非常不确定,反之,收益的不确定性就相对较低。由此可以看到,通常用两个指标来刻画一个概率分布。第一个指标体现概率分布的趋中性,称为平均收益率。第二个指标是描述概率分布的离散程度,称为方差。

### (一) 平均收益率或期望收益率

平均收益率(average return),或者期望收益率(expected return),是指各种可能的收益率的加权平均值,相应的权重即为各种可能出现的收益率的概率。如果以 $E(R)$ 或者 $\mu_R$ 来表示期望收益率;$P_i$ 表示第 $i$ 种收益率出现的概率;$r_i$ 表示第 $i$ 个收益率;则:

$$E(R) = \sum_{i=1}^{n} P_i r_i = P_1 r_1 + P_2 r_2 + \cdots + P_n r_n \tag{2-16}$$

### (二) 方差和标准差

方差(variance)描述了投资收益率偏离均值的平方的期望。方差用 $Var(R)$ 或者 $\sigma_R^2$ 来表示。

$$Var(R) = E[R - E(R)]^2 \tag{2-17}$$

方差的平方根称为标准差(standard deviation)。在金融领域,标准差也被称作波动率(volatility)。如果收益是无风险的,那么也就意味着其从不偏离均值,即方差为零。否则,方差会随着收益率偏离均值幅度的增加而增加。实际中,尽管方差和标准差都描述了收益率的偏离均值程度,但是标准差的应用更为广泛些,因为标准差与收益率本身具有同样的量纲尺度,即没有平方项。

假如已知一项投资收益率作为随机变量的分布,就可以通过其所有可能的取值及其相对应的概率,计算出该投资回报率的期望和方差。但事实上不可能事前知道一项投资未来回报率的真实分布。要估计该投资的期望和方差,只能从其过去实现的回报率中计算相应的样本统计量。样本均值是对回报率的期望的估计,其计算公式为

$$\bar{r} = \frac{1}{N} \sum_{i=1}^{N} r_i \tag{2-18}$$

样本方差则是对回报率的方差的估计,其计算公式为

$$Var(r) = \frac{1}{N-1} \sum_{i=1}^{N} (r_i - \bar{r})^2 \tag{2-19}$$

在介绍了样本均值和样本方差的计算方法后,可以从这两个维度考察一项投资的历史回报率的均值和标准差之间的关系。表 2-1 给出了在中国资本市场上两类投资从 2002—2022 年间的回报率的均值和标准差。在不同的投资类别中,随着平均回报率的增加,其年度回报率的标准差也相应地上升。事实上,如图 2-8 所示,历史回报率的均值和标准差的接近线性的相关关系在更多的证券类别中也是存在的。这是否意味着单个风险资产回报率的均值也与其标准差呈线性的正相关关系呢?如果是这样,那么则能够通过标准差来确定一个资产的期望回报率。事实上,实证结果表明,看到个股的平均回报率和波动率之间没有明确的线性关系。因此并不能用个股的波动率来确定其预期的回报率。那么,投资者为什么愿意持有两只具有相同期望回报、但不同波动率的股票?因为投资者关注的不是个股回报率的标准差,而是其整个投资组合的回报标准差。下一节将通过引入资产投资组合理论,来介绍投资者是如何进行投资组合的。这一节的内容会帮助读者衡量单个股票给投资者的资产组合带来的风险大小,进而确定投资者对该只股票所要求的回报率。

表 2-1　投资到中国资本市场两类投资的历史平均回报率和标准差(2002—2022 年)

| 投 资 类 型 | 年度平均回报率 | 年度回报率标准差 |
| --- | --- | --- |
| 沪深 300 指数 | 15.37% | 53.63% |
| 中债十年期国债 | 3.43% | 0.58% |

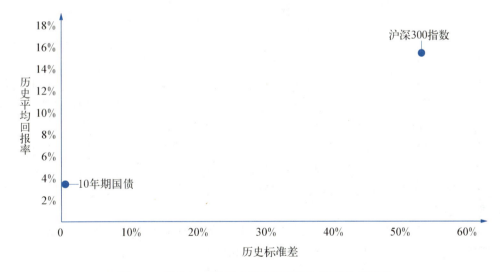

图 2-8　投资组合的历史平均回报率与标准差的关系

在介绍投资组合的回报之前,要回顾一下必要的统计知识。前面已经介绍了作为单个随机变量的投资回报的期望和方差。如果有两项以上的投资,要用协方差来描述回报率两两之间的相关关系。协方差(covariance)测度的是两个证券收益相互影响的方向和大小。正的协方差意味着证券收益的同向变动;负的协方差意味着收益的反向变动。而两个证券收益率的线性关系的相关程度则是相关系数(correlation coefficient)来衡量。相关系数的取值在-1和1之间变动。如果相关系数等于1,说明两个证券的收益是完全的正相关;如果相关系数等于-1,则说明两个收益率是完全的负相关。

如果以 $X$ 和 $Y$ 分别表示两种证券的收益率,用 $Cov(X,Y)$,或 $\sigma_{XY}$,来表示它们的协方差,$Corr(X,Y)$ 或 $\rho_{XY}$ 表示两者的相关系数。以 $x_i$ 和 $y_j$ 分别表示 $X$ 和 $Y$ 证券的第 $i$ 个和第 $j$ 个收益率,$P_{XY}$ 表示两种证券 $X$ 的收益率 $x_i$ 与 $Y$ 的收益率 $y_j$ 同时发生的概率,则有:

$$Cov(X,Y) = E\{E[X-E(X)][Y-E(Y)]\} \quad (2-20)$$

$$Corr(X,Y) = \frac{Cov(X,Y)}{\sqrt{Var(X)Var(Y)}} \quad (2-21)$$

最后,介绍一下期望、方差以及协方差的运算法则,以计算由多个随机变量构成的线性组合的期望、方差和协方差。假设 $W,X$ 和 $Y$ 是随机变量,$Z$ 是由 $X$ 和 $Y$ 构成的线性组合,$a,b$ 和 $c$ 是常数,令 $Z = aX + bY + c$,则有如下的运算法则:

$$E(Z) = aE(X) + bE(Y) + c$$

$$Var(Z) = a^2 Var(X) + b^2 Var(Y) + 2ab Cov(X,Y)$$

$$Cov(W,Z) = Cov(W, aX + bY + c) = aCov(W,X) + bCov(W,Y)$$

## 第五节 投资组合理论简介

投资组合理论认为,若干种证券组成的投资组合,其收益是这些证券收益的加权平均数,但是其风险不是这些证券风险的加权平均风险,投资组合能降低风险。这里的"证券"是"资产"的代名词,它可以是任何产生现金流的东西,例如一项生产性实物资产、一条生产线或者是一个企业。投资组合理论的假设如下:

(1) 期望收益假设,期望收益是指未来一段时间内各种可能收益值的统计平均。

(2) 单项资产和资产组合的风险由其收益(率)的方差或标准差表示。

(3) 投资者按照投资的期望收益和风险状况进行投资决策,即投资者的效用函数是投资期望收益和风险的函数。

(4) 投资者是理性的,即给定一定的风险水平,投资者将选择期望收益最高的资产或资产组合;给定一定的期望收益,投资者将选择风险最低的资产或资产组合。

(5) 人们可以按照相同的无风险利率 R 借入借出资金。

(6) 没有政府税收和资产交易成本。

### 一、两项风险资产构造的投资组合

假定资产 A、B 的期望收益率分别为 $E(R_A)$、$E(R_B)$,方差分别为 $\sigma_A^2$、$\sigma_B^2$,资产 A 与

B 收益的相关系数为 $\rho_{AB}$，协方差为 $Cov_{AB}$，$a$、$b$ 分别为资产 A 和资产 B 在组合中所占的比例，$a=1-b$。那么由 A 与 B 构成的资产组合的期望收益为

$$E(aR_A + bR_B) = aE(R_A) + bE(R_B) \tag{2-22}$$

与单项资产一样，资产组合的风险也是以它的方差或标准差为基础来度量的。两项资产构成的组合的方差为

$$\begin{aligned}Var(R_A, R_B) &= a^2\sigma_A^2 + b^2\sigma_B^2 + 2abCov_{AB} \\ &= a^2\sigma_A^2 + b^2\sigma_B^2 + 2ab\rho_{AB}\sigma_A\sigma_B\end{aligned} \tag{2-23}$$

相关系数总是在 $-1 \sim +1$ 间取值。当相关系数为 1 时，表示一种证券收益率的增长总是与另一种证券收益率的增长成比例，二者是完全正相关；当相关系数为 $-1$ 时，表示一种证券收益的增长与另一种证券收益的减少成比例，二者是完全负相关，可以充分抵消风险；当相关系数为 0 时，表示两项资产不相关。一般而言，多数证券的收益率趋于同向变动，因此两种证券之间的相关系数多为小于 1 的正值。两种资产之间的相关系数的表达式如式(2-24)所示。

$$\rho = \frac{\sum_{i=1}^n [(x_i - \bar{x}) \times (y_i - \bar{y})]}{\sqrt{\sum_{i=1}^n (x_i - \bar{x})^2} \times \sqrt{\sum_{i=1}^n (y_i - \bar{y})^2}} \tag{2-24}$$

[例 2-14] 假设 A 证券的期望收益率为 10%，标准差是 12%。B 证券的期望收益率是 18%，标准差是 20%。假设等比例投资于两种证券，即各占 50%。求组合的收益率和标准差。

解：该组合的预期收益率为

$$r_p = 10\% \times 0.50 + 18\% \times 0.50 = 14\%$$

如果两种证券的相关系数等于 1，没有任何抵消作用，在等比例投资的情况下该组合的标准差等于两种证券各自标准差的简单算术平均数，即 16%。

如果两种证券之间的预期相关系数是 0.2，组合的标准差会小于加权平均的标准差，其标准差是

$$\begin{aligned}\sigma_P &= \sqrt{(0.5^2 \times 0.12^2 + 2 \times 0.5 \times 0.5 \times 0.20 \times 0.12 \times 0.2 + 0.5^2 \times 0.2^2)} \\ &= \sqrt{0.0036 + 0.0024 + 0.01} \\ &= 12.65\%\end{aligned}$$

从这个计算过程可以看出：只要两种证券之间的相关系数小于 1，证券组合收益率的标准差就小于各证券收益率标准差的加权平均数。

在上例中，两种证券的投资比例是相等的。如投资比例变化了，投资组合的预期收益率和标准差也会发生变化。对于这两种证券其他投资比例的组合，计算结果见表 2-2。

表 2-2　不同投资比例的两种资产构成的组合收益与风险

| 组　合 | 对 A 的投资比例 | 对 B 的投资比例 | 组合的期望收益率 | 组合的标准差 |
|---|---|---|---|---|
| 1 | 1 | 0 | 10.00% | 12.00% |
| 2 | 0.8 | 0.2 | 11.60% | 11.11% |
| 3 | 0.6 | 0.4 | 13.20% | 11.78% |
| 4 | 0.4 | 0.6 | 14.80% | 13.79% |
| 5 | 0.2 | 0.8 | 16.40% | 16.65% |
| 6 | 0 | 1 | 18.00% | 20.00% |

图 2-9 描绘出随着对两种证券投资比例的改变,期望收益率与风险之间的关系。图 2-9 中黑点与表 2-2 中的六种投资组合一一对应。连接这些黑点所形成的曲线称为机会集,它反映出风险与收益率之间的权衡关系。

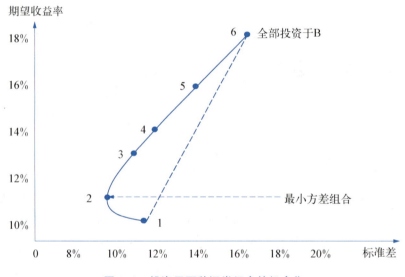

图 2-9　投资于两种证券组合的机会集

图 2-9 有几项特征是非常重要的。

(1) 它揭示了分散化效应。比较曲线和以虚线绘制的直线的距离可以判断分散化效应的大小。该直线是由全部投资于 A 和全部投资于 B 所对应的两点连接而成。它是当两种证券完全正相关(无分散化效应)时的机会集曲线。曲线则代表相关系数为 0.2 时的机会集曲线。从曲线和直线间的距离可以看出,本例的风险分散效果是相当显著的。投资组合抵消风险的效应可以通过曲线 1—2 的弯曲看出来。从第 1 点出发,拿出一部分资金投资于标准差较大的 B 证券会比将全部资金投资于标准差小的 A 证券的组合标准差还要小。这种结果与人们的直觉相反,揭示了风险分散化的内在特征。一种证券的未预期变化往往会被另一种证券的反向未预期变化所抵消。

(2) 它表达了最小方差组合。曲线最左端的第2点组合被称作最小方差组合,它在持有证券的各种组合中有最小的标准差。本例中,最小方差组合是80%的资金投资于A证券、20%的资金投资于B证券。离开此点,无论增加或减少投资于B证券的比例,都会导致标准差的小幅上升。必须注意的是,机会集曲线向点1左侧凸出的现象并非必然伴随分散化投资发生,它取决于相关系数的大小。

(3) 它表达了投资的有效集合。在只有两种证券的情况下,投资者的所有投资机会只能出现在机会集曲线上,而不会出现在该曲线上方或下方。改变投资比例只会改变组合在机会集曲线上的位置。最小方差组合以下的组合(曲线1—2的部分)是无效的。没有人会打算持有预期收益率比最小方差组合预期收益率还低的投资组合,它们不仅比最小方差组合风险大,而且收益更低。

在图2-9中,只列示了相关系数为0.2和1的机会集曲线,如果增加一条相关系数为0.5的机会集曲线,就如图2-10所示。首先,相关系数为0.5的机会集曲线与完全正相关的直线的距离缩小了,并且没有向点1左侧凸出的现象。其次,最小方差组合是100%投资于A证券。将任何比例的资金投资于B证券,所形成的投资组合的方差都会高于将全部资金投资于风险较低的A证券的方差。因此,新的有效边界就是整个机会集。最后,证券收益率的相关系数越小,机会集曲线就越弯曲,风险分散化效应也就越强。证券收益率之间的相关性越高,风险分散化效应就越弱。完全正相关的投资组合不具有风险分散化效应,其机会集是一条直线。

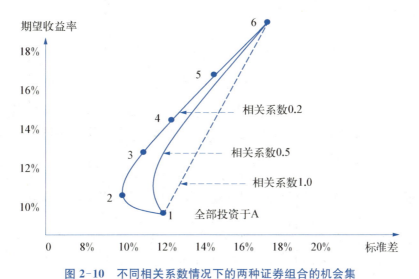

图2-10 不同相关系数情况下的两种证券组合的机会集

## 二、多项风险资产构造的投资组合

对于两种以上证券构成的组合,以上原理同样适用。假定有$n$种资产,资产$i$所占的比例为$w_i$,期望收益率为$E(R_i)$,方差为$\sigma_i^2$,资产$i$与$j$的相关系数为$\rho_{ij}$,则多种证券

构成的组合收益率为

$$E(R_p) = \sum_{i=1}^{n} w_i E(R_i) \tag{2-25}$$

多种证券组合的方差为

$$Var(R_p) = \sum_{i=1}^{n} w_i^2 \sigma_i^2 + \sum_{i=1}^{n} \sum_{j \neq i}^{n} w_i w_j \rho_{ij} \sigma_i \sigma_j \tag{2-26}$$

多种证券组合的机会集不同于两种证券组合的机会集。两种证券的所有可能组合都落在一条曲线上,而两种以上证券的所有可能组合会落在一个平面中,如图2-11的阴影部分所示。这个机会集反映了投资者所有可能的投资组合,图中阴影部分中的每一点都与一种可能的投资组合相对应。

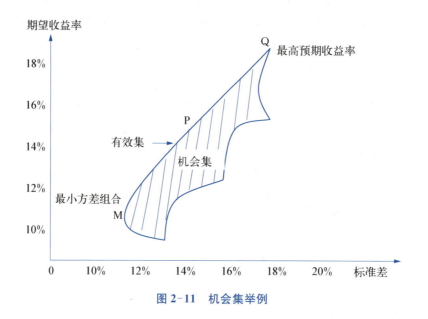

图2-11 机会集举例

最小方差组合是图2-11最左端的点M,它具有最小组合标准差。多种证券组合的机会集外缘有一段向后弯曲,这与两种证券组合中的现象类似:不同证券收益率相互抵消,产生风险分散化效应。

在图2-11中由曲线MPQ描出的部分,称为有效集或有效边界。它位于机会集的顶部,从最小方差组合点M起到最高预期收益率点Q止。投资者应在有效集上寻找投资组合。有效集以外的投资组合与有效边界上的组合相比,有三种情况:

(1) 相同的标准差和较低的期望收益率;(2) 相同的期望收益率和较高的标准差;(3) 较低收益率和较高的标准差。这些投资组合都是无效的。如果你的投资组合是无效的,可以通过改变投资比例转换到有效边界上的某个组合,以达到提高期望收益率而不增加风险,或者降低风险而不降低期望收益率,或者得到一个既提高期望收益率又降低风险的组合。

## 三、系统风险与非系统风险

单独持有一项资产时,资产的风险状况由其实际收益水平围绕期望收益的波动大小来衡量，波动越大，风险越高。当一项资产纳入资产组合之中，人们不再关心某项资产的收益波动状况，而是关注整个资产组合的收益波动。在资产组合内，一项资产的风险可能被另一项资产抵消，决定资产组合风险大小的因素是单项资产对整个资产风险的贡献大小，即那些无法被分散的风险。

非系统风险，又称个别风险。只与个别资产（企业）或少数资产（企业）自身的状况相联系，是由每项资产自身的经营状况和财务状况决定的，可通过多项资产的组合加以分散。例如，一家公司的工人罢工、新产品开发失败、失去重要的销售合同、诉讼失败，或者宣告发现新矿藏、取得一份重要合同等。这类事件是非预期的、随机发生的，它只影响一个或少数公司，不会对整个市场产生太大影响。这种风险可以通过多样化投资来分散，即发生于一家公司的不利事件可以被其他公司的有利事件所抵消。

系统风险是指那些影响所有公司的因素引起的风险。例如，战争、经济衰退、通货膨胀、高利率等非预期的变动，对许多资产都会有影响。系统风险不能通过多元化而分散掉，它影响的资产非常多，虽然影响程度的大小有区别。例如，各种股票处于同一经济系统之中，它们的价格变动有趋同性，多数股票的收益率在一定程度上正相关。经济繁荣时，多数股票的价格都上涨；经济衰退时，多数股票的价格下跌。尽管涨跌的幅度各股票有区别，但是多数股票的变动方向是一致的。所以，不管投资多样化有多充分，也不可能消除全部风险，即使购买的是全部股票的市场组合。

已知资产的风险可以用标准差计量，标准差是指它的整体风险。现在把整体风险划分为系统风险和非系统风险。

承担风险会从市场上得到风险报酬，回报大小仅仅取决于系统风险。这就是说，一项资产的期望收益率高低取决于该资产的系统风险大小。

通过资产组合减弱和消除个别风险对投资收益的影响，称为风险分散。风险分散的根本原因在于资产组合的方差项中个别风险的影响在资产数目趋于无穷时趋于零。而风险不可能完全消除（系统风险存在）的根本原因在于资产组合的方差项中的协方差（反映各项资产间的相互作用）项在资产数目趋于无穷时不趋于零（图2-12）。

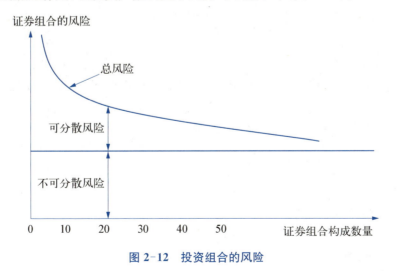

图2-12 投资组合的风险

## 四、无风险资产和风险资产的组合

之前一直讨论的为风险性资产,投资组合也是由风险性资产构成的。如果市场上存在无风险资产(如国库券),那么投资组合的有效集会发生什么变化呢?

从无风险资产的收益率(Y 轴的 $R_f$)开始,做有效边界的切线,切点为 M,该直线被称为资本市场线。当存在无风险资产,投资者可以在资本市场上借到钱,将其纳入自己的投资总额;或者可以将多余的钱贷出。无论借入和贷出,利率都是固定的无风险资产的收益率。$R_f$ 代表无风险资产的收益率,它的标准差为零,即收益率是确定的。

存在无风险资产的情况下,投资人可以通过贷出资金减少自己的风险,当然同时也会降低预期的收益率。最厌恶风险的人可以全部将资金贷出,例如购买政府债券并持有至到期。偏好风险的人可以借入资金(对无风险资产的负投资),增加购买风险资产的资本,以使预期收益率增加。

假定风险资产和无风险资产构成的组合的期望收益率 $E(R_P)$,标准差为 $\sigma_P$;风险资产期望收益率为 $E(R_M)$,标准差为 $\sigma_M$;无风险利率为 $R_f$。如果 Q 代表投资者投资于风险组合 M 的比例,$1-Q$ 代表投资于无风险资产的比例。那么可知总期望收益率为

$$E(R_P) = Q \times E(R_M) + (1-Q) \times R_f \tag{2-27}$$

如果贷出资金,Q 将小于 1;如果是借入资金,Q 会大于 1。

而总标准差为

$$\sigma_P = Q \times \sigma_M \tag{2-28}$$

此时不用考虑无风险资产,因为无风险资产的标准差等于零。如果贷出资金,Q 小于 1,投资者承担的风险小于市场平均风险;如果借入资金,Q 大于 1,投资者承担的风险大于市场平均风险。

Q 可以为任意实数,因此,由上面两式可以推出资本市场线的表达式:

$$E(R_P) = R_f + \frac{E(R_M) - R_f}{\sigma_M} \sigma_P \tag{2-29}$$

切点 M 是市场均衡点,它代表唯一最有效的风险资产组合,它是所有证券以各自的总市场价值为权数的加权平均组合,可将其定义为"市场组合"。虽然理智的投资者可能选择曲线 XMN 上的任何有效组合(它们在任何给定风险水平下收益最大),但是无风险资产的存在,使投资者可以同时持有无风险资产和市场组合(M),从而位于直线 $MR_f$ 上的某点。直线 $MR_f$ 上的组合与曲线 XMN 上的组合相比,它的风险小而收益率却可以做到与之相同,或者收益高而风险与之相同,或者收益高且风险小。投资者无法构造斜率大于资本市场线的组合;而对斜率小于资本市场线的组合,同风险条件下,这些组合的期望收益率低于资本市场线的期望收益率,是无效率的组合。风险资产构成的组合的有效前沿是最小方差组合的上半部分,即曲线 XMN,而加入无风险资产后,有效前沿成为一条直线,就是资本市场线。

图 2-13 中的直线揭示出在持有不同比例的无风险资产和市场组合情况下,风险和预期收益率的权衡关系。直线的截距表示无风险利率 $R_f$,它可以视为因等待而获得的收益率,即货币的时间价值。直线的斜率代表风险的市场价格,它表示当标准差增长某一幅度时相应要求的收益率的增长幅度。直线上的任何一点都是市场组合和无风险资产按一定比例组合而成的。在 M 点的左侧,投资者将同时持有无风险资产和风险资产组合。在 M 点的右侧,投资者将仅持有市场组合 M,并且会借入资金以进一步投资于组合 M。

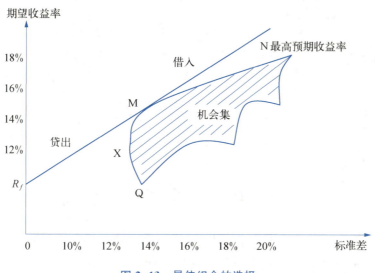

图 2-13　最佳组合的选择

个人的效用偏好与最佳风险资产组合相独立(或称相分离)。投资者个人对风险的态度仅仅影响借入或贷出的资金量,而不影响最佳风险资产组合。其原因是当存在无风险资产并可按无风险利率自由借贷时,市场组合优于所有其他组合。对于不同风险偏好的投资者来说,只要能以无风险利率自由借贷,他们都会选择市场组合 M。这就是所谓的分离定理,它也可表述为最佳风险资产组合的确定独立于投资者的风险偏好。它取决于各种可能风险组合的期望收益率和标准差。个人的投资行为可分为两个阶段:先确定最佳风险资产组合,后考虑无风险资产和最佳风险资产组合的理想组合。只有第二阶段受投资人风险厌恶程度的影响。分离定理表明企业管理层在决策时不必考虑每位股东对风险的态度。证券的价格信息完全可用于确定投资者所要求的收益率,该收益率可指导管理层进行有关决策。

## 第六节　资本资产定价模型

资本资产定价模型,是公司金融学形成和发展中最重要的里程碑。它第一次使人们可以量化市场的风险程度,并且能够对风险进行具体定价。

资本资产定价模型的研究对象,是充分组合情况下风险与要求的收益率之间的均衡关系。资本资产定价模型可用于回答如下不容回避的问题:为了补偿某一特定程度的风险,投资者应该获得多大的收益率。前面的讨论将风险定义为预期报酬率的不确定性;然后根据投资理论将风险区分为系统风险和非系统风险,知道了在高度分散化的资本市场里只有系统风险,并且会得到相应的回报。现在将讨论如何衡量系统风险以及如何给风险定价。

## 一、系统风险与贝塔系数

一项资产的风险可分为系统风险和非系统风险,非系统风险可以通过资产组合分散掉,只剩下无法分散的系统风险。当投资者在考虑是否要将一项资产加入投资组合时,其关注的重点是这项资产对组合收益率的风险的贡献程度,而不是单项资产的个别风险大小。

度量一项资产对风险充分分散的资产组合的总风险的贡献,一般采用贝塔系数,用希腊字母 $\beta$ 表示。贝塔系数反映了个别资产收益率的变化与市场上全部资产的平均收益变化的相关性。其计算公式如下:

$$\beta_j = \frac{Cov(R_j, R_m)}{\sigma_m^2} = \frac{\rho_{jm}\sigma_j\sigma_m}{\sigma_m^2} = \rho_{jm}\left(\frac{\sigma_j}{\sigma_m}\right) \tag{2-30}$$

式中,分子 $Cov(R_j, R_m)$ 是第 j 种证券的收益率与市场组合收益率之间的协方差;$\sigma_j$ 表示资产 j 收益的标准差;$\sigma_m$ 表示市场组合收益的标准差;$\rho_{jm}$ 是资产 j 收益率与市场组合收益率的相关系数。贝塔系数 $\beta_j$ 等于该证券的标准差、市场组合的标准差及两者相关系数的乘积。

根据上式可以看出,一种股票的 $\beta$ 值的大小取决于:(1)该股票与整个股票市场的相关性;(2)股票自身的标准差;(3)整个市场的标准差。

贝塔系数的计算方法有两种。一种是使用回归直线法。根据数理统计的线性回归原理,$\beta$ 系数均可以通过同一时期内的资产收益率和市场组合收益率的历史数据,使用线性回归方程预测出来。$\beta$ 系数就是该线性回归方程的回归系数。另一种方法是按照定义,根据证券与股票指数收益率的相关系数、股票指数的标准差和股票收益率的标准差直接计算。

贝塔系数的经济意义在于,它表明了相对于市场组合而言特定资产的系统风险是多少。例如,市场组合相对于它自己的贝塔系数是 1;如果一项资产的 $\beta=0.5$,表明它的系统风险是市场组合系统风险的 0.5,其收益率的变动性只及一般市场变动性的一半;如果一项资产的 $\beta=2.0$,说明这种股票的变动幅度为一般市场变动的 2 倍。总之,某一股票的 $\beta$ 值的大小反映了这种股票收益的变动与整个股票市场收益变动之间的相关关系,计算 $\beta$ 值就是确定这种股票与整个股市收益变动的影响的相关性及其程度。

对投资组合而言,$\beta_P$ 等于组合中各证券 $\beta$ 值的加权平均数:

$$\beta_P = \sum_{i=1}^{n} X_i \beta_i \tag{2-31}$$

如果一个高 $\beta$ 值股票（$\beta>1$）被加入一个平均风险组合（$\beta_p$）中，则组合风险将会提高；反之，如果一个低 $\beta$ 值股票（$\beta<1$）加入一个平均风险组合中，则组合风险将会降低。所以，一种股票的 $\beta$ 值可以度量该股票对整个组合风险的贡献，$\beta$ 值可以作为这一股票风险程度的一个大致度量。

**[例 2-15]** 一个投资者拥有 10 万元现金进行组合投资，共投资十种股票且各占十分之一即 1 万元。如果这十种股票的 $\beta$ 值皆为 1.1，则组合的 $\beta$ 值为 $\beta_p=1.1$。该组合的风险比市场风险大，即其价格波动的范围较大，收益率的变动也较大。现在假设完全售出其中的一种股票且以一种 $\beta=0.8$ 的股票取代之。此时，股票组合的 $\beta$ 值将由 1.1 下降至 1.07。

$$\beta_p = 0.9 \times 1.1 + 0.1 \times 0.8 = 1.07$$

## 二、证券的风险报酬与资本资产定价模型

证券投资的期望收益率主要依赖于其包含的系统风险，而与非系统风险无关。这是因为，在证券投资中，可以通过低成本的风险分散活动消除单一证券的非系统风险。系统风险无法消除，是投资者必须要承担的风险，投资者因承担风险而要求获得相应的报酬，称为风险报酬。

单一证券的期望收益率只与其所承担的系统风险有关，而证券的系统风险可由 $\beta$ 系数来度量。因此，单一证券的系统风险与收益之间的关系可由资本资产定价模型给出，即用证券市场线来描述。证券市场线表达式如下：

$$E(R_i) = R_f + \beta_i [E(R_M) - R_f] \tag{2-32}$$

式中，$E(R_i)$ 是第 i 个股票的要求收益率；$R_f$ 是无风险收益率（通常以国库券的收益率作为无风险收益率）；$E(R_M)$ 是平均股票的要求收益率（指 $\beta=1$ 的股票要求的收益率，也是指包括所有股票的组合即市场组合要求的收益率）。在均衡状态下，$[E(R_M)-R_f]$ 是投资者为补偿承担超过无风险收益的平均风险而要求的额外收益，即风险价格。$\beta$ 值与要求的收益率如图 2-14 所示。

证券市场线的主要含义如下：纵轴为要求的收益率，横轴则是以 $\beta$ 值表示的风险；无风险证券的 $\beta=0$，故 $R_f$ 成为证券市场线在纵轴的截距。

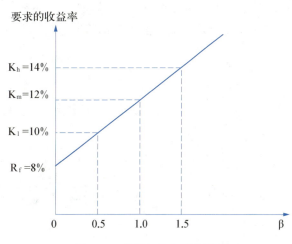

**图 2-14 $\beta$ 值与要求的收益率**

从证券市场线可以看出，投资者要求的收益率不仅取决于市场风险，还取决于无风险利率（证券市场线的截距）和市场风险补偿程度（证券市场线的斜率）。由于这些因素始终

处于变动之中,所以证券市场线也不会一成不变。预计通货膨胀提高时,无风险利率会随之提高,进而导致证券市场线的向上平移。风险厌恶感的加强,会提高证券市场线的斜率。

证券市场线适用于单个证券和证券组合(不论组合是否已经有效地分散了风险),它测度的是证券(或证券组合)每单位系统风险(贝塔系数)的超额收益。证券市场线比资本市场线的前提宽松,应用也更广泛。

> **案例分析**
>
> **Shibor 与市场基准利率**
>
> **一、Shibor 介绍**
>
> 上海银行间同业拆放利率(Shanghai Interbank Offered Rate,Shibor),以位于上海的全国银行间同业拆借中心为技术平台计算、发布并命名,是由信用等级较高的银行组成报价团自主报出的人民币同业拆出利率计算确定的算术平均利率,是单利、无担保、批发性利率。目前,对社会公布的 Shibor 品种包括隔夜、1 周、2 周、1 个月、3 个月、6 个月、9 个月及 1 年。
>
> Shibor 报价银行团现由 18 家商业银行组成。报价银行是公开市场一级交易商或外汇市场做市商,在中国货币市场上人民币交易相对活跃、信息披露比较充分的银行。全国银行间同业拆借中心授权 Shibor 的报价计算和信息发布。每个交易日根据各报价行的报价,剔除最高、最低各 4 家报价,对其余报价进行算术平均计算后,得出每一期限品种的 Shibor,并于 11:00 对外发布。
>
> 从图 2-15 可以发现,Shibor 的短期利率波动性较大,异常值较多。而从图 2-16 看出,Shibor 的长期利率有较强的稳定性。造成这一现象的原因可能是 3 个月以上 Shibor 利率对资本市场 IPO 募集资金、央行上调利率和法定存款准备金率等政策因素以及其他金融环境因素的变化不敏感。
>
>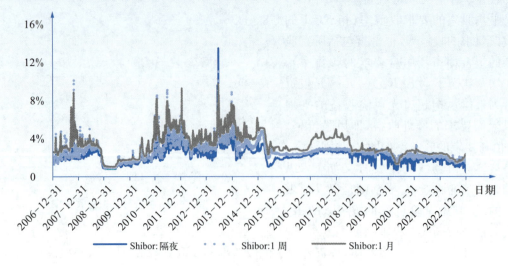
>
> 图 2-15 上海银行间同业拆放利率走势(隔夜、1 周、1 个月)

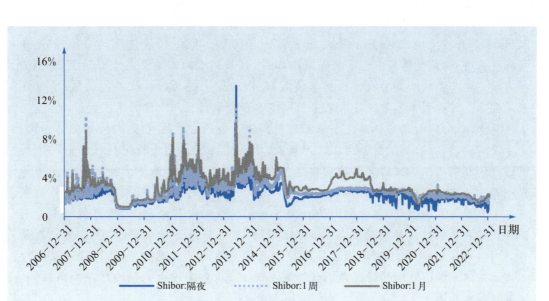

图 2-16　上海银行间同业拆放利率走势(3 个月、6 个月、1 年)

## 二、对市场基准利率的争论

市场基准利率是指在一国的利率体系中能够真实反映资金成本和供求状况,且其变动必然引起利率体系中其他利率相应变动的利率。而货币市场短期基准利率体系是指期限在一年以内的各期限品种利率的参考利率。它是货币政策价格调控的工具,是货币政策传导和连接中央银行、金融市场、金融机构和企业居民的纽带,是金融产品定价的参照系,是存贷款利率实现全面市场化的先决条件。因此,基准利率体系建设已经成为进一步推进利率市场化改革的关键。市场利率反映资金供求关系,但是在金融市场上又有很多利率种类,如果要把它们有机地组成一个市场利率体系,必须有一个基准利率来引导。

市场基准利率在资产定价中有非常重要的意义,但是目前国内对市场基准利率缺乏一个统一的认识,至少有以下几种提法:(1)商业银行一年期银行定存利率。(2)银行间市场的 7 天回购利率。(3)银行间拆借利率。(4)短期国债利率。除了这些观点,还有一些综合性的观点。有学者提出了以银行间市场回购利率作为短期利率的基准,并对利用银行间债券市场的国债到期收益率作为长期基准利率提出了建设性构想。也有人认为以同业拆借利率作为利率市场化过渡时期的基准利率,从长远角度以国债市场利率作为基准利率。也有学者从交易量和交易主体、与其他利率相关性、与货币供应量相关性、与国民经济相关性、可测性、可控性、利率期限结构等方面做了比较,认为同业拆借市场利率和债券市场回购利率更适合做利率市场化后的基准利率。

在对于中国货币市场基准利率的选择上,理论界并没有形成一致的意见。事实上,用上述利率作为货币市场的基准利率存在一些无法克服的矛盾。首先,一年定期存款非市场利率,由于受行政干预,传统的商业银行 1 年期存贷款利率现阶段不适宜充当基准利率。其次,不容回避的是我国的银行间市场回购利率包括 7 天、14 天、

21天、1个月、2个月、3个月、4个月、6个月、9个月和1年共10个期限的品种,但是在实际交易中,回购交易集中于7天等短期品种,较长期限的回购交易十分清淡,导致9个月和1年两个回购品种的回购利率缺失,无法构建完整的回购收益率曲线,所以在长期利率上回购利率不能满足未来中长期债券和金融衍生品定价的需要。

再者,银行间拆借市场是完全采用信用拆借资金的方式的市场,与回购交易相比,由于没有国债质押,拆借利率存在信用风险,由此同业拆借利率较同样在银行间市场上进行的相同期限的回购交易的利率通常要高出几到几十个基点。所以采用同业拆借利率作为基准利率,不能反映真实的无风险利率。同时,使用短期国债利率作为市场基准利率存在的问题是,短期国债我国不是定期滚动发行的,有时候可能根本没有短期国债。我国目前的国债在品种的期限结构上也显得十分单调,大多为中长期债券。财政部发债时,对不同期限券种的时间间隔安排还很不规律,因此国债收益率难以成为基准利率。我国的情况是国债市场尚不完善,无法作出完整的利率期限结构,流动性等也缺乏。

### 三、Shibor 是否可以作为市场基准利率

前面所述的几大利率虽然都有优点,但是也各自存在许多缺陷。而 Shibor 符合市场基准利率基础地位和稳定性的特点。货币市场从不同的需求出发,存在不同利率,作为市场基准利率,其变动会引起市场其他利率发生相应变化。因此,可以用 Granger 因果检验来检验这一问题。同时,市场基准利率除了要具备基础地位,还要有稳定性。金融市场的运行会受到来自方方面面的冲击,一个受到扰动后频繁、剧烈变动的利率是不能用来作为市场产品定价的基础的。而实证研究表明,Shibor 与目前货币市场主要利率间存在单向或双向因果关系,如果 Shibor 发生变动则其他货币市场主要利率会相应发生变动,即 Shibor 初步成为货币市场利率变动的风向标。同时,对 Shibor 运行稳定性的检验结果表明,当受到金融市场一些因素变动影响时,Shibor 具有较高的稳定性,具备作为金融产品定价的基础。

Shibor 作为市场基准利率具有重大意义。Shibor 是对境内信用等级较高银行拆出资金的利率,是境内人民币风险溢价最小的市场利率。Shibor 具有基准参考作用,其他市场产品定价将根据各自的风险和期限状况在 Shibor 基础上市场化形成收益率曲线,从而有利于市场发现不同主体的信用风险价值。因此,Shibor 既是利率市场化的结果,反过来又推进了利率市场化的进程。同时,由于其能充分、及时、准确地反映我国境内人民币市场资金供求变化,将成为连接中央银行、金融市场、商业银行和居民企业的利益纽带,是未来货币政策调控体系的主要政策工具。按照中国人民银行的计划,在 Shibor 推出后,拟以 Shibor 为基础推进利率市场化改革。路线图安排如下:先市场化产品定价与 Shibor 挂钩,再存贷款利率定价与 Shibor 挂钩,为最终实现货币政策从数量调控向价格调控转变奠定基础。

不过,Shibor 要成为市场基准利率,还存有一些制约因素。从目前 Shibor 的16家报价行的报价行为来看,Shibor 短端报价一般参考回购利率,中长端报价多参考央票利率,其报价水平多数情况下是反映了当前货币市场上现存利率的综合水平而不是自

身资金供求。Shibor报价行的报价能力不足严重影响了Shibor与货币市场参照间的契合程度,影响了Shibor在利率指标体系中的基准地位。

银行间同业拆借市场缺陷也制约了Shibor的发展。Shibor作为资金基础价格,其形成过程以及市场基准性、流动性及可交易性的发挥,都离不开完善的银行间同业市场。目前我国银行间同业市场总体交易规模尚小、发展结构不平衡、交易期限单一。在市场交易欠充分、市场机制不完善的情况下,银行间同业拆借的定价机制就会不明晰,信用拆借往往从一种市场行为演变为一种"关系交易"或"圈子交易",信用溢价被"关系溢价"所取代,对手的选择因而固定在较小的范围。如工、农、中、建四大国有商业银行各自的拆借对手方基本上不超过100家,这与总数为1 200多家的银行间市场成员相比,还是一个很小的比例。在上述情况下,市场价格发现功能就会被削弱,以致Shibor的基准地位势必受到影响。

总体而言,我国的金融市场还在不断演变过程中,理论界对市场基准利率没有统一的说法,目前尚无权威基准利率。现在变通的方法是根据各自研究的需要选定较为合适的基准利率。单纯地研究无风险利率没有任何意义,要看研究者想做什么研究,比如做投资组合,无风险利率就要选择和对应的投资组合时间长度相同的国债利率。如果是做短期的投资,那么可以选择7天回购利率作为参考基准。

要维护Shibor的基准地位,就要不断发展同业拆借市场,增强Shibor与同业拆借市场的关联性。同时,市场非理性常常导致机构投资者在银行间市场拆借资金,在股市疯狂逐利。因此,要规范股票发行、交易机制,弱化股市对Shibor利率的干扰。货币当局从维护Shibor基准利率的角度出发,应该密切监视热钱对中国银行业,以及对银行间市场和Shibor的冲击,并据此提出积极而有效的对策。

**四、美国联邦基金利率**

与Shibor同概念的还有美国联邦基金利率(Federal Fund Rate)与伦敦同业拆借利率(Libor)。联邦基金利率是美国联邦基金市场(同业拆借市场)的利率,而其中最主要期限品种是隔夜,联邦基金利率即是美国无抵押隔夜拆借利率。同业拆借市场是商业银行为调整在央行的存款准备金盈缺,以及保险公司、养老基金等金融机构调整短期头寸的重要融资渠道,其水平的高低反映货币市场资金松紧状况。

美国联邦基金利率与Shibor/Libor之间存在的一个最大差异在于,联邦基金利率是美联储的目标政策利率。联邦基金利率一般被认为是利率环境的一项长期指标,美联储可能在一年或更长的时间保持利率政策不变。联邦基金目标利率是各种短期融资工具、信贷产品、浮息债券及利率衍生品的定价基准利率,是美联储宏观调控的主要政策鞭。美联储通过公开市场操作影响联邦基准利率,进而调控整个金融体系中的利率水平。

联邦基金利息率变动导致一系列利息率随风而动。联邦基金利息率的变化同其他利息率的变化之间的关系相当复杂。例如,一年期国债收益率的变动同联邦基金利息率的变动有很强的相关性,但十年期国债收益率的变动同联邦基金利息率变动的相关性就比较差。格林斯潘曾声称美国国债收益率的扁平化是中国等国家购买美国国债造成的,因为美联储只能影响短期利息率而无法影响长期利息率。随着联邦基金利息率的上调,美国银行间拆借报价利息率(Ameribor)和有抵押隔夜融资利息率(Secured Overnight Financing Rate,SOFR)都会上升。其中 Ameribor 是基于美国金融交易所(AFX)进行的无抵押、短期贷款交易计算的利息率;SOFR 是基于国库券回购市场进行的回购交易计算的利息率。两者都是美国的重要市场基准利息率。其他重要市场利息率,如十年期国债收益率(尽管出现倒挂)和美国优惠贷款利息率等都随联邦基金利息率的上调而上升(见图 2-17)。

图 2-17 美国联邦基金利率与 Shibor 隔夜利率

# 本 章 小 结

公司以价值最大化为目标,因此需要进行价值评估,而此处的价值为内在价值。价值的类别包括了清算价值、内在价值、账面价值和市场价值。价值评估包括了货币的时间价值、现金流量和风险、收益的权衡。

货币随时间增加而增值,具有时间价值。终值是未来时点上货币的价值,现值是未来时点上产生的现金流在当前时点上的价值。采用复利计息的终值与现值计算公式可以看成一个可逆的过程。年金是特殊形式的现金流,它的现值与终值计算有着更为简便的公式。年金又包括先付年金、后付年金、递延年金、永续年金、永续增长年金和增长年金。结合时间线这一图形来理解各类现金流会方便计算。

风险是未来收益的不确定性,既有负面效应,又有正面效应。资产组合理论关注投资组合的系统性风险,而资本资产定价模型用贝塔系数来衡量单项资产的系统风险。期望收益由未来一段时间内各种可能值的加权平均求得,风险的度量一般用方差和标准差,可描述收益率偏离期望值的程度。当两个项目的期望收益率不同时,使用标准离差率来衡量单位收益率的风险大小。很多时候,未来的收益率不可知,可用已知的历史数据,求出样本均值和方差,来估计投资的期望和方差。投资者的回报来自货币的时间价值和项目给予的风险报酬。资本资产定价模型提供了度量单项资产和投资组合市场风险的工具:贝塔系数。

## 习题与思考题

1. 某公司拟购买一只股票并打算永久持有,预计公司最近两年不发股利,从第三年开始每年年末支付 0.2 元股利。若资本成本为 10%,则预期股利现值合计为多少?
2. 有一项年金,前 3 年无流入,后 5 年每年年初流入 500 万元,假设年利率为 10%,其现值为多少?
3. 假设银行利率为 i,从现在开始每年年末存款 1 元,n 年后的本利和为 $[(1+i)^n-1]/i$ 元。如果改为每年年初存款,存款期数不变,n 年后的本利和应为多少?
4. 甲公司平价发行 5 年期的公司债券,债券票面利率为 10%,每半年付息一次,到期一次偿还本金。该债券的有效年利率是多少?
5. 甲商场某型号电视机每台售价 7 200 元,拟进行分期付款促销活动,价款可在 9 个月内按月分期,每期期初等额支付。假设年利率 12%。则该电视机月初分期付款金额的是多少?
6. 证券市场组合的期望报酬率是 16%,甲投资人以自有资金 100 万元和按 6% 的无风险利率借入的资金 40 万元进行证券投资,甲投资人的期望报酬率是多少?
7. 证券市场线和资本市场线在适用范围、坐标轴、截距、斜率、测度的风险等方面有什么区别?
8. 计算投资于 A 和 B 的组合报酬率以及组合标准差。

|  | A | B |
| --- | --- | --- |
| 报酬率 r | 10% | 18% |
| 标准差 σ | 12% | 20% |
| 投资比例 w | 0.8 | 0.2 |
| AB 的相关系数 rAB | 0.2 ||

9. 资料一:企业向甲银行借款 5 000 万元,年利率 8%,每半年计息一次,期限 5 年,自 2018 年 1 月 1 日起至 2023 年 1 月 1 日止,企业选择等额本息还款方式偿还贷款本息,还款日在每年的 7 月 1 日和 1 月 1 日。
资料二:2019 年 12 月末企业出于降杠杆需要,准备于 2020 年 1 月 1 日提前偿还银行借款 1 000 万元(当日仍需偿还原定的每期还款额)。

要求：
(1) 根据资料一，计算借款的实际年利率。
(2) 根据资料一，计算当前每期还款额。
(3) 根据资料一，计算截至 2020 年 1 月 1 日，企业已还款的现值为多少？
(4) 根据资料一和资料二，计算如果企业选择提前偿还银行借款，还未偿还的贷款本金的现值为多少？
(5) 计算提前还款后的每期还款额。

10. 某公司拟进行股票投资，计划购买 A、B、C 三种股票，并分别设计了甲、乙两种投资组合。

已知三种股票的 β 系数分别为 1.5、1.0 和 0.5，它们在甲种投资组合下的投资比重为 50％、30％和 20％；乙种投资组合的风险收益率为 3.4％。目前无风险利率是 8％，市场组合收益率是 12％。

要求：
(1) 根据 A、B、C 股票的 β 系数，分别评价这三种股票相对于市场投资组合而言的投资风险大小。
(2) 按照资本资产定价模型计算 A 股票的必要收益率。
(3) 计算甲种投资组合的 β 系数和风险收益率。
(4) 计算乙种投资组合的 β 系数和必要收益率。
(5) 比较甲、乙两种投资组合的 β 系数，评价它们的投资风险大小。

# 第三章

# 投资决策方法的介绍与比较

> **学习目标**
> 1. 了解项目投资的概念、分类。
> 2. 掌握企业进行项目投资决策的步骤。
> 3. 了解项目的现金流量构成,掌握经营期现金流量的计算。
> 4. 掌握投资决策的方法,在不同项目间进行权衡取舍。
> 5. 在不确定的状况下,评估项目投资的现金流量和风险。

## 第一节 投资决策的基本概念

就价值创造而言,投资决策是筹资、投资、日常经营管理这三项决策中最重要的。筹资的目的是投资,投资决定了筹资的规模和时间。投资决定了购置的资产类别,不同的生产经营活动需要不同的资产,因此投资决定了日常经营活动的特点和方式。

### 一、什么是企业的项目投资决策

公司在当前进行的投资是决定公司前景的重要因素。项目投资决策所涉及的支出,例如厂房的新建和扩建,设备的引进和更新,资源的开发与利用等都具有金额大、影响时间长、影响因素复杂多变的特点。在一家管理规范的公司里,长期投资决策过程往往是从战略层次开始,再由执行经理将战略目标转化成包含特定投资方案的具体投资项目计划。而这一投资决策过程最为主要的方面就是投资项目的财务评估,或常被称为资本预算(Capital Budgeting)。

相对于短期投资来说,项目投资表现出如下特点:

(1) 项目投资的次数少、金额大。

与短期投资相比,项目投资并不经常发生,特别是大规模的、战略性的项目投资,一般要若干年甚至十几年才发生一次。虽然投资次数少,但是每次投资金额较大,在公司总资产中占比高。因此,在进行项目投资决策时,应确保有较多的时间进行专门的研究和评价,并为项目投资制定专门的资金筹措计划。

(2) 项目投资决策的影响周期长。

项目投资中,长期资产的寿命较长,其投资决策一旦做出,将会在相当长的时间内发挥作用,对公司的生产经营活动产生重大影响。这就要求在进行项目投资时必须小心谨慎,进行认真的可行性研究。

(3) 项目投资的变现能力较差。

项目投资的实物形态主要是厂房和机器设备等固定资产。固定资产不易改变其用途,项目投资一旦完成,如要改变其原始用途或将其出售很困难。项目投资的不可逆转性,要求公司在投资决策时注重有效性,避免盲目投资。

(4) 项目投资的风险较大。

一方面,项目投资的投资额较大、影响时间长、变现能力差;另一方面,影响项目投资未来收益的因素非常多,使项目投资比其他形式的投资承受了更多风险,投资决策的失误将给公司带来巨大的甚至是毁灭性的损失。公司在投资决策时要研究风险的来源并加以规避,将其投资风险控制在公司能够承受的范围之内。

## 二、项目投资的分类

按照项目投资的目的,可以把项目投资分成新建项目投资和更新改造项目投资两大类。新建项目投资是指以增加公司生产能力为目的而进行的相关投资,如新建厂房、购置设备和研制、开发新产品等。更新改造项目投资是指以恢复或提高生产能力、质量为目的而进行的投资,例如厂房的改扩建、设备的更新、现有产品的改造等。

按决策方案的相互影响,可以分为独立决策和互斥决策。

独立决策是指决策方案的现金流量与其他方案的现金流量无关,是否接受该方案不影响其他方案的取舍,决策者只需根据目标方案本身的优劣决定是否接受该方案。因此,所有独立决策方案如果都满足决策标准并且可行的话,这些方案都可以被接受。比如,一个企业准备推出一项新的产品,同时也准备对员工进行培训,如果这两个项目都有利可图并且可行,企业将选择同时进行这两个项目。

互斥决策是指不同方案之间相互影响,如果接受某方案的话,其他方案就要被拒绝。对于这种决策,即使不同的方案单独来看都是可以接受的,但总体来看,只有一个方案可以被接受,其他的都要被拒绝。比如,在一块土地上可以建造不同的项目,既可以建设住宅,也可以建设商场,还可以建设游乐场,但最终只能选择一个项目。

投资按其对象可以划分为生产性资产投资和金融性资产投资。

生产性资产是指企业生产经营活动所需要的资产,例如机器设备、存货等。这些资产是企业进行生产经营活动的基础条件。企业利用这些资产可以增加价值,为股东创造财富。生产性资产投资是一种直接投资,这种投资在企业内部进行,投资后企业并没有失去对资产的控制权,投资行为并不改变资金的控制权归属,只是指定了企业资金的特定用途。本章的投资决策部分分析的正是生产性资产的投资。

金融资产的典型表现形式是所有权凭证,例如股票和债券。正因为如此,金融资产也被称为"证券"。证券投资人提供的资金,交给企业之后,企业再投资于生产性资产。证券投资是一种间接投资,投资人把现金交给别人支配并换取某种所有权凭证,他们已经失去了对资产的实际控制权。

按资金投放的方向,投资可以分为对内投资和对外投资。

对内投资是指把资金投放到企业自身的生产经营中,形成企业的固定资产、无形资产等,其目的是保证企业日常生产经营活动的连续和生产规模的扩大。在企业的投资活动中,内部投资是主要方式。它不仅数额大、投资面广,而且对企业的稳定发展、未来盈利能力、长期偿债能力都有着重大影响。

对外投资是指企业把所拥有的资金投放于本企业以外的其他单位的投资。对外投资以现金、有形资产、无形资产等资产形式,通过联合投资、合作经营、购买金融资产等形式,向企业外部的其他单位投放资金。对内投资是生产性资产投资,而对外投资既包括生产性资产投资,又包括金融性资产投资。

虽然企业有时也以股权形式投资于其他企业,但这种投资与一般股票投资不同。企业的股权投资通常不以获取直接报酬为主要目的,而是为了控制被投资企业,以便从销售、供应、技术或管理上得到回报。如果直接以获取股利或资本利得为目的,不如让股东自己去直接投资股票,不仅可以节约交易费用,而且还能减少税务负担。企业要做的事情,应当是股东自己做不了或做不好的事情。

### 三、项目投资的基本步骤

企业常见的投资决策可以分成三种。第一种是和现有经营项目相关的日常性的投资,比如换一台现有的机器或电脑。第二种是企业对新的项目的投资,比如公司准备新开一家分店。第三种是通过并购来扩大企业的规模,这也是一种投资。这些投资决策在经济概念上和盈利分析方法上有相似之处。在本章介绍的方法都是可以适用于这些投资决策。

因为现代商业企业的目标是为投资者增加价值,企业的经营者要知道什么样的投资会给股东创造价值。对一个上市公司来说,投资决策的目标就是分析哪些项目会增加股票的价值,会增加多少。这就要对投资项目进行分析、评估和甄选,还要进行敏感性分析。长期投资决策的基本步骤包括如下几步:

(1) 提出各种投资方案。投资项目是根据公司的长远发展战略、中长期投资计划和投资环境的变化,在把握良好投资机会的情况下提出来的。新产品方案通常来自营销部门,设备更新的建议通常来自生产部门等。

(2) 估计方案的相关现金流量。要考虑现金流量的流动方向,发生时点,发生金额,对现金流量做合理的估计。通过对未来产品和生产要素的市场状况和价格水平进行预测,为投资的收益与费用分析打下基础。通过预测投资的资金需求量,估计投资额的大小。通过分析、评估投资的经济效益,为下一步的选择决策提供必要的经济指标。

(3) 计算投资方案的价值指标如净现值、内部收益率等。假定项目投资贴现率给定的情况下,选择合适的项目评价指标并加以计算。一项投资项目从筹建到投资再到终结,往往经历比较长的时间,而不同时点的现金流量缺乏可比性,实务中通常采用贴现现金流量模型,把由该项投资活动所引起的不同时点的现金流量调整到同一时点上进行比较分析。以此权衡项目的风险与收益,考察项目是否能为企业增加价值。

(4) 价值指标与可接受标准比较,进行项目选择。这些指标虽然重要,但绝不是进行投资决策的全部依据。由于选择实际上是对未来状况的判断,因此,项目选择很大程度上取决于决策者自身的经验和判断能力,以及决策者的企业家素质。投资项目被选定以后,将被纳入公司资本预算而准备执行和实施。在这一过程中,财务主管的主要任务是进行项目投资评估和决策,预测项目各年需要投入的资本总量,并为项目投资做专门的资金筹措计划。

(5) 对已接受的方案进行再评价。这项工作很重要,但只有少数企业对投资项目进行跟踪审计。项目的事后评价可以指出预测的偏差(预测在什么地方脱离了实际),改善财务控制的线索(执行中有哪些地方出了问题),有助于指导未来决策(哪类项目值得实施或不值得实施)。

## 第二节 投资项目的现金流量

项目的现金流量是决定项目是否可行的关键因素之一,对项目现金流的分析是资本投资决策的基础。

### 一、项目现金流量的构成

现金流量是指一个投资项目引起的企业现金流入量和流出量的总称。这里的"现金"不仅包括各种货币资金,而且包括项目需要投入的非货币性资源的变现价值。例如,一个项目要使用原有的厂房、设备和材料等,针对这些非货币性资源的现金流量是指它们的变现价值。一个项目的现金流量是由初始现金流量、期间现金流量和期末现金流量三部分构成的。

初始现金流量是指为使项目建成并投入运行而发生的有关现金流量,是项目的初始投资支出。它由以下几部分构成:

(1) 固定资产投资。包括固定资产的购置成本或建造费用,以及运输成本、安装成本等。

(2) 净营运资本投入。为使项目投入生产经营,除固定资产投资外,企业还需要购买原材料、预支工资和各项费用,而这些构成了净营运资本投入。

(3) 其他费用。与投资项目运转相关的各项可能的费用支出,比如职工培训、谈判费、注册费等。

(4) 原有固定资产变价收入和清理费用。如果投资项目是现有固定资产的更新,则初始现金流量还包括原有固定资产的变现收入和清理费用。如果原有固定资产清理比较麻烦,清理费用会很高,而如果同时固定资产的变现价格不合理,则这一类现金流量可能为负值。

经营期现金流量是指项目投入运行后,在项目存续期内由生产经营活动而产生的现金流量。这些现金流量通常以会计年度划分,由以下三部分构成:

(1) 产品或服务销售所得到的现金流入量。
(2) 各项营业现金支出,如原材料购置费用、员工工资支出、期间费用、销售费用等。
(3) 税金支出。

处置期现金流量是指投资项目终结时发生的各种现金流量。主要包括固定资产的残值变现收入,投资时垫付的营运资本的回收,停止使用的土地的变现收入,以及项目结束时发生的各项清理费用等。

[例3-1] 设某项目的固定资产投资额为800 000元,净营运资本投资额为200 000元。预计项目的运营时间为8年,期末固定资产变现收入为150 000元,清理及相关费用为100 000元,初始投入的营运资本在项目结束时可以全部回收。另外,预计项目投入运营后每年可产生400 000元的销售收入,对应的成本为150 000元。企业所得税率30%,采用直线折旧,固定资产残值为零。求每年的现金流量(假定初始现金流量在0时刻发生,期间现金流量和期末现金流量在每年年底发生)。

解:由直线折旧法和残值为零,可知每年的折旧金额为100 000元。

初始现金流为800 000元的固定资产投资和200 000元的净营运资本,共计1 000 000元的现金流出量。

以后每期的现金流量可以根据表3-1和现金流量图求出。

表3-1 该项目每年的现金流量

单位:千元

|  | 0 | 1 | 2 | 3 | …… | 7 | 8 |
|---|---|---|---|---|---|---|---|
| 固定资产投资 | −800 |  |  |  | …… |  |  |
| 营运资本投资 | −200 |  |  |  | …… |  |  |
| 销售收入 |  | 400 | 400 | 400 | …… | 400 | 400 |
| 成本 |  | 150 | 150 | 150 | …… | 150 | 150 |
| 折旧 |  | 100 | 100 | 100 | …… | 100 | 100 |
| 税前利润 |  | 150 | 150 | 150 | …… | 150 | 150 |
| 所得税 |  | 45 | 45 | 45 | …… | 45 | 45 |
| 净利润 |  | 105 | 105 | 105 | …… | 105 | 105 |
| 固定资产变现收入 |  |  |  |  | …… |  | 150 |
| 营运资本回收 |  |  |  |  | …… |  | 200 |
| 期末清理费用 |  |  |  |  | …… |  | −100 |
| 净现金流量 | −1 000 | 205 | 205 | 205 | …… | 205 | 455 |

其中，税前利润＝销售收入－成本－折旧；所得税＝税前利润×30％；净利润＝税前利润－所得税。

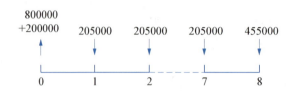

## 二、项目现金流量估计的原则

### （一）在增量的基础上考虑现金流量

在增量的基础上考虑现金流量是项目投资决策分析中重要的原则之一。在大多数情况下，一个投资项目不是孤立发生的，它会对公司的其他业务和未来的市场份额产生影响。比如，具有替代性的新产品的推出，不仅会为公司带来现金流入量，也会影响原有产品，原有产品销量减少导致现金流量的损失。不过，原有产品本身就受竞争对手影响而会产生损失，这两个损失的差值才是新产品替代带来的负面影响。新产品带来的现金流入量（正面影响）和现金流出量（负面影响）的差的净值才是新产品投资产生的净现金流量。

企业在进行现金流量估计时，要考虑一个项目对公司整体现金流量的影响。估计项目实施后企业现金流量的改变量，就是公司现金流量的增加（减少）量，也可以称为投资项目的相关现金流量。

### （二）不受沉没成本影响

沉没成本是指已经发生而无法回收的成本，是在做项目投资决策前已经花费掉的成本和费用。比如，在决定是不是制造一种新药时，一个制药公司可能已经花了不少研发费用，这些研发费用就是沉没成本。这一成本对投资者当前的投资决策无任何影响，投资者在进行投资决策时要考虑的是当前的投资是否有利可图，而不是过去已经花费了多少资金。比如，某企业为了一项工程已经花费了50万元，要使工程全部完工还要追加投资50万元，如果此时项目能带来的未来收益的价值只有40万元，那么，这个项目没有继续进行下去的必要，继续推进项目只会让投资者承受更大的损失。如果项目能带来的未来收益的价值超过50万元，那么继续投资就是可行的，从当前的角度看，这个项目的实施能够为投资者带来利润。

在估算一个项目的现金流时，怎么处理沉没成本呢？如果做不做这个项目这些成本都已经被花了的话，一般的原则是它不应该计算在新项目的现金流之内。这是因为在做投资决策时，要知道做了新项目后公司的价值净增加了多少。这可能和很多人的直觉不一样。但重要的是，如果不做这个投资项目，某种成本已经被花费了的话，那这种成本就不能算在这个投资项目里。像项目投资前的咨询费等成本，已经发生而无法收回，在进行项目投资时不应该考虑这类沉没成本的影响。做投资决策和会计做账是不一样的。如果决定做新项目的话，事后沉没成本很有可能是要记到新项目的账上的。但在事前做财务决策（即可行性分析）时，沉没成本是不应该计算到新项目里去的，不然的话，就会重复计算了沉没成本。

### （三）考虑机会成本

在估计项目的现金流时，不仅要考虑企业为了项目直接付出的资金成本，还要考虑为了项目运行而间接付出的成本。机会成本就是一种没有现金交易的成本，但是它影响项目的价值评估。前面讨论的增量现金流其实也是机会成本的反映。例如，公司将闲置厂房作为固定资产投入项目运营，虽然厂房的使用并不需要支付租金，但是厂房被使用的机会成本使它失去了用于其他用途的可能，比如租给其他公司，可以获得租金，租金就是自有厂房使用的机会成本。在估计项目的现金流时，必须将它减去。因项目投资而产生的机会成本，在投资决策时需要考虑进去。这也是事前做投资决策分析和事后会计做账的区别，因为机会成本在事后为项目做账时是不会被记到账上去的。

## 三、项目现金流量的计算

企业的价值在于它生产现金流量的能力。一个项目的价值就在于它为企业创造的现金流量。项目投资的初始现金流一般会直接给出，而如果项目存续期较长的话，处置期现金流往往可以忽略不计，最为重要的就是项目存续期间的经营期现金流。项目的现金流量可以用如下公式表示：

$$项目现金流量 = 营业现金流量 - 营运资本增量 - 固定资产的增量投资 \quad (3-1)$$

可以看出，项目现金流计算主要由三部分构成。

(1) 营业现金流量。

营业现金流量等于项目产生的息税前利润减去所得税，再加回折旧摊销等实际没有支付的成本。该值反映了企业通过日常的项目经营得到的净现金流量，一般为正值。

(2) 营运资本增量。

营运资本等于流动资产和流动负债的差额，人们习惯于称之为"流动资金"或"周转资金"。它是为了维持生产运营需要暂时垫付的现金，例如预付工资、原材料和其他费用等。从企业的生产营运到最后收回现金以前，必须有周转的资金。

营运资本增量大于零，说明企业对营运资本增加了现金投资，表现为现金流出；营运资本增量小于零，说明企业减少营运资本投资以收回现金，表现为现金流入。

因为营运资本是用来维持应收账款和存货的，一个项目所需要的营运资本的量一般和销售额成正比。不同的行业，营运资本占比不一样，比如商店需要的营运资本占比比较高，因为它要维持很多的库存，还有不少顾客会赊账购货。当然，企业也可以通过推迟还款给供应商的方式减少自身在营运资本上的投入。一般来说，一个项目启动时需要一笔大的营运资本投入。但是如果销售不增加的话，营运资本到年末会周转回来，就不需要更多的投入了。如果销售额每年增加的话，以后每年只需要追加和销售额增加相匹配的营运资本投入。

(3) 资本性支出。

资本性支出形成的现金流量等于企业进行各项长期性资本投资发生的现金流出与回收投资产生的现金流入之间的净额，即投资的净变动。资本性支出大于零表明企业增加了对长期性资本项目的现金投资,表现为现金流出;资本性支出小于零表明企业通过处置长期资产投资项目收回投资资金,表现为现金流入。

因此,项目的现金流公式可以进一步表示为

$$\text{项目现金流量} = \text{息税前收益} \times (1 - \text{所得税税率}) + \text{折旧摊销} - \text{营运资本需求的变化} - \text{资本支出} \tag{3-2}$$

假定用 $FCF$ 表示自由现金流(free cash flow),用 $EBIT$ 代表息税前收益(earnings before interest and tax),所得税税率为 $t$,折旧摊销用 $D$ 表示,营运资本需求(working capital)的变化用 $\Delta WC$ 表示,资本支出(capital expenditure)用 $CE$ 表示,则上式可以简化为

$$FCF = EBIT \times (1-t) + D - \Delta WC - CE \tag{3-3}$$

## 第三节 投资决策方法的比较

一家企业的发展甚至生存,取决于企业是否可以持续地开发新产品,改进旧产品,提高自身经营效率。在企业发展过程中,决策者会面临很多投资项目的选择,有的项目能提升企业价值,企业应该采纳这些方案。而有的项目是糟糕的,它们会损害股东利益,企业应该拒绝这些方案。在项目投资决策评估中,有很多种方法,比较常用的决策方法有:净现值法、获利指数法、回收期法、内部报酬率法、平均会计回报率等。

### 一、净现值法

理性投资者在衡量项目好坏时,会考虑收益与成本,但项目的现金流量往往发生在不同时点,不具有直接比较的基础。我们通过贴现的方法,将不同时点上的收益与成本折算到同一时点上进行比较,这就是净现值方法的来源。净现值(net present value,NPV)是指将目标项目在未来存续期间产生的预期现金流,以适当的贴现率贴现后加总,再减去目标项目期初的投资金额后的差量,即:

$$NPV = -CF_0 + \sum_{t=1}^{n} \frac{CF_t}{(1+r)^t} \tag{3-4}$$

式中,$NPV$ 为目标项目的净现值;$CF_0$ 为目标项目的期初现金流出;$r$ 为贴现率,也就是项目的资本成本。在后面章节关于融资成本的计算中,会具体讨论如何确定贴现率。

根据 $NPV$ 法则,在无资本约束的情况下,公司应该接受所有 $NPV$ 大于零项目,而拒绝所有 $NPV$ 小于零的项目。如果目标项目的 $NPV$ 大于零,则表明目标项目产生的预期现金流不仅可以收回期初的投资,而且还可以向投资者提供超出他们要求之外的回报。此时,$NPV$ 大于零的项目是可行的,是非常好的项目,应该被投资者接受。为了最大化公司价值或者最大化股东财富,公司在选择目标项目时,应该尽可能选择 $NPV$ 大的项目。以符号表示,就是:当 $NPV > 0$ 时,接受投资方案;当 $NPV < 0$ 时,拒绝投资方案;当

$NPV=0$ 时,投资方案两可。

**[例 3-2]** 项目 D 的初始投资额为 500 000 元,项目存续期 6 年,每年可以产生 140 000 元的净现金流入量,若要求的收益率为 12%,求该项目的净现值。

解:项目 D 的净现值为

$$NPV=-500\,000+\sum_{t=1}^{6}\frac{140\,000}{(1+12\%)^t}=-500\,000+140\,000\times 4.111=75\,540(元)$$

**[例 3-3]** 设企业的资本成本为 10%,计算三项投资项目的净现值。有关数据如表 3-2 所示。

表 3-2 投资项目数据

单位:万元

| 年份 | A 项目 | | | B 项目 | | | C 项目 | | |
|---|---|---|---|---|---|---|---|---|---|
| | 税后经营净利润 | 折旧 | 现金净流量 | 税后经营净利润 | 折旧 | 现金净流量 | 税后经营净利润 | 折旧 | 现金净流量 |
| 0 | | | (20 000) | | | (9 000) | | | (12 000) |
| 1 | 1 800 | 10 000 | 11 800 | (1 800) | 3 000 | 1 200 | 600 | 4 000 | 4 600 |
| 2 | 3 240 | 10 000 | 13 240 | 3 000 | 3 000 | 6 000 | 600 | 4 000 | 4 600 |
| 3 | | | | 3 000 | 3 000 | 6 000 | 600 | 4 000 | 4 600 |
| 合计 | 5 040 | | 5 040 | 4 200 | | 4 200 | 1 800 | | 1 800 |

解:项目 A、B、C 的净现值分别为

$NPV^A=(11\,800\times 0.909\,1+13\,240\times 0.826\,4)-20\,000=1\,669(万元)$

$NPV^B=(1\,200\times 0.909\,1+6\,000\times 0.826\,4+6\,000\times 0.751\,3)-9\,000=1\,557(万元)$

$NPV^C=4\,600\times 2.487-12\,000=-560(万元)$

A、B 两个项目投资的净现值为正数,说明这两个项目的投资报酬率均超过 10%,都可以采纳。C 项目净现值为负数,说明该项目的报酬率达不到 10%,应予放弃。

相较于其他投资决策方法,净现值方法有着明显的优势。首先,净现值考虑了货币的时间价值和项目的风险。其次,净现值可以理解成项目在当前时点的现金价值。比如,企业投资了一个净现值为 100 万元的项目,这相当于直接为企业增加了 100 万元的账面资产。这一方法也便于公司管理层以企业价值最大化目标作为公司投资的行动指南。

但净现值法也有一定的局限性,它反映的是一个项目按照现金流量计量的净收益现值,是一个绝对值,在比较不同投资额的项目时有一定局限性。比如,某公司有两个存续期和投资额都不同的项目,项目 A 初始投资 20 000 万元,存续期 2 年;项目 B 初始投资 9 000 万元,存续期 3 年,两个项目的净现值都为正。然而,此时两个项目的净现值没有直接可比性,难以判断哪个更好。

## 二、获利指数法

为了比较投资额不同的项目的营利性,人们提出了获利指数法。获利指数(profitability index, PI),是指投资方案未来现金净流量现值与原始投资额现值的比值,又可称作现值指数法。获利指数法就是使用获利指数作为评价方案优劣的一种方法。获利指数的计算公式为

$$PI = \frac{\sum_{t=1}^{n} \frac{CF_t}{(1+r)^t}}{CF_0} \tag{3-5}$$

式中,$PI$ 为 n 期项目的获利指数;$CF_0$ 为目标项目的期初现金流出;$r$ 为贴现率。获利指数指标的决策准则是:当投资项目的获利指数大于 1 时,选取该项目,且获利指数越大方案越优;当投资项目的获利指数小于 1 时,放弃该项目;当有多个互斥项目并存时,选取获利指数最大的项目。比如,两个项目的获利指数均大于 1,故都可考虑选取。如果在这两个项目中只能选取一个,则选取获利指数最大的项目。

[例 3-4] 设企业的资本成本为 10%,计算三项投资项目的获利指数。有关数据如表 3-2 所示。

解:首先要算出项目 A、B、C 的未来现金净流量的现值,再用这个数除以初始投资额,即可求出对应的获利指数。

$$PI^A = \frac{\sum_{t=1}^{n} \frac{CF_t^A}{(1+r)^t}}{CF_0^A} = \frac{1}{20\,000} \times \left( \frac{11\,800}{1.1} + \frac{13\,240}{1.1^2} \right) = \frac{21\,669}{20\,000} = 1.08$$

$$PI^B = \frac{\sum_{t=1}^{n} \frac{CF_t^B}{(1+r)^t}}{CF_0^B} = \frac{1}{9\,000} \times \left( \frac{1\,200}{1.1} + \frac{6\,000}{1.1^2} + \frac{6\,000}{1.1^3} \right) = \frac{10\,557}{9\,000} = 1.17$$

$$PI^C = \frac{\sum_{t=1}^{n} \frac{CF_t^C}{(1+r)^t}}{CF_0^C} = \frac{1}{12\,000} \times \left( \frac{4\,600}{1.1} + \frac{4\,600}{1.1^2} + \frac{4\,600}{1.1^2} \right) = \frac{11\,440}{12\,000} = 0.95$$

从项目 ABC 的获利指数值来看,应该拒绝项目 C,而接受项目 A 和 B。

获利指数是一个相对数,反映投资的效率。而净现值是绝对数,反映投资的效益。其实,获利指数法和净现值法在一定程度上可以相互转换。净现值大于零的项目,它的获利指数必定大于 1,这样的项目在两种方法下都是可行的。净现值为零的项目,它的获利指数等于 1;净现值小于零的项目,它的获利指数小于 1,此时,应该拒绝此类项目。虽然两种方法可以相互转换,但它们在不同情况下有不同用途。

## 三、回收期法

回收期(payback period)是指投资引起的现金流入累积到与投资额相等所需要的时间,它代表收回投资所需要的年限。回收年限越短,方案越有利。设 $CF_t$ 为第 $t$ 期产生的

自由现金流，$CF_0$ 为目标项目的期初投资，则用公式表示的投资回收期为

$$\sum_{t=1}^{i} CF_t = CF_1 + CF_2 + \cdots + CF_i \geqslant CF_0 \qquad (3-6)$$

上式表明，该项目经营至 $i$ 期期末就能收回期初投资，$i$ 小于等于 $N$，因此，该项目的投资回收期为 $i$ 期。如果投资者最长可以接受的回收期为 $T$（$T$ 小于等于 $N$），那么，当 $i$ 小于等于 $T$ 时，接受该项目。

当存在多个可接受的目标项目时，而又只能选择其中的一个项目，仅就回收期判断，投资者应该选择投资回收期最短的那个目标项目。

[**例 3-5**] 根据表 3-2，计算 A、B、C 项目的投资回收期。

解：C 项目满足原始投资额一次支出、建设期为 0、未来每年现金净流量相等的条件。

$$回收期^C = \frac{12\,000}{4\,600} = 2.61（年）$$

A 项目和 B 项目回收期的计算过程如表 3-3 所示。

**表 3-3　A、B 项目回收期计算表**

单位：万元

| A 项目 | 现 金 流 量 | 回 收 额 | 未 回 收 额 |
|---|---|---|---|
| 原始投资 | (20 000) | | |
| 现金流入： | | | |
| 第一年 | 11 800 | 11 800 | 8 200 |
| 第二年 | 13 240 | 8 200 | 0 |

$$回收期^A = 1 + (8\,200 \div 13\,240) = 1.62（年）$$

| B 项目 | 现 金 流 量 | 回 收 额 | 未 回 收 额 |
|---|---|---|---|
| 原始投资 | (9 000) | | |
| 现金流入： | | | |
| 第一年 | 1 200 | 1 200 | 7 800 |
| 第二年 | 6 000 | 6 000 | 1 800 |
| 第三年 | 6 000 | 1 800 | 0 |

$$回收期^B = 2 + (1\,800 \div 6\,000) = 2.3（年）$$

虽然回收期法计算简单，易于理解，形象地使用未来的现金流入来弥补投资者为此付出的成本，但它存在一定的缺陷。第一，回收期法没有考虑货币的时间价值，也没有考虑

不同项目风险的差异。它把未来的有风险的一元钱和现在的一元钱等同起来。在以上的例子里,它将今后每年赚的钱和现在投入的钱看成是同一价值的,而没有进行贴现。第二,回收期法忽略了回收期以后的现金流。在回收期后的项目是否赚钱,回收期以后不同项目现金流入量的大小比较,都不能通过这一方法得知。这种方法不利于企业决策者做出价值最大化的决策。第三,可接受的回收期的确定具有较强主观性。基准回收期的选择没有任何经济理论指导,完全取决于决策者的主管经验和判断。第四,经常用回收期法来评估项目,将使公司管理层短视,只愿意接受短期项目,而放弃了具有战略意义的长期项目。

如果资本市场是完美的,净现值方法会更准确地评估一个项目能给股东带来的价值,回收期法就没有存在的道理。在现实中,有各种阻碍资本市场有效发挥作用的障碍。比如投资者和经营者之间的信息不对称就是一个障碍。假如一家公司的资金来源于短期银行贷款,而好的投资项目回收期很长,但银行并不是很了解这家公司投资项目的长期收益,公司很有可能不得不投资于短期项目而放弃长期的优质项目。这是因为当贷款到期时,银行并不知道这家公司是投了一个好的但回收期长的项目还是投了一个坏的项目,银行有可能要公司还款,这会给公司带来破产的风险。对小公司而言,选择能够尽快收回现金的投资可能非常重要。

除了由于还债的压力导致企业采用回收期法的原因以外,中国企业还有一个理由运用回收期法。由于中国经济的高速发展和中国经济环境和体制的不断变化,对未来现金流的预测非常困难,远期现金流的预测和实际风险都很大。这种更高风险的现金流在理论上应该用更高的折现率去折现。回收期法里将回收期以后的现金流忽略掉的做法可以理解为用非常高的折现率来对这些远期的难预测的现金流进行折现,所以这些现金流就没有多少价值,可以忽略不计了。所以将回收期以后的现金流忽略掉也不是全无道理的。

为了弥补回收期法没有考虑货币的时间价值和项目风险的缺陷,有人提出了贴现回收期法。贴现回收期是将各期现金流贴现后再求出收回初始投资所需要的年限。根据贴现回收期法则,如果一项投资的贴现回收期低于某个预先设定的值,则该投资是可以接受的,否则,应该拒绝该项目。

[例 3-6] 根据表 3-2,计算 A 项目的投资回收期。

解:考虑贴现后 A 项目回收期的计算过程如表 3-4 所示。

表 3-4  A 项目贴现回收期计算表

单位:万元

| A 项目 | 现金流量 | 折现系数(10%) | 现　值 | 累计净现值 |
| --- | --- | --- | --- | --- |
| 原始投资 | (20 000) |  | (20 000) | (20 000) |
| 第一年流入 | 11 800 | 0.909 1 | 10 727 | (9 273) |
| 第二年流入 | 13 240 | 0.826 4 | 10 942 | 1 669 |

贴现回收期$_A$ = 1 + (9 273 ÷ 10 942) = 1.85(年)

贴现回收期法在一定程度上解决了回收期方法未考虑资金时间价值的问题，比回收期法更进一步，但在实务中运用较少。这一方法并不比净现值法简单，它需要加总每期现金流的贴现值，再和初始投资额进行比较。贴现回收期法增加了工作量，但并没有克服回收期法存在的其他缺陷。

### 四、内部报酬率法

内部报酬率(internal rate of return，IRR)是净现值为零时的贴现率，即投资收益现值和初始投资额相等的收益率。之所以称它为内部报酬率，是因为它只依赖于投资项目的现金流量，而不受其他报酬率的影响。项目的内部报酬率 IRR 用公式可以表示为

$$-CF_0 + \sum_{t=1}^{n} \frac{CF_t}{(1+IRR)^n} = 0 \qquad (3-7)$$

用内部报酬率进行决策的原则是：当内部报酬率大于该项目所要求的临界收益率水平时，这意味着该项目的回报高于资本成本，应该接受该项目，否则拒绝该项目。当存在两个或两个以上的项目只能选择一个项目时，选择内部报酬率高者。

内部报酬率 IRR 在一个高次方程中，它的求解依靠试错法和内插法。首先要估计一个贴现率，用它来计算项目的净现值。如果净现值为正，说明项目本身的报酬率超过此贴现率，应该提高贴现率进行尝试；如果净现值为负，说明项目本身的报酬率低于这一贴现率，应该降低贴现率继续尝试。经过不断地"试错"，找到一个净现值接近零的贴现率，这就是项目本身的内部报酬率 IRR。为了提高计算的精确度，可以使用内插法做线性插值，来改善计算结果。专业的金融计算工具也提供了内部报酬率的直接求解方法。内部报酬率反映了投资者投资真实报酬率的大小。

[例3-7] 已知某项目的现金流量如表3-5所示，试求其内部报酬率。

表 3-5　该项目每年的现金流量

单位：万元

| 时间 | 0 | 1 | 2 | 3 | 4 |
|---|---|---|---|---|---|
| 现金流量 | −3 000 | 1 500 | 1 200 | 800 | 300 |

解：对这一项目，有：$-CF_0 + \sum_{t=1}^{n} \frac{CF_t}{(1+IRR)^n} = 0$

即 $-3\,000 + \dfrac{1\,500}{1+IRR} + \dfrac{1\,200}{(1+IRR)^2} + \dfrac{800}{(1+IRR)^3} + \dfrac{300}{(1+IRR)^4} = 0$

先代入 $IRR = 12\%$ 尝试，有：

$-3\,000 + \dfrac{1\,500}{1+12\%} + \dfrac{1\,200}{(1+12\%)^2} + \dfrac{800}{(1+12\%)^3} + \dfrac{300}{(1+12\%)^4} = 56(万元)$

再代入 $IRR = 14\%$ 尝试，有：

$-3\,000 + \dfrac{1\,500}{1+14\%} + \dfrac{1\,200}{(1+14\%)^2} + \dfrac{800}{(1+14\%)^3} + \dfrac{300}{(1+14\%)^4} = -44(万元)$

所以项目的 IRR 介于 12% 到 14% 之间，再通过插值法，得出项目的内部报酬率为 $12\% + \dfrac{56}{56-(-44)} \times (14\% - 12\%) = 13.12\%$

如果用金融计算器或者 Excel 函数来计算，可以算出更精确的值。金融计算工具的运用，省去了不断使用试错法和插值法的麻烦。

在运用净现值法时，首先需要估计资本成本，然后计算项目的净现值，而项目的净现值对资本成本的取值相当敏感。不同的资本成本，将导致不同的净现值，甚至使原来净现值为正的可投资项目变为净现值为负的不可投资项目。而在运用内部报酬率时，不需要估计资本成本，只需要将内部报酬率与资本成本进行大小比较，对资本成本精确度要求更低，这是内部报酬率法的优势所在。

### 五、平均会计回报率法

平均会计回报率(average accounting rate of return，ARR)是项目的平均税后利润与平均账面投资之比。平均账面投资是指初期投资和期末账面价值的平均值。根据平均会计回报率法则，如果一个项目的平均会计回报率大于目标平均会计回报率，那么就可以接受这个项目，否则，则拒绝这个项目。在有多个投资项目的互斥选择中，在所有超过目标平均会计回报率的项目中，选择平均会计回报率最高的项目。平均会计回报率的表达公式为

$$\text{平均会计回报率}(ARR) = \frac{\text{项目寿命期内的平均会计利润}}{\text{项目寿命期内的平均账面价值}} \tag{3-8}$$

[例 3-8] 根据表 3-2，计算 A 项目的会计报酬率。

解：假设该投资净残值为 0。

$$ARR^A = \frac{(1\,800 + 3\,240)/2}{20\,000/2} \times 100\% = 25.2\%$$

平均会计回报率作为投资决策的指标具有简明易懂、计算简单的优点，但是它也存在的明显的问题，主要表现为：第一，这一指标只是两个会计数字的比较，没有真正的经济意义。指标计算用的不是现金流和市价，而是净利润和账面价值，因此，这一指标无法反映项目对企业价值的影响，不能帮助公司管理层有效决策。第二，它忽略了货币的时间价值和项目的风险。第三，平均会计回报率缺乏客观的取舍标准，项目选择过于主观。

### 六、不同方法之间的比较

#### (一) 内部报酬率法与净现值法

内部报酬率法和净现值法相比，净现值法更优。内部报酬率在三个方面有较大的不足：

##### 1. 关于再投资率的假设

在现实经济中，未来现金流入的再投资收益率是不确定的。在计算项目净现值时，假设项目存续期内所获得的现金流入按照投资者要求的收益率(即项目的资本成本)进行再投资。因此，净现值法比较恰当地对目标项目的价值进行了评价。

在计算内部收益率时，假设公司将项目存续期内获得的现金流量按内部收益率进行

再投资。对营利性项目而言,内部收益率远高于项目资本成本,也就是说,内部收益率常常高于项目存续期内现金流量再投资收益率的合理估计。因此,将内部收益率作为再投资率会高估目标项目的价值。

2. 内部报酬率法存在多解或者无解的内部收益率

假设某公司面临一个项目,其贴现率为12%,存续期为两年,目标项目估计的现金流如表3-6所示。

表3-6 目标项目估计的现金流

单位:万元

| 时 刻 | 0 | 1 | 2 |
|---|---|---|---|
| 现金流 | −100 | 500 | −600 |

此题能够求出两个内部收益率,分别为100%和200%,此时项目的净现值均为零。而在给定贴现率的情况下,净现值仅有唯一值,不会出现无解的情况。

3. 互斥项目的选择

互斥项目是指投资者只能在众多备选项目中选择一个项目,这些项目称为互斥方案。净现值法则将项目按净现值排序,在互斥项目中选择净现值最高的项目。而内部报酬率法会选择内部报酬率最高的项目。同时运用内部收益率和净现值法则,对这些项目分析时可能得到不同的结论。

假设某公司的资源有限,只能在两个项目中选择一个进行投资。两个项目的现金流、内部报酬率和净现值如表3-7所示。

表3-7 两个项目的现金流、内部报酬率和净现值

单位:万元

| 时 刻 | 0 | 1 | IRR | NPV(贴现率10%) |
|---|---|---|---|---|
| 项目1 | −1 200 | 3 000 | 150% | 1 527.3 |
| 项目2 | −1 500 | 3 500 | 133% | 1 681.8 |

实际上,管理层应当选择规模大的项目,即利用净现值法进行选择。项目2可以视为两个项目的组合,不妨构造一个新项目,它的现金流量是项目2减去项目1的对应部分,新项目的净现值大于零,项目2可以看成是由项目1和新项目组成的,这两部分的净现值均大于零。在没有资本约束的情况下,理性的决策者应该选择所有净现值大于零的项目。此时,根据净现值法则,公司决策者应该选择项目2。但根据内部报酬率法,管理层会误选项目1,这种选择并不能使公司达到价值最大化。所以,当内部报酬率和净现值产生冲突时,应当以净现值作为决策依据。

内部报酬率是投资项目本身的现金流入等于现金流出的贴现率,它是项目本身的现金流可以达到的回报率。它的优点是方法比较直观,容易让不懂财务的员工理解。但有时可

能会有差错。例如,在几个投资项目中只能选一个时,内部报酬率只能反映哪一个项目的内部报酬率最高,可是内部报酬率最高的项目不一定是净现值最大的,此时采用内部报酬率法有可能会得到错误结论。还有,当现金流量的分布不是先有负的现金流然后有正的现金流时,一个项目有可能会有多个或者错误的内部回报率出现,这也会限制内部报酬率的使用。

### (二) 资本限量条件下使用获利指数法

当可供投资的资本有限时,企业会放弃一些净现值为正的项目,这就是资本限量。资本限量发生的原因有两类。一是信息不对称或者存在交易成本,投资者只能提供低于某一限额的资金。二是资本限量可能是企业的主动选择。企业为了控制风险或者管理层精力有限而主动选择设定投资上限。

在一定的资本预算约束下,尽量创造更多的企业价值。而获利指数法衡量了单位初始投资可以获得的回报,是资本限量情况下,进行项目选择的合适方法。用这一方法进行选择的步骤是:首先,计算各个项目的获利指数。其次,按照获利指数对所有项目进行排序。最后,从获利指数高的项目开始,选择所有净现值为正的项目,直到达到资本限额。

[例3-9] 某公司现有5 000万元可供投资,有6个项目可供选择,具体情况如表3-8所示,请问公司应该如何抉择?

表3-8 资本限量下的投资决策

|  | 初始投资(万元) | 净现值(万元) | 获 利 指 数 |
| --- | --- | --- | --- |
| 项目A | 500 | 100 | 1.2 |
| 项目B | 500 | 70 | 1.14 |
| 项目C | 2 000 | 300 | 1.15 |
| 项目D | 3 000 | 480 | 1.16 |
| 项目E | 1 000 | 170 | 1.17 |
| 项目F | 500 | 125 | 1.25 |

解:首先,根据获利指数 $PI$ 的计算公式,$PI$ 等于净现值和初始投资之和除以初始投资,可得获利指数 $PI$ 如表3-8所示。再根据获利指数排序,得出选择的顺序是:F>A>E>D>C>B。最后,因为资本限额是5 000万元,所以最优选择是选择项目F、A、E、D,可为公司带来875万元的净现值。

如果根据净现值法选择,会选项目D和C,带来总的净现值780万元,低于按照获利指数法选择的。

### (三) 不同方法的综合比较

目前讨论了五种项目投资决策方法:净现值法、获利指数法、回收期法、内部报酬率法、平均会计回报率。除了在资本限量的情况下,净现值法都有更大的优势。净现值法提供了项目为股东创造价值的最直接度量。内部报酬率法以比率的形式刻画了项目的回报率,同时对资本成本的精度要求较低,在实务中也有较广泛的运用。获利指数法衡量了每单位初始投资的盈利能力,在资本限量的情况下,优于其他方法。而回收期法则为我们提供了有关项目流动性的信息。

内部报酬率和获利指数法有相似之处,都是根据相对比率来确定项目是否值得投资,但在评估时,比率高的项目绝对数不一定大;反之,比率低的项目绝对数不一定小。从理论上说,如果对现金流和折现率的估算都没有误差的话,净现值的方法是最准确的。它表明了一个投资项目究竟给企业增加了多少价值。净现值是绝对指标,它可以评价项目投资的效益。股东在公司发展的过程中,追求的基本目标是价值最大化,这样看来,在排除资金限制等因素的影响后,净现值法作为一个用绝对指标衡量的方法,更加符合股东利益,也有更广泛的应用场景。

## 第四节 不确定状况下的投资决策分析

前面讨论的投资项目现金流量都是在确定性假设下给出的,但很多时候,项目能够带来的现金流量是不确定的。不确定性意味着风险,只有在项目投资前较好地衡量了现金流量变动所带来的风险,才能在不同项目中抉择取舍,将项目实施给企业带来的风险控制在可以接受的范围之内。在现金流量不确定的情况下,投资分析决策包括情景分析、敏感性分析和盈亏平衡点分析。

### 一、情景分析

情景分析是针对不同情况下投资项目的效益进行分析。一般来说,情景分析至少可以分成三类情况:正常情况、乐观情况、悲观情况。正常情况是指投资项目的销售收入、市场价格、成本等都符合前期预测的期望值。而乐观情况和悲观情况分别指上述预测指标最好和最差的情况。

[例 3-10] 设某投资项目的初始投资额为 40 万元,项目存续期 5 年,其他各项指标如表 3-9 所示。若企业采用直线折旧法,项目结束时残值为 0,所得税率为 33%,贴现率为 12%。请计算在不同情况下项目的净现值。

表 3-9 三种情况下的情景分析

|  | 正常情况 | 悲观情况 | 乐观情况 |
| --- | --- | --- | --- |
| 销售量(件) | 12 000 | 11 000 | 13 000 |
| 产品单价(元) | 80 | 75 | 85 |
| 单位变动成本(元/件) | 60 | 62 | 58 |
| 固定成本(元/年) | 100 000 | 110 000 | 90 000 |

解：销售额＝销售量×产品单价，因此可以得出不同情况下每年的销售额；而变动成本＝单位变动成本×销售量；根据直线折旧法，在残值为 0 的时候，每年折旧均为 80 000 元。

税前利润＝销售额－变动成本－固定成本－折旧。用税前利润减去所得税，得到税后利润。而净现金流量＝税后利润＋折旧。注意，对悲观情况而言，尽管其税前利润为负，但负数可以和公司其他项目的盈利相抵消，使企业的所得税少交 15 510 元（47 000×33％），所以在下面的表格中，此栏所得税为负数。

将每一现金流量组成因素计算可得表格，如表 3-10 所示。

表 3-10  三种情况下的现金流量

单位：元

|  | 正常情况 | 悲观情况 | 乐观情况 |
| --- | --- | --- | --- |
| 销售额 | 960 000 | 825 000 | 1 105 000 |
| 变动成本 | 720 000 | 682 000 | 754 000 |
| 固定成本 | 100 000 | 110 000 | 90 000 |
| 折旧 | 80 000 | 80 000 | 80 000 |
| 税前利润 | 60 000 | −47 000 | 181 000 |
| 所得税 | 19 800 | −15 510 | 59 730 |
| 税后利润 | 40 200 | −31 490 | 121 270 |
| 净现金流量 | 120 200 | 48 510 | 201 270 |

根据净现值的计算公式：$NPV = -CF_0 + \sum_{t=1}^{n} \frac{CF_t}{(1+r)^t}$，可分别求得三种情况下的净现值分别为 33 321 元、−225 121 元、325 578 元。

## 二、敏感性分析

情景分析只说明了项目整体因素都变化后的情况，但并没有说明某个指标变化对项目现金流量的影响。而敏感性分析衡量了其他变量维持不变时，单个变量变动对项目净现值的影响。

如果要对某些关键变量进行敏感性分析，首先必须设定这些变量的值。一般会给出在正常情况、悲观情况、乐观情况下的不同取值，然后计算某一变量变化时，净现值是如何变化的。

[例 3-11]  某公司拟投资一个新产品，相关数据如表 3-11 所示，计算税后营业现金流入增减 5％和增减 10％（其他因素不变）的净现值，以及税后营业现金流入变动净现值的敏感系数。

表 3-11  敏感性分析：每年税后营业现金流入变化

| 项　目 | －10% | －5% | 基准 | ＋5% | ＋10% |
|---|---|---|---|---|---|
| 每年税后营业现金流入 | 90 | 95 | 100 | 105 | 110 |
| 每年税后营业现金流出 | 69 | 69 | 69 | 69 | 69 |
| 每年折旧抵税(25%) | 4.5 | 4.5 | 4.5 | 4.5 | 4.5 |
| 每年税后营业现金净流量 | 25.5 | 30.5 | 35.5 | 40.5 | 45.5 |
| 年金现值系数(10%,4年) | 3.169 9 | 3.169 9 | 3.169 9 | 3.169 9 | 3.169 9 |
| 每年税后营业现金净流量总现值 | 80.83 | 96.68 | 112.53 | 128.38 | 144.23 |
| 初始投资 | 90 | 90 | 90 | 90 | 90 |
| 净现值 | －9.17 | 6.68 | 22.53 | 38.38 | 54.23 |
| 每年税后营业现金流入的敏感系数 | [(54.23－22.53)/22.53]÷10%＝140.7%/10%＝14.07 | | | | |

解：在每年税后营业现金流出和折旧抵税不变，给定贴现率为10%，项目期限为4年的情况下，分别计算税后营业现金流入增减5%和增减10%时项目的净现值。

结果显示，税后营业现金流入降低10%就会使该项目失去投资价值，若这种可能性较大就应考虑放弃项目，或者重新设计项目加以避免，至少要有应对的预案。营业收入每减少1%，项目净现值就损失14.07%，或者说营业收入每增加1%，净现值就提高14.07%。

敏感性分析帮助决策者判断哪一因素对公司投资项目的未来收入有重大影响，明确未来项目运行需要关注的核心变量，帮助企业有效地监控未来收益的波动。当然，敏感性分析也有其局限。首先，它只允许一个变量发生变动，但在现实世界中，往往是多个变量同时变动，变量之间相互联系。比如一家公司为了抢占市场，采取降低措施，此时它的市场份额也相应增加，由于产品需求的增长，公司生产具有规模效应，导致单位变动成本降低。由此可见，多个变量都同时发生了变化。这种情况下，公司管理层依然要考虑使用情景分析来帮助企业决策。其次，敏感性分析没有给出每一个变量发生变动的可能性。

## 三、盈亏平衡点分析

投资者十分关心投资的项目是否会亏损。成本的变化不大，容易预测，而项目现金流的波动主要来自销售收入。在价格一定的情况下，是销售量的波动导致了收益的波动。因此，判断企业未来的销量是否能大于某一参考值，就决定了项目能否不亏损，这一临界点通常被称为盈亏平衡点。盈亏平衡点分为会计盈亏平衡点和金融盈亏平衡点。会计盈亏平衡点是指销售收入和总成本相等的点，此时企业在会计上处于既不盈利也不亏损的状态。会计盈亏平衡点明确表明，企业在何种情况下可以实现盈利以及盈利和亏损的临界点在哪里。金融盈亏平衡点是使未来净现金流入的现值和期初支付的成本相等的点。

假定企业盈亏平衡点销售量为 $Q_0$，固定成本为 $F$，单位可变成本为 $V$，产品单价为 $P$，根据定义，有：$P \times Q_0 - F - V \times Q_0 = 0$

通过上式可以求出盈亏平衡点的销售量表达式：

$$Q_0 = \frac{F}{P-V} \tag{3-9}$$

[**例 3-12**] 某公司生产一种产品，单价 10 元，单位变动成本 8 元，本月销量 600 件，每个月的固定成本为 1 000 元，这家公司这个月的盈亏平衡点销售量是多少？

解：$Q_0 = \dfrac{F}{P-V} = \dfrac{1\,000}{10-8} = 500$（件）

由公式可知，盈亏平衡点销售量是 500 件。

和盈亏平衡点相关的重要概念是企业的安全边际。安全边际是指企业的正常销售量超过盈亏平衡点销售量的差额，它表明销售量下降多少企业仍然不会发生会计上的亏损。计算公式为

$$\text{安全边际} = \text{正常销售量} - \text{盈亏平衡点销售量} \tag{3-10}$$

[**例 3-13**] 请根据上一个例子的数据，求出这家公司的安全边际。

解：安全边际 = 600 - 500 = 100（件）

这家公司的安全边际为 100 件，即使公司下个月的销售量减少 100 件，公司也不会发生会计上的损失。

安全边际的数值越大，企业发生亏损的可能性越小。安全边际实际上代表着公司盈利部分的值，是企业会计利润的来源。

> **案例分析**
>
> ### 东方日升：高效太阳能电池项目可行性分析
>
> **一、总论**
>
> （一）建设单位情况
>
> 建设单位：东方日升（安徽）新能源有限公司
>
> 法定代表人：杨钰
>
> 法定住所：安徽省滁州市铜陵东路 325 号
>
> 注册资本：80 000 万元
>
> 公司类型：有限责任公司（非自然人投资或控股的法人独资）经营范围：一般项目：光伏设备及元器件制造；光伏设备及元器件销售；技术服务、技术开发、技术咨询、技术交流、技术转让、技术推广；太阳能发电技术服务；合同能源管理；货物进出口；技术进出口；非居住房地产租赁；居民日常生活服务；物业管理（除许可业务外，可自主依法经营法律法规非禁止或限制的项目）。
>
> 东方日升（安徽）新能源有限公司（以下简称"日升安徽公司"）成立于 2020 年 7 月，是东方日升新能源股份有限公司（以下简称"东方日升"）的全资子公司。日升安徽

公司 2020 年启动实施年产 5 GW 高效太阳能电池及组件新建项目,并于 2021 年 3 月投产。截至 2021 年底,日升安徽公司资产总额 59.6 亿元,实现营业收入 30.4 亿元。

东方日升新能源股份有限公司(以下简称"东方日升""公司")于 2010 年 9 月正式在深交所挂牌上市,是一家专业从事光伏并网发电系统、光伏独立供电系统、太阳能电池片、组件等的研发、生产和销售的高新技术企业。截至 2022 年 9 月,东方日升建有独立的国家级光伏实验室,拥有超过 100 项主营业务核心技术,发明专利 69 项,实用新型 403 项,外观 91 项,专利共 563 项。公司获得国际 CNAS 认证,可按照 IEC61730-2、UL1703 等进行 54 个项目测试。东方日升相关产品已通过 TüV、CE、UL、GS、ROHS、REACH 和 PAHS 等国际认证,且在同行中率先通过 ISO14001 环境管理体系、ISO9001 质量管理体系以及 GB/T28000 职业健康安全管理体系认证。公司产品远销欧美、南非和东南亚等 30 多个国家和地区,为广大用户提供专业、便捷的光伏产品和技术支持。公司还连续多年入选宁波市百强企业,2021 年荣登"2021 全球新能源企业 500 强榜单"第 62 名。公司连续多年入选布隆伯格全球顶级光伏制造商。

截至 2021 年底,东方日升拥有总资产 323.3 亿元,实现营业收入 188.3 亿元,同比增长 11.5%。2022 年三季度公司获得 PVModuleTech 光伏可融资性评级 A 级。

(二)项目概况

项目名称:年产 10 GW 高效太阳能电池。

项目类型:新建。

建设地点:安徽省滁州市滁州大道和安庆路交叉口。

产品方案和建设规模:主导产品为 N 型高效太阳能电池。新建 N 型高效太阳能电池产能 10 GW。项目分二期建设,其中一期 6 GW,二期 4 GW。

建设内容:项目租赁园区代建的标准厂房并进行必要的功能性改造装修。厂房总用地 200.4 亩,包括电池生产车间、成品库、固废站、变电站、特气房等生产用房及辅助用房,合计总建筑面积 80 314.5 平方米,计容面积 165 026.5 平方米,购置生产及辅助设备 341 台(套)。

建设期:项目建设期三年,其中一期项目建设期 2022 年 11 月—2023 年 10 月;二期项目建设期 2024 年 11 月—2025 年 10 月。

总投资构成:本项目规模总投资为 275 700 万元。

(三)项目建设背景

在全球气候变暖及化石能源日益枯竭的大背景下,可再生能源开发利用日益受到国际社会的重视,大力发展可再生能源已成为世界各国的共识。《巴黎协定》在 2016 年 11 月 4 日生效,凸显了世界各国发展可再生能源产业的决心。2020 年 9 月 22 日,在第七十五届联合国大会一般性辩论上,习近平总书记郑重宣告,中国"二氧化碳排放力争于 2030 年前达到峰值,努力争取 2060 年前实现碳中和"。2020 年 12 月 12 日,习近平总书记在气候雄心峰会上强调:"到 2030 年,中国单位国内生产总值二氧化碳排放将比 2005 年下降 65% 以上,非化石能源占一次能源消费比重将达到 25% 左右,森林蓄积量将比2005年增加60亿立方米,风电、太阳能发电总装机容量将达到12亿千瓦以上。"为实现上述目标,发展可再生能源势在必行。各种可再生能源中,太阳能以其清洁、安全、取之不尽、用之不竭等显著优势,已成为发展最快的可再生能源。开发利用太阳能对调整能源结构、推进能源生产和消费革命、促进生态文明建设均具有重要意义。国际能源署(IEA)发布的2021年全球光伏报告显示,2021年全球光伏市场再次强势增长,新增装机容量170 GW,创历史新高,累计装机容量超940 GW,未来几年还将继续保持增长趋势。预计到2030年全球光伏累计装机量有望达到1 721 GW,到2050年将进一步增加至4 670 GW,发展潜力巨大。

经过十几年的发展,光伏产业已成为我国少有的形成国际竞争优势、实现端到端自主可控、并有望率先成为高质量发展典范的战略性新兴产业,也是推动我国能源变革的重要引擎。目前我国光伏产业在制造业规模、产业化技术水平、应用市场拓展、产业体系建设等方面均位居全球前列。我国已成为全球光伏制造大国,全球超七成光伏产品在中国生产。其中光伏组件产量连续15年位居全球首位,多晶硅产量连续11年位居全球首位。中国也是光伏需求大国。2021年中国光伏新增装机容量54.88 GW,同比增长13.9%,累计光伏装机容量突破300 GW,新增装机量连续9年位居全球首位,累计装机容量连续7年位居全球首位。随着光伏成本的快速下降,国内新增光伏装机规模将实现翻番。预计到2025年,中国光伏总装机规模达到7.3亿千瓦,占全国总装机的24%,全年发电量8 770千瓦时,占当年全社会用电量的9%。

国内及全球光伏市场需求持续增长不断推动光伏产业向前发展的同时,也推动了光伏产业技术的不断突破发展。光伏电池片技术发展来自技术迭代,由于当前主流的PERC电池效率提效进度放缓,而N型电池效率提升潜力大、投资成本不断降低,目前转化效率已突破24%以上,本轮光伏技术变革将由P型电池转向N型电池,电池片企业亟须技术升级优化成本改善盈利能力。N型电池技术主要分为TOPCon、HIT以及IBC三种,均具备较好发展前景。未来几年N型电池将凭借效率提升潜力大、投资成本低等优势迎来一波发展机遇。

东方日升多年来一直从事太阳能晶体硅电池片、组件的研发生产及光伏电站建设运营,目前公司已掌握TOPCon电池片转换效率突破25.00%、异质结电池片转换效率突破25.50%的核心技术。随着东方日升品牌知名度的提高和日升安徽公司一期项目建成达产,日升安徽公司主营业绩突飞猛进,产品竞争力和市场开拓能力进一步提升,现有的生产能力已无法匹配业务发展和光伏产业发展趋势。为进一步把握全球光伏电池市场机遇,扩大公司产品市场占有率,公司决定依托现有销售体系和技术研发能力,在安徽滁州新建年产10 GW的高效太阳能电池生产线项目。项目分两期建设,一期6 GW,二期4 GW。

二、建设规模与产品方案

(一) 建设规模

根据产品市场容量及发展趋势,结合公司销售渠道和市场开拓能力,并遵循合理经济规模原则确定本项目建设规模为新建N型高效太阳能电池产能10 GW。其中一期新建设计产能 6 GW;二期新建设计产能 4 GW。

(二) 产品方案

项目主导产品为 N 型高效太阳能电池,性能高于 2018 年领跑者基地要求,具体产品方案见表 3-12。项目主导产品质量与安全性能符合国际电工标准 IEC61730-2,具有工艺流程简单效率高、温度系数优良、无 LID、LeTID 等光效衰减、双面率高、内应力低等众多优势,从而有更高的发电量和更好的长期可靠性。

表 3-12 项目产品方案

| 序号 | 产品名称 | 设计规模 | 性 能 指 标 | 备 注 |
|---|---|---|---|---|
| 1 | N 型高效太阳能电池 | 10 GW | 尺寸及技术类型根据市场和技术成熟条件调整 | 其中:一期 6 GW,二期 4 GW |

### 三、场址选择

(一) 场址所在位置现状

1. 地点及地理位置

本项目位于安徽省滁州经济技术开发区。地块在安樵区滁州大道和安庆路交叉口,位于一期项目的东北侧、生活区的东侧。滁州经济技术开发区成立于 1992 年 6 月,为安徽省首批省级开发区,一期规划面积 11 平方千米,二、三期规划面积 40 平方千米。开发区是滁州市"南移东拓"发展战略的重要组成部分,已定位为滁州新城区。开发区位于滁城南郊,北接城市中心区,西靠琅琊山脚下,东连沪铁路线,南接京沪铁路安徽滁州站,交通便利,地理位置优越。经过十多年的发展,建成区面积 10 平方千米,区内基础设施完善,道路、供排水、供电、供热、天然气、通信等均能满足投资者需要。2011 年 4 月 10 日,国务院正式批准滁州经济技术开发区升级为国家级开发区。

2. 场址土地权属类别及占地面积

项目租用开发区的厂房,地块土地性质工业用地。地块呈梯形,总用地面积约 200.4 亩。

3. 土地利用现状

目前地块已启动建设,标准厂房预计于 2022 年底建成。

(二) 场址建设条件

1. 地形地貌

滁州市域跨长江、淮河两大流域,主体为长江下游平原区及江淮丘陵地区。滁州市区与来安、全椒县以及天长部分地区属于长江流域,明光市、定远等县属于淮河流域。全市地貌大致可分为丘陵区、岗地区和平原区三大类型,地势西高东低,全市最高峰为南谯区境内的北将军岭,海拔 399.2 米,围绕丘陵分布的平台和波状起伏地带,构成岗地区,滁河、淮河沿岸和女山湖、高邮湖的滨湖地带是主要的平原区和圩区。

2. 气候条件

滁州市地处长江中下游平原及江淮之间丘陵地带,为北亚热带湿润季风气候,四季分明,温暖湿润,气候特征可概括为:冬季寒冷少雨,春季冷暖多变,夏季炎热多雨,秋季晴朗气爽。全市年平均气温15.4℃,年平均最高气温20.1℃,年平均最低气温11.4℃,年平均降水量1 035.5毫米。梅雨期长达23天。年日照总时数2 073.4小时。初霜为11月4日,终霜为3月30日,年无霜期210天。

3. 交通运输条件

本项目所处滁州经济技术开发区,位于安徽省东部,长江以北,东南连接"长三角",习惯上称"皖东",是南京都市圈核心伙伴城市。滁州交通四通八达,京沪铁路、宁西铁路、京沪高速铁路、沪汉蓉高速铁路、水蚌铁路贯穿境内,宁洛高速公路、沪陕高速公路、马滁扬高速公路连接其中,所有县市区均可在半小时内驶上高速。滁宁快速通道、南京长江隧道、104国道三条快速道路不仅实现了滁州与南京的无缝对接,也加速了滁州全面融入长三角地区的步伐。滁州的附近有南京禄口国际机场、南京马鞍国际机场。水运依托滁州港,清流河、滁河航道直入长江。

### 四、建设方案

(一) 技术方案

本项目主导产品为N型高效光伏电池,具体技术方案根据市场前景和技术成熟情况确定。

(二) 设备方案

根据生产工艺要求和市场供应情况,按照技术上先进、经济上合理,生产上适用的原则,以及可行性、维修性、操作性和能源供应等要求,结合公司原有生产经验,本项目购置生产及辅助设备341台(套),其中电池生产设备262台(套)、辅助设备79台(套),均为国产设备。其中一期购置生产及辅助设备239台(套),二期购置生产设备102台(套)。

本项目设备选型综合考虑后续的技术发展方向和技术兼容性,其中整线兼容182/210电池等多种产品的传输及生产,全车间自动化程度高,采用一期项目已有的信息MES集成技术,实现数据真实可靠可分析,实现对整个厂区的智能信息化管理。

(三) 工程方案

本项目生产厂房由地方政府代建,企业租赁。厂房总用地200.4亩,包括电池生产车间、成品库、固废库、危废库、变电站、特气房等生产及辅助用房,总建筑面积80 314.5平方米,计容面积165 026.5平方米。项目在标准厂房基础上进行必要的功能性改造装修。结合生产环境约束条件,项目生产车间均为10万级洁净车间。

(四) 原辅材料方案

本项目主要原材料为硅片,辅助材料有银浆、网板、添加剂等。原辅材料就近统一市场采购,卡车或槽车运输。

(五) 公用辅助工程

1. 供电

公司新厂区供电来源于滁城供电局110 kV变电站,接入厂区电压为10 kV,项目采用两回路供电;项目用电电压为380 V/220 V,用电负荷为二级负荷;综合考虑厂区整体运行所需,项目拟新增 1 套变配电系统(含 14 套 SCB13-2500 的变压器及高低压配电设备),变压器容量总计为 35 000 kVA,能满足生产线用电,运行负荷 85% 左右。

2. 给排水

(1) 给水系统。

本项目给水系统分为生产生活给水系统和消防给水系统。

生产生活用水通过市政自来水管网接入,其水质、水量能够满足用水要求。

消防用水主要供建筑物的室内外消火栓用水,由市政给水管网供给。厂区消防给水管网沿道路呈环状布置,管网干管管径为 DN200。室外消防设地上式消火栓,消火栓间距不超过 120 m;室内消防按规范要求设室内消火栓和建筑灭火器;本项目消防用水利用厂区内原有的消防水池和消防设施。

另外,本项目设有纯水制备系统 1 套,其制备能力为 480 t/h。

(2) 排水系统。

厂区排水采用分流制,将排水系统分为生活污水、生产污水和雨排水等三个系统。

生活污水系统:生活污水为车间生活间、办公楼卫生间排出的冲洗、粪便等污水。生活污水就近排入化粪池,经化粪池处理后,通过厂区生活污水排水管道系统,排入厂区外市政生活污水排水管道系统。

生产污水系统:生产污水主要包括生产装置区内的设备检修排放的污水、火灾期间排出的消防水,量非常少,经简单处理汇集后集中排放。

雨排水系统:屋面及路面雨水经厂区内雨水管道汇集后集中排放。

生产污水由厂区内的污水处理系统达标处理后纳管排放。

3. 供气

本项目供气主要是压缩空气,用量较小,由厂区内新增的 1 套空气压缩系统提供,硅烷、氩气等特殊气体由市场购入。

4. 公用辅助工程设备

项目配套公用辅助工程设备主要有纯水制备系统、空气压缩系统、变配电系统、特气输配系统、污水处理系统、废气处理系统、空调冷却系统等。

### 五、节能分析

(一) 能耗指标分析

1. 电力

本项目年运行时间按 8 000 h 计,则项目年用电量约为 69 300 万 kWh。

2. 水

本项目用水包括生产用水、生活用水、循环冷却补给用水。新鲜水用于生产和生活系统。项目年总用水量约 900 万立方米。

3. 综合能耗测算

本项目年综合能耗等价值为 198 276 吨标煤(电力按等价值计),综合能耗当量值为 85 941 吨标煤。

(二) 节能措施

1. 非生产性节能

(1) 结合车间整线布局进行外围设计,降低能耗,提升性价比。

(2) 配电房集中在车间用电高负荷区域,降低生产过程的电损耗以及电缆成本。

(3) 冷热区循环利用抽风系统,特别是高发热区域的集中抽送风以及回路设计,将热量高的机台热量传输至车间其他区域,特别是冬天,可大幅度降低空调升温所需耗电量。

(4) 净化配置设计匹配车间功能区,降低照明遮挡及零部件采购数量,并可减少实际照明耗电量。

(5) 空调照明分区供给设计,最优化产能能耗设计,最大化减少由于订单产能调整时所带来能耗的浪费。

(6) 选择节能型变压器,根据负荷运行的时间性变化,相应的选择变压器的运行参数与台数,尽量减少不必要的损耗。同时,变配电站的位置尽可能靠近负荷中心,以缩短配电半径减少低压线损,对变压器输配电端采用集中补偿。

(7) 建筑设计中采用了优质保温材料和密封性较好的门窗,并执行相关节能设计标准,所有建筑物外墙及屋面设计均考虑保温节能。

(8) 净化系统和舒适性空调系统均设置自动控制系统,根据房间负荷的变化调整送风温度,以节约能源。

2. 生产性节能措施

(1) 优化生产工艺流程,工艺设备布置合理、紧凑,工序流转顺畅,同时满足触摸屏生产工艺流程,降低能耗,提高生产效率。

(2) 采用先进的高产串焊接机、汇流条焊接机、自动化流水线,大幅提高生产效率。

(3) 高速变频传送线设计,根据实际所需产出进行节拍设定能耗控制。

(4) 分区管理设计,将车间进行分区管理,满足各个工序环境要求的同时降低能耗使用量。

(5) 采用先进高产设备,节约空间、有效降低电耗。

(6) 对长期连续运行的风机、泵类设备,尽可能配置变频器。

(7) 采用国家推荐的节能照明,节电量20%以上。

(8) 所有耗能设备优先选用技术先进、安全可靠等耗能小,污染小的节能型产品。

(9) 部分生产用水采用中水回用,工艺冷却水循环使用,减少新鲜水消耗。

## 六、组织机构与人力资源配置

(一) 组织机构

项目建设单位日升滁州公司建立了完善的组织结构,实行总经理负责制,各部门职责分工明确、业务流程清晰、组织工作高效,为日升滁州公司的高速发展提供了有力保障。

(二) 人力资源配置

1. 劳动定员

项目拟新招聘人员1 600人,其中生产人员1 300人,技术人员150人,管理人员40人,后勤人员30人,销售人员80人。

2. 员工来源

本项目新增人员由企业通过当地人才市场、劳动力市场以及网络、报纸、电视等传播媒体,发布招聘信息,并对应征人员进行测试考核,择优录取。

3. 员工培训

制定年度培训计划,采取全员培训与专业培训相结合的方式。培训分为入厂教育培训、安全培训、管理技能培训、专业技能培训、特殊工种培训等。

## 七、项目实施进度

项目建设包括项目前期准备、设备询价及采购、设备安装调试(含工艺管线)、人员招聘及培训、试生产等过程。项目建设期三年,计划从 2022 年 11 月启动建设。项目分两期建设,其中一期 6 GW 项目建设期 2022 年 11 月—2023 年 10 月;二期 4 GW 项目建设期:2024 年 11 月—2025 年 10 月。

## 八、投资估算与资金筹措

(一)投资估算

1. 投资估算依据及说明

A.《建设项目经济评价方法与参数》《第三版》。

B.《建设项目投资估算编审规程》(CECA/GC1—2007)。

C. 设备价格指到厂价包含原价(不含增值税)、运输费、保险费、招标费用及安装费等。

2. 总投资估算

项目规模总投资为建设投资、建设期利息与铺底流动资金之和,估算值为 275 700 万元。

(二)投资计划及资金筹措方案

项目规模总投资 275 700 万元,其中一期项目规模总投资 180 000 万元,二期项目规模总投资 95 700 万元,公司拟以自有资金或自筹资金进行投资建设。

## 九、财务分析

(一)销售收入估算

按照高效太阳能电池市场销售价格等相关因素,预计项目达产年可实现销售收入 124 亿元。

(二)总成本估算

项目达产年经营成本合计 1 108 407 万元,总成本费用合计 1 138 661 万元,其中可变成本 1 062 362 万元,固定成本 76 299 万元。

(三)税金及附加

本项目正常达产年预计需缴纳各类税 51 104 万元,其中营业税金及附加 2 397 万元,增值税 23 971 万元,所得税 24 736 万元。

## 十、项目风险分析

(一)风险识别和分析

1. 市场风险

随着全球变暖趋势加速和能源成本上涨,今后几年太阳能光伏电池产品需求将会持续一波增长趋势,但目前激烈市场竞争局面,尤其是疫情后国际经济贸易形势更加复杂严峻使本项目存在一定市场风险。

(1) 产能持续释放,市场供需压力加大。从供给侧来看N型电池产能在2022年进一步增长;从需求侧来看,国际国内新增市场规模增速将会放缓,尤其是全球经济低迷,逆全球化趋势抬头。此消彼长将导致我国光伏市场供需失衡,上下游各环节产品价格将进一步下探,企业可能会承受一定市场压力。

(2) 随着太阳能开发利用规模快速扩大,技术进步和产业升级加速,光伏产品单价逐渐降低,公司产品面临产品销售收入下降的风险。

(3) 2020年四季度以来,由于行业整体需求突增、部分多晶硅料企业发生安全事故等突发事件以及能耗双控,硅料环节出现短期结构性供需关系的不平衡,上游硅料价格呈现快速上涨趋势,并直接影响到硅片的价格和供应。若是后续硅片等原辅材料价格继续上涨,可能使项目盈利能力受到一定影响。

2. 技术风险

近年来,在补贴退潮的倒逼下,我国光伏发电技术处于飞速发展中,其中最为基础的光伏电池技术更是百花齐放。从简单的多晶、单晶电池,到黑硅电池、高效单晶电池,再到N型HIT电池、TOPCon电池,不同类型的高效电池层出不穷。截至目前,光伏市场技术路线尚存在一定不确定性。公司未来可能面临技术更新速度落后的风险。

3. 政策风险

(1) 光伏项目受国家补贴和政策扶持影响较大。当前光伏发达国家的政策正逐步增大补贴范围、减小补贴额度,包括中国在内的光伏新发展国家也在积极出台刺激政策,在扩大市场需求的同时对企业的成本控制提出了更高的要求。但2020年"碳达峰、碳中和"目标的提出,整体为光伏产业发展营造了良好的政策环境。

(2) 光伏补贴拖欠,影响产业链正常运行。光伏市场规模快速扩大和可再生能源附加征收不足,补贴资金缺口明显,多数光伏发电项目难以及时获得补贴,增加了全产业链资金成本。光伏行业受政策补贴影响较大,弃光限电和拖欠补贴问题依然存在。

(3) 受贸易保护影响,拖累光伏"走出去"步伐。近年来我国光伏产业发展快速,使其成为部分国家贸易保护的主要产品。新一轮贸易调查更加关注中国企业,贸易摩擦频发,例如美国的"双反"、201、301关税,印度制造、保障性关税、BIS认证等政策,阻碍了我国光伏"走出去"的步伐。近年来贸易保护也开始呈现新的表现形式——知识产权诉讼,对我国光伏企业开拓其他海外市场造成不利影响,导致全球光伏应用成本快速上升,不利于推动全球光伏应用。

(4) 当前项目终端组件产品享受13%的出口退税优惠,若该政策取消或者调整,可能在一定程度上影响公司产品国际竞争力和项目现金流情况。

(二) 风险防范对策

1. 市场风险对策

(1) 积极采用世界先进设备和工艺技术,严格按照标准规范生产经营活动,确保公司太阳能组件产品质量和服务质量。

(2) 善于把握市场契机,加大产品宣传力度,创新营销手段,积极开拓新市场,培育拓展终端组件产品的销售渠道和销售网络。在保证产品性能质量的前提下,率先高性价比进入市场。及时向高技术新产品升级、向新领域拓展,并快速实现新产品的产业化和规模化,获得技术创新效益。

(3) 不断加大研发投入,提升光伏产品的高性价比,加强成本控制,进一步实现产品差异化,为客户提供增值服务,保持公司光伏产品的竞争优势。

(4) 立足现有市场的同时,应进一步加大力度开发培育自主品牌。同时伴随着国家"一带一路"倡议,光伏行业也应借势积极开拓海外市场,规避未来可能的反倾销纠纷和非贸易壁垒风险。

(5) 正确处理供货商稳定与主要原材料来源多渠道关系,建立价廉物美、供货稳定的主要原材料采购渠道,为确保项目正常运营创造良好条件。

2. 技术风险对策

加强产学研合作和国内外专家的学术交流,时刻关注国内外技术研发成果,紧跟世界太阳能光伏行业发展前沿,不断开发掌握新工艺、应用新技术、发展新产品,做好战略、产品、生产方式的调整,注重自主创新和自主知识产权管理,不断强化公司的核心竞争力,以化解各种技术风险和未来技术壁垒的冲击。项目运营过程中需进一步引进高素质的专业人才和高端技术人才,充分利用公共专业技术合作平台,加强产学研合作,夯实公司技术基础。

3. 政策风险对策

应密切关注政策动向,控制生产成本,利用各种金融工具防范汇率风险,在条件允许的前提下,针对外汇收入采取一定的套期保值手段规避外汇汇率变动的风险。

## 十一、结论

全球及国内光伏市场需求持续增长不断推动光伏产业向前发展,也推动了高效光伏电池片技术的不断革新和突破。该项目投资符合国家行业政策指导方向,将积极助力国家"双碳"目标实现。

本项目实施后,可形成年产 10 GW 高效太阳能电池生产能力。该项目投资财务净现值(税后)135 002 万元,静态投资回收期(税后)6.73 年,项目盈利能力较好。综上,项目的建设及运营是可行的。

# 本 章 小 结

项目投资决策影响公司未来,但又具有金额大、影响时间长、难以变现等特点,因此,进行项目投资要做好计划和评估。项目投资可分为新建项目投资和更新改造投资,或者是独立决策投资和互斥决策投资等。项目投资决策的基本步骤包括:提出投资方案,估计方案的现金流量,计算价值指标,与可接受标准比较,进行项目选择以及对项目进行事后评价。

一个项目的现金流量由初始现金流量、经营期现金流量和处置期现金流量构成。初始现金流量包括固定资产投资、净营运资本投入等。经营期现金流量包括产品或服务销售收入、各项营业现金支出和税金支出等。处置期现金流量主要包括固定资产的变现收入、营运资本的回收、项目结束时发生的各项清理费用。项目现金流量估计的时候要考虑增量现金流和机会成本,但在项目抉择时不要考虑沉没成本。

项目现金流量可以由营业现金流量、营运资本增量和资本性支出计算出来,具体表达式为项目现金流量=息税前收益×(1-所得税税率)+折旧摊销-营运资本需求的变化-资本支出。

投资决策的方法包括净现值法、回收期法和内部报酬率法等。在不同情况下,需要使用不同的方法,或者将其中几种方法综合使用,用得最多的是净现值法则,它符合企业价值最大化的基本目标。在未来现金流不确定的情况下,投资分析方法包括情景分析、敏感性分析和盈亏平衡点分析。情景分析注重于项目的整体环境变化而带来的影响;敏感性分析则关注某一关键变量的变动对项目的影响;盈亏平衡点分析通过寻找临界值,明确企业盈亏平衡的临界点,项目的安全边际越高,亏损的可能性越小。

## 习题与思考题

1. 相对于短期投资来说,项目投资表现出哪些特点?
2. 项目现金流量如何计算?
3. 对净现值法、获利指数法、回收期法、内部报酬率法、平均会计回报率的适用范围和优劣进行比较。
4. 不确定状况下,如何进行投资决策分析?
5. 甲公司拟投资某项目,一年前花费 10 万元做过市场调查后因故中止。现重启该项目,拟使用闲置的一间厂房,厂房购入时价格 2 000 万元当前市价 2 500 万元;项目还需投资 500 万元购入新设备。在进行该项目投资决策时初始投资是多少?
6. 甲公司投资一个项目,有 A、B、C 三个项目可供选择。A 项目初始投资 120 万元,没有建设期,期限 5 年,未来每年的现金净流量分别为 60 万元、50 万元、50 万元、30 万元和 30 万元。B 项目建设期 2 年,经营期 6 年,净现值 83 万元。C 项目期限 10 年,净现值 86 万元。A、B、C 三个项目的资本成本分别为 8%、10% 和 12%。
    要求:
    (1) 计算 A 项目的净现值。
    (2) 计算三个项目的等额年金和永续净现值。
    (3) 根据上述计算结果,选择最优方案。
7. 已知某投资项目的原始投资额为 400 万元,建设期为 2 年,投产后第 1~5 年每年 NCF 为 90 万元,第 6~10 年每年 NCF 为 80 万元。则该项目包括建设期的投资回收期为多少年?
8. 现有 A、B 两个互斥项目,A 项目的净现值为 50 万元,年限为 4 年;B 项目的净现值为

60万元,年限为6年。假设折现率为10%,在用共同年限法(用最小公倍数法确定共同年限)确定两个项目的优劣时,重置后两个项目的调整后净现值为多少,哪个项目更优?

9. 某企业拟进行一项固定资产投资项目决策,设定折现率为12%,有四个方案可供选择。其中,甲方案的项目计算期为10年,净现值为1 000万元,(A/P,12%,10)=6.144 6;乙方案的净现值率为-15%;丙方案的项目计算期为11年,每年等额净回收额为150万元;丁方案的内部收益率为10%。最优的投资方案是哪种?

10. A公司拟投资一个新产品,预计该项目需固定资产投资1 500万元,可以使用5年,预计每年付现的固定成本为80万元,单位变动成本是360元。固定资产计提折旧采用直线法,折旧年限为5年,估计净残值为100万元(与税法估计一致)。预计各年销售量为8万件,销售价格为500元/件。生产部门估计需要垫支占营业收入12.5%的经营营运资本额。评价新项目使用折现率为10%,A公司的所得税税率为25%。

要求:

(1) 计算新项目的净现值。

(2) 设单价上涨10%,利用敏感分析法确定净现值对单价的敏感系数。

# 第四章

# 有效市场的基本概念与检验方法

## 学习目标

1. 掌握有效市场的概念,了解有效市场的基本假设。
2. 掌握三种类型的有效市场。
3. 了解有效市场的检验方法。
4. 了解中国资本市场的制度特征及其缺陷。
5. 学会分析中国资本市场的有效性。
6. 学会从制度缺失的层面分析中国资本市场的异常波动。

## 第一节 有效资本市场的基本概念

所谓的有效资本市场,是指资产的现有市场价格能够充分反映所有有关、可用信息的资本市场。这意味着证券的现有市场价格反映了证券的基本现值和内在价值,因此不存在利用有关的、可用的信息谋取或者赚取超常或者剩余利润的任何方法。

因为有效资本市场的存在意味着公司失去许多常用的"增值策略",所以这一概念对于公司管理层来说具有深远的意义。可以证明在有效的资本市场中:

(1) 财务经理无法选择债券和股票的发行时机。
(2) 增加股票发行不会压制现有公司的股票价格。
(3) 公司的股票和债券的价格不会因为公司选择了不同的会计方法而受到影响。

值得指出的是,资本市场有效性是一个值得不断讨论的问题,有大量的实证研究对这一理论进行了检验与挑战。

### 一、资本市场有效性的体系构架

效率是现代经济学的核心概念。在金融领域,可以将资本市场效率定义为资本市场的价格对相关信息迅速无偏地反应,引导并调节金融资源的优化配置。资本市场效率体系可以分为三个层次:运作效率、信息效率(即信息有效性)和资源配置效率(即资源配置有效性)。

运作效率是指股票市场的交易运营效率。有两个可以衡量证券市场是否具有运作效率的直接指标,一是价格能否自由地根据有关信息变动;二是与证券相关的信息是否能充分披露、均匀分布,使每个投资者在同一时间内得到等量和等质的信息。价格的变动方式、信息的完整、时效性影响着证券市场的资金调节和分配效率。若证券价格被人为操纵,或者信息披露不完整、分布不均匀,就会误导资金流向,不利于资本市场发挥资金融通的功能。资本市场的运作效率主要受到市场微观结构的影响,O'Hara(1992)认为,运作效率主要体现在流动性、低成本和透明性这三个方面。

信息有效性是指证券价格已经充分吸收和反映了所有相关的公开信息,在考虑了风险因素和交易成本之后,投资者不能根据公开信息而获取超额利润。一个富有效率的证券市场,证券的价格能充分地反映所有有关信息,并根据新的信息作出迅速的调整。因此,证券的市场价格成为证券交易的准确信号。

资源配置有效性是指证券价格对资源配置的引导效率。从资本市场和实体经济的关系看,资本市场仅仅具有信息有效性是远远不够的。William Beaver(1998)指出,资本市场信息效率越大,间接的资源配置就会更好的论断难以成立。

资本市场效率的三个层面具有逻辑的联系。运作效率是信息有效性和资源配置有效性的微观基础。从市场运作层面考察,交易时间和交易费用决定了资本市场的运作效率,从而影响到资产价格对信息流动的反应能力。而从信息流动的层面考察,只有证券价格充分反映了股票的内在价值,资源配置有效性的实现才能成为可能。因此,信息有效性是资本市场效率体系的基石。

从本质上讲,资本市场有效性理论探讨的是证券价格对相关信息的反应程度和速度。如果相关信息能够立即并充分地反映在证券价格中,那么该市场就是有效的。市场效率越高,价格对信息的反应程度也越快。要理解信息和证券价格波动的关系,必须弄清楚什么是信息集,理解信息的效用价值。信息集是指包含了未来各种可能事件的集合,这个集合对不同的投资者有不同的价值,价值的不同主要取决于:(1)投资者是否基于这一信息而采取行动;(2)这一系列行动给投资者带来的净收益是多少。

事实上,并不是所有信息都会影响证券价格,只有那些决定公司价值的预期因素发生变化的信息才会反映在证券价格中,比如公司的财务状况、股利分配政策、产品的质量、宏观经济政策等。这些信息的出现会立即改变人们对公司未来现金流和贴现率的预期。

## 二、有效市场的定义

有效市场(Efficient Market Hypothesis,EMH)的概念,最初是由 Fama 在 1970 年提出的。Fama 认为,当证券价格能够充分地反映投资者可以获得的信息时,证券市场就是有效市场,即在有效市场中,无论随机选择何种证券,投资者都只能获得与投资风险相当的正常收益率。

具体而言,有效市场是指这样一种市场,在这个市场上,所有信息都会很快被市场参与者领悟并立刻反映到市场价格之中,例如一家石油公司在开发地内发现石油,这个消息是在星期二上午 11 点 30 分宣布的。该石油公司股票的价格将会在什么时间上涨呢?有效市场理论认为这一消息会立刻反映到价格上去。市场参与者会立即做出反应,并将该石油公司股票的价格抬高到应有的高度。简而言之,在每一个时点上,市场都已经消化了可以得到的全部最新消息,并且将它包含在股票价格或相关商品价格或其他金融产品之中。

在有效市场中,投资者都可以利用可获得的信息获取更高的报酬。同时,证券市场对新的市场信息的反应迅速而准确,证券价格反映了全部的信息。市场竞争使证券价格从旧的均衡过渡到新的均衡,而与新信息相应的价格变动是相互独立或随机的。

有效市场要存在必须满足几大条件,具体如下:

(1) 存在大量的证券,使每种证券都有"本质上相似"的替代证券,这些替代证券不但在价格上不能与被替代品一样同时被高估或低估,而且在数量上要足以将被替代品的价格拉回到其内在价值的水平。

(2) 市场允许卖空。

(3) 存在以利润最大化为基本目标的理性套利者,他们可以根据现有的信息对证券价值形成合理判断。

(4) 不存在交易成本和税收。

## 三、有效市场的基本假设

"有效市场"包含以下几个基本假设:

第一,在市场上的每个人都是理性的经济人,金融市场上每只股票所代表的公司都处于理性人的严格监视之下。理性人每天都在进行基本分析,以公司未来的营利性来评价公司的股票价格,把未来价值折算成今天的现值,并谨慎地在风险与收益之间进行权衡取舍。

第二,股票的价格反映了理性人的供求平衡,想买的人正好等于想卖的人,即股价被高估的人与认为股价被低估的人正好相等。假如有人发现两者不等,市场存在套利的可能性,他们会立即买进或卖出股票,使股价迅速变动到能够使二者相等为止。

第三,股票的价格也能充分反映该资产的所有可获得的信息,即"信息有效",当信息变动时,股票的价格就一定会随之变动。一个利好消息或利空消息刚刚传出时,股票的价格就开始异动,当它已经路人皆知时,股票的价格也已经涨或跌到适当的价位了。

"有效市场假说"实际上意味着"天下没有免费的午餐",世上没有唾手可得之物。在一个正常的有效率的市场上,每个人都不能指望发意外之财。当然,"有效市场假说"只是一种理论假说,实际上,并非每个人总是理性的,也并非在每一时点上都是信息有效的。"这种理论也许并不完全正确,"曼昆说,"但是,有效市场假说作为一种对世界的描述,比你认为的要好得多。"

## 四、有效市场假设条件的逐步放松

"市场有效理论"是建立在三个逐渐弱化的假设条件之上的。

假设一:投资者是理性的,他们可以理性地评估证券的价值。

这个假定是最强的假定,投资者理性意味着在同风险条件下,投资者不可能赚取超额收益率。因此,完全理性的投资者构成的竞争市场必然是有效市场。

如果投资者是理性的,他们认为每种证券的价值等于其未来的现金流按一定风险水平的贴现率贴现后的净现值,即内在价值。当投资者获得有关证券内在价值的信息时,他们就会立即做出反应,买进价格低于内在价值的证券,卖出价格高于内在价值的证券,从而使证券价格迅速调整到与新的内在价值相等的水平。

假设二:虽然部分投资者是非理性的,但他们的交易是随机的,这些交易会相互抵消,因此不会影响价格。

这是一个较弱的假定。有效市场假说的支持者认为,投资者非理性并不能否定有效市场的存在。他们认为,即使投资者是非理性的,在很多情况下市场仍然可以保持理性。非理性的投资者的交易是随机的,相互之间的交易策略互不相关,如果这类投资者很多的话,非理性的交易可以相互抵消,从而不干扰市场正常运行,以保证市场效率。

假设三:虽然非理性投资者的交易行为具有相关性,但理性套利者的套利行为可以消除这些非理性投资者对价格的影响。

这是一个最弱的假定。当非理性投资者连续买进某一种证券,使该证券的价格高于其内在价值。此时,套利者会出手卖空该证券,买进其他相似的证券以对冲风险。这种套利是无风险的,但是却让套利者获取了收益。套利活动的存在使证券价格迅速回归其内在价值。

## 第二节　有效资本市场的类型和检验

### 一、有效市场的类型

#### (一) 弱式有效市场

弱式有效市场中以往价格的所有信息已经完全反映在当前的价格之中,所以利用移动平均线和K线图等手段分析历史价格信息的技术分析法是无效的。

在这一市场中,证券现行价格所充分反映的是有关过去价格和过去收益的一切信息。因为价格的变化表现为一种随机游走过程,所以在每一时刻上,价格便被看作是整个价格运动轨迹上的一个质点。假设时刻 $t=0$,这一点处于某一初始位置,随后每隔单位时间($t=1, 2, \cdots, n$)该点总会受外界随机作用(新信息的出现)的影响使位置发生变化。在这一系列联系中,投资者最关心是质点在 $t=n$ 时刻的位置,即最后时刻的价格水平,因为所有投资者推断价格位置时运用的是历史数据,现行的价格所充分反映的是过去价格和收益的一切信息。在弱有效市场,技术分析的作用消失,因为技术分析的基础是过去的价格、成交量变化等历史数据,然而这些已经反映在价格中。

弱有效市场的正确含义是过去历史信息对估测未来的价格变化没有任何帮助。由此,投资者根据过去信息无法获取超额利润,只能选择一些绩优证券,长期持有,不做短期的贱买贵卖交易。

#### (二) 半强式有效市场

除了证券市场以往的价格信息之外,半强式有效市场假设中包含的信息还包括发行证券企业的年度报告,季度报告等在新闻媒体中可以获得的所有公开信息。在半强式有效市场中,依靠企业的财务报表等公开信息进行的基础分析法也是无效的。

在这一市场中,完全利用公开信息的投资者扣除他们购买信息的成本后,无法获得超额利润,除非价格调整对信息反映存在滞后性。但利用非公开信息的投资者可获取暴利。

与弱有效市场相比,证券价格反映的信息更为广泛,不仅包括过去信息,也包括当前已经公开的信息,因而价格更加全面。

### (三) 强式有效市场

强式有效市场假设中的信息既包括所有的公开信息,也包括所有的内幕信息,例如企业内部高级管理人员所掌握的内部信息。如果强式有效市场假设成立,上述所有的信息都已经完全反映在当前的价格之中,所以,即便是掌握内幕信息的投资者也无法持续获取非正常收益。

在强式有效市场,即使一个知道某家开采金矿的公司探明了一个大型金矿的内幕者,利用这一信息也无法在一个强型有效的资本市场上获利。因此,一旦这个内幕者企图利用这一信息进行交易的时候,市场会立即确认所发生的事情,金矿开采公司的股票价格在这位内幕者购买该公司股票之前就冲高上涨。从另一个角度看,坚信强有效市场理论的人也可以认为,公司没有任何秘密,一旦探明金矿,消息将立刻传开。

### (四) 三类有效市场的关系

历史价格的信息集是公开可用信息集的一个子集,反过来,公开可用信息集又是所有相关信息集的一个子集。这三类信息之间的关系如图 4-1 所示,正因为如此,强有效包含着半强有效,半强有效包含着弱有效。

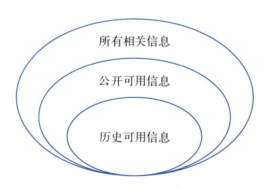

图 4-1  信息集之间的关系

图 4-2 展示了股票价格几种可能的调整方式:第一,实线表示股票价格在有效市场状况下的调整防线。在这种情况下,股票价格依据新的信息及时地进行调整,价格因此出现了明显的变化。第二,点线描绘了延迟反应的情况。在这种情况下,市场用了 30 天才完全消化吸收信息。第三,虚线表示了市场对信息的过度反应,随后经过修正回归真实的价格。值得注意的是,点线和虚线表示在无效市场上可能出现的运动趋势,如果市场费时多日进行价格调整,那么投资者在信息公布时买入股票,在价格回归均衡时卖出股票,就可以获得交易利润。

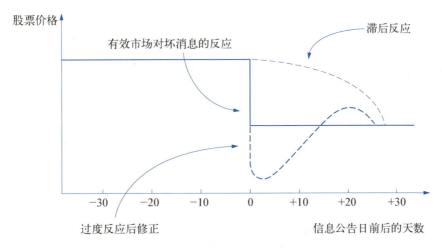

图 4-2　股票价格对信息的反应

## 二、弱式有效市场的检验

对于弱式有效市场,主要是检验过去的收益对未来收益的预测能力,信息集为历史价格。如果弱式有效市场假说成立,那么投资者无法利用过去股价所包含的信息获得超额收益。随机游走是指基于资产过去的表现,无法预测资产价格将来的发展步骤和方向。在股票市场上的随机游走意味着股票价格短期趋势的不可预知性。因此,如果价格包含了所有有关的历史信息,任何人通过分析历史价格都无法准确预测股票未来走势,那么,市场达到弱式有效。常用游程检验、符号检验、序列相关性检验等统计检验的方法来分析历史价格序列是否服从随机游走,以此来判断市场是否弱式有效。

(一) 游程检验法

游程检验作为一种非参数检验方法,通过检验序列是否存在自相关性来检验价格是否随机变化。如果序列的游程数小于随机序列游程数的数学期望,则说明该序列呈现出持续的随趋势而变动的特征,资产价格之间具有正的自相关性。如果序列的游程数大于随机序列游程数的数学期望,则说明资产价格之间具有负的自相关性,资产价格呈现出反转和均值回复的特征。如果资产价格变化是随机的,那么,实际游程数等于随机序列游程数的数学期望。总的来看,如果实际游程数和期望值相差不大,则各期资产价格之间不存在关联。如果二者差异较大,则各期资产价格的变动存在相关性。

法玛在《股票市场价格行为》中定义一个游程为价格变化保持相同符号的序列。资产价格的变化分为三种:正的价格变化、负的价格变化和零价格变化,对应的游程也可以分为三类。一个长度为 $i$ 的正游程是指一个连续 $i$ 次正的价格变化随后是负的价格或零价格变化。负游程和零游程的定义依此类推。论文同时给出了渐近标准正态分布的检验统计量 $T$:

$$T = \frac{[m - E(m)]}{\sigma_m} \tag{4-1}$$

$$E(m) = \frac{[N(N+1) - \sum_{i=1}^{3} n_i^2]}{N} \qquad (4-2)$$

$$\sigma_m = \left\{ \frac{\sum_{i=1}^{3} n_i^2 \left[ \sum_{i=1}^{3} n_i^2 + N(N+1) \right] - 2N \sum_{i=1}^{3} n_i^2 - N^3}{N^2(N+1)} \right\}^{\frac{1}{2}} \qquad (4-3)$$

式中,$N$ 为价格变化的总数;$n_1$,$n_2$,$n_3$ 分别是价格变化为正数、负数和零的数目;m 为游程数;$\sigma_m$ 为 m 的标准差。由于价格变化为零的可能性很小,不妨令 $n_3=0$,可以得到:

$$T = \frac{[m - E(m)]}{\sigma_m}$$

$$E(m) = \frac{2n_1 n_2}{N} + 1 \qquad (4-4)$$

$$\sigma_m = \left[ \frac{2n_1 n_2 (2n_1 n_2 - n_1 - n_2)}{N^2(N+1)} \right]^{\frac{1}{2}} \qquad (4-5)$$

在给定的显著性水平下,如果计算出的统计量 T 的绝对值大于临界值,则拒绝原假设,并得出结论:市场尚未达到弱式有效;反之,则不能否认市场已经达到弱式有效。

(二) 符号检验法

科尔斯和琼斯(Cowles and Jones,1937)在分析股票收益时,考虑股票历史数据中连续两天的收益是同号还是异号,分别统计同号、异号的频率。如果该序列服从随机游走,那么,同号、异号的概率应该都趋近于 0.5。

设 $p_t = Ln P_t$,$P_t$ 表示 $t$ 时刻的资产价值,所以有:$r_t = p_t - p_{t-1} = Ln\left(\frac{P_t}{P_{t-1}}\right)$。$r_t$ 的符号反映了资产价格的涨跌。不妨令

$$I_t = \begin{cases} 1, & r_t > 0 \\ 0, & r_t < 0 \end{cases}$$

$$Y_t = I_t I_{t+1} + (1 - I_t)(1 - I_{t+1}) \qquad (4-6)$$

显然,$Y_t = 1$ 表示 $p_t$ 和 $p_{t+1}$ 同号;$Y_t = 0$ 表示 $p_t$ 和 $p_{t+1}$ 异号。因此,$N_s = \sum_{t=1}^{n} Y_t$ 表示同号的个数,$N_r = n - N_s$ 表示异号的个数。如果资产的价格序列为随机游走,那么,$r_t = p_t - p_{t-1}$ 是独立同分布的随机变量,它的分布是关于原点对称的连续分布。从而有 $P(I_t > 0) = P(I_t \leqslant 0) = \frac{1}{2}$。当 n 足够大时,对应的频率收敛于概率,即

$$CJ = \frac{N_s}{N_r} = \frac{\frac{N_s}{n}}{\frac{N_r}{n}} = \frac{\frac{1}{2}}{\frac{1}{2}} = 1 \qquad (4-7)$$

可以证明，CJ 的渐近分布服从于一个正态分布，因而可以使用 CJ 统计量的渐近分布检验资产的价格序列是否服从于随机游走模型。

### （三）序列相关性检验法

法玛（Fama，1965）指出，检验某一时间序列是否遵循随机游走的最直接方法是测试变量的序列相关性。如果资产价格是随机游走的，那么，资产价格不同时期的收益率互不相关。计算相关系数的公式为

$$\rho(k) = \frac{Cov(R_t, R_{t-k})}{\sqrt{Var(R_t)}\sqrt{Var(R_{t-k})}} = \frac{Cov(R_t, R_{t-k})}{Var(R_t)} \quad (4-8)$$

式中，$\rho(k)$ 为时间序列 $R_t$ 的相关系数；$k$ 为滞后的阶数，即比第 $t$ 期滞后 $k$ 个时期。这一序列相关系数服从渐近正态分布且相互独立，可以使用 Box-Pierce 统计量 $Q_m$ 和 Ljung-Box 统计量 $Q_m^1$ 来检验零假设。

$$Q_m = T \sum_{k=1}^{m} [\rho(k)]^2 \quad (4-9)$$

$$Q_m^1 = T(T+2) \sum_{k=1}^{m} \frac{[\rho(k)]^2}{T-k} \quad (4-10)$$

如果价格序列服从随机游走，那么，统计量 $Q_m$，$Q_m^1$ 都接近于 0。可以证明这两个统计量服从自由度为 $m$ 的卡方分布。因此，在给定的显著性水平下，当统计量的绝对值大于临界值时，拒绝原假设，得出结论：这一价格序列不服从随机游走模型，市场还没有达到弱式有效。否则，不能否定市场已经达到弱式有效。

## 三、半强式有效市场的检验

对于半强式有效市场，主要检验证券价格对公开发布信息的反应程度，信息集是所有公开的信息。如果半强式有效市场假说成立，那么投资者不仅无法从历史信息中获取超额利润，而且无法通过分析当前的公开信息获得超额利润。经济学家一般采用事件研究法进行检验。事件研究以一段时间为时间窗口长度，将这段时间内的累计股票超额收益和一些会计指标为观察值，来确定该事件是否引起投资者对企业未来现金流量的期望值发生改变，是否会引起股价的显著变动。具体的事件研究法的步骤有三步。

（1）定义事件。要确定研究的事件，锁定事件窗口，即事件发生日，通常为 1 天。

（2）选择事件区间。在研究某一事件对价格或收益的影响时，一般选择事件发生前后的一段时间作为研究对象。在选定研究样本时要注意数据的可获取性，关注市值、公司重大事件等因素的影响。

（3）计算正常收益。正常收益是指如果没有该事件发生所期望的收益。通过选取合适的模型，在时间窗口进行模型参数的估计，通常使用市场模型。

市场模型的具体表达式为

$$R_{it} = \alpha + \beta R_{mt} + \varepsilon_t,$$

$$E\varepsilon_t = 0,$$
$$Var(\varepsilon_t) = \sigma^2 \tag{4-11}$$

式中，$R_{it}$、$R_{mt}$ 分别为 $t$ 时刻证券 $i$ 和市场指数的收益率。

（4）计算超额收益率。超额收益率是指事件期间证券的实际收益率减去该期间的正常收益率，计算公式为

$$AR_t = R_t - E(R_t \mid X_t) \tag{4-12}$$

式中，$AR_t$ 为超额收益率，$R_t$ 为证券的正常收益率。

（5）检验过程。给出原假设，通常假定 $AR_t = 0$，即该事件对股票收益没有影响。

（6）计算平均超额收益率和累计超额收益率。N 家公司的平均超额收益率为 $\overline{AR_t} = \frac{1}{N} \sum_{i=1}^{N} AR_{it}$。累计超额收益率的计算公式为 $\overline{CAR_t} = \sum_{t=t_1}^{t_2} \overline{AR_t}$。计算出结果后，再对平均超额收益率和累计超额收益率进行是否显著为零的假设检验。如果检验结果为两个收益率均显著不为零，就意味着事件的发生能够带来超额收益，说明事件包含的信息不能及时充分地反映到资产的价格中，市场没有达到半强式有效。

对于强式有效市场，主要研究投资者或者机构是否拥有垄断力量，是否垄断了和价格形成相关的信息，信息集除了所有公开的信息，还有尚未完全反映在市场价格上的内幕信息。如果这个假设成立，那么就说明投资者即使拥有内幕信息也无法获得超额利润。这一检验的对象是专业投资者或内幕人士的收益率。如果发现某一专业投资者具有重复的超常表现，则表明专业投资者有预测能力，内幕信息帮助专业投资者获取超常收益。

## 第三节　中国资本市场的制度特征和有效性

一个有效的资本市场离不开好的制度，好的资本市场依托于强大的制度支撑。只有了解中国资本市场的制度特征，明白现有制度存在的缺陷，才能理解中国资本市场是否达到有效、如何改进制度才能接近或者达到有效市场。

### 一、中国资本市场的制度特征

#### （一）从审批制到核准制

中国股票市场成立于计划经济向市场经济转轨的特殊时期，股票市场成立之初就受到了政府的严格监管。从 1993 年至今的三十多年时间，中国股票市场新股发行制度经历了两次大的变革。第一次变革是从审核制下的额度管理、指标管理过渡到核准制下的证券公司通道制、保荐人制度（见表 4-1），逐渐减少政府监管部门对股票发行公司质量的背书，将信息鉴别和价值判断的功能更多地归还给市场。新股发行制度逐渐淡化政府行政监管的干预，开始强化市场机制的作用。

表 4-1　中国股票发行审核制度的第一次变革

| 审核制度 | 审 批 制 | | 核 准 制 | |
|---|---|---|---|---|
| 制度特征 | 额度管理 | 指标管理 | 证券公司通道制 | 保荐人制度 |
| 管理法规 | 《股票发行与交易管理暂行条例》 | 《关于1996年全国证券期货工作安排意见》 | 《中国证监会股票发行核准程序》 | 《证券发行上市保荐制度暂行办法》 |
| 起始时间 | 1993年4月 | 1996年8月 | 2001年3月 | 2004年2月 |

从定价机制的变迁上来看,中国股票市场也从早期的固定市盈率过渡到现阶段的累计投标询价,逐渐减少行政干预对市场价值的扭曲。以下是具体的定价机制变化表现。

(1) 1990—1994年,采用固定价格。

(2) 1994—1999年,采用固定市盈率定价。

(3) 1999—2001年,放宽股票发行的市盈率,采用协商定价。

(4) 2001—2004年,进行市盈率严格管制(不得超过20倍),发行价格区间上下幅度限制为10%。

(5) 2005年至今,为询价制,但受到市盈率或者募资规模的制约。

(6) 2009年,监管层进一步完善了询价和申购报价约束机制。

(7) 2012年,网上网下回拨机制建立,取消了网下锁定期,但增加了对新股发行市盈率的限制。

(8) 2013年11月和2014年3月进行了两次IPO规则的修改,形成了目前IPO发行制度的基本规则。由于老股减持受限、禁止超募、详细费用需要在招股说明书中列示等规定,新股的发行价格基本可以准确确定。

(二) 从核准制到注册制

我国全面股票注册制改革经过了近10年的准备工作,从2013年开始,党的十八届三中全会通过《中共中央关于全面深化改革若干重大问题的决定》,明确提出"推进股票发行注册制改革",自此,有关部门开始建设注册制所需的法律法规、市场环境等配套设施,并进行了四年的试点工作,以此保障全面注册制改革的顺利实施。例如,2015年修订《证券法》,提出"发行人以信息披露为主,审核为辅的注册制";2017年6月,证监会发布《关于推进证券发行注册制改革的指导意见》,明确了注册制改革的总体目标和原则;2018年3月,国内首家金融法院,上海金融法院正式设立;2019年3月,科创板正式设立并开展注册制改革试点工作,2020年3月出台的《外商投资法》也对境外投资者参与注册制改革做了相关规定,等等。2022年8月,时任中国证监会主席易会满在《求是》杂志上撰文指出:"经过近3年的试点探索,以信息披露为核心的注册制架构初步经受住了市场考验,配套制度和法治供给不断完善,全面实行股票发行注册制的条件已基本具备。"2023年2月1日,中国证监会、上交所、深交所和北交所就全面实行股票发行注册制的主要制度规则向社会公开征求意见,并于2月17日正式发布实施全面股票注册制的相关制度规则,这意味着此前在科创板、创业板和北交所的局部试点工作进一步向沪深主板、新三板基础层和创新层等剩余市场进行全面推广,历时多年的核准制正式退出历史舞台。

股票注册制的本质特征是"优胜劣汰",即让市场起到资源配置的决定性作用。当然,这需要建立在一个相对透明、规范和公平的市场环境下,投资者能够清楚了解公司各项指标和运作情况,并且有能力选出高质量的公司进行投资,而劣质公司将难以获得投资者的信任和资金支持,并逐渐被市场淘汰。例如在美国等较成熟的资本市场中,一方面,公司上市需要遵循严格的信息披露制度和规范的运作要求,而且符合条件的公司可以自主选择上市时间和方式,所以公司往往会选择有利时机上市融资;另一方面,市场存在合理的投资者结构和投资者保护制度,较为专业和理性的机构投资者能够辨别出好公司以及更愿意投资好公司,减少市场投机氛围,优质公司能够在竞争中脱颖而出,而劣质公司逐渐被市场淘汰。

相比于注册制而言,中国资本市场已经实施了二十多年的核准制,见证了A股资本市场从小到大、从弱到强的过程。那么,为什么注册制是中国未来股票发行制度的趋势呢?除了资本市场开放或国际化的考量,更重要的是对公平与效率的追求。核准制下的监管部门会对报名上市的公司进行实质审查,具有较大的裁量权,上市程序也相对较长,而且如何选择好的公司上市,这十分考验监管部门的判断能力。从以往的实践来看,监管部门关注的重点集中在财务真实性、合法性和持续经营能力这三方面,而投资者更看重的成长性和行业地位这两个关键因素被财务真实性和合法性所掩盖了。这使在核准制下,在其他条件合规的情况下,利润达到一定规模或经营稳定的大公司就有很大概率能够上市。

但是,注册制下市场对公司的看法则不然,公司的历史业绩是否出众未必成为公司上市的重要标准或者限制,而是上市后公司是否具有成长性,以及行业前景是否光明等贴合市场需求的重要因素。例如,2016年银行IPO再次"开闸"以来,合计有二十多家城商行在A股或H股市场上成功上市,通常来说,银行的利润来源相对较为稳定,但由于我国的地域保护主义、行业地位和银行自身的规模效应这三个因素,这类银行在未来的成长性有很大限制,这也是近年上市的城商行资产质量普遍不受二级市场投资者认可的主要原因。齐鲁银行在发行首日跌破发行价,其中一个原因就与投资者对城商行未来盈利能力的担忧有关。2022年,大丰农商行的IPO被否,原因在于其内部控制存在缺陷,审计机构无法对其财务报表发表无保留意见,这表明企业想通过财务操纵、粉饰报表等操作进行上市的行为已经行不通了,而且并不是利润达到一定规模和合法性就满足上市条件,监管部门也有意识地在向注册制的方向进行转变,公司未来的成长性和行业前景将更受资本市场的认可。

另一方面,结合以往的实践来看,很多企业的最终运营目标就是IPO上市,实现公司市值和大股东身家的翻番,而上市后的公司发展反而受限或者表现欠佳。从某种意义上说,迎合监管部门审核要求的公司未必是市场投资者认可的好公司,而且在以往退市制度还不完善的情况下,IPO上市自动赋予了公司一层壳价值,如果主板公司出现业绩下滑并成为"壳公司"后,它就有机会被借壳上市或者进行重组,因此市场上存在着许多僵尸企业或者空壳公司,它们的存在不利于资源的优化配置和资产定价,还可能引起寻租等一系列问题。

而注册制下的"优胜劣汰"在于,IPO 只是一个起点而不是所谓的终点,具有成长潜力或优质的企业会通过资本市场进行多次的再融资来不断强大自身的实力,而相对劣质的企业即使获得了第一笔 IPO 资金,其或许难以再获得市场的认可而逐渐被市场淘汰。如何实现优胜劣汰的过程?当前我国已经构建起一个多层次的资本市场框架和试行了转板制度。相比于退市,转板制度给予企业一个择中的选项,是连接多层次资本市场之间的纽带和实现优胜劣汰的有效工具,其既没有否定企业为上市融资所付出的努力,又严格要求其对市场投资者负责,及时调整自身的经营状况和市场定位。因此,随着全面注册制改革的到来,转板和退市制度要提前布局完善,上市公司会在今后面临更加激烈的行业竞争和市场竞争,在国内各级股票市场相互连通的情况下,优质的企业可以继续向上转板,而表现较差的企业可能需要向下转板来及时调整自身的发展定位,有利于提高各级市场的活跃度和资源配置的有效性。目前新三板已经有多家公司升级到主板、科创板进行上市。例如,昆仑万维在 2019 年 7 月成功从新三板升至主板上市,是第一家从新三板成功登陆 A 股市场的互联网企业;爱康科技在 2020 年 12 月成功从新三板升至科创板上市,是首批进入科创板的公司之一,等等。下一步,需要进一步完善转板机制的各环节流程以及退市制度,及时将僵尸企业从主板退到新三板,甚至退市处理。

我国资本市场的建立是一个自上而下的过程,并非市场自然演变而成。市场设计理念较多借鉴美国模式,制度起点相对较高。但与此同时,我国的资本市场发展历程受到我国市场经济体制不够完善、市场诚信和约束机制较弱的影响。从制度上说,我国信息披露规则体系已经够完善,但在规则制度的执行、违法违规行为的处罚上和制度安排的灵活性上,还有较大的不足。

## 二、中国资本市场存在的制度缺陷

中国资本市场在短短的三十几年内飞速发展,取得了巨大的成就,但是资本市场还存在很多不足,主要的问题是监管层过于关注资本市场的融资功能,而非投资功能;公司治理混乱,统一监管作用有限;市场波动性大,缺乏做空机制;股权分置改革留下"后遗症";现金分红制度"一刀切"的做法缺乏弹性;上市审批制度过于关注"会计舞弊"而非投资价值。

### (一) 监管层过于关注资本市场的融资功能,而非投资功能

中国早期的上市公司绝大部分都是从国有企业改制而成,在股份制改造过程之中,上市的目标就是为国企脱困和发展募集资金。目前,证券市场的主要功能也主要体现为融资功能而非投资功能。2009 年和 2010 年,A 股市场为全球 IPO 冠军,2009 年和 2010 年 A 股融资额分别为 5 150 亿元和 10 086 亿元。然而,证券市场是连接企业和投资者的桥梁,不应过分偏向企业的融资需求。在融资的同时,应当考虑市场的资金供给和需求,投资者的投资回报等因素。只有企业和投资者双赢,且更多考虑投资者的利益,才能实现证券市场的良好资源配置功能和可持续发展。

A 股市场的重融资倾向打击了我国企业家的科研创新、埋头实业的精神,影响了实体经济的健康发展。同时,当"上市"作为融资方式成为稀缺资源时,资本市场中的寻租、腐败等就成为"上市"不可避免的润滑剂,它不但滋生了腐败的土壤,资金错配,财富耗损,更

损害着我国经济和社会和谐的健康发展。

另外，企业不仅在 IPO 时存在过度融资现象，上市后还会有更多的再融资、定向增发等，而且此时往往伴随着很高的市盈率，但是给投资者的回报却很少，整体 A 股的现金分红收益率仅有 0.5％。

### （二）公司治理混乱，统一监管作用有限

中国 A 股市场上目前已经有 5 000 多家上市公司。然而，上市公司数量虽多，却是良莠不齐。证券监管部门可以根据公司的历史表现和公司治理等综合因素，将公司分类监管，从而分派不同权利及义务。公司治理水平较差的上市公司，应当通过相关规定增加公司治理成本，促进低质量上市公司改进公司治理结构，而对于治理较好的公司则降低监管强度。

金融监管机构在提高执法效率方面取得了长足进步，但公司治理规则改变的影响有限。新的证券法生效，但 ESG 信息披露指引仍悬而未决；国有企业改革取得了一些进展，但尚未反映在企业绩效上；新的投资者服务中心为集体诉讼提供了便利，并为散户股东赢得了财务救济；媒体对市场行为具有强大的影响力。

需进一步完善之处在于：提升对双重股权架构上市公司投资者的保护措施；监管机构延长征求意见期限，并提供英文文本；证券交易所应每年披露其预算；发布上市公司 ESG 信息披露指引；上市公司披露非审计工作的性质和相关费用。

### （三）市场波动性大，缺乏做空机制

成熟的股票市场存在多种交易工具，投资者可以通过股指期货、期权等方式进行做空，提高市场定价效率，抑制市场过度波动。而 A 股市场的做空手段贫乏，股指期货只能用于套期保值而难以用于做空，这也增加了 A 股市场的波动率，表现为市场大幅上涨，超过了公司利润增长幅度，之后再大幅下跌，如此反复。

### （四）股权分置改革留下"后遗症"

2006 年之前，大股东股份不允许减持和交易。2006 年股权分置改革后，所有股份都是流通股，可以减持和交易，因此很多民营企业的大股东开始释放利润，当利润不可以维持时便开始进行兼并收购，在股价高位时进行减持。另外，公司管理层还可以通过股权质押的方式进行融资，在利润下滑股价较低时买入，在利润释放股价上涨时套现卖出。

因此，股权分置改革的制度本身存在问题，最好的方案是不允许大股东减持，或者设立一个减持方案，如五年内可以减持 1％，使减持仅仅可以帮助大股东改善生活，而不是作为赚钱的手段。

### （五）现金分红制度"一刀切"的做法缺乏弹性

现金是企业的血液，中国的上市一直较少进行现金股利分红。然而，2011 年 11 月，中国证监会走到另一个极端，要求所有上市公司完善分红政策，即强制性要求所有上市公司将盈利的 30％ 左右用来现金分红。目前，全世界只有巴西、智利、哥伦比亚等南美国家实施强制分红制度。

投资者的回报共有股利和股权增值两种，即企业应兼顾当期回报与长远回报，进行现金股利分配的相机决策。由于我国市场的复杂性，上市公司的高增长和舞弊腐败会同时

存在。对于低增长的公司,如国有企业,应强制性要求对股东进行现金分红并加强监管。对高增长的优质公司,如创业板公司,其存在较大的研究费用支出,应降低分红比例以实现投资者收益的最大化。股利政策在监管上市公司的同时,应当权衡投资者的"当期回报与长远回报"。其关键在于,降低优质公司的分红比例,提高低增长公司的分红比例。对于劣质的公司,提高分红比例只能导致其财务状况更差,因此应该加快劣质公司的退市步伐。

### (六) 上市审批制度过于关注"会计舞弊"

实体经济和证券市场,是影响经济发展的两个轮子,它们相互影响和促进。一方面,证券市场是经济的晴雨表,可以反映实体经济的冷暖;另一方面,证券市场的 IPO 融资向优势产业和新兴产业倾斜,则可以推动经济增长和中国经济转型。自保荐制度实施以来,中国企业 IPO 过程中的会计舞弊已大大降低。对于企业上市的审批,股票发行审批在企业的真实性、合法性、成长性方面应较多地考虑成长性,这样才能促进资源的优化配置,使企业和投资者得到双赢,促进证券市场的可持续增长。

采取核准制还是注册制,解决的是 IPO 发行的准入问题。一方面,股份发行暂停和核准制的存在,导致市场股份供给有限,在 IPO 重启后,稀缺性导致新股容易受市场追捧。另一方面,IPO 融资渠道的不通畅,导致上市公司壳资源大受欢迎,一定程度上引发更多的内幕交易,也会使一些没有价值的公司股票价格虚高。

## 三、中国资本市场的有效性

现代资本市场理论是基于成熟资本市场发展而来的理论,我国资本市场有很多不同于发达国家成熟资本市场的特点。所以,在这里有必要对我国资本市场的有效性做出基本的分析,这样才能用我国资本市场实际来修正现代资本市场理论,以适应我国资本市场的需要,引导我国资本市场的健康发展。

我国资本市场有效性的研究主要集中在我国是否已经达到弱式有效,学者们采用不同市场、不同频率的数据,用不同的研究方法,关注了不同时期我国资本市场的弱式有效,一些人认为我国资本市场已经达到了弱式有效,而另外一些人持相反观点。同时,也有一些学者开始探索半强式有效,有的学者基于其关注的事件,采用事件研究法分析,认为中国资本市场尚未达到半强式有效。

### (一) 中国资本市场没有达到弱式有效的经验证据

我国弱式有效最早的研究是俞乔(1994)选取沪市和深市综合股价指数对中国股票市场进行有效性检验。采用了误差项序列自相关检验、游程检验和柯尔莫哥洛夫-斯米尔诺夫检验方法进行的实证分析,结果显示,中国证券市场还没有达到弱式有效。之后的学者主要采用检验价格序列是否服从随机游走来研究中国市场的弱式有效性。直到 2000 年前后,多数研究主要使用单位根检验、序列自相关检验、游程检验方法来检验证券价格是否服从随机游走。吴世农(1994;1996)、吴世农和黄志功(1997)分别选取了沪市 12 只股票和上证综合指数、深市 5 种股票和深证成份指数,以及沪深两市选取的 20 只股票的日收盘价序列或日收益率序列作为研究对象。闫冀楠和张维(1997)则是以 1990—1996 年上证综合指数周收盘价为研究样本。史代敏和杜丹青(1997)同样选用截至 1997 年的上证综合指数和深证成份指数数据,不同的是他们按照交易规则将研究区间分为了三段。马向前和任若恩(2002)则是将上证综合指数 1990—2000 年的日收盘价格以 1993 年为分界点,分为两个阶段进行实证研究。

尽管所研究数据的时间区间不同,但都得到了我国资本市场尚未达到弱式有效的证据。吴世农(1994;1996)、吴世农和黄志功(1997)通过自相关检验和相关统计发现,沪市样本的收盘价和市场股价综合指数均存在显著的自相关,股价变化并非无章可循,而具有可预测的趋势,存在较为明显的统计规律,上海股票市场未达弱式有效,结果显示深市也同样未达弱式有效。闫冀楠和张维(1997)使用单位根检验和一阶、二阶相关分析,实证结果显示上证综合指数序列存在单位根、一阶相关和波动聚集特征,认为"有效市场假说"在中国不成立。史代敏和杜丹青(1997)通过自回归分析方法得到中国股票市场没有达到弱式有效,上海股票市场正逐步向弱式有效市场发展。马向前和任若恩(2002)采用序列相关检验和 ADF 检验得到 1993—2000 年上海股票市场价格波动遵循零飘逸随机游走模型的结论,认为 1993 年以后的上海股票市场达到了程度很低的弱式有效,而这之前没有达到弱式有效。

### (二) 中国资本市场达到弱式有效的经验证据

在同一时期,有学者研究得出了中国资本市场已经达到弱式有效的实证结果。这和上面提到的结论相反。宋颂兴和金伟根(1995)、高鸿桢(1996)、陈小悦等(1997)、范龙振和张子刚(1998)基于 DF 检验、白噪声检验、游程检验、自相关检验中的一种或几种的结合,分析我国证券市场的弱式有效,运用了和上文中学者相似的方法,却得到了我国资本市场已经达到弱式有效的证据。

宋颂兴和金伟根(1995)以沪市 1992 年底之前上市的 26 只股票为样本进行检验,按照 1991—1992 年和 1993—1995 年两个时间段分别研究,得出 1993—1995 年上海股票市场弱式有效性成立。高鸿桢(1996)运用序列相关检验和延续性检验两种办法,得出上海股票市场 1991—1994 年的股价变化对消息的反应具有时滞性且过度,认为上海股票市场在 1993 年以后处于从无效市场向有效市场过渡的中间状态。陈小悦等(1997)采用 DF 检验法,得出深圳股票市场在 1991 年就已经达到弱式有效,而上海股票市场在 1993 年以后就达到弱式有效。范龙振和张子刚(1998)利用深证股票市场 1995 年 7—10 月共 4 个月的日收盘价数据,使用 DF 检验法对深发展、万科、世纪星源等 5 种股票走势做了分析,结果表明股票价格可以用随机游走模型来描述。

### (三) 中国资本市场没有达到半强式有效的经验证据

半强式有效市场的研究主要是通过分析某一特定事件是否能够带来超额收益,做出市场是否有效的判断。学者们通过不同事件探索我国资本市场是否达到半强式有效。沈艺峰(1996)从"宝延事件"和"万申事件"对股票市场的影响来检验股票市场的半强式有效性。杨朝军等(1997)以上市公司送配方案的公布为事件,对 1993—1995 年沪市 100 家上市公司股价在公告前后的变化情况进行实证分析。吴世农和黄志功(1997)以上海证券交易所 30 家公司为研究样本,根据它们在 1996 年 4 月公布的 1995 年财务报表的盈亏情况,分两组对沪市的半强式有效假设进行了检验。靳云汇和李学(2000)收集 94 例有确切信息公布时间的买壳上市公司,考察其信息公布前后的股价反应。陈立新(2002)以沪市

30家公司为样本,分为盈利组和亏损组,来检验沪市的半强式有效。这些研究结论几乎都否定了中国资本市场的半强式有效。瞿宝忠和徐启航(2010)以2008年6月至2009年10月A股上市公司为样本,以被收购的上市公司股价对并购信息的首次公告效应为中心,运用事件研究法检验了中国股市在股权分置改革之后是否超越了之前的弱式有效,达到半强式有效。实证发现,中国股市效率在股权分置改革之后有较大提高,但尚未达到半强式有效。

总体而言,中国资本市场从没有达到弱式有效,到弱式有效性成立,不同学者各抒己见,实证研究不断。再到现在,主流观点是中国资本市场已经达到弱式有效,但尚未达到半强式有效。但随着中国资本市场的不断完善和发展,相信未来对中国市场是否达到半强式有效的争论也不会停止。

## 四、中国多层次资本市场建设

### (一)从制度层面发挥好转板机制功能

2013年1月,全国中小企业股份转让系统(简称"新三板")正式揭牌运营,定位于服务民营经济、中小企业发展。为了推动场外市场的规范化管理,我国一直在实践并完善新三板市场分层管理制度,先后于2016、2020年分出创新层和精选层,建立起三层次递进结构。分层结构建设能够增加市场流动性,强化新三板市场的融资功能。2019年上交所科创板设立试点注册制,创业板注册制改革紧随其后。2021年11月,北交所开市,总体平移精选层各项制度基础,并同步试点证券发行注册制。北交所的建立使原本松散的资本市场结构更为紧密,代表我国以三大交易所为核心的多层次资本市场体系初步建成。2013年新三板正式揭牌运营后转板上市公司数量如图4-3所示。

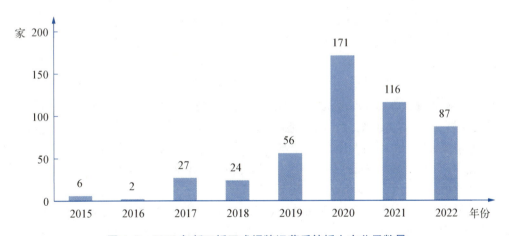

图4-3 2013年新三板正式揭牌运营后转板上市公司数量

**1. 注册制和新三板改革加速转板进程**

注册制改革和《中国证监会关于全国中小企业股份转让系统挂牌公司转板上市的指导意见》(下称《指导意见》)有力助推了新三板公司转板。2019、2020年原新三板公司转至沪深交易所上市者众,数量实现同比倍增。2021年两创板块原新三板公司IPO占比达

36.1%。随着企业自身不断成长,其营收体量不断攀升,融资需求也随之扩大,自然衍生出转至更高层次、更成熟资本市场的期许,以求抬升自身估值和股票流动性,提高融资效率。

北交所设立后,沪深交易所针对北交所上市公司的转板规则随之发布,三家由精选层平移过来的北交所转板"排头兵"公司分别转至科创板、创业板,标志着"新三板-北交所-两创板块"的转板路径已畅通,转板即将进入规范化、常态化阶段。其中,首家转板公司观典防务从转至科创板的申请正式获受理到成功过会仅历时78天,远远少于2021年科创板上市公司的平均过审时间。北交所转板公司IPO排队平均时长也显著短于直接IPO,转板审核的快速高效完成得益于发挥监管合力、共享注册制和转板机制改革成果(见表4-2)。

表 4-2 北交所转板及 2021 年注册制 IPO 排队情况

| 证券简称 | 上市板块 | 同意上市时间 | 受理到过会时长(天) | IPO排队总时长(天) |
|---|---|---|---|---|
| 观典防务 | 科创板 | 2022年3月31日 | 78 | 141 |
| 泰祥股份 | 创业板 | 2022年6月17日 | 135 | 219 |
| 翰博高新 | 创业板 | 2022年7月5日 | 121 | 238 |
| 北交所转板公司IPO平均排队情况 | | | 111 | 199 |
| 2021年注册制IPO平均排队情况 | | | 171 | 349 |

### 2. 转板制度促资本市场发展

在新三板精选层转板制度出台前的制度环境下,新三板到A股的"转板"要经过完整的沪深两市IPO核准(主板)或审核注册(创业板、科创板)的流程。转板公司需要付出庞大的资金成本和时间成本,这些成本的支出会抵减企业盈利。监管方同样要重复消耗监管资源,是一种人、财、物力的浪费。名不副实的"转板"制度并没有改变资本市场结构松散的状况,对于资本市场互联互通起不到实际意义。《指导意见》规范了精选层(后来的北交所)公司转板机制,尤其简化了转板流程、缩短了限售期限。转板上市不同于直接IPO,属于交易场所的变更,不涉及股票公开发行,无须证监会核准或注册,而是交由转入交易所自由裁量;计算转板后的股份限售期,也可扣除在转出板块已经限售的时间。

(1) 转板制度有利于提升资本市场效率。

新的转板制度加速了上市资源在不同板块之间的流转,一方面有利于低层次市场的培育,企业可以采取逐级渐进的融资安排,先到新三板挂牌、经由北交所上市再转至高层次市场,便于适应自身生命周期和经营状况及时补充融资,因此会争相前往新三板挂牌。优质公司转出的压力也可以倒逼低层次市场深化改革,精准服务定位,发挥好支持中小企业、创新型企业的职能,与服务于初具规模企业的较高层次资本市场错位竞争,互为补充。上市公司也更有动力专注自身经营,提升绩效,由此激发金融赋活实体经济的功用。这还将提升投资者对低层次市场中企业转板的预期,增加投资者信心,从而盘活低层次市场,加大低层次市场的股权流动性和融资力度。

另一方面,可以改善 IPO 拥堵现象。尽管 IPO 上市速度随注册制改革得到大幅提升,但中国作为世界第二大经济体,企业主体数量庞大,融资需求旺盛,上市公司身份依然是稀缺资源,IPO 拥堵现象仍会存续较长时期。转板制度能够分担场内市场 IPO 发行的压力,企业可以通过先在新三板挂牌,待到时机成熟再进行转板上市来获得主板或是二板市场(科创板、创业板)主体地位。并且随着转板机制的成熟,先挂牌后转板将比 IPO 排队花费的时间更为可控。这不仅能提升新三板市场的吸引力,也可以改善"IPO 堰塞湖"现象。

(2) 转板制度需进一步健全。

现行转板制度受制于资本市场体系的不完善,一是科创板、创业板、北交所三个成长性板块发展同质化,三者服务对象的行业属性、成长阶段有交叉,致使市场自身竞合关系欠明朗,容易形成马太效应,强者更强、弱势市场逐渐式微,难以实现均衡发展。企业在面临融资需求时,也会在板块选择上显犹豫。二是转板机制仅限于两创板块、北交所和新三板之间,整个资本市场仍充斥着孔隙、结构松散,互联互通未取得明显成效。各板块格局固化、弱势板块交易萎靡、资金流动性不强,估值失实和市场信息滞后的弊病未能绝除。转板制度应承担起多层次资本市场的枢纽职能,促进多层次资本市场成为错位发展、相互贯通的有机整体,通过优化资源配置助力产业布局升级和资产结构调整,从而提高整个社会的资源配置效率。

(二) 转板与我国多层次资本市场的建设战略

我国多层次资本市场的框架已基本搭好,紧要的是逐步建立起转板机制,串联其中。借鉴吸取海外发达市场的经验教训,转板机制的建立要以多层次资本市场体系建设为基础,分步推进。首先明晰三个交易所(沪深北)和五大板块(主板、"双创"板、北交所、新三板、区域性股权市场)各自的功能定位,通过市场化、竞争性和差异性的制度设计来疏通板块间的联系。在此基础上,构建合理的升降级通道,充分利用转板机制联通协调各层级市场的有序发展。同时要警惕转板过快的风险,有香港地区创业板衰败的前车之鉴在前,我国的转板制度建立不能操之过急。转板机制的推行,也离不开市场化的退市制度,还要完善相应的配套制度以确保转板机制的实际效果。

1. 优化多层次资本市场结构及转板机制

转板机制的不足首先需要从资本市场体系建设层面予以消弭。科创板、创业板、北交所及新三板三地四市要进一步明晰定位,以凸显差异化和理顺板块间的关系,坚持不同板块之间错位竞争。科创板可突出高科技属性,强化硬科技企业群聚效应,形成专注服务于成长期科创企业的高声誉。创业板着眼于硬科技企业之外的新兴成长企业,体现自身包容性,为高成长、高研发、新技术、新业态等潜力企业提供支持。北交所要把握服务创新型中小企业的战略定力,发挥好承上启下的纽带作用,促进上市资源的有序流动,预防上市公司炒壳。新三板继续承担造血、输血功能,为不满足上市条件但又有直接融资需求的中小企业提供便捷平台,补足中小企业直接融资渠道的缺位。同时加快培育新三板、区域性股权市场等场外市场基层板块,丰富市场多元性,实现资本市场与各类企业融资需求的良性对接。

其次，需进一步改进转板制度设计。转板分为升级、平级、降级转板和内部转板四类。企业根据自身经营和融资需求状况在不同层级板块之间的流转可分别归为升、降和平级转板。内部转板是指发生在同一市场内部不同层次之间的转移行为，例如美国纳斯达克市场中，股票可在其内部全球市场、资本市场和全球精选三个层次之间进行转移。当前我国转板机制以升级转板为主，表现为上市资源从北交所流通至两创板块。我国的内部转板发生在新三板的基础层与创新层之间，有时也被归入平级转板。转板制度应确立自愿升板和强制降板的原则，并坚持有利竞争原则。在企业自身条件满足转入板块要求时，通过完善制度保障其转板效率，也鼓励转出板块通过内部分层和市场化改革为企业营造充盈的融资环境，挽留企业继续在现有市场吸引更多资金，形成平台和企业的良性互动。对于主板或二板市场中某些经营不善、不符合市场定位的企业实行强制降板，待其经营改善、重新符合板块条件后再解锁。

### 2. 转板上市筑实资本市场联通基础

转板机制连接起多层次资本市场，催化各层次市场间的有益竞合，从而助推资本市场脱虚向实，扩容对经济发展的承载能力。精选层平移至北交所后，引入转板机制形成了对于场外市场挂牌企业的激励，有利于形成企业间良性竞争的氛围，新三板创新层将成为上市公司的"蓄水池"，为场内市场输送优质资源。如此将大大提升新三板的吸引力，切实改善场外市场规模和结构，激发投资交易的活跃度，这又会进一步助力企业经营，收益反哺给投资者，形成投融资方相互的正反馈和良性循环。

从企业的角度而言，其发展到满足高层次市场的条件时转板上市或升板，对提高公司知名度、扩大投资者基础、增加股份流动性、改善股权结构和治理效率等都有相当的促进作用。当企业发展阶段和规划符合同级其他板块的定位时，平级转板有利于发挥转入板块的群聚效应，便于企业筹集资金，优化资源配置充分挖掘价值。当企业由于技术退步、经营不善等原因不符所处市场的上市条件时，降板机制也有利于企业控制上市成本、维护市场信誉、寻求转型发展。降板的常态化也可以去其易受"妖魔化"属性，引导投资者形成对资本市场层次匹配企业发展阶段的正确认识，从而弱化企业通过盈余管理或粉饰报表等财务造假手段，避免承受降级带来负面影响的动机，减轻资源配置扭曲。当然降板也具备一定的警示效应，时刻鞭策企业谋求长远发展。

从投资者角度而言，转板机制将激励企业不断地壮大自身实力、增强竞争力，整体提升资本市场组成单元的效能，从源头控制投资者的投资风险。而高层次资本市场中的上市企业若是财务表现不佳，不再符合当前市场的要求，触达降板底线时会被强制降板，这也避免了次级企业在高层次市场中积淀风险。降板而非退市能够给原先的投资者提供一定缓冲。升降板弹性为企业财务和市场表现留有张弛余地，使企业可以更专注于长远战略。总体而言，设立转板制度有利于企业匹配自身属性，提高发展质量。一方面化解投资者持股风险，另一方面也有利于其发掘优质企业，转化价值投资的市场导向，避免过度投机。

### 3. 完善市场退出路径

转板机制的推行不仅要在上市环节集中发力，还需完善配套的退市制度。我国资本市场联通在A股退市股票入新三板挂牌方面也有所体现。据Choice数据，截至2022年

11月,退市A股共192只,除去被吸收合并或重组的42只及北交所转板3只,仅有147只股票被强制退市,其中132只退至新三板。退市A股总数占全部上市公司的比重不到3.8%。根据上交所设立科创板时对全球主要资本市场退市情况的研究,美国股市1980—2017年累计退市率54%,伦敦证券交易所年均退市率9.5%,纳斯达克年均退市率7.6%。对比起来我国资本市场退市率较低,主要原因是壳资源稀缺,强制退市指标单一,中小股东权益保护制度有待完善。近40年间,纳斯达克市场存续状态明朗的上市公司数量累计13 372家,退市10 431家,退市率高达72%。2021年,纳斯达克IPO数量330家,退市265家,IPO和退市基本维持动态均衡,纳斯达克上市公司存量维持在5 500家左右。主要退市原因包括并购、财务问题、市场因素等,而A股退市原因过半都是被动强制退市,财务不达标占主导。新三板退市摘牌相对不那么寥落,流转速度很快。但这并非市场成熟的标志,而是反映出市场幼稚、挂牌缺乏含金量,为企业汇集的融资支持有限,也留不住优质企业与平台共进退。

退市机制的主要问题在于标准僵化,以财务性标准为主,未体现板块差异性。定量导向指标易诱发企业财务造假动机,部分指标要求宽泛给上市公司留下操作空间。此外退市程序过渡期长,"戴帽"公司摘星"脱帽"又反复"戴帽"的情况屡见不鲜(靳璐畅等,2022),配套措施的不完善也加剧了垃圾股炒作现象,做空机制缺位放任市场继续累积泡沫,长此以往将有损中小投资者的利益。一方面要通过强化信息披露,合理化发行定价,加强市场风险约束,进一步推进发行制度的市场化改革;另一方面不应累及退市通道,可与上市标准相互匹配呼应,构建多维标准体系,对上市公司定期进行综合评价。实务中将财务类标准作为主要评价指标,辅以市场化标准以及行政性和社会责任标准,逐步建立起能够发挥实效的淘汰机制。同时严格退市规范,加快建设做空机制。从监管和市场两个层面对上市公司形成威慑,遏制企业套取上市公司壳价值的动机,激浊扬清,激发资本市场的资源配置功能。

### (三) 有关资本市场建设的进一步思考与建议

我国资本市场发展仍处于起步阶段,市场广度和深度有待开拓,抗风险能力有待加强。多层次资本市场建设需要继续分化、勾连各板块,从顶层设计出发完善制度保障,为实体企业搭好"台子"、厚植"沃土"。这是一项边上路边纠偏的长期工程,需要在实践中不断添砖加瓦和调整。同时要坚持市场主体地位,分类分组筛选保荐中介、上市公司和投资者资质,从市场准入、长期监管及定期核查、执业培训和知识教育等方面分别发力,丰盈资本市场的"筋骨血肉"。

#### 1. 按照保荐质量对保荐中介进行分类

我国新股发行引入保荐制度,保荐机构(即投行)、保荐代表人和其他从事保荐业务的机构和人员担保、推荐符合条件的公司公开挂牌和上市,并履行相应的督导职能。直接融资的蓬勃发展催生了保荐机构的繁荣兴旺。保荐中介的声誉具有信号效应,会正向影响拟上市企业的IPO过会率。声誉机制可以激励保荐中介发挥专业性和独立性,履行监督、辅导义务,通过尽职调查及与企业的长期联系掌握企业真实状况和内部信息,从而抑制企业盈余管理行为,激发企业长期市场表现潜力。但保荐中介的资质良莠不齐,不能仅凭借限制资格准入的方式图一劳永逸,应定期对其在评价期内的保荐质量通过多维度指标进行评价,并持续反馈以鞭策中介机构守规履责,提升投行业务质量。

中国证券业协会(SAC)于2022年发布《证券公司投行业务质量评价办法(试行)》(下称《评价办法》),从执业质量、内部控制和业务管理三个维度对保荐机构业务质量进行评价,设立保荐项目过审的硬性门槛,并参考内控机制创新、信息化和监管配合度,以及业务规模大小予以调整,根据分值排序按照2∶6∶2的比例分为A、B、C三个等级,体现出不推崇项目数量而看重质量的导向。保荐机构的市场格局愈发有从"三中一华"衍化到"一超多强"的趋势,而市场份额排名靠后的中小型券商囿于自身规模有限、声誉不高,在承揽项目时往往缺乏竞争力。自律组织《评价办法》的施行提供给尾部券商"以质取胜"的指引,鼓励保荐机构深耕精作,警惕大包大揽频触"红线"反而带来负面影响。

由此可见,《评价办法》的推行有利于提升投行业务专业化及合规风控水平,为注册制改革提供监督保障。随着评价体系的建立,评价方法和等级须进一步细化,防止系统性行业偏误,从而妥善调节项目资源倾斜,实现末位淘汰。未来评级方法可考虑从以下方面优化:一是分行业或地区对保荐机构内设部门进行评价,同样以保荐机构自评为主,证券业协会审议复核;二是加强保荐代表人从业管理、评价和培训。高声誉保代有更强的动机维护自己的声誉,不完全依赖于保荐机构,从而有更强的独立性,秉持严谨的执业态度。自律组织可以辅助构建保代声誉,通过正向激励促进保代提升职业素养和规范职业道德。

**2. 根据上市公司历史表现及长期估值对其分类治理**

中国A股市场中上市公司数量虽多,实则鱼龙混杂。对相差悬殊的上市公司采取统一的监管标准导致以往的政策法规常常失灵。2009年5月,中国证监会发布《证券公司分类监管规定》,决定以风险管理能力为基础,结合市场竞争能力和持续合规状况,评价和确定证券公司的类别,并根据证券公司的分类结果,实施不同的监管政策。由此,结束了证券公司治理结构混乱的局面,起到了良好的效果。因此,应该借鉴证券公司分类治理的经验,对上市公司也进行分类治理。监管部门可以根据公司的历史财务表现、市场表现,ESG评级情况和研发投入,以及公司治理等综合因素,在征求各行业、市场主体意见的基础上,制定并适时调整上市公司分类的评价标准与指标。将上市公司分类监管,定期公布评价期分类结果,从而分派不同权利与义务。对于历史表现不佳、ESG评级低且研发投入不足、或公司治理水平较差的上市公司,应当通过具化相关规定增加公司治理机会成本,促使低质量上市公司专注主业经营、承担社会责任和通过创新培育长期增长曲线,同时改善公司治理结构。而对于治理较好的公司则减弱监管强度,降低上市成本,引导其聚焦主业。此外,监管部门要不断自我优化,压缩公司隐形上市成本,保障多层次资本市场建设行稳致远。

具体的上市公司监管,还需要关注以下几个方面:(1)上市公司的转板制度。让优秀的公司可以转板上市,而业绩下滑的壳公司退行到"新三板",实现可退可进,对上市公司起到威慑作用,让企业的上市和退市由制度决定而非由寻租决定。(2)新股发行制度。目前的新股发行制度中规定上市公司发行的股份必须占到上市后股本的25%,新股的过度融资和超募现象有待未来进一步研究。(3)现金股利政策。A股上市公司存在严重的低分红现象,不利于处于不同生命周期的企业制定相应的股利政策匹配不同偏好的投资者,丰富资本市场内涵。应该要求一定市值的稳定增长公司提高现金分红比例,降低高增长创业类公司的现金分红比例。(4) 大股东减持是 A 股市场一个重要的制度真空领域。需要进一步规范大股东减持的时机和比例,抑制具有内幕信息的大股东和高管减持问题,保护中小投资者利益。(5) 上市公司的信息披露包括有财务信息和非财务信息。还包括投资者调研记录和个人投资者互动信息。上市公司的信息披露应该进行打分并列入分类治理。

### 3. 继续普及投资者教育和监管

投资者的资金是多层次资本市场得以运转的源泉。多层次资本市场的发展,离不开对投资者的教育和监管,尤其需要加强对个人投资者的教育。我国资本市场的有效性离成熟市场还有不小差距,大多数个人投资者对市场的认知及知识储备有限,容易盲目跟风导致群体性非理性追涨杀跌,同时市场自身的欠成熟也阻碍其消化各类信息。当市场遭遇突发风险挤出泡沫时,承受损失的往往都是基数庞大的个人投资者,2015 年的中国股灾就是一个惨痛的案例。从中吸取到的教训是个人投资者不擅长运用杠杆,不能向缺乏知识和经验的个人投资者提供过高的保证金融资。我国许多证券公司受利益驱使、罔顾风险,盲目为个人投资者提供"保证金交易"便利并授信大量的融资额度,这加剧了市场的系统性风险。加强投资者教育、宣扬价值投资理念、循序引导投资者采取匹配自身生命周期的投资策略势在必行。

投资者教育已在稳步推进中,一方面责任分摊至沪深交易所,通过视频、图文、案例等多媒体形式解说金融市场基础知识并进行风险教育。另一方面,在 2013 年国务院发布的《关于进一步加强资本市场中小投资者合法权益保护工作的意见》这一文件指导下,应证监会、教育部就加强证券期货知识普及教育开展合作的要求,监管主体证监会及其下属机构、自律组织证券业协会、市场主体证券公司和各大高校发挥合力,推动投资者教育纳入国民教育体系。总体而言,投资者教育触达的主要是年轻的大学生或刚参加工作的人群,他们起薪少、储蓄低,短期内对市场的冲击作用不大。个人投资者中最具实力的还是财富积累到一定阶段、迈入成熟期的群体。除了部分专业人员以及对资本市场有探索热情的人会主动学习相关知识之外,大部分投资者对于市场理论的了解和风险意识微乎其微。在加大普及力度和范围的同时,也可以结合投资者风险分级和上市公司分类管理,给低风险偏好、低资金实力的个人投资者匹配适应类别的投资标的,对投资者也实行分类管理,在高校教育发挥成效之前依赖监管发力维护市场秩序。

此外,机构投资者在定向增发中使用了较高的杠杆,需要对机构投资者的杠杆限度和行为加以约束,谨防机构投资者凭借其丰厚的资金实力操纵市场。股票市场和期货市场还存在跨市场的关联,股灾中股指期货市场的成交额度居然远高于现货市场,这说明期货市场投机性强,本应承担的价格发现和风险管理职能被抑制,容易引发金融动荡。中国目前对跨市场的交易监管还很不成熟,需进一步加强监管信息交流,破除监管真空和监管交叉,并制定覆盖全行业各市场的金融风险处置应急预案。最后,在股票市场出现剧烈波动时,国家的投资者保护基金要发挥兜底作用,平抑波动从而保护投资者利益。转板制度与多层次资本市场建设研究如图 4-4 所示。

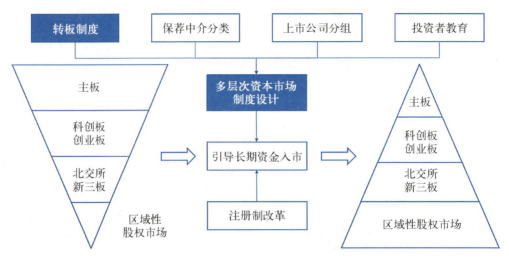

图 4-4 转板制度与多层次资本市场建设研究

> **案例分析**

### 观典防务：转板上市与多层次资本市场建设

**一、案例背景**

观典防务是国家级高新技术企业、专精特新"小巨人"企业，国内领先的无人机服务提供商，也是国内最早从事无人机禁毒产品研发与服务产业化的企业。观典防务技术股份有限公司成立于 2004 年 8 月 4 日。2005 年，公司确定了将无人机应用于禁毒服务领域的新思路。2013 年，公司通过多年与地方禁毒部门的合作，积累了良好的业绩和市场声誉，成为国家禁毒部门禁毒服务的单一来源采购供应商。2015 年，公司股票挂牌转让申请经全国股转公司同意，在全国股转系统公开转让。2017 年，公司开始获得航空航天系统的相关无人机采购及服务订单，提供定制化产品开发服务。2019 年，公司获得全部"军工四证"，顺利完成了布局军工领域的先期准备任务。2020 年 7 月 27 日，公司股票挂牌新三板精选层。2021 年 11 月 15 日，北交所开市，观典防务成为首批 81 家上市企业之一。2022 年 3 月 31 日，观典防务获批转板至科创板上市。

表 4-3 观典防务主要发展历程

| 年度 | 主要事件 |
|---|---|
| 2004 | 观典防务技术股份有限公司成立 |
| 2005 | 首次提出将无人机应用于禁毒 |
| 2013 | 成为国家禁毒部门禁毒服务单一来源采购供应商 |
| 2015 | 新三板挂牌 |

续表

| 年　度 | 主　要　事　件 |
|---|---|
| 2017 | 获得中国航天科工系统订单 |
| 2019 | 获得全部"军工四证" |
| 2020 | 股票挂牌新三板精选层 |
| 2021 | 由新三板精选层平移至北交所 |
| 2022 | 转板至上交所科创板上市 |

截至2021年12月31日,公司实际控制人为高明先生,持有公司股本总额的41.45%;第二大股东为李振冰先生,持有公司11.25%股份,高明先生和李振冰先生系异姓同胞兄弟;第三大股东为主办券商中信证券,持有公司1.98%的股份。前三大股东持股比例与上一年度持平,公司股权结构较为稳定。公司创始人高明是国内无人机禁毒航测创始人;研发部负责人钟曦毕业于北京理工大学人机与环境工程专业;公司飞行队队长李炎飞毕业于中国人民解放军空军大学航空机械专业,曾在中国人民解放军空军第三飞行学院、哈尔滨飞行学院任职机械技师。管理层技术背景叠加多年行业深耕经验为公司的发展提供坚实基础。

观典防务主动把握机遇,始终活跃在新三板改革实践的一线。2015年4月15日,观典防务在新三板挂牌。2020年7月27日,观典防务跻身进入精选层的首批32家企业之一。2021年11月15日,北京证券交易所开市,观典防务依然在首批81家上市企业中榜上有名。新三板挂牌以来,观典防务两次融资。2015年新三板挂牌后,以12元每股定向增发1 250万股,募集资金1.5亿元,主要用于无人机设备购买以及研发费用。2020年进入精选层后,以13.69元每股公开发行3 959万股,募集资金5.42亿元,主要用于"无人机航测服务能力提升项目""新一代无人机产业化能力建设项目"和"研发中心建设项目"。2022年1月27日,其转板至科创板上市的申请正式通过审核,作为科创板公众公司,注册制下观典防务的融资难度进一步降低,且融资成本也较低。

## 二、观典防务的转板上市历程

（一）两相权衡：留在北交所还是转至科创板

观典防务的转板之路才刚准备就绪便突遭风云变幻,精选层运行刚满一年,观典防务紧锣密鼓地推进转板议案获股东大会通过,尚未提交转板申请,北交所宣布设立。进入北交所后,精选层挂牌公司也将变身为"上市公司",其市场地位与A股市场的上市公司完全一致。此外,北交所的个人投资者门槛确定为50万元,较精选层资金门槛更低,与科创板相同。这意味着北交所市场的活跃度很可能大幅提升。观典防务转至科创板的议案获股东大会通过仅仅一周,一个全新的选择呈至董事长高明眼前。

留在北交所,身份上已经是A股上市公司;其次,后续再融资需求也可以通过北交所的定增、公开发行、可转债、优先股、并购重组等政策有效得到满足;再者,北交所二级市场的流动性较精选层会有显著提升,与科创板、创业板大体相当。此外,北交所估值也相对合理,转至"双创"的估值套利空间已经被压缩。最重要的是,留在北交所可以使公司的短期战略从申请转板回归到主营业务。

转至科创板,前景依然诱人。其一,观典防务通过精选层公开发行融资,业务进一步发展壮大,满足了科创板转板上市条件,转板上市更适应公司的发展阶段;其二,科创板具有硬科技企业群聚效应,其充裕的资本流动性可以进一步展现企业价值,提升公司未来的融资效率;其三,科创板这一更广阔的平台能够进一步提升公司的知名度,有利于吸引人才,提升市场综合竞争力。公司已取得一定的经营成绩,去更成熟的市场有助于长远发展。

两相权衡,高明选择坚守初心。2021年10月20日,观典防务向上交所报送了申请转板至科创板上市的申报材料,成为"首家提交转板申报材料的新三板精选层公司"。在被问及申请转板原因时,高明表示更看重科创板硬科技企业的群聚效应。他强调,公司相信未来可以利用科创板更为成熟、丰富的金融产品,实现技术实力的提升及业务的迅速发展,为我国禁毒事业发展、国家安全保障贡献更大的力量。

(二)相对顺畅的转板上市历程

北交所上市公司申请转板需要满足两个条件:(1)已在北交所连续上市满一年(转板公司在北交所上市前,已在全国股转系统精选层挂牌的,精选层挂牌时间与北交所上市时间合并计算);(2)符合转入板块的上市条件。转板条件应当与首次公开发行并在上交所、深交所上市的条件保持基本一致,上交所、深交所可以根据监管需要提出差异化要求。根据沪深交易所已发布实施的《转板办法》,转板上市的具体条件如表4-4所示。

表4-4 北交所满一年申请科创板/创业板转板应符合的条件

| 序号 | 条件 |
| --- | --- |
| 1 | 《科创板首次公开发行股票注册管理办法(试行)》(以下简称《注册办法》)第十条至第十三条规定的发行条件;《创业板首次公开发行股票注册管理办法(试行)》(以下简称《注册办法》)规定的发行条件 |
| 2 | 转板公司及其控股股东、实际控制人不存在最近3年受到中国证监会行政处罚,因涉嫌违法违规被中国证监会立案调查,尚未有明确结论意见,或者最近12个月受到北交所、全国中小企业股份转让系统有限责任公司公开谴责等情形 |
| 3 | 股本总额不低于人民币3 000万元 |
| 4 | 股东人数不少于1 000人 |
| 5 | 公众股东持股比例达到转板公司股份总数的25%以上;转板公司股本总额超过人民币4亿元的,公众股东持股的比例为10%以上 |

续表

| 序号 | 条 件 |
|---|---|
| 6 | 董事会审议通过转板相关事宜决议公告日前连续60个交易日(不包括股票停牌日)通过竞价交易方式实现的股票累计成交量不低于1 000万股 |
| 7 | 市值及财务指标符合《转板办法(试行)》规定的标准 |
| 8 | 上交所/深交所规定的其他转板条件 |

观典防务满足转板条件,随着向上交所提交申请转板的申报材料,其转板之路已然启程,但前途还有许多关卡。根据沪深交易所已发布实施的《转板办法(试行)》,观典防务转板需要经历"申请-受理-审核-过会-同意决定"的流程(见表4-5)。

表4-5 北交所上市公司转板流程

| 环 节 | 时 间 | 流程/事项 |
|---|---|---|
| 转板公司提出申请 | T日 | 转板公司履行内部决策程序后向上交所/深交所提出转板申请 |
| 交易所受理 | T+5日内 | 上交所/深交所对申请文件的齐备性进行审查,作出是否受理的决定 |
| 审核部门审核 | T+20交易日内 | 上交所/深交所发出首轮审核问询 |
| 审核部门审核 | 交易所收到首轮问询回复后 | 上交所/深交所二轮及以上问询(如需)<br>转板公司及其保荐人、证券服务机构回复交易所问询的时间总计不超过3个月 |
| 审核部门审核 | 出具审核报告 | 审核机构收到转板公司及其保荐人、证券服务机构对交易所审核问询的回复后,认为不需要进一步审核问询的,将出具审核报告并提交上交所科创板/深交所创业板上市委员会 |
| 上市委员会审议 | 形成审议意见 | 上市委员会召开审议会议,对审核机构出具的审核报告及转板公司转板申请文件进行审议,通过合议形成符合或不符合转板条件和信息披露要求的审议意见 |
| 交易所作出转板上市决定 | T+2个月 | 自受理申请文件之日起2个月内作出是否同意上市的决定,但转板公司及其保荐人、证券服务机构回复本所审核问询的时间不计算在内。 |
| 股票上市交易 | 自交易所同意上市的决定作出之日起6个月 | 转板公司应当在决定有效期内完成上市的所有准备工作并向交易所申请股票在上交所科创板/深交所创业板上市交易 |

观典防务从提交科创板转板申请到成功过会,历时 99 天;从正式获受理到成功过会,仅历时 78 天,远低于科创板 2021 年平均 286 天的交易所过审时间,观典防务转板一行可谓顺遂。其能拔得转板头筹有两方面原因:一方面,公司自身质地优良,能起到表率作用。其属高端装备领域,是国家鼓励的新兴行业,且拥有核心技术,契合科创板定位。同时公司的市值及利润体量明显高于科创板上市标准,有扎实的业绩支撑。另一方面,通过发挥监管合力,共享新三板审核和持续监管成果。转板审核用时仅 36 天,如此高效的审核节奏与上交所转板更聚焦要点、近况变化的审核理念与工作机制密不可分。此次审核与首发上市审核有所不同,重点关注企业科创属性及公开发行后生产经营情况,而对于精选层挂牌时已关注的历史沿革、会计政策等常规问题不再重复问询。问询问题突出重大性及针对性,既减轻了企业重复披露的负担,又兼顾便利投资者决策的重要信息披露。另外根据监管机构要求,在重大事项等章节披露内容更加通俗易懂,进一步提升了信息披露质量。上交所通过多轮书面及现场咨询,大大提高了审核效率。尤其在疫情期间,首单转板审核如此迅速,体现了"开门办审核"的工作范式,是注册制下审核工作的彰显。

(三)几经质疑:一致行动人"危机"

在审核过程中,上交所共发出两轮问询,重点关注并判断转板公司是否符合转板上市条件和信息披露要求,督促其完善信息披露内容。观典防务分别于 1 月 12 日、1 月 18 日回复了第一轮、第二轮问询。从问询函问题来看,观典防务被问 15 个大问题,包括"市场竞争状况""核心技术""主要客户""研发项目与专利技术""研发活动""预付款项和应收账款""信息披露"等。1 月 27 日,其转板上市申请于科创板上市委 2022 年第 7 次审议会议上正式通过审核。按照转板上市并不需要证监会注册流程的规则安排,这意味着观典防务已然一只脚踏入了 A 股科创板之中。

观典防务在通过上市委审核时,并非"无条件过会",还存在需要落实的相关事项。科创板上市委曾在上市委会议现场对其提出了三方面的问询,分别涉及业务开展中的数据来源和使用的合规性、在业务领域面临的挑战及研发费用显著低于同行业的合理性等。观典防务成功地向上市委委员们解释了上述疑问,但上市委委员们最终还是认为在一致行动人的认定问题上,观典防务存有争议,其认定依据与合理性需要进一步落实。

公司董事长高明直接持有公司 41.45% 的股份,为公司控股股东、实际控制人。其同胞兄弟李振冰持有公司股份比例为 11.25%,担任公司总经理和董事会秘书。在首轮问询中,上交所便提出了质疑,要求观典防务"结合公司章程、协议约定、股东大会及董事会情况、李振冰与高明的亲属关系、持股比例、任职情况及在公司日常经营中发挥的作用,说明李振冰与高明不存在一致行动关系的理由是否充分"。公司在回复中的论证未获得上市委的认可,这一问题又作为"会后事项"要求进一步落实界定。

或为了平息监管层的质疑,也同时早日完成转板上市,观典防务放弃解释其原本认定的合理性,转而承认此前对实控人及一致行动人的认定存有"瑕疵"。按照上交所的追问和有关条例,1 月 28 日,即观典防务转板申请通过上市委审核的次日,高明与李振冰便正式签署了《一致行动协议》,并承认涉事双方自然人的一致行动人关系,上述观典防务对一致行动关系的变更已作为会后事项的补充文件,重新向上交所提交(见表4-6)。至此,观典防务转板之路的最大障碍终于被扫清。3月31日,上交所同意观典防务转板至科创板的决定书发布,标志着"转板第一股"正式诞生。

表 4-6 转板上市前持有公司百分之五以上股份或表决权的主要股东间的关联关系

| 主要股东一 | | 主要股东二 | | 关 联 关 系 |
|---|---|---|---|---|
| 名称 | 持股比例(%) | 名称 | 持股比例(%) | |
| 高明 | 41.45 | 李振冰 | 11.25 | 高明和李振冰系同胞兄弟、一致行动关系 |

### 三、进一步讨论:转板对市场影响如何

**(一)北交所会出现转板潮吗?**

观典防务转板获上交所批准,标志着北交所上市公司转板通道已畅通,是否会有更多的北交所上市公司选择转板,迎来转板潮?2021年8—9月,观典防务、翰博高新、泰祥股份、龙竹科技、新安洁先后宣布转板,被称为北交所"转板五子"。其中,观典防务转板之路已接近尾声,进入筹备上市交易阶段。泰祥股份和翰博高新也已通过深交所上市委会议。然而龙竹科技与新安洁却分别在2021年12月10日和12月17日公告终止转板事宜。

龙竹科技与新安洁给出的终止转板理由较为一致。其一,随着从新三板精选层平移登陆北交所,公司上市的阶段性目标已经实现,谋求上市公司身份的诉求已得到满足。其二,北交所更适合公司目前体量下的发展,再融资、可转债等制度安排满足公司小步快跑的发展需求。其三,回归主要精力至主业发展,进一步提高经营水平和能力,提升经营业绩,以便未来在资本市场上持续获得支持。

目前,转板的主要动力还是沪深交易所比北交所更成熟,但短期内很难出现大范围的转板热潮。其一,北交所上市公司由原来的精选层挂牌公司跻身A股上市公司之列,"含金量"最大的上市公司身份已经获得资本市场认可,转至"双创"板块的估值套利空间大大缩小。其二,北交所上市标准相对宽松,而科创板、创业板对研发支出、关联交易、股东穿透等都有更严格的要求,转板"隐形"的规范成本较高。除观典防务因股东一致行动问题被质疑外,冲击创业板的翰博高新接受深交所问询时也被提及客户集中度过高的问题。

**(二)转板机制的"枢纽"职能**

转板机制的建立有利于多层次资本市场成为有机整体。如果没有合理的转板机制,不同层次的资本市场彼此分离,资源难以在不同市场间流通。一方面,企业发展过程中得不到适时的资金支持,很可能业绩下滑。另一方面,不同交易所各板块之间无法形成良性竞争,强者恒强,弱势市场企业不被外界看好,股票流动性差,企业力争去优势市场上市,弱势市场则愈加萎缩,不利于资本市场的发展成长。

在新三板精选层转板制度出台前，新三板到 A 股的"转板"要经过完整的沪深两市 IPO 核准（主板）或审核注册（创业板、科创板）的流程。转板公司要付出庞大的资金成本和时间成本，从而影响企业盈利。监管方同样要重复消耗监管资源，造成一种人、财、物力的浪费。名不副实的"转板"制度并没有改变资本市场结构松散的状况，对于资本市场互联互通起不到实际意义。只有多板块之间相互补充促进、相互联通协调的良性互动机制，从而推进资本市场"脱虚向实"，加大对经济发展的支持力度。我国企业在资本市场流通机制如图 4-5 所示。

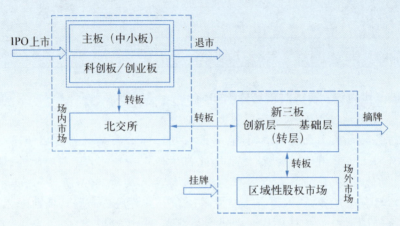

图 4-5 我国企业在资本市场流通机制

**四、结语：多层次资本市场建设道阻且长**

1990 年 11 月 26 日，新中国成立以来的第一家证券交易所获人民银行批准设立，同年 12 月正式开业。次年 4 月 11 日，深交所获批，于 7 月 3 日正式开业。2009 年 10 月，深交所创业板上市。2018 年 11 月，上交所科创板推出并试点注册制。新三板于 2012 年 7 月设立，经历 2016 年创新层、2020 年增设精选层两次分层制度完善，直至 2021 年北交所开市，将其与场内市场连通，迎来光明的发展前景……中国资本市场在短短三十年间从无到有，从区域到全国，度过了初建探索期，进入了深化改革与创新阶段。

现今我国多层次资本市场的框架已基本搭好，紧要的是逐步建立起转板机制，串联其中。借鉴吸取海外发达市场的经验教训，转板机制的建立要以多层次资本市场体系建设为基础，分步推进。首先明晰三个交易所（沪深北）和五大板块（主板、"双创"板、北交所、新三板、区域性股权市场）各自的功能定位，通过市场化、竞争性和差异性的制度设计来理顺板块间的关系，促进不同板块错位发展，并加快培育"新三板"、区域性股权市场等场外市场基层板块，丰富市场内涵，实现资本市场与各类金融企业融资需求的良性对接。在此基础上，构建合理的升降级通道，充分利用转板机制联通协调各层级市场的有序发展。同时要警惕转板过快的风险，有香港地区创业板衰败的前车之鉴，我国的转板制度建立不能操之过急。此外，要建立完善配套制度，以确保转板机制的效果。转板机制的推行，离不开市场化的上市和退市制度。我国未来需要通过强化信息披露,合理化发行定价机制,加强市场风险约束,进一步推进发行制度的市场化改革。退市制度方面,需要与上市标准相互匹配呼应,并且坚持"多元化"标准体系,以财务类标准为主,以市场化标准及行政性标准为辅,以此构建起真正有效的淘汰机制,对上市公司形成威慑,遏制企业通过上市和退市寻租的动机,从而真正发挥资本市场的资源配置功能。

观典防务尝到"螃蟹",是何滋味有待市场检验。通过转板机制疏通多层次资本市场的联系却是叶落知秋。转板机制的完善与多层次资本市场的建设是一项"干中学"的长期工程,需要在实践中添砖加瓦和不断调整。"螃蟹"初尝起来未必有多肥美,但随着各项制度的建立和匹配,发展出精巧的"蟹八件"等,易食的"螃蟹"入口必定是香甜的。多层次资本市场建设之路崎岖险阻,但"长风破浪会有时"!

## 本 章 小 结

资本市场效率体系包括运作效率、信息效率和资源配置效率,本章重点关注信息效率。有效市场理论认为价格充分反映了所有可得信息,这一理论有着较强的假设,后人逐步放松了有效市场理论的假设条件,即使投资者非理性,也可以使这一理论成立。

根据价格所反映的信息集,将有效市场分为弱式有效市场、半强式有效市场、强式有效市场。三者之间是后者包括前者的关系。常用游程检验、符号检验、序列相关性检验等统计检验的方法来判断市场是否弱式有效。半强式有效市场用事件研究法来检验,而内幕信息是否帮助专业投资者获取超常收益是检验强式有效市场的方法。

中国股票市场新股发行制度经历了两次大变革,从审核制下的额度管理、指标管理过渡到核准制下的证券公司通道制、保荐人制度,核准制向注册制的转变。定价机制从早期的固定市盈率过渡到累计投标询价。中国的多层次资本市场体系包含主板、中小板、创业板、全国中小企业股份转让系统、区域股权交易市场和券商柜台交易市场。我国信息披露规则体系建立在强制信息披露理念之上,形成包括基本法律、行政法规、部门规章和自律性规则在内的四个层次的信息披露法规体系和包括中国证监会、证券交易所构成的信息披露监管体系。

中国资本市场的缺陷在于,过于关注资本市场的融资功能;公司治理混乱,统一监管作用有限;市场波动性大,缺乏做空机制;股权分置改革留下"后遗症";现金分红制度"一刀切"的做法缺乏弹性;上市审批制度过于关注财务指标而非投资价值。

许多学者对中国资本市场的有效性进行了检验,总体的结论就是从没有达到弱式有效,到不同学者弱式有效性持不同看法,有的研究者认为中国市场已经达到弱式有效。而现在,是中国资本市场已经达到弱式有效,但尚未达到半强式有效的意见成为主流观点。

## 习题与思考题

1. 资本市场的效率体现为哪几个层次?每个层次间的关系是怎样的?
2. 有效市场存在的前提条件是什么?
3. 请从市场效率的角度理解"天下没有免费的午餐"的意思。
4. 关于资本市场有效性的假设是非常严苛的,请问最开始的假设放松之后的假设条件有哪些?
5. 有效市场有哪几种类型,分别是什么?
6. 有效市场存在的前提条件是什么?
7. 如何对弱式有效市场进行检验?
8. 如何对半强式有效市场进行检验?
9. 中国资本市场制度经历了哪些变革?
10. 如何理解股票注册制的本质特征是"优胜劣汰"?
11. 中国资本市场存在哪些制度缺陷?
12. 中国目前的多层次资本市场是什么结构?如何进一步完善中国多层次资本市场建设?

# 第五章

# 融资渠道与方法介绍

**学习目标**

1. 理解企业投融资决策的差异。
2. 学会区分直接融资与间接融资。
3. 掌握股权发行、上市的基本概念,注意其中的优先股融资。
4. 掌握不同种类的债务融资方式。
5. 学会比较、分析不同融资方法间的优缺点。
6. 了解中国上市公司的融资现状。

## 第一节 企业的融资决策介绍

### 一、投资决策和融资决策的差异

企业需要的资金从哪里来,用什么方式获得,这就是企业的融资决策。在发达的资本市场里,融资的方式多种多样,它们的融资成本和特点也各不一样。通过不同融资方式的组合,将一个企业的平均融资成本(即加权平均资本)降低,而降低资本成本能提高企业的市场价值。这就是企业融资决策的主要目标。

大多数企业融资的主要方式是权益融资和债务融资,而且权益融资的成本一般要比债务融资的成本高,即股东要求的回报率高于债权人要求的利息率。对大多数的企业来说,优化融资方法的决策就变成:是不是多用一些借债能够降低平均的融资成本;有没有一个最优的负债率,使融资成本降到最低或使股东的价值极大化。

投资决策和融资决策在几个方面都有差异:

(1)投资决策与融资决策的目的不同。投资决策追求企业价值最大化,决定了企业创造收益的能力大小。而融资决策追求低资本成本,它决定了企业能否获得投资的资金以及这些资金的成本高低。同时,不同的融资决策决定了企业不同的资本结构,会对企业未来的融资、价值创造能力产生一定影响。

(2)投资决策与融资决策的市场环境不同。投资决策是不完全竞争市场,在产品市场和服务市场可能出现垄断和经济租金(economic rents)。有能力的人获得垄断优势,可以从中获取超额利润。而融资决策接近于完全竞争市场。资金市场上有很多的资金供给者和需求者,没有参与者能够进行价格垄断,每一类资本都形成其完全竞争下的价格,融资者只能选择其中符合自身风险收益状况的资金,筹措这些资金用于企业发展。

(3) 投资决策与融资决策的变更成本不同。投资决策变更成本高,融资决策变更成本低。投资决策一旦做出,往往难以变更,改变投资决策的代价高昂。相比之下,融资决策变更较为容易。如果企业认为公司权益资本过高,可以发行债券、回购股票,减少权益资本,同时增加了债务资本;如果企业认为公司债务资本过高,可以发行股份来偿还债务,达到降低债务比例的效果。在发达的资本市场中,这些融资决策行为的成本是较低的。

## 二、直接融资和间接融资

企业融资按照有无金融中介分为两种方式:直接融资和间接融资。

直接融资是指不经过任何金融中介机构,而由资金短缺的单位直接与资金盈余的单位协商进行借贷,或通过有价证券及合资等方式进行的资金融通,如企业债券、股票、合资合作经营、企业内部融资等。直接融资主要通过融资者发行股票或者债券来完成(见图5-1)。

**图 5-1 直接融资关系表示**

间接融资是指以金融机构为媒介进行的融资活动,如银行信贷、非银行金融机构信贷、委托贷款、融资租赁、项目融资贷款等。在这种融资方式下,投资者并不直接投资于企业等融资需求方,不与融资者发生直接的经济关系,而是将手中多余的资金以存款的形式投资金融机构,金融机构以借款的形式向公司发放资金(见图5-2)。

**图 5-2 间接融资关系表示**

直接融资方式的优点是资金流动比较迅速,成本低,受法律限制少;缺点是对交易双方筹资与投资技能要求高,而且有的直接融资需要双方会面才能成交。相对于直接融资,间接融资则通过金融中介机构,可以充分利用规模经济,降低成本,分散风险,实现多元化负债。但直接融资又是发展现代化大企业、筹措资金必不可少的手段,故两种融资方式都不能偏废。

企业的融资渠道很广,包括股权融资、债券融资、长期借款融资等。融资决策考虑的一个重要问题就是各种不同的融资方式对企业加权平均资金成本的影响。表5-1和表5-2列举了近年来发达资本市场中常用的一些融资渠道和它们的融资成本,即投资者要求回报率。

表 5-1  发达资本市场融资渠道

| 证券的种类 | 资金来源的渠道 |
|---|---|
| 优先债券 senior debt<br>次级债券 subordinated debt | 银行 banks |
| | 企业债券市场 corporate public bonds |
| | 租赁公司 leasing companies |
| | 共同基金 mutual funds |
| | 保险公司 insurance companies |
| | 资产证券化 asset securitization |
| 股权 equity | 风险投资基金 venture capital |
| | 私人股权基金 private |
| | 公开增发股票 public |

表 5-2  发达资本市场融资成本

| 融资种类 | 投资者一般预期的回报率 |
|---|---|
| 长期国债 long-term treasuries | <6% |
| 银行贷款 bank loans | 4%~10% |
| 次级或垃圾债券 subordinated debt | 7%~15% |
| 上市公司股权 public equity | 8%~20% |
| 私人股权基金 private equity funds | >20% |
| 风险投资基金 venture capital funds | >25% |

## 第二节  股权融资

长期融资有三个基本来源：普通股、优先股和长期负债。权益资本融资构成了企业的原始资本，也是实现债务资本融资以及进行资产投资的基础。股权融资主要有普通股融资和优先股融资两种方式。股权融资相较债务融资而言，融资成本更高，但是不需要归还本金，是企业长期稳定发展的资本。在接下来的章节中，要先了解股权融资中的普通股融资和优先股融资,再来分析债务融资的种类和特点,最后对不同融资方式进行比较分析。

## 一、普通股的基本概念

普通股是股份有限公司发行的无特别权利的股份,也是最基本的、标准的股份。通常情况下,股份有限公司只发行普通股。持有普通股股份者为普通股股东。依照我国《公司法》的规定,普通股股东主要有如下权利:

(1) 出席或委托代理人出席股东大会,并依公司章程规定行使表决权。这是普通股股东参与公司经营管理的基本方式。

(2) 股份转让权。股东持有的股份可以自由转让,但必须符合《公司法》、其他法规和公司章程规定的条件和程序。

(3) 股利分配请求权。

(4) 对公司账目和股东大会决议的审查权和对公司事务的质询权。

(5) 分配公司剩余财产的权利。

(6) 公司章程规定的其他权利。

同时,普通股股东也对公司负有相应的义务。我国《公司法》中规定了股东具有遵守公司章程、缴纳股款、对公司负有有限责任、不得退股等义务。

## 二、普通股的种类

股份有限公司根据有关法规的规定以及筹资和投资者的需要,可以发行不同种类的普通股。常见的股票分类方法有四种。

### (一) 按股票有无记名,可分为记名股和不记名股

记名股是在股票票面上记载股东姓名或名称的股票。这种股票除了股票上所记载的股东外,其他人不得行使其股权,且股份的转让有严格的法律程序与手续,需办理过户。我国《公司法》规定,向发起人、国家授权投资的机构、法人发行的股票,应为记名股。

不记名股是票面上不记载股东姓名或名称的股票。这类股票的持有人即股份的所有人,具有股东资格,股票的转让也比较自由、方便,无须办理过户手续。

### (二) 按股票是否标明金额,可分为面值股票和无面值股票

面值股票是在票面上标有一定金额的股票。持有这种股票的股东,对公司享有的权利和承担的义务大小,依其所持有的股票票面金额占公司发行在外股票总面值的比例而定。

无面值股票是不在票面上标出金额,只载明所占公司股本总额的比例或股份数的股票。无面值股票的价值随公司财产的增减而变动,而股东对公司享有的权利和承担义务的大小,直接依股票标明的比例而定。我国《公司法》不承认无面值股票,规定股票应记载股票的面额,并且其发行价格不得低于票面金额。

### (三) 按投资主体的不同,可分为国家股、法人股、个人股等

国家股是有权代表国家投资的部门或机构以国有资产向公司投资而形成的股份。

法人股是企业法人依法以其可支配的财产向公司投资而形成的股份,或具有法人资

格的事业单位和社会团体以国家允许用于经营的资产向公司投资而形成的股份。

个人股是社会个人或公司内部职工以个人合法财产投入公司而形成的股份。

**(四) 按发行对象和上市地区的不同,又可将股票分为 A 股、B 股、H 股和 N 股等**

A 股是供我国内地个人或法人买卖的,以人民币标明票面金额并以人民币认购和交易的股票。

B 股、H 股和 N 股是专供外国和我国港、澳、台地区投资者买卖的,以人民币标明票面金额但以外币认购和交易的股票(注:自 2001 年 2 月 19 日起,B 股开始对境内居民开放)。其中,B 股在上海、深圳上市;H 股在香港上市;N 股在纽约上市。

以上第 3、4 种分类,是我国目前实务中为便于对公司股份来源的认识和股票发行而进行的分类。在其他国家,还有按是否拥有完全的表决权和获利权,将普通股分为若干级别。比如,A 级普通股卖给社会公众,支付股利,但在一段时期内无表决权;B 级普通股由公司创办人保留,有表决权,但一段时期内不支付股利;E 级普通股拥有部分表决权。

## 三、普通股的发行

股份有限公司在设立时要发行股票。此外,公司设立之后,为了扩大经营、改善资本结构,也会增资发行新股。股份的发行,实行公平、公正的原则,必须同股同权、同股同利。同次发行的股票,每股的发行条件和价格应当相同。任何单位或个人所认购的股份,每股应支付相同的价款。同时,发行股票还应接受国务院证券监督管理机构的管理和监督。股票发行具体应执行的管理规定主要包括股票发行条件、发行程序和方式、销售方式等。

### (一) 股票发行的规定与条件

按照我国《公司法》和《证券法》的有关规定,股份有限公司发行股票,应符合以下规定与条件:

(1) 每股金额相等。同次发行的股票,每股的发行条件和价格应当相同。

(2) 股票发行价格可以按票面金额,也可以超过票面金额,但不得低于票面金额。

(3) 股票应当载明公司名称、公司登记日期、股票种类、票面金额及代表的股份数、股票编号等主要事项。

(4) 向发起人、国家授权投资的机构、法人发行的股票,应当为记名股票;对社会公众发行的股票,可以为记名股票,也可以为无记名股票。

(5) 公司发行记名股票的,应当置备股东名册,记载股东的姓名或者名称、住所、各股东所持股份、各股东所持股票编号、各股东取得其股份的日期;发行无记名股票的,公司应当记载其股票数量、编号及发行日期。

(6) 公司发行新股,必须具备下列条件:

① 具备健全且运行良好的组织结构;

② 具有持续盈利能力,财务状态良好;

③ 最近 3 年财务会计文件无虚假记载,无其他重大违法行为;

④ 证券监督管理机构规定的其他条件。

(7) 公司发行新股,应由股东大会作出有关下列事项的决议:新股种类及数额;新股发行价格;新股发行的起止日期;向原有股东发行新股的种类及数额。

### (二) 股票发行的程序

股份有限公司在设立时发行股票与增资发行新股,程序上有所不同。

#### 1. 设立时发行股票的程序

(1) 提出募集股份申请。

(2) 公告招股说明书,制作认股书,签订承销协议和代收股款协议。

(3) 招认股份,缴纳股款。

(4) 召开创立大会,选举董事会、监事会。

(5) 办理设立登记,交割股票。

#### 2. 增资发行新股的程序

(1) 股东大会作出发行新股的决议。

(2) 由董事会向国务院授权的部门或省级人民政府申请并经批准。

(3) 公告新股招股说明书和财务会计报表及附属明细表,与证券经营机构签订承销合同,定向募集时向新股认购人发出认购公告或通知。

(4) 招认股份,缴纳股款。

(5) 改组董事会、监事会,办理变更登记并向社会公告。

### (三) 股票发行方式、销售方式和发行价格

公司发行股票筹资,应当选择适宜的股票发行方式和销售方式,并恰当地制定发行价格,以便及时募足资本。

#### 1. 股票发行方式

股票发行方式,指的是公司通过何种途径发行股票。总的来讲,股票的发行方式可分为如下两类:

(1) 公开间接发行。指通过中介机构,公开向社会公众发行股票。我国股份有限公司采用募集设立方式向社会公开发行新股时,须由证券经营机构承销的做法,就属于股票的公开间接发行。这种发行方式的发行范围广、发行对象多,易于足额募集资本。股票的公开发行还有助于提高发行公司的知名度和扩大其影响力。但这种发行方式也有不足,主要是手续繁杂,发行成本高。

(2) 不公开直接发行。指不公开对外发行股票,只向少数特定的对象直接发行,因而不须经中介机构承销。我国股份有限公司采用发起设立方式和以不向社会公开募集的方式发行新股的做法,即属于股票的不公开直接发行。这种发行方式弹性较大,发行成本低;但发行范围小,股票变现性差。

#### 2. 股票的销售方式

股票的销售方式,指的是股份有限公司向社会公开发行股票时所采取的股票销售方法。股票销售方式有两类:自销和委托承销。

(1) 自销方式。股票发行的自销方式,指发行公司自己直接将股票销售给认购者。这种销售方式可由发行公司直接控制发行过程,实现发行意图,并可以节省发行费用;但往往筹资时间长,发行公司要承担全部发行风险,并需要发行公司有较高的知名度、信誉

和实力。

(2) 承销方式。股票发行的承销方式,指发行公司将股票销售业务委托给证券经营机构代理。这种销售方式是发行股票所普遍采用的。我国《公司法》规定股份有限公司向社会公开发行股票,必须与依法设立的证券经营机构签订承销协议,由证券经营机构承销。股票承销又分为包销和代销两种具体办法。所谓包销,是根据承销协议商定的价格,证券经营机构一次性全部购进发行公司公开募集的全部股份,然后以较高的价格出售给社会上的认购者。对发行公司来说,包销的办法可及时筹足资本,免于承担发行风险(股款未募足的风险由承销商承担);但股票以较低的价格售给承销商会损失部分溢价。所谓代销,是证券经营机构代替发行公司代售股票,并由此获取一定的佣金,但不承担股款未募足的风险。

### 3. 股票发行价格

股票的发行价格是股票发行时所使用的价格,也就是投资者认购股票时所支付的价格。股票发行价格通常由发行公司根据股票面额、股市行情和其他有关因素决定。以募集设立方式设立公司首次发行的股票价格,由发起人决定;公司增资发行新股的股票价格,由股东大会作出决议。

股票的发行价格可以和股票的面额一致,但多数情况下不一致。股票的发行价格一般有以下三种:

(1) 等价。等价就是以股票的票面额为发行价格,也称为平价发行。这种发行价格,一般在股票的初次发行或在股东内部分摊增资的情况下采用。等价发行股票容易推销,但无从取得股本溢价收入。

(2) 时价。时价就是以本公司股票在流通市场上买卖的实际价格为基准确定的股票发行价格。其原因是股票在第二次发行时已经增值,收益率已经变化。选用时价发行股票,考虑了股票的现行市场价值,对投资者也有较大的吸引力。

(3) 中间价。中间价就是以时价和等价的中间值确定的股票发行价格。

按时价或中间价发行股票,股票发行价格会高于或低于其面额。前者称溢价发行,后者称折价发行。如属溢价发行,发行公司所获得的溢价款列入资本公积。

我国《公司法》规定,股票发行价格可以等于票面金额(等价),也可以超过票面金额(溢价),但不得低于票面金额(折价)。

## 四、股票上市

### (一) 股票上市的目的

股票上市,指的是股份有限公司公开发行的股票经批准在证券交易所进行挂牌交易。经批准在交易所上市交易的股票则称为上市股票。按照国际通行做法,非公开募集发行的股票或未向证券交易所申请上市的非上市证券,应在证券交易所外的柜台交易市场(Over the Counter market, OTC market)上流通转让;只有公开募集发行并经批准上市的股票才能进入证券交易所流通转让。

股份公司申请股票上市,一般出于以下的一些目的:

(1) 资本大众化,分散风险。股票上市后,会有更多的投资者认购公司股份,公司则可将部分股份转售给这些投资者,再将得到的资金用于其他方面,这就分散了公司的风险。

(2) 提高股票的变现力。股票上市后便于投资者购买,自然提高了股票的流动性和变现力。

(3) 便于筹措新资金。股票上市必须经过有关机构的审查批准并接受相应的管理,执行各种信息披露和股票上市的规定,这就大大增强了社会公众对公司的信赖,甚至乐于购买公司的股票。同时,由于一般人认为上市公司实力雄厚,也便于公司采用其他方式(如负债)筹措资金。

(4) 提高公司知名度,吸引更多顾客。上市公司广为社会所知,并被认为经营优良。股票上市会给公司带来良好声誉,吸引更多的顾客,从而扩大销售量。

(5) 便于确定公司价值。股票上市后,公司股价由市价可循,便于确定公司的价值,有利于促进公司财富最大化。

但股票上市也有对公司不利的一面。这主要指:公司将负担较高的信息披露成本;各种信息公开的要求可能会暴露公司的商业秘密;股价有时会歪曲公司的实际状况,毁坏公司声誉;可能会分散公司的控制权,造成管理上的困难。

### (二) 股票上市的条件

公司公开发行的股票进入证券交易所挂牌买卖(即股票上市),须受严格的条件限制。我国《证券法》规定,股份有限公司申请其股票上市,必须符合下列条件:

(1) 股票经国务院证券监督管理机构核准已公开发行;

(2) 公司股本总额不少于人民币 3 000 万元;

(3) 公司发行的股份达到公司股份总数的 25% 以上;公司股本总额超过人民币 4 亿元的公开发行的比例为 10% 以上;

(4) 公司最近 3 年无重大违法行为,财务会计报告无虚假记载。

此外,公司股票上市还应符合证券交易所规定的其他条件。

## 五、普通股融资的优缺点

### (一) 普通股融资的优点

与其他筹资方式相比,普通股筹措资本具有如下优点:

(1) 发行普通股筹措资本具有永久性,无到期日,不需归还。这对保证公司对资本的最低需要、维持公司长期稳定发展极为有益。

(2) 发行普通股筹资没有固定的股利负担,股利的支付与否和支付多少,视公司有无盈利和经营需要而定,经营波动给公司带来的财务负担相对较小。由于普通股筹资没有固定的到期还本付息的压力,所以筹资风险较小。

(3) 发行普通股筹集的资本是公司最基本的资金来源,它反映了公司的实力,可作为其他方式筹资的基础,尤其可为债权人提供保障,增强公司的举债能力。

(4) 由于普通股的预期收益较高并可一定程度地抵消通货膨胀的影响(通常在通货膨胀期间,不动产升值时普通股也随之升值),因此普通股筹资容易吸收资金。

### (二)普通股融资的缺点

但是,运用普通股筹措资本也有一些缺点:

(1)普通股的资本成本较高。首先,从投资者的角度讲,投资于普通股风险较高,相应地要求有较高的投资报酬率。其次,对于筹资公司来讲,普通股股利从税后利润中支付,不像债券利息那样作为费用从税前支付,因而不具有抵税作用。此外,普通股的发行费用一般也高于其他证券。

(2)以普通股筹资会增加新股东,这可能会分散公司的控制权,削弱原有股东对公司的控制。

## 六、优先股融资

优先股是一种混合证券,介于债券与普通股之间。和普通股不同,优先股一般有固定的股息,比如面值为 100 元,股息率为 12% 的优先股每年有 12 元的固定股息(分红)。和企业债的区别在于,如果公司盈利不够时,优先股可以不分红,这也不会造成公司的破产。未分的股息一般会累积起来,以后公司盈利足够时再支付。而且一般优先股股息不派发时,普通股是不能派发股息的。这就是优先股的优先权。如果公司破产被清算时,优先股的优先权在普通股之前,在公司借债之后。

可转换优先股和可转债比较相像,主要的区别在于可转换优先股有票面股息率而不是票面利率,而且一般没有到期期限。例如一种可转换优先股的面值是 1 000 元,票面股息率可以是 8%,它可以被转换成 50 股公司的普通股。在公司不盈利时,公司可以不派发优先股的股息,而公司不支付它债券的利息的话就会造成违约和破产,这是可转换优先股和可转债最大的区别。

优先股兼具债券和优先股的特点。和债券相比,不支付优先股的股利不会导致公司破产;与普通股相比,发行优先股一般不会稀释现有股东的权益。同时,无期限的优先股没有到期日,不会减少公司现金流,不需要偿还本金。但是优先股的收益率低于普通股,既没有高的固定股利又不能像债券利息费用那样免税,没有税盾效应,不能省税以获得好处。那么,为什么公司要发行优先股呢?这就是"优先股之谜"。

在西方发达资本主义国家,比如美国,其优先股股利的税收政策有两个重要内容。一是发行公司发放的优先股股利不能从应税收入中扣除;而公司投资优先股所获得的股利可以部分减免所得税,即可以免除 70% 的合格股利收入的联邦所得税,这也是优先股为众多公司投资的理由。但是,由此产生的税收优势和税收劣势基本抵消。因此,优先股存在的理由并非仅仅在于税收因素,还在于以下几个因素:

首先,为了避免破产威胁。债务融资面临本金和利息支付压力,未付债务会使发行公司直接面临破产威胁。而由于未付优先股股利并非负债,因此,优先股股东不能以发行公司不付股利而胁迫公司破产。但是,作为对延期支付股利的补偿,发行人可能被迫赋予优先股持有人一定数量表决权。

其次,规范的公用事业公司偏好优先股,大部分优先股都是由公共事业公司发放的。这类企业对下游企业或者客户具有绝对的议价能力,它们可以将发行优先股的税收劣势转嫁给顾客或者下游企业。

## 第三节 债务融资

### 一、长期负债融资的特点

负债融资是指通过负债筹集资金。负债是企业一项重要的资金来源,几乎没有一家企业是只靠自有资本,而不运用负债就能满足资金需要的。负债融资是与普通股融资性质不同的筹资方式。与后者相比,负债融资的特点表现为筹集的资金在使用时间上受到限制,需到期偿还;不论企业经营好坏,需固定支付债务利息,从而形成企业固定的负担;但其资本成本一般比普通股融资成本低,且不会分散股东对企业的控制权。

按照所筹资金可使用时间的长短,负债融资可分为长期负债融资和短期负债融资两类。长期负债是指期限超过1年的负债。筹措长期负债资金,可以解决企业长期资金不足的问题,以满足发展长期性固定资产的需要。同时,由于长期负债的归还期限长,一般筹资成本较高,即长期负债的利率一般会高于短期负债利率。当然,债权人为了保障借出资金的安全,常常对长期负债设置较多的限制条件。他们经常会向债务人提出一些限制性的条件以保证其能够及时、足额偿还债务本金和支付利息,从而形成对债务人的种种约束。目前在我国,长期负债融资主要有长期借款和债券融资两种方式,还有一种比较新的债务融资方式——可转债融资也会在后文介绍。

### 二、长期借款融资

长期借款是指企业向银行或其他非银行金融机构借入的使用期超过1年的借款,主要用于购建固定资产和满足长期流动资金占用的需要。

#### (一) 长期借款的种类

长期借款的种类很多,各企业可根据自身的情况和各种借款条件选用。我国目前各金融机构的长期借款主要有:

(1) 按照用途,分为固定资产投资借款、更新改造借款、科技开发和新产品试制借款,等等。

(2) 按照提供贷款的机构,分为政策性银行贷款、商业银行贷款等。此外,企业还可从信托投资公司取得实物或货币形式的信托投资贷款,从财务公司取得各种中长期贷款,等等。

(3) 按照有无担保,分为信用贷款和抵押贷款。信用贷款指不需企业提供抵押品,仅凭其信用或担保人信誉而发放的贷款。抵押贷款指要求企业以抵押品作为担保的贷款。长期贷款的抵押品常常是房屋、建筑物、机器设备、股票、债券等。

#### (二) 取得长期借款的条件

金融机构对企业发放贷款的原则是:按计划发放、择优扶植、有物资保证、按期归还。企业申请贷款一般应具备的条件是:

(1) 独立核算、自负盈亏、有法人资格。

(2) 经营方向和业务范围符合国家产业政策,借款用途属于银行贷款办法规定的范围。

(3) 借款企业具有一定的物资和财产保证,担保单位具有相应的经济实力。
(4) 具有偿还贷款的能力。
(5) 财务管理和经济核算制度健全,资金使用效益及企业经济效益良好。
(6) 在银行设有账户,办理结算。

具备上述条件的企业欲取得贷款,先要向银行提出申请,陈述借款原因与金额、用款时间与计划、还款期限与计划。银行根据企业的借款申请,针对企业的财务状况、信用情况、盈利的稳定性、发展前景、借款投资项目的可行性等进行审查。银行审查同意贷款后,再与借款企业进一步协商贷款的具体条件,明确贷款的种类、用途、金额、利率、期限、还款的资金来源及方式、保护性条件、违约责任,等等,并以借款合同的形式将其法律化。借款合同生效效后,企业便可取得借款。

(三) 长期借款的保护性条款

由于长期借款的期限长、风险大,按照国际惯例,银行通常对借款企业提出一些有助于保证贷款按时足额偿还的条件。这些条件写进贷款合同中,形成了合同的保护性条款。归纳起来,保护性条款大致有如下两类:

1. 一般性保护条款

一般性保护条款应用于大多数借款合同,但根据具体情况会有不同内容,主要包括:(1) 对借款企业流动资金保持量的规定,其目的在于保持借款企业资金的流动性和偿债能力;(2) 对支付现金股利和再购入股票的限制,其目的在于限制现金外流;(3) 对资本支出规模的限制,其目的在于减小企业日后不得不变卖固定资产以偿还贷款的可能性,仍着眼于保持借款企业资金的流动性;(4) 限制其他长期债务,其目的在于防止其他贷款人取得对企业资产的优先求偿权;(5) 借款企业定期向银行提交财务报表,其目的在于及时掌握企业的财务情况;(6) 不准在正常情况下出售较多资产,以保持企业正常的生产经营能力;(7) 如期缴纳税费和清偿其他到期债务,以防被罚款而造成现金流失;(8) 不准以任何资产作为其他承诺的担保或抵押,以避免企业过重的负担;(9) 不准贴现应收票据或出售应收账款,以避免或有负债;(10) 限制租赁固定资产的规模,其目的在于防止企业负担巨额租金以致削弱其偿债能力,还在于防止企业以租赁固定资产的办法摆脱对其资本支出和负债的约束。

2. 特殊性保护条款

特殊性保护条款是针对某些特殊情况而出现在部分借款合同中的。主要包括:(1) 贷款专款专用;(2) 不准企业投资于短期内不能收回资金的项目;(3) 限制企业高级职员的薪金和奖金总额;(4) 要求企业主要领导人在合同有效期间担任领导职务;(5) 要求企业主要领导人购买人身保险;等等。

此外,"短期借款筹资"中的周转信贷协定、补偿性余额等条件,也同样适用于长期借款。

(四) 长期借款的成本

长期借款的利息率通常高于短期借款,但信誉好或抵押品流动性强的借款企业,仍然可以争取到较低的长期借款利率。长期借款利率有固定利率和浮动利率两种。浮动利率通常有最高、最低限制,并在借款合同中明确。对于借款企业而言,若预测市场利率将上升,应与银行签订固定利率合同;反之,则应签订浮动利率合同。

除了利息之外,银行还会向借款企业收取其他费用,如实行周转信贷协定所收取的承诺费、要求借款企业在本银行中保持补偿余额所形成的间接费用。这些费用会加大长期借款的成本。

### (五) 长期借款的偿还方式

长期借款的偿还方式不一,包括：定期支付利息、到期一次性偿还本金的方式；如同短期借款那样的定期等额偿还方式；平时逐期偿还小额本金和利息、期末偿还余下的大额部分的方式。第一种偿还方式会加大企业借款到期时的还款压力；而定期等额偿还又会提高企业使用贷款的实际利率。

### (六) 长期借款融资的特点

与其他长期负债融资相比,长期借款融资的特点有四点。

#### 1. 筹资速度快

长期借款的手续比发行债券简单得多,得到借款所花费的时间较短。

#### 2. 借款弹性较大

借款时企业与银行直接交涉,有关条件可谈判确定;用款期间发生变动,亦可与银行再协商。而债券筹资所面对的是社会广大投资者,协商改善筹资条件的可能性很小。

#### 3. 借款成本较低

长期借款利率一般低于债券利率,且由于借款只需要直接与某一家银行沟通,无其他烦琐的环节,沟通成本较低,筹资费用也较少。

#### 4. 限制性条款多

长期借款的限制性条款比较多,制约着借款的使用。

## 三、债券融资

债券是经济主体为筹集资金而发行的,用以记载和反映债权债务关系的有价证券。由企业发行的债券称为企业债券或公司债券。这里所说的债券,指的是期限超过 1 年的公司债券,其发行目的通常是为建设大型项目筹集大笔长期资金。

### (一) 债券的种类

公司债券有很多形式,大致有如下分类：

#### 1. 按债券上是否记有持券人的姓名或名称,分为记名债券和无记名债券

这种分类类似于记名股票与无记名股票的划分。在公司债券上记载持券人姓名或名称的为记名公司债券；反之为无记名公司债券。两种债券在转让上的差别也与记名股票、无记名股票相似。

#### 2. 按能否转换为公司股票,分为可转换债券和不可转换债券

若公司债券能转换为本公司股票,为可转换债券；反之为不可转换债券。一般来讲,前种债券的利率要低于后种债券。

以上两种分类为我国《公司法》所确认。除此之外,按照国际通行做法,公司债券还有另外一些分类。

#### 3. 按有无特定的财产担保,分为抵押债券和信用债券

发行公司以特定财产作为抵押品的债券为抵押债券；没有特定财产作为抵押,凭信用

发行的债券为信用债券。抵押债券又分为一般抵押债券,即以公司产业的全部作为抵押品而发行的债券;不动产抵押债券,即以公司的不动产为抵押而发行的债券;设备抵押债券,即以公司的机器设备为抵押而发行的债券;证券信托债券,即以公司持有的股票证券以及其他担保证书交付给信托公司作为抵押而发行的债券等。

### 4. 按是否参加公司盈余分配,分为参加公司债券和不参加公司债券

债权人除享有到期向公司请求还本付息的权利外,还有权按规定参加公司盈余分配的债券,为参加公司债券;反之为不参加公司债券。

### 5. 按利率的不同,分为固定利率债券和浮动利率债券

将利率明确记载于债券上,按这一固定利率向债权人支付利息的债券,为固定利率债券;债券上明确利率,发放利息时利率水平按某一标准(如政府债券利率、银行存款利率)的变化而同方向调整的债券,为浮动利率债券。

### 6. 按能否上市,分为上市债券和非上市债券

可在证券交易所挂牌交易的债券为上市债券;反之为非上市债券。上市债券信用度高,价值高,且变现速度快,故而容易吸引投资者;但上市条件严格,并要承担上市费用。

### 7. 按照偿还方式,分为到期一次债券和分期债券

发行公司于债券到期日一次集中清偿本息的,为到期一次债券;一次发行而分期、分批偿还的债券为分期债券。分期债券的偿还又有不同办法。

### 8. 按照其他特征,分为收益公司债券、附认股权债券、附属信用债券等

收益公司债券是只有当公司获得盈利时才向持券人支付利息的债券。这种债券不会给发行公司带来固定的利息费用,对投资者而言收益较高,但风险也较大。附认股权债券是附带允许债券持有人按特定价格认购公司股票权利的债券。这种认购股权通常随债券发放,具有与可转换债券类似的属性。附认股权债券与可转换公司债券一样,票面利率通常低于一般公司债券。附属信用债券是当公司清偿时,受偿权排列顺序低于其他债券的债券;为了补偿其较低受偿顺序可能带来的损失,这种债券的利率高于一般债券。

### (二) 债券的发行价格

债券的发行价格是债券发行时使用的价格,亦即投资者购买债券时所支付的价格。公司债券的发行价格通常有三种:平价、溢价和折价。

平价指以债券的票面金额为发行价格;溢价指以高出债券票面金额的价格为发行价格;折价指以低于债券票面金额的价格为发行价格。债券发行价格的形成受诸多因素的影响,其中主要影响因素是票面利率与市场利率的一致程度。债券的票面金额、票面利率在债券发行前即已参照市场利率和发行公司的具体情况确定下来,一并载明于债券之上。但在发行债券时已确定的票面利率不一定与当时的市场利率一致。为了协调债券购销双方在债券利息上的利益,就要调整发行价格,即当票面利率高于市场利率时,以溢价发行债券;当票面利率低于市场利率时,以折价发行债券;当票面利率与市场利率一致时,则以平价发行债券。

债券发行价格的计算公式为

$$债券发行价格 = \frac{票面金额}{(1+市场利率)^n} + \sum_{t=1}^{n} \frac{票面金额 \times 票面利率}{(1+市场利率)^t} \quad (5-1)$$

式中，n 为债券期限；t 为付息期数；而市场利率指债券发行时的市场利率。

**[例 5-1]** 某公司要发行面值为 1 000 元，票面利率 10%，期限为 10 年，每年年末付息的债券。公司在决定发行债券时，认为 10% 的利率是合理的，如果到债券正式发行时，市场利率发生了变化，那么需要调整债券的发行价格，可以分三种情况讨论。

解：(1) 市场利率保持不变，该公司可以平价发行该债券。可求得债券价格 P 为

$$P = \frac{1\,000}{(1+10\%)^{10}} + \sum_{t=1}^{10} \frac{1\,000 \times 10\%}{(1+10\%)^t}$$
$$= 1\,000 \times 0.385\,5 + 100 \times 6.144\,6$$
$$= 1\,000 (\text{元})$$

(2) 市场利率大幅上升，达到 12%，公司采取折价发行方式。

$$P = \frac{1\,000}{(1+12\%)^{10}} + \sum_{t=1}^{10} \frac{1\,000 \times 10\%}{(1+12\%)^t}$$
$$= 1\,000 \times 0.322 + 100 \times 5.650\,2$$
$$= 887.02 (\text{元})$$

(3) 市场利率大幅下降，达到 8%，公司采取溢价发行方式。

$$P = \frac{1\,000}{(1+8\%)^{10}} + \sum_{t=1}^{10} \frac{1\,000 \times 10\%}{(1+8\%)^t}$$
$$= 1\,000 \times 0.463\,2 + 100 \times 6.710\,1$$
$$= 1\,134.21 (\text{元})$$

### (三) 债券的信用等级

公司公开发行债券通常需要由债券评信机构评定等级。债券的信用等级对于发行公司和购买人都有重要影响。

国际上流行的债券等级是 3 等 9 级。AAA 级为最高级，AA 级为高级，A 级为上中级，BBB 级为中级，BB 级为中下级，B 级为投机级，CCC 级为完全投机级，CC 级为最大投机级，C 级为最低级。

我国的债券评级工作正在开展，但尚无统一的债券等级标准和系统评级制度。根据中国人民银行的有关规定，凡是向社会公开发行的企业债券，需要由经中国人民银行认可的资信评级机构进行评信。这些机构对发行债券企业的企业素质、财务质量、项目状况、项目前景和偿债能力进行评分，以此评定信用级别。

### (四) 债券筹资的特点

与其他长期负债筹资方式相比，发行债券的突出优点在于筹资对象广、市场大。债券融资属于直接融资，市场容量较大，也不会受到金融中介机构自身资产规模的约束，可以筹集到的资金也比较多。同时，债券是公开发行的，投资者是否买卖债券取决于自己的判断。债券市场流动性的提高，可以让投资者方便、自由地转让手中的债券，这将有利于市场配置资源效率的提升。

但是，债券筹资方式也存在一定缺陷，它的成本高、风险大、限制条件多。企业公开发

行债券的程序复杂,需要聘请保荐人、会计师、律师、资产评估机构等中介,发行成本高。在债券发行后,还要履行信息披露义务,有较高的信息披露成本。同时,债券发行的契约书中也会对企业设置一定的限制性条款,这些条款比优先股和短期债务的条款更为严格,可能会影响企业正常经营和未来的筹资能力。

## 四、可转换债券融资

### (一) 可转换债券的要素

可转换债券,又称可转换公司债券,是指发行人依照法定程序发行,在一定期间内依据约定的条件以转换成股份的公司债券。可转换债券的要素指构成可转换债券基本特征的必要因素,它们表明可转换债券与不可转换债券(或普通债券)的区别,主要包括七个方面。

#### 1. 标的股票

可转换债券对股票的可转换性,实际上是一种股票期权或股票选择权,它的标的物就是可以转换成的股票。可转换债券的标的股票一般是其发行公司自己的股票,但也有其他公司的股票,如可转换债券发行公司的上市子公司的股票(以下的介绍中,标的股票仅指发行公司的股票,略去其他公司的股票)。

#### 2. 转换价格

可转换债券发行之时,明确了以怎样的价格转换为普通股,这一规定的价格,就是可转换债券的转换价格(也称转股价格),即转换发生时投资者为取得普通股每股所支付的实际价格。按照我国《可转换公司债券管理暂行办法》的规定,上市公司发行可转换债券的,以发行可转换公司债券前1个月股票的平均价格为基准,上浮一定幅度作为转换价格;重点国有企业发行可转换公司债券的,以拟发行股票的价格为基准,折扣一定比例作为转换价格。

例如,某上市公司拟发行5年期可转换债券,面值1 000元,发行前1个月其股票平均价格经测算为每股40元,预计公司股价未来将明显上升,故确定可转换债券的转换价格比前1个月的股价上浮25%。于是该公司可转换债券的转换价格应为$40\times(1+25\%)=50$(元)。上例中讲的是以某一固定的价格(50元)将可转换债券转换为普通股,还有的可转换价格是变动的。例如,上例中的可转换债券发行公司也可以这样规定:债券发行后的第2年至第3年内,可按照每股50元的转换价格将债券转换为普通股股票(即每张债券可转换为20股普通股股票);债券发行后的第3年至第4年内,可按照每股60元的价格将债券转换为普通股股票(即每张债券可转换为16.67股普通股股票);债券发行后的第4年至第5年内,可按照每股70元的转换价格将债券转换为普通股股票(即每张债券可转换为14.29股普通股股票)。因为转换价格越高,债券能够转换成的普通股股数越少,所以这种逐期提高可转换价格的目的,就在于促使可转换债券的持有者尽早地进行转换。

#### 3. 转换比率

转换比率是债权人通过转换可获得的普通股股数。比如上例中的第2年至第3年期每张债券可转换为20股普通股,第3年至第4年期每张债券可转换为16.67股普通股,第

4 年至第 5 年期每张债券可转换为 14.29 股普通股,就是可转换债券的转换比率。显然,可转换债券的面值、转换价格、转换比率之间存在下列关系:

$$转换比率＝债券面值÷转换价格 \qquad (5-2)$$

#### 4. 转换期

转换期是指可转换债券转换为股份的起始日至结束日的期间。可转换债券的转换期可以与债券的期限相同,也可以短于债券的期限。例如,某种可转换债券规定只能从其发行一定时间之后(如发行若干年之后)才能够行使转换权,这种转换期称为递延转换期,短于其债券期限。还有的可转换债券规定只能在一定时间内(如发行日后的若干年之内)行使转换权,超过这一段时间转换权失效,因此转换期也会短于债券的期限,这种转换期称为有限转换期。超过转换期后的可转换债券,不再具有转换权,自动成为不可转换债券(或普通债券)。

#### 5. 赎回条款

赎回条款是可转换债券的发行企业可以在债券到期日之前提前赎回债券的规定。赎回条款包括下列内容:

(1) 不可赎回期。

不可赎回期是可转换债券从发行时开始,不能被赎回的那段期间。例如,某债券的有关条款规定,该债券自发行日起 2 年之内不能由发行公司赎回。则债券发行日后的前 2 年就是不可赎回期。设立不可赎回期的目的,在于保护债券持有人的利益,防止发行企业滥用赎回权,强制债券持有人过早转换债券。不过,并不是每种可转换债券都设有不可赎回条款。

(2) 赎回期。

赎回期是可转换债券的发行公司可以赎回债券的期间。赎回期安排在不可赎回期之后,不可赎回期结束之后,即进入可转换债券的赎回期。

(3) 赎回价格。

赎回价格是事前规定的发行公司赎回债券的出价。赎回价格一般高于可转换债券的面值,两者之差为赎回溢价。赎回溢价随债券到期日的临近而减少。例如,一种 2003 年 1 月 1 日发行,面值 100 元,期限 5 年,不可赎回期为 3 年,赎回期为 2 年的可赎回债券,规定到期前 1 年(即 2006 年)的赎回价格为 110 元,到期年度(即 2007 年年内)的赎回价格为 105 元,等等。

(4) 赎回条件。

赎回条件是对可转换债券发行公司赎回债券的情况要求,即需要在什么样的情况下才能赎回债券。赎回条件分为无条件赎回和有条件赎回。无条件赎回是在赎回期内发行公司可随时按照赎回价格赎回债券。有条件赎回是对赎回债券有一些条件限制,只有在满足了这些条件之后才能由发行公司赎回债券。

发行公司在赎回债券之前,要向债券持有人发出通知,要求他们在将债券转换为普通股与卖给发行公司(即发行公司赎回)之间做出选择。一般而言,债券持有人会将债券转换为普通股。可见,设置赎回条款是为了促使债券持有人转换股份,因此又被称为加速条款。同时,发行公司也能避免市场利率下降后,继续向债券持有人支付较高的债券票面利率而蒙受损失;或限制债券持有人过分享受公司收益大幅度上升所带来的回报。

### 6. 回售条款

回售条款是在可转换债券发行公司的股票价格达到某种恶劣程度时,债券持有人有权按照约定的价格将可转换债券卖给发行公司的有关规定。回售条款也具体包括回售时间、回售价格等内容。设置回售条款是为了保护债券投资人的利益,使他们能够避免遭受过大的投资损失,从而降低投资风险。合理的回收条件款,可以使投资者具有安全感,因而有利于吸引投资者。

### 7. 强制性转换条款

强制性转换条款是在某些条件具备之后,债券持有人必须将可转换债券转换为股票,无权要求偿还债券本金的规定。设置强制性转换条款,在于保证可转换债券顺利地转换成股票,实现发行公司扩大权益筹资的目的。

## (二) 可转换债券融资的特点

### 1. 可转换债券融资的优点

(1) 筹资成本较低。可转换债券给予了债券持有人以优惠的价格转换公司股票的好处,故而其利率低于同一条件下的不可转换债券(或普通债券)的利率,降低了公司的筹资成本。此外,在可转换债券转换为普通股时,公司无须另外支付筹资费用,又节约了股票的筹资成本。

(2) 便于筹集资金。可转换债券一方面可以使投资者获得固定利息;另一方面又向其提供了进行债权投资或股权投资的选择权,对投资者具有一定的吸引力,有利于债券的发行,便于资金的筹集。

(3) 有利于稳定股票价格和减少对每股收益的稀释。由于可转换债券规定的可转换价格一般要高于其发行时的公司股票价格,因此在发行新股或配股时机不佳时,可以先发行可转换债券,然后通过转换实现较高价位的股权筹资。事实上,一些公司正是认为当前其股票价格太低,为避免直接发行新股而遭受损失,才通过发行可转换债券变相发行普通股的。这样,一来不至于因为直接发行新股而进一步降低公司股票市价;二来因为可转换债券的转换期较长,即使在将来转换股票时,对公司股价的影响也较温和,从而有利于稳定公司股票。

可转换债券的转换价格高于其发行时的股票价格,转换成的股票股数会较少,相对而言就降低了因为增发股票对公司每股收益的稀释度。

(4) 减少筹资中的利益冲突。由于日后会有相当一部分投资者将其持有的可转换债券转换成普通股,发行可转换债券不会太多地增加公司的偿债压力,所以其他债权人对此的反对力度较小,受其他债务的限制性约束较少。同时,可转换债券持有人是公司的潜在股东,与公司有着较大的利益趋同性,而冲突较少。

### 2. 可转换债券融资的缺点

(1) 股价上扬风险。虽然可转换债券的转换价格高于其发行时的股票价格,但如果转换时股票价格大幅度上扬,公司只能以较低的固定转换价格换出股票,便会降低公司的股权筹资额。

(2) 财务风险。发行可转换债券后,如果公司业绩不佳,股价长期低迷,或虽然公司业绩尚可,但股价随大盘下跌,持券者没有如期转换普通股,则会增加公司偿还债务的压力,加大公司的财务风险,特别是在订有回售条款的情况下,公司短期内集中偿还债务的压力会更明显。

(3) 丧失低息优势。可转换债券转换成普通股后,其原有的低利息优势不复存在,公司将要承担较高的普通股成本,从而可能导致公司的综合资本成本上升。

## 第四节 不同融资方法的比较

### 一、不同融资方法的优劣势比较

表5-3总结了企业的经营者和管理者对常见的融资方式的看法。相对而言,债务融资的成本较低,而股权融资的成本较高。虽然内部股权融资不需要支付投资者股息、分红,但实际上存在机会成本,企业本可以把内部股权融资获得的资金用于其他用途,这也体现为融资的一种成本。除了债券发行设置了一些限制条款,对公司有硬约束之外,其他的融资方式对公司的约束较小。从融资手续费来看,债务融资的手续费较低,而外部股权融资由于繁杂的手续和信息披露要求,导致费用较高,而内部的股权融资是没有融资手续费的。

表5-3 不同融资方式优缺点比较

| 融资方法 | 说明 | 对公司的约束 | 对投资者的风险 | 要求回报率 | 融资手续费 |
| --- | --- | --- | --- | --- | --- |
| 流通企业债券 | 利率低 | 硬 | 低 | 低 | 低 |
| 银行贷款 | 利率较低 | 较低 | 硬 | 较低 | 低 |
| 可转债 | 可转成股权 | 中 | 中 | 中 | 中 |
| 优先股 | 固定分红 | 较软 | 较高 | 较高 | 较高 |
| 普通股 | 剩余价值 | 软 | 高 | 高 | 高 |
| 内部融资 | 留存收益 | 软 | 高 | 高 | 无 |

一般说来,对公司约束比较硬的融资方法如借债对投资者来说风险要小,所以投资者要求的回报率(即显性的融资成本)相对要低。高风险投资要求获得高收益,低风险投资对应低收益,这也与之前学习的投资理论吻合。

融资方法对公司造成过硬或过软的约束都会造成不同的融资的隐性成本。一般来说,硬约束容易造成财务困境成本,而软约束容易造成权益融资的代理成本,这些成本在后面的章节会提到。

## 二、企业不同生命周期的融资特点

表 5-4 列举了企业生命周期的不同阶段以及各种要素(包括融资的特点)经常可以看到的一些变化。企业在发展的不同时期,结合内外部环境,倾向于使用不同的融资方式。对于创业期的企业来说,公司面临的不确定性高,产品市场还处于一个从无到有的阶段,公司体量小,增速高,但也面临巨大的风险。同时,公司还没有成为公众公司,在现金流缺乏情况下,采用较多的融资方式是私募股权融资。而对于上市的公司来说,此时公司初步形成自己的产品市场,增长率高,但缺乏发展需要的现金流,急需在资本市场获得资金,此时较多采用股权融资方式。在公司发展到成熟期后,需要投资的项目变少,公司风险也降低,有较高的毛利率,但营业收入增速放缓,此时公司发展不需要过多的资金,更倾向于使用内部股权融资。在成熟期过后的中年期,公司面临的竞争加剧,风险由低转高,公司基本没有增速,为了控制风险,一般采用保守的债务融资方式。而在公司衰退期,愿意对公司进行股权投资的投资者几乎没有,如果此时企业缺乏现金流,在现有资产的抵押担保下,企业可以获得一定的债务融资,但是公司负债越来越多,风险也越来越高。

表 5-4 企业不同生命周期融资特点变化

| 生命周期 | 创业期 | 上市期 | 成熟期 | 中年期 | 衰退期 |
| --- | --- | --- | --- | --- | --- |
| 产品市场 | 无 | 初建 | 竞争者少 | 竞争加剧 | 激烈竞争 |
| 预期增长率 | 极高 | 高 | 放慢 | 低 | 负 |
| 风 险 | 极高 | 高 | 低 | 增高 | 高 |
| 现金流 | 无 | 少 | 多 | 减少 | 少 |
| 主营毛利率 | 无 | 高 | 较高 | 中 | 低 |
| 融资特点 | 私募 | 股权 | 内部股权 | 负债增多 | 负债较高 |

值得注意的是,并不是每一个企业都会经历这些阶段,也不是每一个企业的要素和特点都是一样变化的。这里只是列举了一些常见的特点。

## 三、成熟资本市场的上市公司较少使用外部权益融资

研究发现,成熟资本市场中的上市企业很少用外部权益融资,对这一现象的直接解释是:公司一宣布要外部权益融资,它的股价就会下跌。大多数研究发现公司宣布增发股票,它们的股价平均会下跌 3%~5%。宣布配股,股价跌得更厉害。所以公司不太愿意外部权益融资。

股市对外部股权融资的这种反应可以有两种理论的解释。第一种是信息不对称理论(Myers and Majluf,1984)。如果投资者认为公司管理层对公司股票价值有着更清晰的了解和更全面的信息,那么,公司内部管理者会知道什么时候公司的股价被高估了,什么时

候被低估了。在公司股价被高估的时候,公司内部人倾向于发行股份融资,实现财富从新股东向原有股东的转移。而在公司股价被低估时,公司往往不会发行股份融资,以维护现有股东权益。如果投资者是理性的,公司发行股份就是给他们释放了一个信号:公司股价被高估了。投资者会抛售公司股票,造成公司股价下跌。

另一种解释是建立在代理成本之上的。公司管理层和控股股东比外部投资者掌握更多关于公司的信息,增发股份被看成是公司管理层降低财务杠杆的行为,公司管理层拥有更多可支配的自由现金流,公司代理问题更为严重,对公司股价形成负面影响。投资者将外部权益融资尤其是配股看成是公司"圈钱"的一种行为。公司通过低的认购价格"强迫"股东给钱,股东不认购新发行的股份,股东持股比例就会被以低价认购的新股所稀释。

### 四、中国上市公司常用外部权益融资

从理论上看,外部股权融资成本最高。实证也发现资本市场成熟的国家里的上市公司很少去外部权益融资。但是在中国资本市场发展的头 10 年里,上市公司每过一两年就去股市增发或者配股。公司没上市几年,但增发和配股就已经好几次了。这是为什么呢?是否啄食理论不适用呢?

公司的经营者都喜欢权益融资,这是因为在权益融资后,他们所受到的约束最少。但是在去进行权益融资时,一个成熟资本市场的投资者会预计到权益融资后的情况,如果他们知道权益融资后公司里会产生很大的浪费(权益融资的代理成本),在公司去融资的时候,股价就会大跌。因为在成熟的资本市场里,股价是一个公司经营业绩好坏的标志,股价下跌会使该公司被其他公司收购或主要经营者被董事会解雇,这会让公司经营者三思而行。但是中国股市刚建立的十来年里,股市由散户和庄家主导,市场还不成熟。再融资和定价由政府监管,市场定价机制不完善,股价没有很好地反映公司的业绩。所以公司过度融资,融资后不赚钱也没有市场压力和市场的客观评判。这就造成了上市公司大量增发圈钱的现象。随着资本市场的理性发展,这些现象也会逐渐减少。

## 第五节 中国上市公司的融资现状

### 一、权益融资规模呈增长趋势,直接融资比例上升

从募集资金的规模来看,资本市场在资金募集方面的作用越来越大。2002 年,我国上市公司的募集资金总额仅为 600 亿元,首次公开发行超过 500 亿。而后,融资规模、方式和比例随着时间不断变化,资本市场对公司融资的影响也越发深刻。

直接融资比重的提高,可以降低银行风险,减少企业融资成本,从而保证经济增长处于合理区间。直接融资和间接融资比例反映一个国家的金融体系配置效率是否与实体经济相匹配。由于我国金融结构由银行主导,改革开放以来,我国企业融资形成了对银行信贷的高度依赖,尤其是 2007 年以来,随着房地产的火爆,地方债务平台的大幅扩张,银行新增贷款直线上升。银行贷款占 GDP 的比重已经过高,中国非银企业的债务规模为 138.33 万亿元,其占 GDP 的比重从 2008 年的 157% 上升到 2014 年的 217.3%。间接融资

的比重过高不利于经济增长方式由低级要素驱动和投资驱动转向高级要素和创新驱动。因此,我国需要发展多层次的资本市场和直接融资,以降低企业融资成本,同时可以将居民的投资需求和企业的融资需求,挖掘民间资金潜力,让更多储蓄转化为投资。

从 2006—2014 年,上市公司的股权融资(IPO、增发、配股)年平均在 6 000 亿元,这与中国证券市场 IPO 审核制度有关。在审核制下,中国证券总体的融资规模还有待提升。2015 年,中国市场股灾导致 IPO 暂停,企业的融资受到一定程度限制。2016 年,中国证监会在市场稳定的前提下放开了股权融资,整个 2016 年累计股权融资规模是 1.888 万亿,超过 2015 年的 1.43 万亿,接近 2014 年股权融资规模的 2.5 倍。股权直接融资的发展,是推动创新驱动型经济发展的必然要求,符合"大众创业、万众创新"的金融制度安排。2018 年,股权融资呈现出了明显的审核从严的趋势。2019 年科创板正式设立,注册制改革由点到面,逐步铺开,为权益融资注入了新的活力(见表 5-5)。

表 5-5 中国上市公司股权融资发行金额统计

| 年份 | 融资金额(亿元) | | | 公司数量(家数) | | |
|---|---|---|---|---|---|---|
| | 募资总额 | 新股发行 | 配 股 | 上市总数 | 新股发行 | 配 股 |
| 2002 | 600.05 | 508.45 | 26.80 | 1 223 | 67 | 10 |
| 2003 | 642.49 | 453.51 | 74.39 | 1 285 | 66 | 25 |
| 2004 | 648.86 | 353.46 | 126.69 | 1 373 | 98 | 24 |
| 2005 | 330.05 | 57.63 | 2.62 | 1 378 | 15 | 2 |
| 2006 | 2 578.06 | 1 564.06 | 11.52 | 1 421 | 66 | 3 |
| 2007 | 7 742.38 | 4 611.64 | 232.55 | 1 530 | 125 | 7 |
| 2008 | 3 311.05 | 1 034.38 | 139.50 | 1 604 | 77 | 8 |
| 2009 | 5 052.91 | 1 945.93 | 105.97 | 1 700 | 100 | 10 |
| 2010 | 9 515.00 | 4 745.43 | 1 487.62 | 2 063 | 347 | 20 |
| 2011 | 7 848.01 | 2 777.35 | 372.56 | 2 342 | 281 | 13 |
| 2012 | 4 632.72 | 1 034.32 | 121.00 | 2 494 | 154 | 7 |
| 2013 | 4 185.12 | 0.00 | 475.73 | 2 489 | 1 | 13 |
| 2014 | 7 840.60 | 668.89 | 137.97 | 2 613 | 125 | 13 |
| 2015 | 14 050.21 | 1 630.24 | 6 258.53 | 2 827 | 218 | 6 |
| 2016 | 19 077.37 | 1 600.11 | 6 305.70 | 3 052 | 240 | 10 |

续 表

| 年份 | 融资金额（亿元） | | | 公司数量（家数） | | |
|---|---|---|---|---|---|---|
| | 募资总额 | 新股发行 | 配　股 | 上市总数 | 新股发行 | 配　股 |
| 2017 | 15 335.81 | 2 210.70 | 180.47 | 3 485 | 437 | 8 |
| 2018 | 9 466.95 | 1 384.53 | 210.81 | 3 584 | 105 | 14 |
| 2019 | 9 988.82 | 2 489.81 | 133.88 | 3 777 | 201 | 9 |
| 2020 | 14 034.24 | 4 742.30 | 512.97 | 4 154 | 394 | 18 |
| 2021 | 15 475.36 | 5 426.68 | 493.36 | 4 697 | 522 | 7 |
| 2022 | 14 342.45 | 5 867.93 | 615.26 | 5 079 | 424 | 9 |

## 二、债务融资种类多样，债券市场支持作用明显

权益融资让企业获得了长期资本，但企业的发展也离不开债券融资的支持，债券也是一种重要的直接融资方式。债券融资的方式多种多样，与企业有关的有短期融资券、企业债、公司债、中期票据、资产支持证券、可转债等融资方式。多样化的债务融资方式为企业提供了稳定的资金来源，帮助企业获得投资所需资本，进而将企业发展壮大。

很多投资者偏好固定收益投资，而且债券的风险相对更低。从债券市场的现状来看，债券市场的直接融资功能正在逐步发挥。截至2022年底，我国的企业债券融资（企业债、公司债、短期融资券和中期票据）规模达到112 221亿元。一个繁荣有效的债券市场不仅能降低企业的融资成本，服务于实体经济，还能降低金融市场的无风险利率，进而推动股票市场的估值水平，实现对实体经济的支持作用（见表5-6）。

表5-6　中国债券市场融资的发行金额

单位：亿元

| 年份 | 国债 | 地方政府债 | 金融债 | 企业债 | 公司债 | 中期票据 | 短期融资券 | 资产支持证券 | 其他 | 合计 |
|---|---|---|---|---|---|---|---|---|---|---|
| 2006 | 8 883 | — | 9 566 | 615 | — | — | 2 920 | 280 | 37 074 | 59 338 |
| 2007 | 23 483 | — | 11 929 | 1 109 | 112 | — | 3 349 | 178 | 41 466 | 81 627 |
| 2008 | 8 558 | — | 11 796 | 1 567 | 288 | 1 737 | 4 339 | 302 | 44 467 | 73 054 |
| 2009 | 16 229 | 2 000 | 13 759 | 3 252 | 735 | 6 900 | 4 612 | — | 39 339 | 86 826 |
| 2010 | 17 778 | 2 000 | 13 469 | 2 817 | 512 | 4 924 | 6 892 | — | 45 004 | 93 396 |
| 2011 | 15 548 | 2 000 | 23 222 | 2 485 | 1 291 | 7 270 | 10 122 | 13 | 16 523 | 78 475 |

续 表

| 年份 | 国债 | 地方政府债 | 金融债 | 企业债 | 公司债 | 中期票据 | 短期融资券 | 资产支持证券 | 其他 | 合计 |
|---|---|---|---|---|---|---|---|---|---|---|
| 2012 | 14 362 | 2 500 | 26 510 | 6 499 | 2 627 | 8 453 | 14 272 | 281 | 5 519 | 81 025 |
| 2013 | 16 944 | 3 500 | 26 810 | 4 766 | 1 701 | 6 918 | 16 135 | 280 | 13 455 | 90 508 |
| 2014 | 17 747 | 4 000 | 35 586 | 6 958 | 1 551 | 9 768 | 21 851 | 3 314 | 21 150 | 121 926 |
| 2015 | 21 075 | 38 351 | 42 563 | 3 421 | 10 614 | 12 724 | 32 806 | 6 210 | 64 118 | 231 882 |
| 2016 | 30 658 | 60 458 | 46 405 | 5 926 | 28 390 | 11 415 | 33 676 | 9 070 | 138 658 | 364 655 |
| 2017 | 40 042 | 43 581 | 49 551 | 3 731 | 11 133 | 10 341 | 23 766 | 15 277 | 211 436 | 408 858 |
| 2018 | 36 671 | 41 652 | 52 461 | 2 418 | 16 582 | 16 962 | 31 275 | 20 172 | 220 317 | 438 510 |
| 2019 | 41 641 | 43 624 | 65 951 | 3 624 | 25 517 | 20 308 | 36 254 | 23 595 | 191 363 | 451 878 |
| 2020 | 71 173 | 64 438 | 90 741 | 3 926 | 33 706 | 23 447 | 49 986 | 28 964 | 202 660 | 569 041 |
| 2021 | 67 958 | 74 826 | 94 054 | 4 399 | 34 545 | 25 493 | 52 302 | 31 472 | 232 587 | 617 637 |
| 2022 | 97 223 | 73 556 | 94 690 | 3 681 | 30 985 | 27 994 | 49 560 | 20 158 | 217 841 | 615 688 |

**案例分析**

### 科大讯飞：定向增发中大股东认购的信号效应

#### 一、背景介绍

根据 Myers and Majluf(1984) 的优序融资理论，公司会首先考虑内源融资，其次为债务融资，最后才会选择股权融资。然而，在中国证券市场中，上市公司却对定向增发进行再融资有着明显的偏好。据同花顺 iFinD 金融数据终端统计，2016 年国内证券市场 IPO 实际募集资金 1 496 亿元，而再融资募集资金规模则达到 17 600 亿元，其中 97.80% 的资金是以定向增发的形式募集的。与西方国家分散的股权结构相比，中国的上市公司大多是股权集中的。其中大股东在公司治理中发挥着重要的作用。特别是在企业的定向增发融资中，大股东会积极参与增发新股。那么其大股东究竟是发挥了怎样的作用？其发挥作用的机理是什么，对其参与动机和行为的分析就颇具意义[①]。

上市公司向大股东定向增发股票，究竟是向大股东进行利益输送的手段，还是促进企业发展的良策？大股东在定向增发中认购比例越高，是否越能为上市公司带来绩效的改善？学界对这些问题仍存在激烈的争论，主要存在"掏空说"和"支持说"两种假说。赞成"掏空说"的学者认为，定向增发给予了大股东及其关联方一种资本运作的机

---

[①] 在未经特殊说明的情况下，本文中的"大股东"均指公司的控股股东或实际控制人。

会,为自身而非上市公司谋取利益。具体而言,大股东可能与公司的管理层勾结,在定向增发前通过盈余管理压低公司的业绩,从而将公司的估值调整至实际估值下方,引导市场产生低估公司股价的偏误。如此,大股东可在一个相对较低的价位增持本公司的股票,达到盈利的目的。另外,对于持有的劣质资产,大股东可以采取资产认购定向增发新股的方式,将劣质资产置换为估值较低的股票,进而获得双重的私人收益,却严重损害了中小股东的利益。目前国内多数学者,如朱红军(2008)、张祥建(2008)、章卫东(2010)等的实证检验结果均支持这一观点。与"掏空说"相对,"支持说"的拥护者则认为大股东出于长远利益的考虑,会选择向公司注入优质的资产或现金资源,以提升公司的盈利能力,从而为自身带来正的收益,属于一种"双赢"模式(Friedman等,2003;Riyanto and Toolsema,2008;Fan等,2009)。在对国内证券市场的实证研究中,王浩和刘碧波(2011)、许荣和刘洋(2012)以及李彬等(2015)发现"支持说"更能解释大股东参与定向增发的行为。

选取 A 股市场 2006—2013 年间至少完成过一次定向增发新股的 864 家上市公司[①]作为样本,剔除了样本中符合下列标准中任意一个的公司:(1)属于金融行业。(2)考察期内进行过两次及以上增发。(3)增发当年同时使用其他再融资手段[②]。(4)定向增发的目的为借壳上市[③]。(5)所属行业当年公司数量太少,无法计算可靠的倾向配对得分。(6)财务数据缺失。经过筛选后,最终样本包含 499 家公司。

图 5-3 和 5-4 直观地展现出与大股东非参与组相比,大股东参与组 ROE 的均值在定向增发前后实现了从落后到超越的过程,并且大股东参与组在定向增发后的净利润均值有明显的改善。

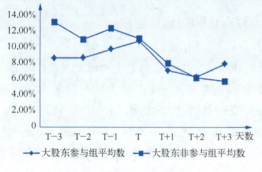

图 5-3　定向增发前后 ROE

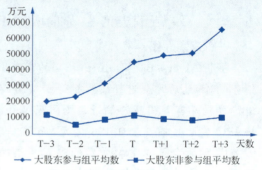

图 5-4　定向增发前后利润水平

## 二、大股东认购新股的相关理论

(一)大股东"掏空"假说

La Porta 等(1999)基于多国证券市场的数据,具有开创性地指出除美国、英国的

---

① 排除 A 股上市公司在 H 股或 B 股市场增发股票的情形。
② 如公开增发、配股和发行可转债等。
③ 在 864 家初始样本中,此类公司共计 92 家,占比 10.65%。在这 92 家公司中,借壳重组后所属行业发生变更的共计 78 家,占比 84.78%,且这些公司的证券名称与主营业务全部发生变更。剔除上述样本,是为了防止其对定向增发前后的财务绩效变动研究产生偏误。

资本市场股权较为分散外,股权集中制的公司结构在世界各国占据主导地位。因而,困扰现代公司制度的代理问题,除了所有者与管理层之间的信息不对称与利益冲突外,大股东对中小股东利益的剥夺与侵占是不容忽视的。对于中国的上市公司,金字塔式的股权结构的主流地位从未被撼动过。根据Morck等(1988)的研究,股权集中度与公司价值呈一个倒U型的关系:对于股权分散的公司,当股权集中度提高时,公司管理层将受到更为有效的监管,从而给公司带来正的价值;但当股权集中度提高到一定程度时,大股东会侵占中小股东利益,并造成严重的信息不对称问题,因而使公司价值下降。所以,中国的上市公司因其股权结构的特征,往往给大股东的利益输送行为留下很大的空间。

倾向于"掏空说"的学者基于中国证券市场的研究发现,在定向增发的过程中,大股东可能进行利益输送的手段主要有以下五种:(1) 大股东与管理层勾结,在对定向增发作出董事会决议后对公司进行长时间的停牌(朱红军,2008;吴育辉等,2013)。(2) 大股东参与定向增发时,相比外部机构认购的情形,通过享有更高的折价比率来攫取中小股东的财富(郭思永,2012)。(3) 在定向增发前,大股东要求上市公司进行负的盈余管理来压低股价,使其能够以更低的价格增持新股(章卫东,2010)。(4) 通过使用资产认购,大股东可通过将低质量的资产转移给上市公司,获得资产处置溢价和定向增发折价的双重收益。此举使上市公司的价值蒙受折损,且严重侵害了中小股东的权益(朱红军,2008)。(5) 对于大股东参与定向增发的公司,大股东在上市公司增发完成后的禁售期内,通常会索取更多的股利,以降低由于禁售期所导致的市场风险。

(二) 大股东"支持"假说

大股东作为公司的内部人,掌握着外部投资者难以获取的关键信息(Friedman等,2003;许荣和刘洋,2012;郭思永,2013)。根据Friedman等(2003)和倪中新等(2015)的理论模型,当大股东能够享受更高的预期投资回报率时,会倾向于将更多的资源注入上市公司。然而,倪中新等(2015)在实证方法上采用定向增发后公司的净资产报酬率作为预期回报率的代理变量,所发现的定向增发规模与预期回报率之间的正U形曲线关系却不够合理,因为其忽略了定向增发前后财务绩效的互动关系,以及大股东参与定向增发的择时动机。上市公司仅为大股东所控制资源的一部分,而大股东往往是基于集团整体资源配置的立场来进行决策的(许荣和刘洋,2012)。如果大股东发现参与上市公司的定向增发能够获得更高的投资回报率,那么就会在资源配置上更倾向于上市公司,从而得到整体财富的增加。这在结果上呈现为公司财务绩效的显著改善,亦即"支持"行为的内涵。由于大股东参与定向增发后有着36个月的锁定期,且在股权分置改革后与中小股东利益函数的一致性使其掏空上市公司的动机大幅削弱(廖理和张学勇,2008),因此认为大股东认购定向增发新股将在中长期的维度上对公司的财务绩效起到提振作用,并且是大股东"支持"行为的有力表现。另外,大股东以资产认购增发的新股时,出于优化资源配置的考虑,往往会向上市公司注入优质资产,其协同效应将带来公司财务绩效的迅速改善(许荣和刘洋,2012)。而对于大股东以现金认购的情形,募集资金多用于项目投资,考虑到项目从建设到运营所产生的时滞,公司业绩将在增发后逐步释放。

1. 市场择时视角

2006年，中国证监会出台了修订版的《上市公司证券管理办法》，将定向增发新股引入股权再融资市场。2007年，证监会颁布《上市公司非公开发行股票实施细则》后，对定向增发的监管体系日趋完善和成熟。自引入定向增发以来，证监会对大股东参与定向增发始终秉持严格监管的态度，发行方式依然采取核准制，且规定其认购股票的禁售期至少为36个月。Chen and Yuan(2004)、Haw 等(2005)基于中国早期证券市场的研究证实，我国证券监管部门有能力发现并惩罚上市公司的盈余管理行为。而随着我国定向增发市场监管趋于完善，大股东要求其进行盈余管理的成本大于通过盈余管理在定向增发中获得的收益，因此，大股东参与定向增发的公司在定向增发前不存在要求上市公司进行盈余管理的现象。根据廖理和张学勇(2008)、廖理(2012)的论述，由于股权分置改革后上市公司大股东的股份可流通，因而其对上市公司的价值和未来发展会给予更多的关注，所以他们的参与很可能是一种择时行为，即在上市公司业绩低迷时选择增持股票，这是其"支持"行为的内在机制之一。需要区分的是，本文所讨论的大股东基于公司财务绩效的择时行为，与 Bo 等(2011)、孙健等(2017)、朱红军(2008)和吴育辉等(2013)所论述的择时动机不同。Bo 等(2011)主要探讨的是配股和公开增发市场中上市公司的再融资决策对股价估值的择时效应，孙健等(2017)则研究大股东参与定向增发时，在不同的增发目的和认购方式下，对预案公告日的择时问题。朱红军(2008)和吴育辉等(2013)主要讨论的是大股东参与定向增发时会利用停牌操纵股价，以获得更低的增发折价。财务绩效相比于股价，更能反映出公司的经营状况和资源利用效率。与此同时，上市公司的财务绩效往往是其所属集团资源配置战略的关键环节，决定着大股东是否应当改变集团内的资源配置版图，因此财务维度的分析能够更有效地反映出大股东参与定向增发的择时动机。

2. 资源配置视角

大股东参与定向增发能够提升公司财务绩效的深层机制体现在大股东为上市公司提供了更多的资源支持，而这一行为呼应了其择时动机和优化集团资源配置的核心目标。沈红波等(2021)将正常融资需求分为由商业信用占比、外部融资依赖度和内部现金缺口表征的维持性融资需求，以及由定向增发后实际投资金额、规模扩张缺口和投资机会衡量的扩张性融资需求。按照定向增发募集资金规模或收购资产价值是否满足公司正常的融资需求，可以分两种情形分析。若募集资金规模或收购资产价值已经满足了公司正常的融资需求，即增发缺口为正，则大股东倾向于为上市公司提供更多额外的资源支持；反之，在缺口为负的情况下，募集资金规模或收购资产价值与大股东未参与定向增发的上市公司相比，将更接近正常的融资需求。这两种情形都意味着更多的资源支持，亦即增发规模或收购资产价值剔除正常融资需求的影响后，剩余的残差若为负值，会更接近于零；残差为正时，将会有更大的值。进一步，大股东在向上市公司注入更多资源的同时，为了获得更高的收益率，倾向于注入优质资源，这将带来公司更为明显的财务绩效改善。需要指出的是，上述分析框架对于大股东以现金认购和资产认购的情形均适用,这是由于以资产注入的形式进行定向增发的实质是为了满足公司扩张性的融资需求。

### 三、科大讯飞向大股东定向增发的案例

(一)公司介绍

科大讯飞股份有限公司成立于1999年,是亚太地区知名的智能语音和人工智能上市企业,于2008年成功上市,成为当时中国语音产业界唯一上市企业。公司技术研发的领域覆盖大部分已有的AI研究领域,在语音交互、机器视觉和机器认知理解等人工智能关键核心技术领域均处于国际先进水平。公司的商业模式是基于其核心的AI技术向开发者,以及G/B/C端的用户提供服务。基于其商业模式,公司在此基础上提出了"根据地业务"(智慧教育、开放平台、消费者业务、智慧医疗、智能汽车、智慧城市等赛道中能创造长期价值的业务)和"系统性创新"的战略,公司以根据地业务稳定收入来源,系统性创新构建技术壁垒。

(二)实际控制人刘庆峰认购新股事件

2021年1月18日,科大讯飞发布《2021年度非公开发行股票预案》,此次发行为面向特定对象的非公开发行,发行对象为刘庆峰及言知科技。刘庆峰为公司董事长、实际控制人,言知科技为刘庆峰控制的企业,且为公司股东。2021年7月6日,刘庆峰及言知科技以现金方式完成认购,2021年7月19日定向增发新股上市。此次定向增发共发行7 639万股股票,发行价33.38元/股,定价基准日为董事会决议公告日(即2021年1月19日),共募集资金25.50亿元,募集资金将全部用于补充流动资金(见表5-7)。

表5-7 科大讯飞2021年定向增发发行对象

| 序号 | 发行对象 | 认购股份数量(股) | 认购金额(元) |
| --- | --- | --- | --- |
| 1 | 刘庆峰 | 70 401 437 | 2 349 999 967.06 |
| 2 | 言知科技 | 5 991 611 | 199 999 975.18 |
| | 合 计 | 76 393 048 | 2 549 999 942.24 |

发行前刘庆峰董事长直接持有公司4.40%股份,通过言知科技持有公司2.31%股份,通过表决权委托方式获得公司5.72%股份的表决权,一致行动人科大控股持有公司3.75%股份,公司实控人刘庆峰和科大控股合计控制公司16.17%股份的表决权。发行后,公司实际控制人刘庆峰及科大控股控制表决权的比例变为18.56%,进一步增强公司控制权的稳定性,巩固实际控制人的控制地位。

科大讯飞上市后,刘庆峰在四个重要时刻分别增持公司股票,坚定了市场信心,维持了公司股价在资本市场的稳定。第一次是在2013年中国移动战略投资科大讯飞时,为保持团队第一大股东地位,刘庆峰筹资3亿元增持公司股票。第二次是在2015

年的股市"至暗"时刻,A股在下半年持续跳水式下跌,股市低迷时,刘庆峰出手,于8月28日、8月31日增持公司股份111 600股,维护公司股价的稳定。第三次在2018年10月,为了维护资本市场稳定,刘庆峰再度出手,增持公司股份551 000股,坚定市场的信心和对公司价值的认可。第四次是2021年1月,在公司市值千亿之际,刘庆峰没有选择高位变现,而是大举增持,破釜沉舟,押上全部身家,朝向更远大的目标再次出发,全身心投入到把科大讯飞做大做强。

### (三)定向增发后的业绩增长与市场表现

大股东高位定增,说明此次认购并非大股东基于择时动机的谋利行为。2021年1月13日公司市值超过千亿元。基于择时动机,投资者都会选择在市值相对低位的时机增持,而刘庆峰选择在高位定增,个人筹集资金超20亿元,几乎押上全部身家,显示了其与公司长期利益休戚与共的决心及对公司长期发展的坚定信心。

随着公司经营规模的不断扩大,特别是行业应用落地的进程加快,营运资金需求也日益增加。通过本次定增:(1)公司获得了现金流补充。一方面,公司的资金实力获得进一步提升,有利于优化公司资本结构,为公司经营发展提供有力的营运资金支持,进一步满足核心业务增长与业务战略布局需要,有利于公司在快速发展的人工智能行业抢抓战略先机;另一方面,公司核心竞争能力和面临宏观经济波动的抗风险能力得到加强,有利于公司的健康可持续发展。(2)增加了实控人的控制权。科大讯飞本次定增的背景是该公司股权结构较为分散,没有任何单一股东或一方持股比例超过20%,不存在控股股东。刘庆峰目前和一致行动人科大控股合计控制科大讯飞16.17%股份的表决权,处于较低水平,提高实控人持股比例、拥有稳定的控制权对该公司能否保持长期健康发展非常重要。(3)向市场传递了积极信号。实际控制人认购公司非公开发行股票彰显其对人工智能行业和公司未来发展前景的坚定信心,有利于公司长期稳定发展。市场参与者也在此信号的引导作用下积极参与,使公司股价2021年1月至6月半年内始终保持高涨势头(见图5-5和图5-6)。

图 5-5　科大讯飞定向增发前后营业收入与研发费用

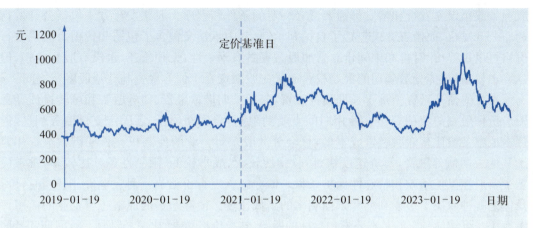

图 5-6　科大讯飞定向增发前后市场表现

**四、结语**

　　大股东认购定向增发新股对上市公司起到"支持"作用,大股东会通过参与定向增发给予上市公司更充裕的资源支持,这导致增发后更好的业绩。因此大股东参与定向增发认购可以看作是一个积极信号。基于上述定向增发中的大股东认购的研究,监管政策可以在以下几个方面进行完善。

　　第一,应当对大股东未参与的定向增发加强监管,其在财务绩效增长方面受到的抑制表明募集资金或收购的资产并没有对企业发展起到良好的促进作用,很可能因管理层自利或大股东侵占等公司治理问题导致过度融资和募集资金的滥用。因此,限制募集资金规模,完善审计监督是必要的举措。

　　第二,大股东参与定向增发其实是一种集团内的优化资源配置行为,应当在符合监管要求的基础上保证大股东能够实现这一目标,这有利于资本市场的市场化进程。然而,必要的监管手段仍不可或缺,例如保持对盈余管理行为的监管力度,以及当大股东以资产认购涉及重大资产重组时,需防止大股东随意修改业绩承诺,并完善补偿机制,推行股份补偿而非现金补偿,以保证中小投资者的利益。

　　第三,对于大股东以现金认购的情形,重点关注其资金来源问题,应利用穿透测试等手段防范其为了追求高收益率而使用杠杆资金,有效控制风险。

## 本 章 小 结

　　企业融资决策是指企业以何种方式募集多少资金的决策,它在目的、市场环境、变更成本等方面都不同于投资决策。而融资决策根据是否有金融中介参与,分为直接融资和间接融资。

　　股权融资包括普通股融资和优先股融资。根据分类标准不同,普通股可以分为记名股和不记名股、面值股票和无面值股票、国家股、法人股和个人股、A 股、B 股、H 股和 N

股等。股票设立发行和增发都需要遵守一定的条件和程序。股票发行方式包括公开发行和非公开发行,而销售方式包括了自销和承销,其中承销又包含了包销和代销。股票发行价格可以是等价、时价和中间价。普通股融资具有永久性,无须偿还,也没有股利负担,但是成本较高,可能分散公司的控制权。而优先股融资介于债券融资与普通股融资之间。

  本文的债务融资侧重于长期债务融资,包括长期借款融资、债券融资和可转换债券融资。负债融资筹集的资金在使用时间上受到限制,需到期偿还,需固定支付债务利息,但资本成本一般比普通股融资成本低,且会分散股东对企业的控制权。长期借款融资相对于其他长期债务融资,筹资速度快、借款弹性较大、成本较低、限制性条款比较多,常常设置了一般性保护条款和特殊性保护条款。债券融资发行价格有三种:平价、溢价和折价,具体是哪种取决于市场利率和票面利率的高低比较。债券融资的成本还与企业的信用评级有关。可转债融资的基本要素包括标的股票、转换价格、转换比率、转换期、赎回期和赎回条款等七个方面。可转换债券具有筹资成本低、有利于稳定股票价格、减少对每股收益的稀释和减少筹资中的利益冲突等优点,但它的缺点是丧失了低息优势,并有股价上扬的风险。

  从企业融资方法的比较来看,债务融资成本相对更低,约束更多,投资者要求的收益率也低一些,而股权融资面临的风险更高,投资者要求获得更高的收益率。企业在发展的不同时期,结合内外部环境,倾向于使用不同的融资方式。成熟的资本市场由于存在信息不对称和代理成本,投资者将公司发行股份视为负面信号,会导致股价下跌。而中国资本市场尚不成熟,定价机制尚不完善,散户居多,导致上市公司更偏好股权融资。

  中国资本市场近年来呈现出的融资现状是,权益融资规模不断增长,直接融资比例上升。直接融资比例上升,有利于我国经济增长方式由低级要素驱动向创新驱动发展。同时,直接融资种类更加丰富,可以有效降低融资成本,债券市场对实体经济的支持作用越来越大。

## 习题与思考题

1. 普通股股东的基本权利和义务是什么?
2. 什么是股票发行的包销与代销?
3. 企业投资决策和融资决策之间有何差异?
4. 普通股融资的优缺点是什么?
5. 普通股可以有哪些分类?
6. 优先股融资哪些地方不同于普通股融资?公司决策者为什么会愿意进行优先股融资?
7. 债务融资有哪些种类?长期负债筹资有什么特点?
8. 长期借款会设置什么保护性条款?
9. 公司发行的可转债包括哪些要素?可转换债券融资的优缺点有哪些?
10. 在不同融资方式比较选择时,公司决策者需要考虑哪些因素?
11. 处于不同生命周期的企业在选择融资方式时有什么不同?
12. 中国债券市场有哪些债券品种?

# 第六章

# 融资成本的计算

## 学习目标

1. 掌握企业融资成本的概念,了解融资成本和投资回报的关系。
2. 了解债券的信用评级方法和影响债券融资的因素。
3. 掌握计算债务融资成本的四种方式。
4. 掌握股权融资成本计算的方法。
5. 理解股票贝塔值的影响因素。
6. 学会使用加权资本成本衡量企业整体的融资成本。
7. 理解加权平均资本成本的影响因素,注意计算资本成本的一些常见问题。

## 第一节 融资成本的基本概念

在之前的章节中,多次提到了融资成本、资本成本、投资者要求的回报率和折现率,它们其实是同一概念的不同说法。融资成本是公司金融里的一个核心概念,在本章,将会详细阐述与融资成本计算相关的内容。

### 一、企业融资成本的概念

企业资本的来源包括股东投入的权益资本和企业需支付利息而借入的资金,即债务资本。权益资本包括普通股股本、普通股溢价发行形成的资本公积、每年提存一定比例的净利润形成的盈余公积以及优先股股东投入的资金等。而债务资本包括企业发行的各种债券、银行贷款等。

企业的融资成本是指企业为筹集和使用资金而付出的代价,将融资的成本做以下的分类有利于更清楚地理解企业融资的成本。

#### (一) 融资的显性成本

显性成本包括资金筹集费和资金使用费两部分:(1)资金筹集费指在资金筹集过程中支付的各项费用,如发行股票、债券支付的印刷费、发行手续费、律师费、资信评估费、公证费、担保费、广告费等；也包括公司在融资上花费的时间成本；(2) 资金使用费指占用别人的资金应该给予的回报，即投资者要求的回报，如股票的股息、银行借款和发行债券的利息等等。

### (二) 融资的隐性成本

隐性成本是指融资方法对企业经营造成的影响和损害，包括代理成本，财务困境成本等。

一般来说，最主要的融资成本是支付给投资者的成本。经典的金融理论往往将融资的手续费和隐性成本忽略不计，只考虑投资者要求的回报率。本书会在后面的章节里仔细介绍一些其他的融资成本尤其是隐性的融资成本，本章暂且先将融资（资本）成本和投资者要求的回报率等同起来。

## 二、融资成本与投资回报的关系

从投资者的角度看，他们购买公司发行的股票和债券，向资金需求方（企业）提供了发展所需资金，构成投资行为，要求获得一定的回报，就是投资者的必要报酬率或要求回报率。比如，一项投资的要求回报率是 10%，那么，只有项目的收益率超过 10%，项目才能为投资者产生正的净现值。因此，只有当项目的投资收益率超过 10%，投资者才会考虑进行投资。而从筹资的角度来看，企业生产运营占用了投资者的资金，筹资方为此需要支付给投资者资金的时间价值，以及对投资者承受的风险进行补偿，这种补偿对企业来说是资本成本。对投资者来说这就是他们应获得的回报，即投资者放弃在其他领域投资的机会成本。所以，融资成本和投资回报率是同一问题的两个方面。在进行投资决策时，强调投资回报率，而在进行融资决策时，重点关注融资成本。

在公司金融中，回报的高低通常是用年回报率来表示，用相对指标来衡量，便于不同项目之间进行对比分析。资本成本习惯上是用百分比来表示，而不是资本成本的绝对数（资本成本的总额）。例如微软公司的资本成本是 14%，这就意味着微软的投资者要求对他们在微软的投资有 14% 的年回报率。严格地说，除了投资者回报之外，资本成本还应该包括融资过程中的手续费之类的融资成本。

一般来说，投资者要求的回报率是以下三个因素之和。

第一个因素是货币的时间价值。投资者的投资即使在没有风险的情况下，也需要获得补偿或回报，这就是货币的时间价值。这类回报率一般由无风险利率即国债的收益率来度量。

第二个因素是风险。一般说来，对风险越高的投资，投资者要求的回报率越高。对于风险厌恶的理性人而言，更高的回报率是其承担更多风险的激励因素。这里可以把风险分为两种：经营风险和财务风险。经营风险是指公司未来前景不确定而导致的风险，有的公司经营风险比另外一些公司高，投资者要求获得更高的经营风险溢价。而财务风险是指高的财务杠杆所产生的风险。公司的负债率越高，股票收益的波动越大，股东要求的回报越高。

从历史的角度来看，风险高的投资（如买卖股票）的平均回报率要高于风险低的投资（如买卖债券）。从美国股市 1920 年以来的历史平均回报率来看，投资股票的年平均回报率是13%左右,而投资企业债的年平均回报率是6%左右,投资国债的年平均回报率只有5%左右。这些长期历史平均回报率也反映了投资者的预期,风险越高的投资,投资者预期的回报率越高。

第三个因素是投资的流动性(兑现能力)。如果一种投资的流动性(即兑现能力)比较差的话,投资者会要求更高的回报率。

### 三、融资成本的用途

融资成本在投资决策、融资决策、绩效评估、企业价值评估等方面都有较大作用。在企业做投资决策时,如果项目和公司现有业务较为相似,项目的资本成本可以用公司的融资成本来表示。此时融资成本用来计算净现值的折现率,它也被称为投资项目的跨栏率(Hurdle Rate),因投资项目的内部回报率必须高于它,才有投资的可能。在企业做融资决策时,不同的融资方法会有不同的融资成本,最优的资本结构使公司整体融资成本最小。经营者应该考虑怎样通过不同融资组合来降低企业的平均融资成本。在企业做绩效评估时,国际大多数企业运用的是经济利润(Economic Profit)或经济增加值(EVA)的方法。此方法的一个重要理念就是:企业或部门的真正经济盈利能力必须是去掉资本成本的盈利。运用这一方法就必须要知道企业或部门的资本成本。在评估一家公司的价值时,常常用到企业自由现金流折现方法,其中的折现率是很重要的参数,也就是公司的平均资本成本,这一参数是决定企业价值的重要因素。

## 第二节 公司债务融资成本的确定

### 一、债券的信用评级及其有效性

#### (一) 信用评级简介

外部机构的评级于20世纪20年代开始出现。目前,标准普尔和穆迪公司在信用评级方面极具影响和权威性,他们的评级在世界范围内得到了普遍接受和认可。他们的评级结果对外公开,并定期予以修正。

信用评级的对象主要分为两类:一类是对债务人评级,即"发行人评估",是对债务发行人或其他债务人将来对债务的本息偿付能力、法律义务、偿付意愿的总体评价。这类评级主要包括交易对手评级、公司信用评级和主权评级等,是对债务人偿付能力的总体评价,不针对某一特定债务,也不考虑某些债务存在担保人可能带来的好处。另一类是债务评级,是对某一特定债务的评级。需要考虑债务人的信用等级、是否有担保、国家风险、宏观经济状况等众多因素。债务评级首先要区分长期和短期信用,短期信用评级适用的对象主要包括商业票据、大额可转让存单、可提前赎回债券等。在对某个特定的债务工具进行评级时,必须考虑发行人的特征、债务工具的期限、质押品的质量以及担保人的资信状况等。在标准普尔和穆迪公司的评级体系中,各个公司和金融工具分别被归入特定的级别,对应着不同的违约可能性。

评级内容主要包括财务分析、质量分析以及法律分析等几个方面。财务分析主要以企业的财务报表为主;质量分析主要关注管理质量,包括对企业在所从事行业的竞争力、行业发展前景以及行业对技术变化、管制变化和劳资关系的敏感性方面的分析。表 6-1 是标准普尔公司的评级标准,分为一般评级体系和短期信用评级体系。

表 6-1 标准普尔公司的一般评级体系

| 评级等级 | 风险程度 | 评级等级描述与解析 |
|---|---|---|
| AAA | 最小 | 在标准普尔公司的评级体系中,AAA 级债券质量最高。债务人的偿付能力最强 |
| AA | 温和 | AA 级别和最高级别相差不大,债务人的偿付能力也很强 |
| A | 平均(中等) | 在市场环境和经济条件出现不利变化的情况下,A 级债务的偿付可能会存在问题。不过,债务人偿付债务的能力还是较强的 |
| BBB | 可接受 | BBB 级债务的保险系数也较高。不过,经济情况或市场环境的不利变化可能会削弱债务人偿付该项债务的能力 |
| BB | 可接受但予以关注 | BB 级债务的违约风险比其他投机级别要低一些。不过,商业环境、财务状况或经济情况的变化很可能导致债务人无力承担责任 |
| B | 管理性关注 | B 级债务的风险比 BB 级稍高,但从债务人目前的状况看,他仍有能力承担债务。商业环境、财务状况或经济情况的不利变化会削弱债务人偿债的能力和愿望 |
| CCC | 特别关注 | CCC 级债务目前的偿付能力较低,只能依赖于经济状况、财务状况或商业环境出现有利变化,债务人才有可能偿付债务 |
| CC | 未达标准 | CC 级债务违约的可能性很大 |
| C | 可疑 | C 级债务适用的情形是,债务人已经提交了破产申请或从事其他类似的活动,不过债务偿付仍未停止 |
| D | 损失 | 和其他级别不同,评级 D 不是对未来的一种预期,只有在违约实际发生后,才使用这个级别,所以 D 级不表示违约发生的可能性。在下述情况下,标准普尔公司会将评级定为 D:<br>(1) 利率或本金在到期日没有得到偿付。如果存在一定的宽限期或标准普尔公司认为支付最终会执行的话,在这种情况下可以保持原级别<br>(2) 在提交自动破产申请或类似活动的情况下。如果标准普尔公司认为对某类特定债务的偿付仍会继续的话,可以有所例外。如果没有出现支付违约或破产情况,单独的技术性违约(即立约失误)不足以将某项债务评级为 D 级 |
| ＋或— | | 从 AA 到 CCC 的每个级别都要用附加的＋或—来进行调整,以表明其在同一信用级别内的相对质量 |
| R | | R 这个符号主要用于那些含有很高非信用风险的工具。它强调的是信用评级时未关注的本金风险或收益波动的风险。比如,和权益资产、外汇或商品相关或指数化的债务;存在严重提前偿付风险的债务,如以利息作抵押的证券或只以本金作抵押的证券;含利率期限风险的债务,如反向流通证券 |

表 6-2 标准普尔公司的短期信用评级体系

| 评级等级 | 评级等级描述与解析 |
|---|---|
| A-1 | 在标准普尔公司的短期信用评级中,A-1 是最高的一级。债务人承担义务的能力很强。在这个级别内,有些债务的评级会附有一个＋号。这意味着该债务人的承担偿付义务的能力非常强 |
| A-2 | 与 A-1 相比,A-2 级债务在经济环境恶化时的偿付可靠性较低。但债务人的偿付能力仍能让人满意 |
| A-3 | 被评为 A-3 级的短期债务能表现一定的偿付保障。不过,经济情况的不利变化或环境的改变很可能会削弱债务人的偿付能力 |
| B | B 级短期债务具有一定的投机性。债务人在当前具有偿付能力,不过,它面临一些重要的不确定因素,可能会导致债务人无力承担偿付义务 |
| C | C 级短期债务当前就有违约可能,只有在经济环境和财务状况有利的情况下,债务人才有偿付能力 |
| D | D 级是在违约已经发生的情况下给予的评级 |

在上面的评级中,标准普尔公司前四个级别的债券属于投资级,即评级范围在 AAA 级到 BBB 级之间。BB 级到 C 级之间的属于投机性债券,这类债券的发行者有较大的可能无法还本付息,信用风险较高。而 D 级债券已经是违约债券。评级越高,公司发行的债券利率越低,如 AAA 级债券的平均市场利率为 6.09%,AA 级债券的平均市场利率为 6.28%,A 级别债券的平均市场利率为 6.45%。

公司债券评级对投资人和筹资人都有好处。对投资人而言:(1)可以减少投资的不确定性。由于市场不完善,存在信息不对称现象,债券评级可以帮助投资者了解债券风险的大小,增加信息的传递。(2)作为选择投资对象的标准。有些机构投资者对投资对象存在一定的限制,比如养老基金,只能投资于某一级别之上的债券。(3)作为确定风险报酬的依据。债券级别反映了债券违约的可能性大小,投资者可以根据这一评级判断债券风险,进而确定自身要求的风险报酬。对筹资人而言,债券评级能够帮助投资者了解企业,使更多企业能够通过金融市场获得融资。同时,债券评级帮助企业降低发行成本,可以进行多样化的债务融资,提高了融资的灵活性。

债券的融资成本有两大决定因素:信用评级和到期期限。一般来说,债券的信用评级越高,表明其违约风险越低,则融资成本越低。债券的到期时间越长,则流动性越差,通货膨胀风险也更高。因此,长期债券的资金成本一般要高于短期债券的资金成本。

(二)债券信用评级的有效性

中国的债券市场自 1981 年恢复发行国债以来,经历了曲折探索阶段到现在进入快速发展阶段,市场交易规模日益增大,服务实体经济的能力不断增强。由于在建立初期执行较为严格的准入制度,2014 年以前我国债券市场从未发生债券实质性违约事件,直至 2014 年上海超日债的首次违约,宣告了我国债券市场"零违约率"时代的结束,仅在次年,

"11 天威 MTN2"成为首支发生实质性违约的国有企业债券,打破了债券市场对于国有企业债券"刚性兑付"的共同认知,向市场表明了部分国有企业债券背后的信用风险,但与债券市场配套的信用评级市场未能起到充分的风险提示作用。当前国有企业债券违约事件存在评级和违约率倒挂的现象,信用评级未能有效帮助投资者规避债券违约风险,国有企业债券的信用评级呈现整体偏高的现象。仅在 2020 年违约的 78 只国有企业债券中,有 55 只国有企业债券信用评级为 AAA,占比达到 70.51%,21 只国有企业债券信用评级为 AA 或 AA+,仅有 2 只国有企业债券信用评级在 AA 以下。

债券信用评级的失效本质上是对于风险的忽视,具体来看有两个方面的主要原因,一方面在于评级机构受到政府隐性担保的影响而低估信用风险,另一方面在于评级机构本身盈利模式的不合理性。在我国债券市场成立初期,为了国有企业的融资便利以促进经济发展,一定时期内政府为国有企业债券兜底,因此形成了债券市场对于国有企业债券享有政府隐性担保的共同认知;随着我国金融市场化改革的推进,债券违约的处置方式也不断向市场化的方向转变,国有企业债券中的政府隐性担保力度逐渐削弱,但是受到惯性思维的影响,债券市场仍偏向于国企债券违约时政府会进行兜底。受到政府隐性担保的影响,评级机构在进行信用风险的评估时会倾向于低估。除此之外,评级机构本身盈利模式也具有不合理性,当前主流的发行人付费模式使评级机构倾向于通过给予虚高评级的方式来抢占市场份额,影响信用评级的有效性。

下文将基于华晨汽车债券违约的案例,从政府隐性担保的角度,对于国企债券信用评级失效的现象进行分析,政府隐性担保的打破是国有企业债券发生实质性违约的重要原因,并且造成了债券市场上信用评级与债券违约率倒挂的现象,而从评级机构角度来看,发行人付费模式导致了评级市场的恶性竞争,从而也降低了信用评级的有效性。分析框架如图 6-1 所示。

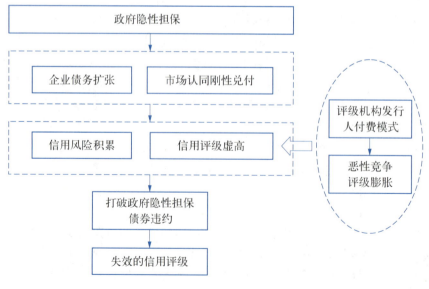

图 6-1 分析框架

### 1. 华晨汽车公司概况

华晨汽车集团控股有限公司根据中央决定，经辽宁省政府批准设立的国有独资公司，是一个集整车、发动机、核心零部件研发、设计、制造、销售以及资本运作于一体的大型企业集团，属于辽宁省国资委的重点国有企业。华晨汽车集团属于汽车制造行业，业务板块布局上，华晨集团以整车、核心零部件的研发、生产、销售和汽车售后市场业务为主体，也涉足汽车金融、新能源（风电等可再生资源）等其他产业。公司的主营业务为汽车整车和零部件的制造和销售，该业务主要是通过设计各类汽车、发动机及零部件并提供技术咨询、制造、改装、销售各种轿车、发动机及零部件（含进口件）。

### 2. 华晨汽车违约事件介绍

第一阶段：资本市场上多处违约，市场抛售华晨债券。2020年8月，早在华晨集团债券发生实质性违约的两个月前，华晨集团多只债券发生暴跌华晨汽车多只存续债券就已经出现大跌。"19华汽01"跌幅高达28.65%，"18华汽01"跌幅达19.93%，盘中临时停牌。"18华汽02""18华汽03"跌幅超15%，分别收报56.93元和59.8元。其中18华汽01更是连跌三天，从85直接跌到55.8，跌幅高达34.35%。在信用评级方面，东方金诚和大公国际资信评估有限公司将华晨集团的信用评级从AAA级一路降成A+。华晨集团在信托以及资管方面也出现了违约。太平资产管理有限公司曾指出，华晨汽车应于2020年9月21日划拨季度应付利息，但截至2020年10月14日，华晨集团仍未将应付季度利息划拨至债权投资计划托管人。江苏信托所也发布，华晨汽车应于2020年10月12日兑付贷款本金10.01亿元、利息2 000万元、罚息668.38万元。但是截至2020年10月15日，华晨集团并未按约定兑付贷款本息。

第二阶段：债券市场上首次实质性违约。2020年10月21日16点，投资者表示未收到"17华汽05"的本息款；两天后，华晨集团发布公告称目前公司可能无法按期兑付这10亿的私募债，由于此事可能会对公司其他债券价格产生影响，华晨集团目前所有存续的公司债券将自10月23日开市停牌。华晨2020年10月26日，华晨集团发布公告称，公司尚未向中证登上海分公司支付2017非公开发行公司债券（第二期）（债券简称"17华汽05"）兑付款，首次在公开债券市场上实质违约。对于华晨汽车的违约危机，最先行动起来的是债券评级机构。10月20日，大公国际率先将华晨汽车的主体信用评级，从AA级下调至A+级，评级展望维持负面，而在不久前的9月28日，大公国际将上述主体评级从AAA级下调至AA级。而东方金诚则在债券违约当天的10月22日，将华晨汽车的主体信用评级下调至BBB级。此前在9月28日和10月15日，东方金诚也曾两度下调华晨汽车的主体信用评级，从AA+级连续下调至如今的BBB级。随着信用评级的逐渐下滑，以及"17华汽05"违约从传闻变为事实，资管机构也开始了快速反应。例如华泰证券资管就业内率先下调相关债券的估值，并发布了公告。公告显示，华泰证券资管将自10月23日起，对旗下基金所持有的华晨汽车发行的"17华汽01"等债券进行估值调整。

第三阶段：正式进入破产重组，目前无实质性进展。2020年11月13日，全国企业破产重整案件信息网发布，格致汽车科技股份有限公司向辽宁省沈阳市中级人民法院申请对华晨汽车集团控股有限公司重整，案件编号为（2020）辽01破申27号。11月20日，辽宁省沈阳市中级人民法院裁定受理债权人对华晨汽车的重整申请，华晨汽车正式进入破产重整程序。截至 2021 年 6 月仍无实质性进展。

### 3. 华晨汽车为何出现债券违约

华晨集团债券违约有内外多方面的原因,在外部环境方面,在疫情对于汽车行业的冲击下,辽宁省政府协调金融资源的能力及进行救助的意愿十分有限,打破了既往政府隐性担保下债券的刚性兑付;在华晨集团内部方面,是过于依赖华晨宝马,自主品牌造血不足带来的盈利能力弱,以及借短投长的期限错配等原因共同导致的财务危机。

从宏观上看,政府隐性担保力度的不足可能也是本次华晨集团发生债务危机的重要原因之一。考虑到目前华晨宝马的销售状况良好,并解决了当地大量就业问题,华晨集团在辽宁省中仍属于较为重要的企业。同时,考虑到 2020 年将收到出售 25% 华晨宝马股权的对价款约 368 亿元,集团公司未来应该仍有腾挪空间。但从前期政府协调下成立债委会之后的结果来看,效果并不理想,反映出辽宁省整体协调金融资源的能力有限,辽宁省政府对于华晨汽车的隐性担保力度不及预期。

从行业角度看,汽车行业持续下行造成了华晨汽车盈利能力的恶化。自 2018 年以来,我国乘用车销售量开始下滑并呈现加速趋势,出现了近 30 年来罕见的全年产销负增长状况,2019 年这种产销量负增长的幅度加剧,而 2020 年新冠肺炎疫情更使乘用车作为可选消费品成为受影响的重灾区,汽车产业景气指数(ACI)自 2017 年以来不断下降。据中汽协数据,2020 年前三季度国内乘用车产销量均同比下降 12.4%,较疫情最严重的一季度 40% 以上的跌幅显著好转但仍在两位数,在此情形下众多国内一线车企的业绩均有明显下滑(见图 6-2)。

图 6-2　2015.12—2020.03 汽车行业景气度

从华晨汽车自身财务状况来看,其收入过度依赖宝马,2015 年以来华晨集团母公司层面所有者权益持续为负,而净利持续亏损、经营现金流持续为负,公司除宝马外的自主品牌经营状况很差,展示出明显的"子强母弱"特征。净利润方面,2019 年,华晨中国(合并报表)净利润为 67.63 亿元,而华晨宝马贡献了 76.26 亿元,也就是说,剔除华晨宝马的净利润,华晨中国的 2019 年净利润亏损了近 8.63 亿元;上半年,华晨中国(合并报表)净利润为 40.45 亿元,剔除华晨宝马的利润,华晨中国亏损 3.4 亿元。公司目前仍将华晨宝马纳入合并范围,截至 2019 年 9 月末华晨宝马总资产为 912.3 亿元、所有者权益 498.2 亿元,2019 年前三季度实现营业收入 1 230.9 亿元、净利润 120 亿元,不论资产还是盈利占公司合并报表比例都非常高。同时,华晨汽车的支出及负债期限错配,短期债务占比高,短期债务偿债能力较弱(见图6-3)。

图6-3　2015—2020 H1 华晨集团短期负债占总负债比重

近年来,华晨集团(合并报表)的短期债务规模迅速攀升,带动集团总债务的大规模扩大。截至2019年末,华晨集团(合并报表)共有短期债务478.87亿元,其中短期借款175.30亿元、应付票据225.13亿元以及一年内到期的非流动负债78.44亿元。此外,2015—2019年,华晨集团的短期债务占总债务的比重也居高不下,一直保持在75%以上;在2015年和2016年甚至分别高达84%和87%。2020年上半年,华晨集团的短期债务已高达439.87亿元,占总债务的比重为69%。可见,公司的短期偿债能压力较大。近5年以来,华晨集团(合并报表)的经营性现金净流入不足以支付其上百亿的短期债务。自2015年以来,华晨集团(合并报表)的经营性现金净流入增长缓慢,2020年上半年的经营性现金净流入仅为50亿元。相较于缓慢增长的经营性现金净流入,华晨集团的短期债务却迅速攀升,公司(合并报表)的经营性现金净流入和短期债务之间有高达百亿的资金缺口,因此华晨集团的短期偿债风险较大。这些短期债务大部分的去向是公司的项目建设、固定资产和厂房等建设。近年来,华晨集团的投资性现金流出金额居高不下。2015—2019年,在公司母公司层面的盈利能力偏弱的情况下,公司的投资性现金净额的五年平均值保持在-106亿元的高位(见图6-4)。

图6-4　2015—2020 H1 华晨集团投资活动现金净流量

根据公司债券的募集说明书，近年来，华晨集团的所筹资金主要用于公司的项目建设、固定资产和厂房等建设，由于这些投资资金占用大，投资期长，资金回收慢，不能及时形成有效的经营性资产，进而使华晨集团近年的投资性净流出较大，投资质量较差。

与此同时，华晨集团融资环境恶化。公司2020年半年报显示，由于公司现金流出现短期困难，报告期内，华晨集团（合并报表）发生多笔银行贷款利息逾期，累计金额为6 020.29万元。截至2020年10月底，华晨集团及其子公司被执行金额合计4.32亿元；司法冻结股权金额达16.48亿元，冻结期限均为3年。因此，华晨集团的法律诉讼风险较大，或在一定程度上影响了公司再融资能力。在银行授信方面，华晨集团银行授信额度接近枯竭。截至2020年3月31日，华晨集团的银行授信额度为325.65亿元，未使用的授信额度仅为23.68亿元。较少的银行授信或加大未来公司偿债压力。从公司2018年以来的筹资性现金净额可以看到，2018年、2019年和2020年上半年，公司的筹资性现金净流出分别为3.01亿元、47.22亿元和54.42亿元，公司外部融资环境不容乐观。

#### 4. 债券市场信用评级是否失效

从华晨汽车违约事件来看，早自2015年起，华晨汽车实际财务状况便不断恶化。华晨集团母公司层面所有者权益持续为负，而净利持续亏损、经营现金流持续为负，除宝马外的自主品牌经营状况很差，在净利润方面也依赖于宝马。同时，华晨汽车的支出及负债期限错配，短期债务占比高，短期债务偿债能力较弱。2015—2019年，华晨集团的短期债务占总债务的比重居高不下，一直保持在75%以上；在2015年和2016年甚至分别高达84%和87%。在缺乏盈利能力、偿债能力的财务状况下，大公国际、东方金诚等评级机构仍给予了华晨汽车AA+及以上的主体信用评级，严重偏离华晨汽车债券实际的信用风险。而在华晨汽车的债券信用风险初步暴露时，各个评级机构也未能第一时间下调相关债券信用评级。2020年8月，早在华晨集团债券发生实质性违约的两个月前，华晨集团多支债券发生暴跌。在债券评级市场上，直至9月28日，大公国际才将上述主体评级从AAA级下调至AA级。而东方金诚则在债券违约当天的10月22日，将华晨汽车的主体信用评级下调至BBB级。此前在9月28日和10月15日，东方金诚也曾两度下调华晨汽车的主体信用评级，从AA+级连续下调至如今的BBB级。债券评级市场的反应相对滞后，未能及时向债券投资者提示可能的信用风险。

而从整体国企债券市场上来看，债券信用评级的有效性也值得质疑。事实上，2020年以来，就有32只AAA评级的债券发生实质性违约，仅占历史总违约量的70%，华晨汽车、永煤控股、紫光集团等获得AAA评级的国资背景主体陆续发生债券的实质性违约，债券市场上存在评级与违约率倒挂的现象。统计2021年3月22日新发行的债券中，AAA评级的债券占比就达到了65.45%，在AA评级及以上的债券占比达到了100%，充分说明了目前债券评级符号的中枢正全面上调，我国目前的债券评级体系不够完善。并且，尽管大部分债券获得了相同的AAA评级，但他们在发行的票面利率上存在较大的区别，较低者如21中石集SCP002票面利率仅为2.36%，较高者如21中邮人寿01票面利率则达到了4.8%，甚至高于部分AA+评级债券，说明目前中国债券市场上的评级机构未能为债券的定价提供有效服务。除此之外，违约前一个月主体评级未变，而发行人违约后再给予降级,这是评级机构身上普遍存在的预警信息滞后的问题,评级业普遍未尽到提示信用风险的责任。

## 二、债务融资成本估计的方法

相对于股权融资的成本来说,借债融资的成本比较容易估算。因为借债融资的成本就是债权人要求的回报率,简单地讲,就是借债的利率。常见的债务融资成本估计方法有四种。

### (一)到期收益率法

如果公司有长期债券在市场流通,可以使用到期收益率计算债务的税前成本。现在的债券价格可以看作是未来本金和利息贴现的和,到期收益率就是这个贴现模型中的贴现率。假设现在债券的市场价格为 $P_0$,到期收益率为 $K_d$,债务的剩余期限为 $n$,$I$ 表示每期收到的利息收入,$C$ 表示 $n$ 期后得到的本金,到期收益率的公式可以表达为

$$P_0 = \sum_{t=1}^{n} \frac{I}{(1+K_d)^t} + \frac{C}{(1+K_d)^n} \tag{6-1}$$

[例6-1] A公司8年前发行了面值为1 000元、期限30年的长期债券,利率是7%,每年付息一次,刚支付上年利息,目前市价为900元。求公司债务融资的税前成本。

解:根据到期收益率法,市价和到期收益率的关系为

$$900 = \sum_{t=1}^{22} \frac{1\,000 \times 7\%}{(1+K_d)^t} + \frac{1\,000}{(1+K_d)^{22}}$$

可求出债务融资的税前成本为7.98%。

假设其他条件不变,该债券每半年付息一次。

$$900 = \sum_{t=1}^{44} \frac{1\,000 \times 7\% \div 2}{(1+K_d)^t} + \frac{1\,000}{(1+K_d)^{44}}$$

可求出 $K_d = 3.99\%$。

债务融资的税前成本 $= (1+K_d)^2 - 1 = 8.14\%$。

### (二)可比公司法

如果目标公司没有上市流通的债券,就需要找一家有流通债券的可比公司作为参照物,将可比公司长期债券的到期收益率,作为目标公司的长期债务成本。

可比公司应该和目标公司处于同一行业,有相似的商业模式和业务。如果两者的规模、资本结构和财务状况相似,算出来的结果会更准确。

### (三)风险调整法

如果公司既没有流通债券,也找不到可比公司,那么可以采用风险调整法估计债务成本。债务成本可以通过同期限政府债券的市场收益率和企业的信用风险补偿相加而得:

$$\text{税前债务成本} = \text{政府债券的市场收益率} + \text{企业的信用风险补偿率} \tag{6-2}$$

信用风险的大小可以用信用级别来估计,具体做法是:

(1) 选择若干信用级别和目标公司相同的上市公司的债券。
(2) 计算这些上市公司债券的到期收益率。
(3) 计算和这些上市公司债券同期限的长期政府债券的到期收益率,将这一结果作为无风险利率的估计。
(4) 计算两个到期收益率的差额,得到这些上市公司的信用风险补偿率。
(5) 计算信用风险补偿率的平均值,作为目标公司的信用风险补偿率。

[例 6-2] 某公司的信用级别为 B 级,为估计其税前债务成本,找到 4 家同级别的公司,它们有上市交易的公司债。表 6-3 提供了与 4 家公司债券到期日接近的政府债券到期收益率,假设当前的无风险利率为 3.5%,求该公司的税前债务成本。

表 6-3　4家同级别公司债券情况

| 债券发行公司 | 上市债券到期日 | 上市债券到期收益率 | 政府债券到期日 | 政府债券到期收益率 | 公司债券风险补偿率 |
|---|---|---|---|---|---|
| 甲 | 2012.1.28 | 4.8% | 2012.1.4 | 3.97% | 0.83% |
| 乙 | 2012.9.26 | 4.66% | 2012.7.4 | 3.75% | 0.91% |
| 丙 | 2013.8.15 | 4.52% | 2014.2.15 | 3.47% | 1.05% |
| 丁 | 2017.9.25 | 5.65% | 2018.2.15 | 4.43% | 1.22% |

解:单个公司的债券风险补偿率是公司债券与同期限政府债券到期收益率之差,计算结果见表 6-3。

风险补偿率平均值是四家公司风险补偿率的平均值,为

$$\frac{0.83\% + 0.91\% + 1.05\% + 1.22\%}{4} = 1\%$$

所以该公司的税前债务成本 $K_d$ 为

$$K_d = 3.5\% + 1\% = 4.5\%$$

(四) 财务比率法

如果目标公司没有上市交易的债券,也无可比公司,同时也没有评级信息,那么可以使用财务比率法估计债务成本。

这一方法要求获得目标公司重要的财务比率,根据这些财务比率可以大致判断公司的信用级别,然后再使用前面提到的风险调整方法进行债务成本的估计。

财务比率和信用级别存在一定的相关性,通过收集目标公司所在行业的其他公司的信用级别和关键财务比率,计算出各个财务比率的平均值,编辑信用级别和关键财务比率的对照表。不同的行业,收集的财务比率略有不同,财务比率值也会有不同。一般来说,编辑好的对照表需要有类似表 6-4 的格式。

表 6-4　信用级别与关键财务比率对照

| 信用级别 | AAA | AA | A | BBB | BB | B | CCC |
|---|---|---|---|---|---|---|---|
| 利息保障倍数 | 12.9 | 9.2 | 7.2 | 4.1 | 2.5 | 1.2 | −0.9 |
| 净现金流入/总负债 | 89.7% | 67.0% | 49.5% | 32.2% | 20.1% | 10.5% | 7.4% |
| 资本回报率 | 30.6% | 25.1% | 19.6% | 15.4% | 12.6% | 9.2% | −8.8% |
| 经营利润/销售收入 | 30.9% | 25.2% | 17.9% | 15.8% | 14.4% | 11.2% | 5.0% |
| 长期负债/总资产 | 21.4% | 29.3% | 33.3% | 40.8% | 55.3% | 68.8% | 71.5% |
| 总负债/总资产 | 31.8% | 37.0% | 39.2% | 46.4% | 58.5% | 71.4% | 79.4% |

## 第三节　公司权益融资成本的确定

权益融资的成本就是股东要求的回报率。股东的回报来自两方面：股息分红和股票价格上升。相对于债务的利息来说，股息和股价充满不确定性，这也是股东承担的风险。由于股东回报的不确定性，权益融资的成本比较难以估计。估算权益融资的成本是公司财务负责人要花不少精力来关注的事。

### 一、权益资本成本的计算方法

一般有三种方法来估算权益资本成本。第一种方法是用股息（红利）折现模型反推出权益融资的成本，也就是按照股票今后的预期股息和当前价格将折现率（即投资者要求的回报率）反推出来。第二种方法是采用资本资产定价模型（CAPM）进行推算。而第三种方法是在公司债券成本的基础上加上一定的风险溢价。

#### （一）股利折现模型

如果用 $P$ 代表股票的市场价格，用 $D_t$ 表示第 $t$ 期的现金股利，用 $K_e$ 为普通股的资本成本，那么普通股的资本成本可以由下面的公式确定：

$$P = \sum_{t=1}^{\infty} \frac{D_t}{(1+K_e)^t} \tag{6-3}$$

这就是股利折现模型。一般的思路是已知股东要求的回报率，再根据预期的股息，按照股东要求的回报率折现来估算出股价。在这里可以用同一公式，但已知的是股票的市场价格，然后用股价来反推股东要求的回报率（即权益融资的成本）。

如果每一期支付的是固定的现金股利，那么，上式可以简化为

$$P = \frac{D}{K_e} \tag{6-4}$$

而权益资本成本表达式就是

$$K_e = \frac{D}{P} \tag{6-5}$$

**[例6-3]** 某公司发行普通股筹资,发行价格为40元,每年支付固定股利5元,求该公司普通股的资本成本。

解:该公司普通股的资本成本 $K_e$ 为

$$K_e = \frac{D}{P} = \frac{5}{40} = 12.5\%$$

如果公司的股息是按每年 $g$ 的固定增长率增长,当前股价是 $P_0$,下一年的预期股息是 $D_1$,那么股利贴现模型可以表示为

$$P_0 = \frac{D_1}{K_e - g} \tag{6-6}$$

用固定增长的红利贴现模型可以反推出股东要求的回报率 $K_e$ 为

$$K_e = \frac{D_1}{P_0} + g \tag{6-7}$$

**[例6-4]** 某公司预计未来不增发新股或回购股票,保持经营效率、财务政策不变预计的股利支付率为20%,期初权益预期净利率为6%。假设公司来年每股股息是0.119元,当前的股票价格是每股1.40元,试求出投资者要求的回报率。

解:在利润留存率不变、预期新投资的权益净利率等于当前期望报酬率、公司不发行新股或回购股票的情况下,股利的增长率为

$$g = 6\% \times (1 - 20\%) = 4.8\%$$

股东要求的回报率=股息固定增长率+来年的股息÷股票价格

$$K_e = \frac{D_1}{P_0} + g = \frac{0.119}{1.40} + 4.8\% = 13.3\%$$

按照目前1.40元的股价和每年的股息,股东能得到的回报率是13.3%。

用现金股利来估计普通股的资本成本有简洁明了的特点,但也存在一些问题。首先,这一方法只适用于派发现金股利的公司,对于不派发或者派发较少的公司,这一方法无法适用。其次,这一方法是用历史数据来估计未来,如果企业未来的经营环境发生较大变化,这一方法将无法准确估算。最后,这一方法没有明确公司风险的大小,投资者无法判断投资的风险。

### (二)资本资产定价模型

资本资产定价模型在业界得到了广泛的运用,它研究的是在充分组合的情况下,风险与要求的收益率之间的均衡关系。资本资产定价模型可用于回答如下的问题:为了补偿某一特定程度的风险,投资者应获得多大的收益。风险是预期报酬率的不确定性,在风险

高度分散化的资本市场里,只有不可分散的风险才应该得到相应的回报。

可以根据第二章学习的资本资产定价模型求解公司的权益融资成本。在计算权益资本成本时,无风险利率 $R_f$ 可以用长期政府债券利率或者银行贷款利率代替,而公司股票的 $\beta_i$ 系数可以根据历史收益率数据得出,市场组合的收益率可以用指数收益率近似估计,这样就可以算出公司股票的期望收益率,即权益资本成本。单个证券的期望收益率可以表示为

$$E(R_i) = R_f + \beta_i [E(R_M) - R_f] \tag{6-8}$$

无风险利率 $R_f$ 通常选取长期政府债券的到期收益率;根据公司股票和市场收益率的波动及其相关性可以估计出 $\beta_i$;市场风险溢价可以根据某一历史时期内,股票市场平均收益率和无风险资产平均收益率的差值求出。

[**例6-5**] 市场无风险利率为10%,平均风险股票报酬率为14%,某公司普通股β值为1.2,计算普通股的成本。

解:按照资本资产定价模型,股票的投资者要求的回报率=无风险利率+股票的β值×市场风险溢价。所以公司的权益融资成本为

$$10\% + 1.2 \times (14\% - 10\%) = 14.8\%$$

对于非上市公司,它的贝塔值计算,一般可以通过先去杠杆再加杠杆的方式进行。对这一方法原理的理解在后面一章会详细分析,具体方法如下:

(1) 查找可比上市公司的 $\beta$ 值,记为 $\beta_{L_0}$。
(2) 将可比公司的 $\beta$ 去杠杆化,公式为

$$\beta_{U_0} = \frac{\beta_{L_0}}{1 + \frac{D}{E}(1-T)} \tag{6-9}$$

式中,$\beta_{L_0}$ 为有杠杆的可比公司的贝塔值,从数据库中可得出。而 $\beta_{U_0}$ 为去杠杆后可比公司的贝塔值,D 为债券价值,E 为股权价值,T 为所得税税率。

(3) 选取同行业的多个可比上市公司,重复步骤(2),得出不同的 $\beta_{U_0}$,取平均值或中位数,作为目标公司不含杠杆的参考值 $\beta_U$。

(4) 加杠杆。将得到的不含杠杆的参考值 $\beta_U$ 加杠杆,代入目标公司的 D 和 E 值,得到目标公司的含杠杆的贝塔值。公式为

$$\beta_L = \beta_U \left[1 + \frac{D}{E}(1-T)\right] \tag{6-10}$$

利用CAPM估计权益资本成本的优点有两个。一是明确了股票投资的风险;二是这一方法适用于那些不发放股利或者股利发放不稳定的公司。但是使用这一方法的缺陷也是很明显的。首先,CAPM要求对股票的贝塔系数和市场风险溢价进行估计,这一估计的偏差会导致权益资本成本的估计出现偏差。其次,这些参数的估计是用历史数据进行的,而权益资本成本是未来的,如果未来公司状况发生较大变化,则历史数据无法代表未

来的资本成本。同时,非上市公司没有可以用于估计贝塔系数的方法,只能用其可比上市公司的数据近似代替,但并不一定准确。

### (三) 债券成本加风险溢价法

如果企业或者投资者觉得股票估值无法满足资本资产定价模型的条件,或者无法得到充足的数据来进行计算,可以利用债券的成本加上一定的风险溢价估算权益资本成本。更高的风险对应更高的投资收益。普通股的价格波动大,风险高于公司债券,可以在公司债券收益率的基础之上,增加一定的风险溢价,作为对投资者承担更多风险的补偿,就求出了公司权益融资的成本。

$$普通股资本成本 = 债券资本成本 + 风险溢价$$

[例6-6] 已知某公司债券的成本为6%,根据该公司普通股的风险状况,人们认为应该在债券收益的基础上增加3%的风险溢价,求该公司的权益资本成本。

解:已知债券收益率和风险溢价,可求出权益资本成本 $K_e$ 为

$$K_e = 6\% + 3\% = 9\%$$

在实际中,可以同时使用上述几种方法进行估计,如果这些方法估计出的权益资本成本较为接近,则算出来的结果是合理的。如果每种方法算出来的结果差距太大,需要进一步分析差异背后的原因。

当然,在使用上述方法计算权益融资成本的时候,也存在不少使人困惑的地方。除了β,还有什么普遍的因素能决定股东要求的回报率?在资本资产定价模型(CAPM)里决定股票回报率的主要因素是它的市场风险β的大小。但在现实中股东要求的回报率应该有很多其他的因素。可是要找出影响所有股票回报率的一般因素并不容易。近10年来,有些学者(如 Fama and French,1995)发现,除了β之外,还有两个比较普遍的因素:公司股盘(股票的总价值)的大小和股票的市净率(即股票的市值和账面值之比),它们也会影响股票的回报率。

用资本资产定价模型(CAPM)来估算中国企业的权益融资的成本合适吗?基于中国股市多年的不规范和不成熟,资本资产定价模型的基本假设在中国肯定是不成立的,所以很难说它有适用于中国的理论基础。实证研究也不太支持它在中国的适用性。随着中国资本市场的成熟,资本资产定价模型的适用性会逐渐增强。同时还可以参照国际同行业企业的融资成本,经过适当国家差异调整后作为参考。

## 二、股票贝塔的影响因素

一只股票的贝塔不是与生俱来的,而是由其企业的特征决定的。主要有三个决定因素:收入的周期性、经营杠杆和财务杠杆。

### (一) 收入的周期性

有些企业的收入具有明显的周期性,也就是说,这些企业在商业周期的扩张阶段经营得很好,而在商业周期的紧缩阶段则经营得很差。经验证据表明,高科技企业、零售企业和汽车企业随着商业周期而波动,而公用事业、铁路和航空类的企业则与商业周期相关不大。由于贝塔是股票收益率与市场收益率的标准协方差,所以周期性强的股票当然有较大的贝塔值。

表 6-5  美国一些公司的贝塔值

| 公 司 名 称 | β值 | 主要产业和产品 |
|---|---|---|
| 微软 Microsoft（MSFT） | 1.61 | 电脑软件 |
| IBM | 1.44 | 电脑和咨询 |
| 凯洛格食品公司 | 0.06 | 早饭麦片 |
| 通用磨坊 | 0.03 | 早饭麦片 |
| 沃尔玛 | 0.72 | 折扣零售商 |
| Target | 1.01 | 零售商 |
| 3M 公司 | 0.52 | 多元化公司 |
| 通用汽车(GM) | 1.18 | 汽车 |
| Ameritrade（AMTD） | 2.63 | 网上折扣股票交易商 |
| 西北航空公司 | 2.24 | 航空 |

### （二）经营杠杆

在影响公司经营风险的因素中，固定成本比重的影响很重要。在某一固定成本比重的作用下，销售量变动对利润产生的作用称为经营杠杆，一般利用经营杠杆来衡量经营风险的大小。企业生产经营中由于存在固定成本而导致息税前利润变动率大于产销量变动率。

经营杠杆的大小一般用经营杠杆系数表示，经营杠杆系数（DOL）是公司计算利息和所得税之前的盈余（即息税前利润）变动率与销售额变动率之间的比率，即

$$DOL = \frac{\frac{\Delta EBIT}{EBIT}}{\frac{\Delta Q}{Q}} \tag{6-11}$$

式中，$DOL$ 为经营杠杆系数；$\Delta EBIT$ 为息税前盈余变动额；$EBIT$ 为变动前息前税前盈余；$\Delta Q$ 为销售变动量；$Q$ 为变动前销售量。

假定企业的成本、销量和利润保持线性关系，可变成本在销售收入中所占的比例不变，固定成本也保持稳定，经营杠杆系数便可通过销售额和成本来表示。

$$DOL_q = \frac{Q(P-V)}{Q(P-V)-F} \tag{6-12}$$

式中,$DOL_q$ 为销售量为 Q 时的经营杠杆系数;$P$ 为产品单位销售价格;$V$ 为产品单位变动成本;$F$ 为总固定成本。

企业一般可以通过增加销售额、降低产品单位变动成本、降低固定成本比重等措施使经营杠杆系数下降,降低经营风险,但这往往要受到条件的制约。

企业收入的周期性对贝塔起决定性作用,而经营杠杆又将这种作用放大。经营风险一般是指无财务杠杆下的企业风险,它取决于企业收入对商业周期的敏感性和企业的经营杠杆。

**[例 6-7]** 某企业生产 A 产品,固定成本为 60 万元,变动成本率为 40%,当企业的营业收入为 400 万元时,计算经营杠杆系数。

解:$DOL = \dfrac{400 - 400 \times 40\%}{400 - 400 \times 40\% - 60} = 1.33$

### (三) 财务杠杆

与经营杠杆作用的表示方式类似,财务杠杆作用的大小通常用财务杠杆系数表示。财务杠杆系数越大,表明财务杠杆作用越大,财务风险也就越小。财务杠杆系数的计算公式为

$$DFL = \dfrac{\dfrac{\Delta EPS}{EPS}}{\dfrac{\Delta EBIT}{EBIT}} \quad (6\text{-}13)$$

式中,$DFL$ 为财务杠杆系数;$\Delta EPS$ 为普通股每股收益变动额;$EPS$ 为变动前普通股每股收益;$\Delta EBIT$ 为息税前盈余变动额;$EBIT$ 为变动前息前税前盈余。

上述公式还可以推导为

$$DFL = \dfrac{EBIT}{EBIT - I} \quad (6\text{-}14)$$

式中,$I$ 为债务利息。

财务风险是因负债经营而引起的股东收益除营业风险之外的新的不确定性,影响财务风险的大小的主要因素是杠杆。

### (四) 总杠杆和总风险

从以上介绍可知,经营杠杆通过扩大销售影响息前税前盈余,而财务杠杆通过扩大息前税前盈余影响收益。如果两种杠杆共同起作用,那么销售稍有变动就会使每股收益产生更大的变动。通常把这两种杠杆的连锁作用称为总杠杆作用。

总杠杆作用的程度,可用总杠杆系数($DTL$)表示,它是经营杠杆系数和财务杠杆系数的乘积。其计算公式为

$$DTL = DOL \cdot DFL = \dfrac{Q(P-V)}{Q(P-V) - F - I} \quad (6\text{-}15)$$

## 第四节　加权平均资本成本的确定

一家企业的资金来源一般不是单一的,大多数企业资金的来源除了有股东权益之外还有债务。此时,公司的融资成本是权益融资成本和债务融资成本的平均值。一家企业的资本成本是它的不同融资方法的加权平均融资成本,或称为加权平均资本成本。如果一家企业的融资方法不仅限于股权和债权的话,它的加权平均资本成本应该是所有融资成本的平均值。为了简化起见,在这一章只考虑股权融资和债权融资的加权平均资本成本。

企业的加权平均资本成本是它融资的平均成本,它是一个现代商业企业投资、融资、价值评估和业绩评估的焦点。不同的企业因为风险不同,融资方法不同,会有不同的融资成本。

### 一、加权平均资本成本的计算

#### (一) 加权平均资本成本的计算方法

加权平均资本成本(weighted average cost of capital,WACC)是公司各类融资方式的成本与该类成本在企业全部资本中所占比重的乘积之和。常见的融资方式有普通股、优先股、长期负债等。加权平均资本成本的决定公式如下:

$$WACC = \sum_{i=1}^{n} w_i k_i \qquad (6-16)$$

式中,WACC 为加权平均资本成本;$k_i$ 为资本 $i$ 的个别成本;$w_i$ 为资本 $i$ 在全部资本中所占的比重;$n$ 为不同类型资本的总数。

[例6-8] 某企业资本构成及加权平均成本如下表所示,试求出该企业的加权平均资本成本。

|  | 金额 | 成本 | 比例 | 加权成本 |
|---|---|---|---|---|
| 债务 | 3 000 万元 | 6.6% | 30% | 1.98% |
| 优先股 | 1 000 万元 | 10.2% | 10% | 1.02% |
| 普通股 | 6 000 万元 | 14.0% | 60% | 8.40% |
| 总计 | 10 000 万元 |  | 100% | 11.40% |

解:根据公式,已知权重和单类融资的成本,可求出该企业的加权平均资本成本为

$$WACC = \sum_{i=1}^{n} w_i k_i$$
$$= 30\% \times 6.6\% + 10\% \times 10.2\% + 60\% \times 14.0\%$$
$$= 11.40\%$$

加权平均资本成本所代表的,是在企业目前的资本结构支架,为了保证普通投资者的回报,企业利用现有资本所必须赚取的总体的资本回报率。同时,这也是企业进行现有业务扩张,或者从事和现有业务具有相同风险的投资的必要报酬率。因此,如果企业要对现有业务进行扩张,或者从事和现有业务风险类似的投资项目,就应该使用加权平均资本成本作为项目的折现率。

### (二) 考虑利息的抵税作用后的加权平均成本

对于公司来说,利息是具有抵税作用的,税后的债务资本成本为

$$税后负债资本成本 = K_D \times (1 - T_C)$$

当企业只有权益资本 $E$ 和债务资本 $D$ 时,企业的资本总额为 $(E+D)$,由此可算出债务资本和股权资本各自占比,得出公司加权平均资本成本的简化式如下:

$$WACC = \left(\frac{E}{E+D}\right) \times K_E + \left(\frac{D}{E+D}\right) \times K_D \times (1 - T_C) \qquad (6-17)$$

**[例 6-9]** 甲公司目前有长期债券 1 万份,普通股 600 万股。长期债券税前资本成本为 10.25%,普通股资本成本为 13%。公司目前长期债券每份市价 935.33 元,普通股每股市价 10 元。企业所得税税率 25%。以公司目前的实际市场价值为权重,计算甲公司加权平均资本成本。

解: $WACC = \left(\dfrac{E}{E+D}\right) \times K_E + \left(\dfrac{D}{E+D}\right) \times K_D \times (1 - T_C)$

$$= \left(\frac{600 \times 10}{600 \times 10 + 935.33}\right) \times 13\% + \left(\frac{935.33}{600 \times 10 + 935.33}\right) \times 10.25\% \times (1 - 25\%)$$
$$= 12.25\%$$

### (三) 加权平均资本成本权重的确定

加权平均资本成本权重的确定方式有三种:账面价值加权、实际市场价值加权和目标资本结构加权。

#### 1. 账面价值加权

账面价值加权,是根据企业资产负债表上显示的会计价值来衡量每种资本的比例。资产负债表提供了负债和权益的比例,计算较为方便。

但账面结构反映的是历史的信息,不一定符合企业未来的状况。同时,账面价值会扭曲资本成本,一般来说,账面价值和市场价值之间存在较大差异。

#### 2. 实际市场价值加权

实际市场价值加权,是指根据当前负债和权益的市场价值比例衡量每种资本的比例。由于市场价值不断变动,负债和权益的比例也随之变动,计算出的加权平均资本成本会迅

速变化。

### 3. 目标资本结构加权

目标资本结构加权,是指根据市场价值计量的目标资本结构衡量每种资本要素的比例。

公司管理层决定的目标资本结构,是对未来筹资的最佳估计。调查表明,现在大多数公司在计算资本成本时,采用按平均市场价值计量的目标资本结构作为权重。

[例6-10] 某公司按照平均市场价值计量的目标资本结构是:40%的长期债务、10%的优先股、50%的普通股。长期债务的税后成本是3.9%,优先股的成本是8.61%,普通股的成本是11.8%。试求该公司的平均资本成本。

解:该公司的加权平均资本成本为

$$WACC = \sum_{i=1}^{n} w_i k_i$$
$$= 40\% \times 3.9\% + 10\% \times 8.16\% + 50\% \times 11.8\%$$
$$= 8.276\%$$

加权平均资本成本是公司未来融资的加权平均成本,而不是过去所有资本的平均成本。其中,债务成本是发行新债务的成本,而不是过去的权益成本。

## 二、加权平均资本成本的影响因素

在市场经济中,多方面因素会影响到公司资本成本的高低,其中主要有:利率、市场风险、税率、资本结构、股利分配政策和投资决策。这些因素的变化往往导致资本成本的变化。

### (一) 外部因素

#### 1. 利率

利率上升,公司的债务成本会上升。对投资人而言,机会成本增加,公司筹资时必须要付给债权人更多的报酬。根据资本资产定价模型,利率上升会导致股权融资成本上升。公司无法改变利率,只能被动接受。资本成本上升引起投资项目价值的下降,抑制投资,而利率下降将促进投资。

中国有许多国有企业将公司的长期亏损归结于利息负担过重,这一说法虽然并不准确,但也从侧面说明了利率水平是决定企业资本成本高低的重要因素。

#### 2. 市场风险溢价

根据CAPM模型,市场风险溢价上升,公司股权成本上升。此时,公司更偏好债务融资,进而推动债务成本上升。

#### 3. 税率

税率由政府决定,公司无法控制。政府的税收政策和法律规定会影响资本成本。税率变动直接影响公司的税后债务成本和加权平均资本成本。负债具有税盾作用,所得税的高低会影响债务资本成本,进而影响到其他资本成本。

除了公司所得税,政府的其他税收政策也会影响公司的资本成本。比如,较低的资本利得税率将鼓励投资者购买股票,从而降低权益资本成本。目前我国对存款征收利息税,对股票投资的现金股利征收个人所得税,但没有对资本利得征收个人所得税。资本利得税的变化,将影响投资者在股票和债券中的选择,进而间接影响公司的最佳资本结构。

### (二) 内部因素

#### 1. 资本结构

企业加权平均资本成本的大小不仅与个别资本成本的大小有关,而且和各类资本的占比有关。在资本结构计算时,假定公司的目标资本结构是已经确定的。不同的资本结构不但影响单类资本在企业总资本中的占比,而且还会影响个别资本成本。企业改变资本结构,资本成本随之变动。增加债务比重,将降低平均资本成本,同时加大公司财务风险,而财务风险的提高,会引起债务成本和股权成本上升。因此,对一家好的公司来说,适度负债才是寻求资本成本最小化的明智选择。

#### 2. 股利分配政策

股利分配政策决定了净利润中多少比例发放给股东,多少比例作为留存收益。税后利润是企业的一项重要资金来源,留存收益作为内部融资的一种渠道,会影响到外部融资中股权和债务的需求,进而影响对应的成本。在企业资金需求一定的条件下,企业留存的利润越多,对外部资金的需求就越小,这样可以节省为了发行股份或者债券而产生的筹资费用。

#### 3. 投资决策

从投资的角度看,资本成本是投资者要求的投资回报率,同时反映了现有资产的平均风险。如果公司大量投资高于现有风险水平的项目,将提高公司资产的平均风险,投资者的要求回报率上升,提高平均资本成本。

## 三、在计算资本成本时应注意的问题

### (一) 资本成本的计算应该包括融资手续费吗?

以上估算资本成本的公式只考虑了资本成本里投资者要求的回报,忽略了外部融资过程中的很多"交易费用"(transaction costs):比如银行贷款时在利息费用以外收取的手续费,投资银行在发行债券或股票时收取的佣金,会计师和律师的费用等等。因为这些费用是融资成本的一部分,在理论上是应该包含在资本成本的计算之内的。比如,如果发行股票需要支付的各项发行费用占发行收入的 5%,企业发行 1 亿元股票,只能得到 9 500 万元。企业需要用这 9 500 万元创造投资者 1 亿元投资所要求的投资回报率,资本成本会上升。

考虑发行成本后,企业的实际筹资额将小于名义筹资额。假设股票发行费用率为 $f_E$,发行价格为 $P_E$,那么,发行人每股发行的实际收入为 $P_E(1-f_E)$,根据式(6-2),权益融资的成本 $K_E$ 变为

$$P_E(1-f_E) = \sum_{t=1}^{\infty} \frac{D_t}{(1+K_E)^t} \tag{6-18}$$

根据固定股利模型,普通股的资本成本公式变为

$$P_E(1-f_E) = \frac{D}{K_E} \qquad (6-19)$$

即资本成本为

$$K_E = \frac{D}{P_E(1-f_E)} \qquad (6-20)$$

同理可得,固定股利增长模型中的普通股资本成本为

$$K_E = \frac{D}{P_E(1-f_E)} + g \qquad (6-21)$$

[例 6-11] 已知某公司普通股发行价格为 10 元,每年固定支付现金股利 1.5 元,发行费用率为 10%。计算该公司的普通股资本成本。

解:由已知条件可知公司权益资本成本为

$$K_E = \frac{D}{P_E(1-f_E)} = \frac{1.5}{10 \times (1-10\%)} = 16.67\%$$

[例 6-12] 如果一家公司股票的发行价格为 10 元,下一年的股利支付为 1.5 元,每年以 5% 的固定比率增长,发行费用率为 10%。计算该公司的权益资本成本。

解:根据已知的股利、股利增速和发行费用率及股价信息,可知权益资本成本为

$$K_E = \frac{D}{P_E(1-f_E)} + g = \frac{1.5}{10 \times (1-10\%)} + 5\% = 21.67\%$$

借债融资的交易费用在发达的资本市场里是比较小的,对大企业来说,往往不到融资量的 1%。将这不到这 1% 的费用再平摊到借债的年限(比如 10 年)里去,每年的百分比就非常小了,因此,这些手续费经常被忽略掉。在资本市场发达的国家,已经上市的企业很少进行外部权益融资(增发),绝大多数权益融资是通过留存收益这一内部权益融资方式得到的。所以,除了首次公开发行(IPO)外,权益融资的"交易费用"一般是不包括在资本成本的估算之内的。

(二) 短期负债对加权平均资本成本的影响

前面提及债务资本成本时,没有区分长期负债和短期负债。在正常情况下,企业的长期负债是以长期银行贷款或者长期企业债券的形式取得的,它们是企业的主要债务资本来源。因此,在计算企业加权平均资本成本时,有时只考虑长期债务资本成本。

企业的短期负债可以分为两类,一类是各种应付账款,另一类是短期银行借款或企业发行的短期融资券。在正常的付款期内,企业不需要为应付账款支付费用,这相当于一笔无息贷款。应付账款不属于债务资本,不应计算到加权平均资本成本中。而企业的短期银行借款或者短期融资券是需要支付利息的,属于债务资本。如果这种短期负债是临时性的,借款时间较短,或者它们可以和企业持有的短期投资大致相抵消,忽略这些短期负债的成本,不会对企业的实际资本成本造成太大影响。比如,一家企业在向银行借入短期借款的同时,还持有相似数量的短期证券投资,从净值上看,企业并不是一个短期的负债

者,此时可以不考虑这部分借款给资本成本带来的影响。

但是,如果企业长期持有数量较多的短期借款,短期借款占总资产的比重较高,成为企业重要的资金来源,那么,必须考虑短期借款成本对加权平均资本成本的影响。

### (三) 中国企业家为什么必须要有资本成本的概念?

由于中国资本市场不够成熟,以上介绍的一些方法在近期内还不能完全适用。这是不是意味着中国企业在做决策时就不用考虑资本成本了呢?

中国的企业和国际先进企业的最大差距就在于资本的获得、运作和效益上。绝大多数企业不善于也不知道怎样才能有效地获得和运用资本市场的资金来增加自有资本(即股东的股本)的价值。为此,中国的企业和金融机构付出了沉重的代价:不该获得资本的企业得以融资,大量的资本被投入不该投入的项目,在银行内产生了巨大的不良资产,造成了股票市场的大缩水。不知道怎样去评估企业运用资本的绩效,不了解建立这种绩效评估的基准点,是这一不科学现象的重要原因。要有效地运用资本,企业家一定要有资本成本的概念。要用它来做企业投资、融资和绩效评估的基准点,这个基准点就是衡量企业资本运作效益的重要依据。

### (四) 中国企业在估算自有资本的成本时应该注意哪些因素?

在估计中国企业股东要求的回报率时,建议从以下几个方面来考虑:

(1) 可以将国际股市的长期平均回报率作为基本标杆,即企业权益融资成本的基点。中国人更偏好储蓄,要求的回报率可能会低一点,国际上股市大盘的长期平均回报率是12%~13%左右,因此,对中国上市公司权益融资成本的基点可以定在10%~11%左右,然后再根据下文的其他因素进行调整。非上市公司的权益融资成本的基点可以在14%~15%左右。

(2) 以上文的基点为出发点,根据以下提到的企业特定风险因素,再对权益融资成本进行调整:

① 企业所在的行业。一般地说,产品是生产资料的行业风险要大一点,产品是生活资料的行业风险要小一点,具体数据可以参照国际上行业上的差距。

② 企业的负债率。以上所说的基点适用于负债率较低(资产负债率20%~30%)的企业,若一个企业负债率较高,企业股权融资的成本会升高。

③ 企业规模的大小。大的企业一般风险较低,它股票的流动性也较好,所以会有较低的融资成本。

(3) 在估算企业权益融资成本的时候,要从股东的角度设身处地地考虑:如果投资了这个项目或者这家公司,股东能够接受的回报率是多少,项目能够创造多少收益率是可以满足股东这一要求的。

### (五) 怎样估计一家非上市公司的资本成本?

由于缺少市场数据和会计数据,估算非上市估算的资本成本有时有一点难度。但对于非上市公司的股东来说,有些估算并不一定很难。比如说对于权益融资成本,可以有两种估计方法。第一种,如果估算者自己就是非上市企业的大股东的话,权益融资的成本就是他们自己要求的回报率。这个回报率可以用这些大股东资本的机会成本来定,即如果他们的资金不投入这个公司,而投到另一个风险相当的项目会有多少回报率。第二种,是找几家同行业的、业务和资产结构类似的上市公司,估计可比公司的权益回报率,以这些上市公司权益回报率的平均值作为非上市公司权益融资成本的近似值。

借债融资成本的估算和寻找可比上市公司的估算方法一样,但要把交易费用考虑进去,因为非上市公司融资的规模往往相对小一点,交易费用是比较固定的成本,对小企业来说,交易费用占融资量的比例应该更大。

### 案例分析

**创业板的注册改革和融资成本**

#### 一、创业板注册制改革

创业板的注册制改革一方面从产业层面推动了传统企业与新技术、新产业、新业态、新模式的深度融合,另一方面在金融层面推动发行方式的市场化改革,助力成长型创新型企业的发展。2020年8月24日,创业板注册制改革首批18家企业上市,平均发行市盈率成功打破23倍限制。近三年来,创业板的注册制改革坚持以科技和创新为导向,将更多资源优先导向国家战略性新兴产业,助力成长型创新创业企业上市融资,在提升上市公司质量和提高直接融资效率上都取得了显著成果。据吴少龙(2023)统计,近三年来,创业板的新上市公司达到500家,其中近九成为高新技术企业,超五成为战略性新兴产业企业,上市公司的平均市盈率遥遥领先于沪深主板和北交所,其中不乏如宁德时代、迈瑞医疗、欣旺达等创新标杆企业。与此同时,创业板三年多来的注册制改革实践也为学术研究提供了宝贵的实证研究基础。特别地,与科创板"横空出世"的注册制改革有所不同,创业板实施的是"存量+增量"的注册制改革,具有从核准制到注册制的渐进改革过程,这为系统检验注册制改革的政策效果提供更适合的检验样本,为推动注册制在沪深主板等其余板块的全面实施提供实践经验。

市场化定价是注册制改革的核心内容,这绕不开对IPO定价效率的讨论。自Lougue在1973年提出"IPO抑价之谜"以来,有关IPO抑价问题的讨论成为国内外学者热议的话题。而且,我国的IPO抑价率要远高于国外成熟资本市场的平均水平,新股抑价发行现象较为普遍和严重。从发行制度的角度来看,以往核准制下,由于IPO发行市盈率存在最高23倍的限制,绝大多数企业在IPO阶段都是抑价发行,少有上市首日破发现象,这使投资者可以通过打新、抄新来获得超额收益和近乎无风险套利,但对企业而言容易出现募集资金不足、股价偏低的情况。理论上,注册制改革以信息披露为核心,打破IPO定价限制以及机构投资者主导市场化定价过程,将有效缓解A股市场长期以来的IPO抑价问题,使IPO定价更符合拟上市公司的内在价值,提高拟上市公司的直接融资效率。

#### 二、关于IPO抑价的理论分析

(一)关于IPO抑价的主流理论解释

首先,IPO抑价现象在资本市场普遍存在,主要指股票发行价格明显低于新股上市首日的收盘价格。Logue(1973)较早提出了"IPO抑价之谜"的概念,使学界逐渐开始对此展开大量研究。如何解释IPO抑价,国内外文献中有两大经典理论解释,一是信息不对称理论,主要解释一级市场的发行抑价问题,二是行为金融理论,主要解释二级市场的投机溢价问题。

IPO抑价发行的核心问题在于拟上市公司与市场主体之间在价值评估过程中的信息不对称问题。拟上市企业占据信息优势,为信息优势方。作为信息弱势方(即市场主体),要求信息优势方为其承担的额外风险提供补偿,这种补偿通常体现在较低的IPO发行价格上。Rock(1986)提出的"赢者诅咒"理论强调,发行价格不仅反映了公司的内在价值,还包含了市场供需关系的影响。为了吸引对公司信息掌握程度较少的投资者进行投资,企业通常会以低于市场价的价格发行新股,以此来补偿可能因认购不足而造成的损失。而根据Allen和Faulhaber(1989)的信号传递理论,发行方倾向于通过低估发行价格来传递公司质量的积极信号。此外,信息不对称问题还存在于拟上市公司与承销商之间,如Loughran and Ritter(2002)提出了投资银行与IPO企业之间的委托代理问题,以及经典的"把钱留在桌面上"论述。

从二级市场的角度分析,行为金融理论认为,IPO抑价部分源于投资者非理性情绪导致的股价在二级市场的溢价问题(Brown and Cliff, 2004;Alexander et al., 2006;Baker and Wurgler, 2007)。这也是我国学者提出的区别于国外传统理论,能够较好解释A股市场IPO高抑价问题的一大理论(李博等,2015;俞红海等,2015;余丁和梁文涛,2016;Fedorova et al., 2021)。资本市场中存在的大量中小散户投资者是造成股市各种非理性行为的重要因素(Barber and Odean, 2008),特别是在中国的A股市场,个人投资者长期占据了市场的主导地位。这些中小散户投资者通常不具备机构投资者那样的专业知识和信息分析能力。此外,他们更易受市场情绪的影响,容易形成羊群效应。这种行为在新股发行时尤为明显,众多投资者纷纷投机抢购,导致新股在发行后的市场表现远高于其实际价值。然而,随着市场的泡沫最终破裂,投资者逐渐回归理性判断,股价也会逐步降至其真实价值的合理水平。

(二)创业板注册制改革、市场化定价与IPO抑价

注册制作为一种以信息披露为核心的股票发行机制,强调发行方必须依法全面公开与证券发行相关的所有信息和资料。这一要求旨在确保所有投资者都能获得企业相关的重要信息。在注册制的价值观念下,信息披露的重点从过去的监管导向转变为以市场中的投资者为中心。这一变化对信息披露的可读性、相关性和针对性提出了更高标准。通过实施一系列措施来提升信息披露的质量,注册制确保了普通投资者不仅愿意阅读,而且能够理解这些信息,满足了不同类型投资者的多元化需求。所以,这种改革在很大程度上减少了发行人与投资者之间的信息不对称现象,进而有效降低了IPO抑价率。

现有研究就注册制改革对科创板IPO定价效率的研究已经较为丰富且结论基本一致,即显著降低了IPO抑价率。赖黎等(2022)以投资者反应和新股的价格表现为切入点,利用科创板为样本研究注册制改革效应,研究结果发现,注册制改革初见成效,尤其是新上市的概念股、科技股和被媒体报道较热的股票。薛爽和王禹(2022)从信息披露的角度审视了注册制改革对IPO抑价的影响,基于2019年7月22日至2020年

12月31日间科创板上市公司数据,发现发行人在回复函中呈现的信息质量越高,机构投资者在网下询价过程中的意见分歧越小,这有效降低了首次公开发行的抑价程度,突出了信息披露的重要性。张宗新和吴钊颖(2021)以2019年7月22日至2020年4月30日上市的科创板公司为研究样本,考察询价机制改革和价格限制改革对市场价格发现的影响效应。不仅佐证了价格限制改革抑制了科创板新股首日溢价程度和日后均衡价格的形成,还发现询价机构报价行为提升了科创板新股发行定价效率,促进了中长期理性定价。张岩和吴芳(2021)检验了科创板的强制跟投制度对IPO定价的影响,发现,承销商跟投比例越高,IPO发行价越低,表明跟投制度可以抑制承销商抬高发行价的机会主义行为。曹奥臣和张铁刚(2022)研究发现询价机制的调整对于IPO的定价偏误有着显著影响,同时券商跟投的意愿越强烈,IPO的定价偏误越低,而且询价制度的调整在其中扮演了调节作用。此外,投资银行声誉对IPO抑价也起到了缓解作用。作为发行承销市场中的长期参与者,投资银行十分重视经营和维护自身的良好声誉,以此巩固市场地位。而发行人通过雇佣高声誉的承销商为自己的成功上市做背书,能够向市场传递积极信号,发挥出承销商的"声誉效应"(吕怀立等,2021;Hoque and Mu,2021;沈红波等,2023)。

  但现有研究就创业板的讨论还存在一定的分歧。因为不同于科创板注册制的"横空出世",创业板注册制是"存量＋增量"的改革过程,经历了从核准制到注册制的转变,其实践效果可能存在一定差异。支持创业板注册制改革提高IPO抑价的一方认为,一是创业板存在改革红利,冯冠等(2022)基于创业板在2009年10月30日至2021年3月31日年间的932家IPO企业数据,认为创业板改革是"存量＋增量",而且投资者的入市门槛也较科创板低,这会吸引投资者分享改革红利,继续在创业板打新,从而提高IPO抑价率。李科等(2023)从投资者情绪的角度也补充了上述观点,他们以2014年1月至2021年11月A股所有创业板和主板上市企业为样本,发现相对于主板市场,注册制创业板IPO股票表现出更高的信息含量,不能由信息不对称理论进行解释。但是,相对于仍实施核准制的主板市场,投资者参与实施注册制的创业板IPO股票"打新"热情上升,推高股票短期估值和长期反转。二是机构投资者抱团压价问题。虽然注册制实行市场化的新股发行机制,以机构投资者为主进行询价、定价和配售,推动市场上的买卖双方充分博弈形成均衡定价,但可能由于制度设计上的缺陷,使注册制改革在试点初期存在"抱团报价"的现象。张宗新和张园园(2023)基于2019年7月22日至2021年7月22日科创板及创业板IPO上市公司数据,发现机构投资者"抱团报价"行为导致询价对象间的博弈程度偏离市场化均衡,致使新股发行市场化定价的实现路径受阻,进而造成IPO抑价严重。

  支持降低IPO抑价的一方则认为,一是涨跌幅限制放宽,上市前五日不设涨跌幅限制,股票价格更灵敏地反映市场公开信息,整体市场的定价效率提升。在核准制下,IPO上市首日的限价、涨跌板政策促进投资者的短期炒作行为,降低了股票市场的定价效率(魏志华等,2019;宋顺林和唐斯圆,2019)。顾明等(2022)基于2020年5月25日至11月27日的创业板股票交易数据,从市场层面与公司事件层面探讨交易限制放宽的外生冲击下市场定价效率的变化,发现股价更多包含公司层面的特质信息。二是询价机制改革与询价新规出台。虽然,询价机制改革催生了机构抱团压价问题,但改革的出发点没有问题。因为机构投资者具备更高的专业度和掌握更多的信息,是参与询价形成市场均衡定价的重要成员。为解决机构抱团压价的问题,监管层于2021年9月18日出台了询价新规(《关于修改〈创业板首次公开发行证券发行与承销特别规定〉的决定》),主要将询价机构报价的"高剔"比例由"不低于10%"调整为"不超过3%",这有效抑制了机构投资者抱团压低价的问题,促进IPO定价更加接近公司的合理估值。曹奥臣和宋顺林(2023)以科创板和注册制创业板市场中2019年7月至2022年8月上市730家IPO公司为样本,发现询价制调整显著加剧了询价机构的报价分歧,推高了新股发行价,显著降低了IPO超额收益率与IPO抑价率。三是新股首日破发现象在注册制改革中更加明显,抑制了投资者的打新情绪,研究问题开始从发行价过低转向发行价过高的探讨(罗党论等,2022)。

### 三、注册制下的IPO定价效率

首先定义IPO折价指标。采用魏志华等(2019)、吴锡皓和张驰(2023)的测度方法,核准制下,由于新股首日涨幅44%限制,之后每日10%的涨跌幅政策,故采用"(新股上市后首个开板日的收盘价—股票发行价)/股票发行价"的测度方法。注册制下,由于新股上市前5个交易日涨跌幅不受限制,故采用"(新股上市后首日的收盘价—股票发行价)/股票发行价"的测度方法。

$$UP1 = \frac{新股上市后首日或首个开板日的收盘价 - 股票发行价}{股票发行价}$$

另外,短期内首个开板日的收盘价中除了包含股票的内在价值外,还掺杂了投资者情绪中的溢价部分,因此对于上市后首个开板日的收盘价往往高于内在价值。于是,进一步参考宋顺林和唐斯圆(2019)、Boulton et al.(2020)的测度方法,利用IPO上市后交易日的第30个交易日的收盘价替代新股上市后首日或首个开板日的收盘价。

$$UP30 = \frac{公司上市后的第30个交易日的收盘价 - 股票发行价}{股票发行价}$$

注册制改革是否有效缓解了创业板的IPO高抑价问题,图6-5基于UP1指标的季度均值绘制了2016年1月至2023年3月非金融行业公司IPO折价水平折线图。主要呈现以下三个特征:(1)两个市场的IPO抑价率整体都呈现下降的趋势,这可能与上市公司信息披露水平不断提高和二级市场投资者打新情绪下降等共同因素有关。(2)创业板的IPO平均抑价率要高于主板市场,这可能与创业板聚集较多的成长型创新创业企业有关。这类企业可能在前期的盈利能力还相对较弱,而且研发投入占比普遍较高,投资者对其未来充满不确定性,加之核准制下存在的IPO发行市盈率限制,这使发行人往往选择高抑价发行。(3)创业板在实施注册制后,IPO抑价率呈现出先下降后上升的状态。这与当时曝光的"机构抱团压价"问题相对应。据iFind数据库统计,在注册制改革当年,共有173企业在创业板上市。但是,除了首批18家企业的平均首发市盈率高达 39.2 倍外,后续新股的发行市盈率下滑明显。从上市首日收益率来看,仍有 93 家的首日收益率超过 200%,甚至有 19 家超过 500%。但更值得注意的是,2021 年 9 月开始实施的询价新规使此后创业板的 IPO 抑价率有了大幅的降低,并低于同期主板的平均抑价率,表明注册制改革的效果开始显现。

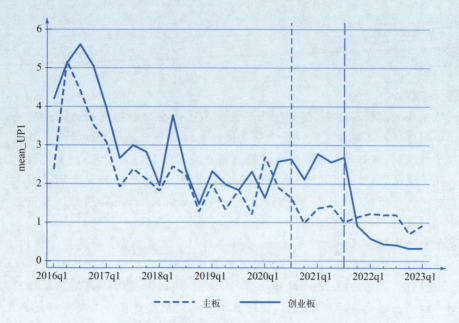

图 6-5　主板与创业板季度平均 IPO 抑价率

同样以 2016 年 1 月至 2023 年 3 月在创业板 IPO 上市的非金融行业公司为样本,对创业板在政策时间变量前后进行了单变量 t 检验,如表 6-6 所示。其中 pe 为上市公司 IPO 发行前的市盈率即"每股发行价/发行前每股收益",pe1 为上市公司 IPO 发行后的市盈率即"每股发行价/发行后每股收益",exfund 为上市公司 IPO 超额募集率即"IPO 超额募集额/IPO 计划募集额"。可以发现,注册制让创业板新股发行呈现"三高"现象:一是高发行价,使抑价率 UP1 和 UP30 的均值均在注册制改革后得到显著降低。二是高市盈率,在注册制下,不仅新股发行前市盈率的均值就突破了 23 倍的限制,发行后市盈率还将进一步提高。三是高超募率,从核准制下新股平均募集资金不足的问题,到注册制下新股的超额募集率均值高达 27.8%,IPO 资金超募已然成为一种现象(见表 6-6)。

表 6-6　创业板组间均值差异 t 检验

| 变量 | 样本量 | 核准制 | 样本量 | 注册制 | 均值差异 | T 值 |
| --- | --- | --- | --- | --- | --- | --- |
| UP1 | 342 | 3.308 | 427 | 1.537 | 1.771*** | 12.252 |
| UP30 | 342 | 3.209 | 427 | 1.114 | 2.094*** | 14.275 |

续表

| 变量 | 样本量 | 核准制 | 样本量 | 注册制 | 均值差异 | T值 |
|---|---|---|---|---|---|---|
| pe | 342 | 16.995 | 425 | 28.978 | −11.982*** | −10.106 |
| pe1 | 342 | 22.290 | 427 | 37.785 | −15.496*** | −10.311 |
| exfund | 342 | −0.002 | 424 | 0.278 | −0.280*** | −6.157 |

### 四、结语

通过三年的注册制改革，创业板已然成为高成长企业和创新动力的聚集地，有效促进了中国经济的高质量发展。基于创业板注册制改革前后近三四年的实践数据，分析相较于核准制，注册制改革是否有效降低创业板新股 IPO 抑价率，研究发现，无论是创业板还是主板，整体的 IPO 抑价率均为下降趋势，但是在注册制改革之后，创业板 IPO 抑价率显著降低，特别是询价新规的出台，并呈现出"三高"特征，以高市盈率、高发行价超额发行。

基于上述发现和注册制改革现状，可以得到以下三点启示：一是监管机构要进一步完善相关法律法规建设，强化中介机构的责任意识，动态评估注册制下出现的"三高"现象或问题，严惩违规上市、欺诈上市、虚假上市、内幕交易等违法犯罪行为，切实保护好二级市场投资者的合法权益，促进资本市场的制度建设。二是高研发企业要进一步加强相关信息披露，切实将研发活动与市场导向、政策导向相结合，减少研发粉饰等行为，以此适应全面注册制下"优胜劣汰"的竞争环境，不断提高自身实力和竞争力。三是中介机构要进一步提高自身实力和加强责任意识。注册制赋予保荐机构、审计机构等中介更多的权利和更大的责任，更强调其信息披露、专业素质以及合规风控，既要服务好企业的需求，又要对二级市场投资人负责，加强自身的声誉管理。

## 本 章 小 结

企业的融资成本是指企业为筹集和使用资金而付出的代价，资金来源包括股权和债权。在进行投资决策时，强调投资回报率；在进行融资决策时，用融资成本表示。融资成本在投资决策、融资决策、绩效评估、企业价值评估等方面都有较大作用。

信用评级的对象包括债务人评级和债务评级。评级内容主要包括财务分析、质量分析以及法律分析。债券评级对融资方和投资方均有利，可以降低融资成本，提供风险溢价评判基准。一般来说，评级越高，要求收益率越低。债务融资成本估计的方法包括到期收益率法、可比公司法、风险调整法和财务比率法。

权益资本成本估计的方法有三种：股利折现模型、CAPM 和债券成本加风险溢价方法。三种方法各有优劣，可同时使用，如果每种方法算出来的结果较为接近，则可认为数据测算较合理。公司股票贝塔由收入的周期性、经营杠杆和财务杠杆决定。杠杆和周期性会放大波动,从而使贝塔值更大。

加权平均资本成本是各类融资方式的成本与其在全部资本中所占比重的乘积之和。如果投资项目风险或者业务和公司现有业务相似,可以用公司的 WACC 作为项目折现率。可以按账面价值、市场价值或者目标资本结构给予权重来计算 WACC。影响 WACC 的因素包括内部和外部因素,具体为利率、税率、市场风险溢价、资本结构、股利分配政策、投资决策等。

影响较大的融资费用,比如首次公开发行的佣金等,需要考虑到资本成本的估算中。短期借款是否计入资本成本要根据借款的性质和类型分别予以讨论。资本成本是投融资、绩效评估的基准点,是衡量企业资本运作效益的重要依据。股东回报率可以以国际标准为基点,再根据中国市场投资者特性、行业和企业特性进行修改。非上市公司的资本成本可以根据大股东的要求回报率或者同类可比上市公司的资本成本来确定。

## 习题与思考题

1. 资本成本和投资者要求回报率之间是什么关系?
2. 有哪些公司不可控的因素会影响资本成本的高低?
3. 债务融资成本估计的方法有哪些?分别适用于什么场景?
4. 信用评级的对象有哪些?评级的内容包括哪些方面?
5. 影响股票贝塔值的因素是什么?
6. 如何计算非上市公司的贝塔值?
7. 权益融资成本估计的方法有哪些?分别适用于什么场景?
8. 甲公司拟发行优先股筹资,发行费用率和年股息率分别为 2% 和 8%,每半年支付一次股利,企业所得税税率 25%。根据税法规定,该优先股股利不能抵税。该优先股资本成本为多少?
9. 公司正在研究一项生产能力扩张计划的可行性,需要对资本成本进行估计。估计资本成本的有关资料如下:
   (1) 公司现有长期负债:面值为 1 000 元,票面年利率为 12%,每半年付息一次的不可赎回债券;该债券还有 5 年到期,当前市价为 1 020 元。
   (2) 公司增发优先股:面值为 100 元,年股息率为 10%,每季付息一次的永久性优先股(分类为权益工具)。其当前市价为 116.79 元/股。如果新发行优先股需要承担每股 2 元的发行费用。
   (3) 公司现有普通股:当前市价为 50 元/股,最近一次支付的股利为 4.19 元/股,预期股利的永续增长率为 5%,该股票的贝塔系数为 1.2。公司不准备发行新的普通股。
   (4) 资本市场:政府债券报酬率为 7%;市场平均风险溢价估计为 6%。
   (5) 适用的企业所得税税率为 25%。

要求：

(1) 计算债券的税后资本成本。

(2) 计算优先股资本成本。

(3) 计算普通股资本成本。用资本资产定价模型和股利增长模型两种方法估计，以两者的平均值作为普通股资本成本。

(4) 假设目标资本结构是30%的长期债券、10%的优先股、60%的普通股，根据以上计算得出的长期债券资本成本，优先股资本成本和普通股资本成本估计公司的加权平均资本成本。

10. 甲公司是一家上市公司，主营保健品生产和销售。2024年7月1日，为对公司业绩进行评价需估算其资本成本。相关资料如下：

(1) 甲公司目前长期资本中有长期债券1万份，普通股600万股，没有其他长期债务和优先股。长期债券发行于2023年7月1日，期限5年，票面价值1 000元，票面利率8%，每年6月30日和12月31日付息。公司目前长期债券每份市价935.33元，普通股每股市价10元。

(2) 目前无风险利率6%，股票市场平均收益率11%，甲公司普通股贝塔系数1.4。

(3) 甲公司的企业所得税税率25%。

要求：

(1) 计算甲公司长期债券税前资本成本。

(2) 用资本资产定价模型计算甲公司普通股资本成本。

(3) 以公司目前的实际市场价值为权重，计算甲公司加权平均资本成本。

(4) 在计算公司加权平均资本成本时，有哪几种权重计算方法？简要说明各种权重计算方法并比较优缺点。

# 第七章

# 如何确定企业的资本结构

## 学习目标

1. 掌握无税条件下 MM 理论的假设和命题。
2. 掌握在有税 MM 理论中,税收对公司价值、资本结构的影响。
3. 根据资本结构的相关理论,理解最优资本结构的决定方式。
4. 了解最优资本结构的影响因素。
5. 了解中国企业融资结构的发展历程。
6. 理解中国上市公司资本结构的特点及背后的原因。

## 第一节 关于资本结构的无税 MM 理论

资本结构是指企业各种长期资金筹集来源的构成和比例关系。短期资金的需求量和筹集量是经常变化的,且在整个资金总量中所占比重不稳定,因此不列入资本结构管理范围,而将其作为营运资本管理。在通常情况下,企业的资本结构由长期债务资本和权益资本构成。资本结构指的就是长期债务资本和权益资本各占多大比例。

资本结构有两个基本问题:第一,公司是否能够通过改变债务资本和权益资本之间的比率来增加公司价值;第二,如果资本结构确实有这样的影响力,那么是什么因素决定了债务资本和权益资本的最佳比率,从而使公司价值最大化以及资本成本最小化。资本结构理论就是试图对此进行解释。之所以会产生对这两个问题的讨论,是因为:

(1) 只有当改变企业资本结构能够增加公司价值时,股东才会因此而获益;
(2) 只有当改变企业资本结构能够减少公司价值时,股东才会因此而受损;
(3) 企业的决策者应当选择能够使公司价值最大的资本结构,因为公司股东将因此而获益。

### 一、MM 理论的一个引例

某公司是一家总资产 15 000 元,普通股 500 股的全权益资本企业,目前每股股票价值为 30 元。假设该公司将发行价值 7 500 元,利息率 10% 的企业债券用于赎回部分普通股股票(见表 7-1)。

表 7-1  公司资产负债情况

单位:元

|  | 赎 回 前 | 赎 回 后 |
|---|---|---|
| 资产 | 15 000 | 15 000 |
| 负债 | 0 | 7 500 |
| 股东权益 | 15 000 | 7 500 |
| 利息率 | 10% | 10% |
| 每股市价 | 30 | 30 |
| 股票数量(股) | 500 | 250 |

已知该公司息税前利润(EBIT)的期望值、情况不利和情况有利时的数值分别为 3 000、750 和 5 250 元。公司正在考虑用一些债务来替换股权资本,进行股转债的资本结构重组。为了更清楚地显示负债对公司净利润的影响,先假设公司不付所得税,所得税率为 0。

表 7-2  公司无负债时的收益状况

单位:元

|  | 衰 退 | 正常(期望值) | 扩 张 |
|---|---|---|---|
| 息前利润(EBI) | 750 | 3 000 | 5 250 |
| 净利润 | 750 | 3 000 | 5 250 |
| 权益收益率 | 5% | 20% | 35% |
| 每股收益(EPS) | 1.5 | 6 | 10.5 |
| 总资产收益率 | 5% | 20% | 35% |

表 7-3  公司有负债时的收益状况

单位:元

|  | 衰 退 | 正常(期望) | 扩 张 |
|---|---|---|---|
| 息前利润(EBI) | 750 | 3 000 | 5 250 |
| 利息支出 | −750 | −750 | −750 |
| 息后净利润 | 0 | 2 250 | 4 500 |

续 表

|  | 衰 退 | 正常(期望) | 扩 张 |
|---|---|---|---|
| 权益收益率 | 0 | 30% | 60% |
| 每股收益(EPS) | 0 | 9 | 18 |
| 总资产收益率 | 0 | 15% | 30% |

从表 7-2 和表 7-3 可以看出,公司从无负债到有负债,总资产收益率发生了变化,在每一种宏观经济环境下,负债使公司的总资产收益率都恶化了。而每股收益在经济衰退时降为 0,但在经济正常和向好的情况下,公司的每股收益更高了。从权益收益率的角度也可以发现,股东在经济正常和向好时,可以获得更高的收益率,但经济衰退将使股东的收益降为 0。这说明负债使公司收益的波动性加大,股东投资的风险提高。那么,这是否就意味着资本结构的改变使公司价值发生了变化呢?可以从投资者的角度出发来理解这个问题。

假设投资者(公司股东)可采取两种投资策略:

(1) 策略 1:直接购买 100 股负债公司股票,每股价格 30 元,共投资 3 000 元。

(2) 策略 2:以 10% 的利息率借入 3 000 元,自己出资 3 000 元,共 6 000 元购买 200 股无负债公司的股票。

两种投资策略的收益状况如表 7-4 所示:

表 7-4 投资者的投资策略

单位:元

| 策略 1:购买 100 股负债公司股票 | | | |
|---|---|---|---|
|  | 衰 退 | 正常(期望) | 扩 张 |
| EPS | 0 | 9 | 18 |
| 投资 100 股股票总收益 | 0 | 900 | 1 800 |
| 初始投资=100×30=3 000(元) | | | |

| 策略 2:投资者构造财务杠杆购买 200 股无负债公司股票 | | | |
|---|---|---|---|
|  | 衰 退 | 正常(期望) | 扩 张 |
| EPS | 1.5 | 6 | 10.5 |
| 投资 200 股股票总收益 | 300 | 1 200 | 2 100 |
| 按 10% 利率借入 3 000 元的利息支出 | 300 | 300 | 300 |
| 净收益 | 0 | 900 | 1 800 |
| 初始投资=200×30−3 000=3 000(元) | | | |

不难发现,策略1与策略2在任何情况下的收益状况均相同,其投资成本也相同,初始投资额均为3 000元。这说明,即使公司不改变资本结构,投资者也能够自制杠杆,复制出和负债公司相同的收益。不过需要注意的是,投资者自制杠杆的比例要和公司的负债水平相同。同样地,对于一家有负债的公司,如果公司股东更偏好无负债的情形,可以选择卖出部分公司股票,将这部分收益贷出去,就反向抵消了公司负债的影响。因此,公司从无负债到有负债,或者从有负债到无负债,改变资本结构并未给公司股东带来额外的利益,但也未给公司股东带来损失或伤害。

## 二、无税 MM 理论的假设

上例提到借债后公司预期的每股净利润从6元提高到9元,但借债也增加了每股净利润的波动性。在借债以后,股东的风险增加了,他们要求的回报率也提高了。那么借债究竟能不能给股东带来好处呢?这些问题困扰了经济学家很多年。

1958年,两位美国学者 Modigliani 和 Miller 证明,在理想的经济环境下,企业的总市值是不受借债影响的,同时股票的价值也不受借债的影响。以两位学者名字命名的 MM 理论也被称为资本结构的馅饼理论。馅饼理论认为,企业的总价值就像一个馅饼,设计企业的资本结构就是将馅饼分成块,馅饼的大小和怎么分割是没有关系的。这里的馅饼是公司的负债和所有者权益之和。图7-1展示了在股权和债务间划分的两种可能方式。MM 理论指出资本结构是无关紧要的,因为无论股东和债权人如何分派馅饼,馅饼的大小都不会改变。

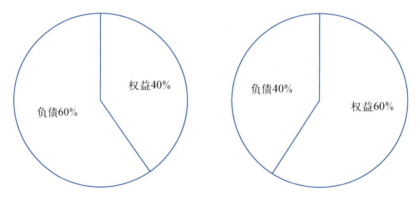

图 7-1　公司价值在股权和债权之间的占比

无税 MM 理论的基本假设可分为四个方面:

1. 关于资产风险的衡量

营业风险由企业税息前收益(EBIT)的标准差衡量,具有相同营业风险的企业的风险等级相同。

2. 无摩擦环境假设

(1) 所有投资者对每一企业未来 EBIT 的期望值和分布状况具有完全相同的估计(一致性预期)。

(2) 资产在完善资本市场上交易,无交易费用,无所得税,无信息不对称,无解决冲突成本等。

#### 3. 负债无风险假设
债务无风险,各类机构与个人均可按相同的无风险利率无限量地借入资金。

#### 4. 最后一个假设是为了数学推导的方便
所有现金流量都是永久性的,企业是零成长企业,债券为永续年金债券,投资者对EBIT的预期为常数。

MM理论的假设给出的是一个非常完美的经济环境,在现实中难以实现。但是它的进步意义在于,首先从比较严格的条件出发,揭示了公司价值的本质,再逐步放宽限制,使理想化的条件慢慢接近现实,将复杂的现实问题用科学的理论进行了详细而全面的阐释。通过修正对完美市场的假设,可以逐步了解现实中资本结构和公司价值的关系,以及企业资本结构形成的原因。

### 三、无税 MM 理论的两个命题

根据上面的假设,可以得到在没有所得税的情况下,公司的资本结构和价值的关系,这就是无税 MM 理论的命题Ⅰ。

命题Ⅰ:在没有公司所得税和个人所得税的情况下,根据前述假设,不论企业负债与否,任何企业的价值均由其预期的息税前收益(EBIT)按照其风险等级所对应的贴现率贴现后决定,即

$$V_U = V_L = \frac{EBIT}{WACC} = \frac{EBIT}{k_{EU}} \tag{7-1}$$

式中,$V_U$ 为无负债公司的价值;$V_L$ 为负债公司的价值;$WACC$ 为负债公司的加权平均资本成本;$k_{EU}$ 为无负债公司的股权资本成本。

根据命题Ⅰ可以知道:(1) 企业的价值与其资本结构无关;(2) 企业的加权平均资本成本只由其风险等级决定,与企业的资本结构无关。也就是说,负债企业的加权平均资本成本,等于同风险等级的无负债企业的权益资本成本。

这一结论其实和之前提到的 MM 理论的引例的结果是相同的。风险相同,则贴现率相同,自然可得出同风险等级的无负债公司和负债公司的价值相同的结论。换个角度想,公司的价值来自债务资本和权益资本之和。公司价值是未来全部现金流的贴现,公司的息税前收益不过是在债权人和股东之间分配,分配的比例不影响其本身的金额大小。

对命题Ⅰ的讨论还可以用下面的例子加以说明。假设现在有 U、L 两家公司,公司 U 为无负债公司,价值 $V_U = E_U$;公司 L 为负债公司,价值 $V_L = E_L + D_L$,负债的利息率为 10%。投资者可任选其中一家公司进行投资。

(1) 投资于无负债公司 U,获得 1% 的股权(见表 7-5)。

表 7-5 投资于无负债公司的收益

| 投 资 额 | 投 资 收 益 |
|---|---|
| $0.01 V_U$ | $0.01 EBIT_U$ |

(2) 投资于负债公司 L，获得 1% 的股权与债权（见表 7-6）。

表 7-6 投资于负债公司的收益

|   | 投 资 额 | 投 资 收 益 |
|---|---|---|
| 股　票 | $0.01E_L$ | $0.01(EBIT_L - i \times D_L)$ |
| 债　券 | $0.01D_L$ | $0.01 \times i \times D_L$ |
| 总　计 | $0.01(E_L + D_L) = 0.01V_L$ | $0.01EBIT_L$ |

无税 MM 理论证明，如果杠杆公司的资产收益率和另一家无杠杆公司的收益率不同，则存在套利的可能性。个人投资者可以运用"自制杠杆"进行套利，达到无套利均衡。反过来讲，如果投资者的预期收益一致，即 $EBIT_U = EBIT_L$，且 U、L 两公司的风险等级相同，那么当两家公司价值不一致时，投资者构造投资策略需要花费的资金也不相同。理性的投资者会选择预期收益相同时，投资金额最小的那个策略，而无套利均衡的存在，将很快消灭这一差异，使两家公司的价值相等，即 $V_U = V_L$。

在引例中，企业从无负债状态到负债状态，每股收益的波动变大，风险提高意味着权益资本成本上升，而资本结构的改变对权益资本成本的具体影响就是无税 MM 理论命题 II 要阐述的内容。

命题 II：负债经营企业的权益资本成本 $k_{eL}$ 等于同风险等级的无负债企业的权益资本成本 $k_{eU}$ 加上一定的风险补偿，风险补偿数额等于无负债企业的权益资本成本 $k_{eU}$ 减去负债企业的债务资本成本 $k_D$ 后，与负债企业的负债权益比的乘积，即

$$k_{eL} = k_{eU} + (k_{eU} - k_D)(D_L / E_L) \tag{7-2}$$

式中，$E_L$ 为负债企业权益资本成本的价值；$D_L$ 为负债企业债务资本的价值。

这一命题指出，随着企业负债的增加，权益资本成本随之增加。虽然债务资本成本低于权益资本成本，但是债务的增加导致权益资本的收益率波动加大，风险增加，成本也随之增加。债务资本低成本的好处被权益资本成本的增加抵消，表现为加权平均资本成本与无负债时相同。因此，企业的价值不会因为债务资本的增加而增加。

对命题 II 可以进行具体推导。因为公司的息税前利润最终被分配给债权人和股东，即分为了利息支出和股东收益两部分，所以有：

$$EBIT_L = E_L k_{eL} + D_L k_D \tag{7-3}$$

而负债公司的资产收益率可以表示成息税前收益和总资产的比值，再结合上式，可以得出

$$k_{AL} = \frac{E_L k_{eL} + D_L k_D}{E_L + D_L} = \frac{E_L}{E_L + D_L} k_{eL} + \frac{D_L}{E_L + D_L} k_D \tag{7-4}$$

移项后整理得到

$$k_{eL} = k_{AL} + (k_{AL} - k_D)(D_L / E_L) \tag{7-5}$$

根据MM理论的命题I，负债企业的资产收益率等于无负债企业的资产收益率，所以有：

$$k_{AL} = \frac{EBIT_L}{V_L} = \frac{EBIT_U}{V_U} = k_{AU} = k_{eU} \tag{7-6}$$

根据式(7-5)和式(7-6)，即可证明命题II的结论。在无税MM理论中，如果用图形来描述，那么公司价值是一条水平的直线，它不随资本结构的变化而变化。负债企业的权益资本成本随着负债占比增加而线性上升，加权平均资本成本和债务资本成本均为水平的直线，且前者高于后者（见图7-2）。

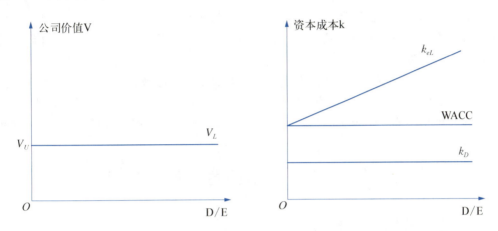

**图7-2 无税环境下公司价值及资本成本与资本结构的关系**

[例7-1] A公司为无负债公司，每年的息税前收益EBIT为100万元，权益资本成本为10%。B公司是一家负债企业，其他方面和A公司完全相同，债务资本500万元，利率8%。假设MM理论的各项前提都成立，试求A、B公司的价值和权益价值、权益资本成本和B公司的加权平均资本成本。

解：A公司的股东权益价值 $E_U$ 为

$$E_U = \frac{EBIT - k_D D_U}{k_{eU}} = \frac{100 - 0}{10\%} = 1\,000(万元)$$

A公司的市场价值 $V_U$ 为

$$V_U = D_U + E_U = 1\,000(万元)$$

根据无税MM理论命题I，B公司的价值也为1 000万元。而根据命题II，B公司的权益资本成本 $k_{eL}$ 为

$$k_{eL} = k_{eU} + (k_{eU} - k_D)(D_L/E_L) = 10\% + (10\% - 8\%) \times \frac{500}{500} = 12\%$$

B公司的权益价值 $E_L$ 为

$$E_L = \frac{EBIT - k_D D_U}{k_{eL}} = \frac{100 - 40}{12\%} = 500(万元)$$

B 公司的加权平均资本成本 WACC 为

$$WACC = 0.5 \times k_D + 0.5 \times k_{eL} = 0.5 \times 8\% + 0.5 \times 12\% = 10\%$$

MM 理论的命题 II 给出了一条非常重要的金融学原理：资本的成本取决于资本的使用而不是资本的来源。由此可知，在对资产所产生的现金流量进行折现时，其折现率取决于资产的用途。在金融市场上，如果有两类金融资产所产生的现金流量特性完全相同，而其折现率却有所不同，则它们的市场价值就会不同，就存在无风险套利机会，而这是不允许的，这就是经济学上的无套利均衡规律。

MM 理论认为，在无税环境下，经理人无法通过包装公司的证券来改变其价值。无税 MM 理论研究在 20 世纪 50 年代被认为是具有开创性的工作，无税 MM 理论和无套利均衡方法从此广受赞誉。

不过，无税 MM 理论有两处不切合实际的假设：第一，税收被忽略了。第二，未考虑破产成本和代理成本。尽管无税 MM 模型给出了资本结构与企业价值无关的结论，但是，现实世界的管理者并没有因此漠视资本结构决策。相反，几乎所有的行业都有其墨守的资本结构。

## 第二节 关于资本结构的有税 MM 理论

### 一、税收对公司价值的影响

Modigliani 和 Miller 两位学者在资本结构领域的第二个重要贡献，是推导出考虑公司所得税的 MM 理论。由于无税状况的假设与现实世界相差太大，引起相当多的批评，因此，Modigliani 和 Miller 在 1963 年又发表了一篇论文，在假设有公司所得税的情况下，推导出了公司负债后税盾的价值以及无负债公司与负债公司价值的关系。

可以用馅饼模型先简要地阐述这个理论。首先考查图 7-3 左边的完全用权益融资的公司，在这种情况下，股东和税收部门对公司的价值都有索取权。完全权益公司的价值显然就是股东拥有的那部分馅饼，与税收相应的部分仅仅是成本。

图 7-3 右边的杠杆公司有三类索取者：股东、债权人和政府，杠杆公司的价值就是债

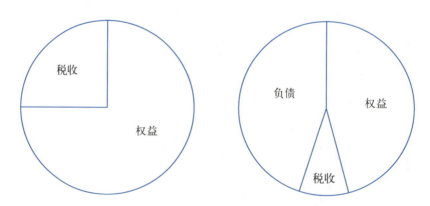

图 7-3 公司价值在股东、债权人和政府之间的分配

务价值和权益价值之和。比较这两类资本结构图,财务经理应该选择较高价值者。由于两个馅饼一样大,支付较少税收的资本结构,其股东和债权人价值最大,这就是税盾的作用。

假设一家公司的息税前利润是 100 元,它的所得税税率是 30%。如果该公司不借债,那它的税前利润就是息税前利润,它该缴的所得税是 100×30%=30 元,投资者能得到的是剩下的净利润 70 元。如果该公司用借债融资来替换一部分权益融资,假定公司借债要付的利息是 50 元,那么,税前利润是 100-50=50 元,要缴的所得税是 50×30%=15 元,净利润是 50-15=35 元,它的所有投资者得到 50+35=85 元。所以,借债后,公司的投资者得到的总收益提高了 15 元。这个 15 元就是由于借债付的利息所少缴的所得税,即创造的税盾(见表 7-7)。

表 7-7 公司举债的税盾效应

单位:元

|  | 不 借 债 | 借 债 |
| --- | --- | --- |
| 息税前利润 | 100 | 100 |
| 利息费用 | 0 | 50 |
| 税前利润 | 100 | 50 |
| 所得税 | 30 | 15 |
| 净利润 | 70 | 35 |
| 股权人收益 | 70 | 35 |
| 债权人收益 | 0 | 50 |
| 所有投资者收益 | 70 | 85 |
| 税盾(少缴的税) | 0 | 15 |

用借债融资来置换权益融资后,公司每年都能抵扣部分税收,这笔节省出来的永续现金流对公司的价值可以量化。如果一家公司计划将它的借债量永久地增加 $D$,假设公司的盈利能保证税盾被充分利用。那么此公司每年新增加的税盾是利息×税率=利率×$D$×税率。将此税盾看成公司每年新增加的现金流,这些税盾就是永续年金。永续年金现值的计算公式是现金流除以折现率,这里用的折现率一般就是公司借债的利率。因此,可以得出,公司由于增加的税盾所增加的价值为

税盾永续年金的价值=每年的税盾÷折现率=利率×$D$×税率÷利率=$D$×税率

如果用 $T$ 表示税率,$i$ 表示利率,$D$ 表示公司的债务总额,$I$ 表示总的利息支出,那么上面的文字描述可以表示为

$$税盾的价值 = \frac{I \times T}{i} = \frac{i \times D \times T}{i} = TD \tag{7-7}$$

## 二、有税 MM 理论的两个命题

考虑公司所得税后,公司债务资本的利息支出可以税前列支,这使负债公司的投资者

能够分配到更大比例的息税前利润,公司的价值会随着债务资本的增加而增大,这就是有税环境下的 MM 理论的命题 I。

命题 I:负债经营的企业的价值等于具有同等风险程度的无负债企业的价值加上因负债经营而产生的税盾的(Tax Shield)价值。税盾的价值等于企业的负债总额乘以公司所得税税率,即

$$V_L = V_u + TD \tag{7-8}$$

式中,$V_L$ 为负债公司的价值,$V_u$ 为无负债公司的价值,而 $TD$ 为前面计算出来的债务税盾的价值。

而无负债公司的价值就是其权益资本的价值,具体可以表示为

$$V_U = \frac{EBIT(1-T)}{k_{eU}} \tag{7-9}$$

**[例 7-2]** 现有两家公司,无负债公司 A 和负债公司 B 均永久性地产生 100 万元的息税前收益,B 有 500 万元债务资本,除资本结构以外两家公司完全相同。给定公司所得税率 25%,无负债公司的权益资本成本 10%,试分别求出 A、B 两公司的价值。

解:A 公司的价值为

$$V_U = \frac{EBIT(1-T)}{k_{eU}} = \frac{100 \times (1-25\%)}{10\%} = 750(万元)$$

B 公司的价值为

$$V_L = V_u + TD = 750 + 25\% \times 500 = 875(万元)$$

不难发现,引入公司所得税后,公司息税前利润分配的参与者由股东和债权人变为了股东、债权人和政府。在息税前收益给定的情况下,通过增加债务融资比例,可以使公司的利息支出增加,加大债务的税盾作用,减少政府税收对公司价值的分割。公司价值是债务资本和权益资本的价值之和,提高杠杆所增加的税盾,增加了公司的价值。低负债和高负债公司的公司价值分布如图 7-4 所示。

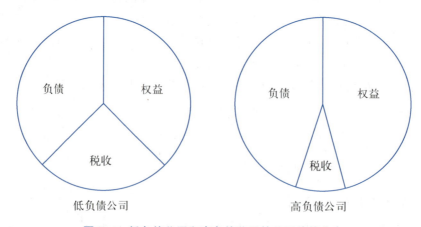

图 7-4　低负债公司和高负债公司的公司价值分布

类似于无税 MM 理论命题Ⅱ讨论的内容,有公司所得税的 MM 理论命题Ⅱ讨论的也是资本结构对权益资本成本的影响。

命题Ⅱ:负债经营企业的权益成本 $k_{eL}$ 等于具有同等风险程度的无负债企业的权益成本 $k_{eU}$ 加上一定的风险补偿。风险补偿数额等于无负债企业的权益资本成本 $k_{eU}$ 减去负债企业的债务资本成本 $k_D$ 后,乘以系数 $(1-T)$,再与负债企业的负债权益比的乘积,即

$$k_{eL} = k_{eU} + (k_{eU} - k_D) \times (1-T) \times \frac{D_L}{E_L} \tag{7-10}$$

式中,$E_L$ 为负债企业权益资本成本的价值;$D_L$ 为负债企业债务资本的价值;$T$ 为公司面临的所得税率。

和无税 MM 理论的命题Ⅱ相比,风险补偿部分多出了系数 $(1-T)$,所以有税环境下负债企业的权益资本成本低于无税环境。考虑公司所得税后,负债公司的加权平均资本成本变为

$$WACC = \frac{E}{E+D} \times k_{eL} + \frac{D}{E+D} \times k_{eD} \times (1-T) \tag{7-11}$$

**[例 7-3]** 现有两家公司 A、B,无负债公司 A 和负债公司 B 均永久性地产生 100 万元的息税前收益,B 有 500 万元债务资本,年利率 5%,除资本结构外两家公司完全相同。给定公司所得税率 25%,无负债公司的权益资本成本 10%,试计算 B 公司的权益资本成本和加权平均资本成本。

解:根据例[7-2],可以知道 B 公司的债务资本 D 为 500 万元,而权益资本 E 为 375 万元,那么 B 公司的权益资本成本为

$$\begin{aligned} k_{eL} &= k_{eU} + (k_{eU} - k_D) \times (1-T) \times \frac{D_L}{E_L} \\ &= 10\% + (10\% - 5\%) \times (1 - 25\%) \times \frac{500}{375} \\ &= 15\% \end{aligned}$$

B 公司的加权平均资本成本 WACC 为

$$\begin{aligned} WACC &= \frac{E}{E+D} \times k_{eL} + \frac{D}{E+D} \times k_{eD} \times (1-T) \\ &= \frac{375}{875} \times 15\% + \frac{500}{875} \times 5\% \times (1-25\%) \\ &= 8.57\% \end{aligned}$$

**[例 7-4]** 已知某无负债公司的总资产价值为 10 000 元,发行在外的普通股股票 500 股,息税前收益 EBIT 为 2 000 元,公司所得税税率为 40%。显然,该公司的税后净利润为 1 200 元,股东的权益收益率为 12%。该公司决定发行价值 5 000 元,年利息率 8%的公司债,赎回同等价值的公司股票。试计算股票的赎回价格和赎回后公司的价值及其资本成本。

解：根据命题Ⅱ，资本结构变化后的公司价值为

$$V_L = V_u + T_D = 10\,000 + 0.4 \times 5\,000 = 12\,000(元)$$

股票赎回后，公司的权益价值为 7 000 元，则权益资本成本 $k_{eL}$ 为

$$k_{eL} = k_{eU} + (k_{eU} - k_D) \times (1-T) \times \frac{D}{E}$$
$$= 12\% + (12\% - 8\%) \times (1-0.4) \times \frac{5}{7}$$
$$= 13.7\%$$

股票价格为 $P_e = \dfrac{V_L}{500} = \dfrac{12\,000}{500} = 24(元)$

赎回的股票数量为 $N = \dfrac{5\,000}{24} = 208$

加权平均资本成本为

$$WACC = \frac{E}{E+D} \times k_{eL} + \frac{D}{E+D} \times k_{eD} \times (1-T)$$
$$= \frac{7}{12} \times 13.7\% + \frac{5}{12} \times 8\% \times (1-0.4)$$
$$= 10.0\%$$

|  | 无 负 债 | 有 负 债 |
|---|---|---|
| 息税前收益(EBIT) | 2 000 | 2 000 |
| 利息支出 | 0 | 400 |
| 税前利润 | 2 000 | 1 600 |
| 所得税(40%) | 800 | 640 |
| 税后净利润 | 1 200 | 960 |
| 权益收益率 | 12% | 13.70% |
| 每股收益(EPS) | (1 200/500)=2.4 | (960/292)=3.29 |
| 加权平均资本成本 | 12% | 10% |

从上面的两个例子中不难看出，考虑了公司所得税之后，负债企业的加权平均资本成本低于无负债公司。随着杠杆水平的上升，负债企业的价值因税盾的增加而增加，加权平均资本成本下降，而权益资本成本线性增加。这些现象和之前在无税 MM 理论中观察到的有一些不同（见图 7-5）。

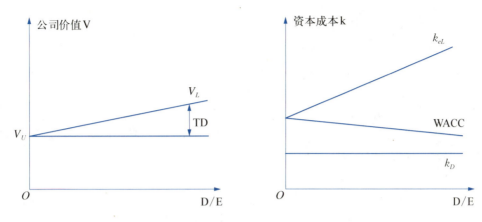

图 7-5　有税环境下公司价值及资本成本与资本结构的关系

### 三、对 MM 理论的认识

在现实经济中，MM 关于无摩擦的假设条件是不成立的。典型的"摩擦"有以下几种：
(1) 公司财务杠杆与个人财务杠杆的性质有所不同，不能完全相互替代；
(2) 存在证券交易成本；
(3) 公司与个人的信用状况不同，借贷利率不同，投资方向上所受到的限制也不同；
(4) 存在公司所得税等。

上述种种"摩擦"将妨碍无风险套利的实现。因此，通过调整资本结构，利用现实社会中存在的"摩擦"，可以影响企业的价值，进而影响股东财富的价值。MM 理论相关命题的意义在于，可从中了解现实中哪些因素不符合其基本假设，这些因素就会影响企业的价值。

由于税收这一"摩擦"因素的存在，资本结构将影响公司的价值，增加负债将提高公司的价值。而且负债越高，公司价值越高。但这一结论显然与现实不符。现实中，不但存在"摩擦"因素，而且存在"风险"因素，风险因素同样会影响公司的价值。企业的负债是有风险负债，且风险随负债比率的增加而增大，这会导致债务成本随负债比率的增加而上升，进而导致公司价值的降低。财务困境就是负债导致的主要成本。

## 第三节　最优资本结构及其影响因素

在无税 MM 理论中提道，公司的资本结构和公司价值无关，但是实际的经济环境远比假设的要复杂得多。如果公司的资本结构对公司的价值产生影响，那么，会有一个合适的资本结构，使公司的价值最大化，这个资本结构就是最优资本结构。

最优资本结构有时又被称为企业的目标资本结构。目标资本结构受到税盾效应、财务困境成本、代理成本等多方面因素的影响，它们共同决定了企业的目标资本结构。而对这些影响因素的阐述，催生了许多新的资本结构相关的理论，许多学者在无税和有税 MM 理论之后，展开了激烈的讨论。

## 一、财务困境成本理论

### (一) 财务困境与资本结构的关系

财务困境是指企业在履行偿债义务时,遇到了极大的困难,甚至无法履行相应债务的状况。由于公司发生破产和财务失败时需要付出或者承受巨大的成本,因此,公司运用债务融资的动力就少了许多,甚至在完美资本市场上也会出现这种现象。举债过度的公司一旦停止对其负债承担责任,将会受到非常严厉的惩罚,其经理人通常会面临职业危机。财务困境成本的存在决定了公司不能过度负债。

### (二) 财务困境成本的类型

不管企业是否会因为财务困境而破产,财务困境的存在都给企业造成很大损失,财务困境成本随之而产生。可以将这一成本分为直接成本和间接成本两大类。

(1) 直接成本:企业为处理财务困境而发生的各项费用,如律师费,清算费,等等。同时,在此期间,公司的厂房、设备得不到充分利用,极易发生资产减值损失,公司存货得不到及时处置,价值大为下降,这些都构成直接成本的一部分。

(2) 间接成本:因发生财务危机给企业经营管理带来的种种损失,如不能正常销售产品,不能正常获得原材料供应,为度过危机而不得不放弃一些投资机会等造成的损失。由于面临着更高的破产可能性,员工可能不愿意学习跟所在企业相关的技能,优秀的员工无法得到高的薪酬,有能力的人才可能不愿意加入企业。

### (三) 影响财务困境成本的因素

#### 1. 企业营业利润的变动性

一家商业风险高的企业会比一家营业利润和现金流稳定的企业有着更高的陷入财务困境的可能性,即使这两家企业有着相同的债务比率。现金流稳定的资本密集型企业,如公用事业企业,就能够利用较高比例的债务融资,且违约的可能性很小。

#### 2. 企业持有资产的种类

持有大量无形资产的企业要比那些债务比率相同但是有形资产所占比率更高的企业有着更高的财务困境成本,因为后者可以在破产时把有形资产出售,而前者难以把无形资产变现出售。有形资产多的公司(比如房地产企业)可以多负债。轻资产企业如高科技企业,一旦出现财务困境,由于潜在客户和核心员工的流失,以及缺乏易于清算的有形资产,会产生很高的财务困境成本。

#### 3. 企业出售的产品和服务的种类

提供独特商品或服务的企业有着更高的财务困境成本,因为顾客在购买时会考虑到对该商品的依赖性。美国克莱斯勒汽车公司 70 年代陷入财务困境,它的车要比其他公司同类车便宜几百美元才卖得出去。

## 二、权衡理论

20 世纪 60 年代末,西方金融学家循着 MM 理论的分析方法,将 MM 理论的假设条件进行释放,在此基础上来研究资本结构与资本成本以及与企业价值的关系。由此形成了两个流派,一派是研究各类税收差异与资本结构关系的"税盾学派",另一派是研究财务困境成本对资本结构影响的"破产成本学派",这两个学派最后总归于"权衡理论"。"权衡理论"形成于20世纪70年代,其主要观点是公司的最优资本结构应该在税盾效应和破产成本之间进行权衡。

如果有公司所得税的MM理论成立的话,那么随着负债比率的增加,企业的价值也会不断增加。当把财务困境成本考虑进去后,负债企业价值的计算则有所变化,负债后公司的总价值等于无负债时公司的总价值加上税盾的现值,再减去财务困境成本的现值。如果用$V_L$表示负债企业的价值,$V_U$表示无负债企业的价值,PV表示现值,则用公式可以表示为

$$V_L = V_U + PV(税盾) - PV(财务困境成本) \tag{7-12}$$

在以上公式的右边,负债的好处(税盾)增加企业的价值,负债的坏处(财务困境成本)减少公司的价值。这样,公司的负债就在正面影响和负面影响之间权衡,这就是资本结构的权衡理论。权衡理论强调的是在债务所带来的税盾效应和财务困境成本的基础上,实现企业价值最大化的最佳资本结构。

如果用图像来表示,那么,随着杠杆水平的提升,企业的实际价值先上升后下降,呈现为一条类似拱形的曲线。图7-6显示了税收效应和财务困境成本的综合效应。图中向上倾斜的直线表示在不考虑财务困境成本的前提下,企业价值随着税盾增加而增加。如果考虑财务困境成本,当公司少量债务时,发生财务困境的概率很小,财务困境成本几乎可以忽略不计,企业的价值主要受税盾影响,随着税盾的增加而增加;然而,随着债务的增加,企业的财务困境发生的概率和成本都加大,此时,财务困境成本带来的坏处抵消部分税盾效应带来的好处,企业的价值受税盾和财务困境成本两方面的影响,随着杠杆的增加而增加,但增加的速度放缓。在$\left(\frac{D}{E}\right)^*$的地方,企业价值最大。随后,随着杠杆的增加,企业的价值减少,财务困境成本发挥主导作用,债务带来的负面影响超过正面影响。从理论上来看,点$\left(\frac{D}{E}\right)^*$也是从投资者角度来看最优的负债率,即目标资本结构。在最优资本结构对应的地方,公司价值达到最大化。

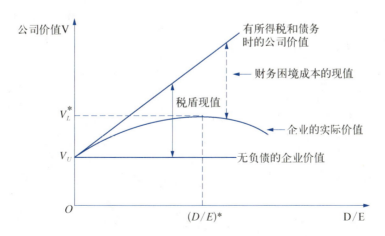

图7-6 基于权衡理论的企业价值和资本结构

企业的最优负债率既是使公司价值最大化的负债水平,也是把企业的加权平均资本成本降到最低的那个负债率。考虑财务困境成本后,企业的加权平均资本成本不再是有税MM理论中倾向下的直线,而变成先减小后变大的曲线,在点$\left(\dfrac{D}{E}\right)^*$处达到最小(见图7-7)。

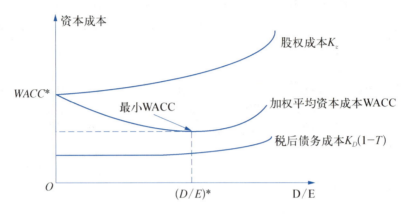

图7-7 基于权衡理论的资本成本和资本结构

MM理论的批评者经常声称,如果添加诸如税收和财务困境成本之类的真实世界的条件,MM理论是错误的。然而,此观点是对MM理论真实价值的轻率评论。MM理论提供了对这些问题及资本结构角色的较为积极的思考方式。

税收只是对公司现金流量的另一种索取权。设G(指政府和税收)代表政府对公司征税权利的市场价值。而财务困境成本也是对现金流量的另一种索取权,用L(给律师)标示它们的价值。馅饼理论认为,所有这些索取权只有一个支付源:公司的现金流量(CF),在代数上,CF可以表示为支付给股东、债权人、政府和律师等的现金流量之和(见图7-8)。

## 三、新资本结构理论

### (一)代理成本理论

大多数现代大企业的所有权和控制权是分离的。也就是说,对企业有控制权的人常常不是所有者。即使公司管理层是股东,他们所拥有的股权只占总股权的一定百分比。公司管理层的利益和股东的利益不完全一致,有控制权的人只是股东的代理人,他们更关注的不是股东的利益,而是自身的利益。这就是所谓的委托代理问题,由于代理问题造成的额外成本和费用称为代理成本。

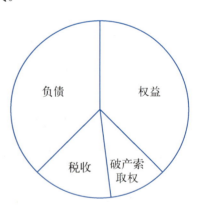

图7-8 考虑税收和财务困境成本后的企业价值

代理问题可以体现在很多方面。比如经营者更关注的是增加企业的规模(也就是他们所控制的资源)而不是股东的价值,他们可能喜欢去收购一个公司,尽管这个并购并不给企业的股东增加价值。这就是为什么大多数并购不成功的原因之一。公司控制者可能会更关注企业其他利益集团(例如员工)的利益,他们可以让自己控制的公司之间进行关联交易,使自己获利。总之,代理问题就是有控制权的人运用公司的资源去实现股东价值极大化之外的目的。从股东的角度来说,这就是对他们资源的一种浪费。

代理问题分为两类,一类是公司所有者和经营者之间的代理问题,另一类是大股东和小股东之间的代理问题。发达国家尤其是采用英国案例法的国家(美国、英国等)中大公司的股权一般比较分散,很少有控股的大股东。这些国家中公司的代理问题主要体现在内部经营者和外部股东的利益冲突。发展中国家的公司常常有内部控股股东,他们有公司的实际控制权。代理问题往往体现在内部控股股东和外部中小股东的利益冲突之上。

如果公司使用过多的权益融资,将会产生严重的代理成本。前面提到代理成本是由于控制权和所有权分离对企业造成的额外费用,成本和浪费,主要体现在内部控制人利用公司资源来为自己或企业的非股东的其他利益集团牟利,这样的行为减少了企业的价值。当公司过度依赖权益融资时,这种代理成本会比较大。股东权益是剩余价值,没有约定的回报,股权所有者对公司管理层的约束有限,约束比较软。将股东利益浪费掉的公司可以不分红,股东将得不到回报。如果权益融资过多,内部控制人更容易将公司的钱浪费掉。

如果公司更多地使用借债融资,还债和破产的压力使内部控制者必须减少浪费。还债减少了内部控制者能够控制的资源,减少经理们进行以上"浪费"活动所需要的现金,这样就可以减少代理成本。20世纪80年代,美国许多公司通过杠杆收购将公司的价值大幅提高,通过高负债来迫使公司重组、裁员和提高运营效率,这使这些公司的浪费大大减少。

但是,太多的债务会造成股权所有者和债权所有者之间的利害冲突,引起债务的代理成本。股东和债权人的冲突有以下几种表现:(1)公司投资不足现象。高负债使股东可能不愿做一些盈利的项目,因为负债过高,做了项目以后大多数的好处被债权人拿去了,这样的行为将降低公司的价值。(2)资产转移。有时企业的股东会将高负债公司中的优质资产转移出去,掏空现有公司,只留给债权人一个空壳。(3)过度投资现象。在发行公司债的任务完成后,股东可能愿意进行一些高风险的项目,但这些项目不一定产生高回报。若高风险项目非常成功,绝大部分的好处必定会由股东享有,而非债权人;若高风险项目不幸失败,由于股东只承担有限责任,损失主要由债权人承担。

为了避免以上现象,债权人在贷款时往往要通过各种保护性条款对自己进行保护。这些条款在一定程度上会限制企业的经营,影响企业的活力,降低企业效率。另外,为了保证这些条款的实施,还必须用特定的方法对企业进行监督,这必然会发生额外的监督费用,增加负债成本。以上增加企业费用支出和约束企业行为发生的成本就是过度债务融资的代理成本。

### (二)新优序融资理论

优序融资理论则放宽MM理论完全信息的假定,以不对称信息理论为基础,并考虑交易成本的存在,认为权益融资会传递企业经营的负面信息,而且外部融资要多支付各种成本,因而企业融资一般会遵循内源融资、债务融资、权益融资这样的先后顺序。迈尔斯和马吉洛夫的研究表明,当股票价格高估时,企业管理者会利用其内部信息发行新股。投资者会意识到信息不对称的问题,因此当企业宣布发行股票时,投资者会调低对现有股票和新发股票的估价,导致股票价格下降、企业市场价值降低。内源融资主要来源于企业内部自然形成的现金流,它等于净利润加上折旧减去股利。由于内源融资不需要与投资者签订契约,也无须支付各种费用,受限制少,因而是首选的融资方式。其次是低风险债券,其信息不对称的成本可以忽略,再次是高风险债券,最后在不得已的情况下才发行股票。

1989年,Baskin从交易成本、个人所得税和控制权的研究角度对优序融资理论作出了解释,指出由于留存收益提供的内部资金不必承担发行成本,也避免了个人所得税,因此内部资金要优于外部资金。与权益性资金相比较,负债融资由于具有节税效应,发行成本低,同时还不会稀释公司的控制权,所以相对外融资来说,负债融资又优于权益性融资。

1984年,Myers和Mailuf根据信号传递的原理推出了优序融资假说。其假设条件是:除信息不对称外,金融市场是完全的。当公司宣布发行股票时,如果这一信息说明了公司有正净现金流的投资项目,对投资者而言这是一个好消息;如果这一信息说明公司管理者认为其资产价值被高估,对投资人就是一个坏消息。如果股票以很低的价格发行,价值会由原有股东向新股东转移;如果新股票价值被高估,价值以反方向转移。Myers和Mailuf假设公司管理者代表老股东的利益,不愿意以低价发行新股而将老股东的利益向新股东转移,而一些价值被低估的好公司则宁可错过有净现值的投资机会也不愿意发行股票。那么,股票发行公告会立即引起股票价格的下跌。

优序融资理论的主要结论是:

(1) 公司偏好内部融资。如果公司内部产生较多的现金流,这些内部资金足以满足公司的投资需求。公司不会向外部寻求资金。

(2) 股息具有"黏性",所以公司会避免股息的突然变化,一般不用减少股息来为资本支出融资。也就是说,公司净现金流的变化一般体现了外部融资的变化。

(3) 如果需要外部融资,公司将首先发行最安全的证券,也就是说,先债务后权益。随着公司拟投资项目的增加,内源融资无法满足所有投资需求,外部融资需求增加。公司的融资工具选择顺序将是:从安全的债务到有风险的债务,比如从有抵押的高级债务到可转换债券或优先股,股权融资是最后的选择。

(4) 公司的资产负债率反映了公司对外部融资的累计需求。

联系前文提到的权衡理论,它和优序融资理论有一定的相似之处。具体体现为四点:

(1) 两者都是以MM理论为基础,是对MM理论的发展。两者都以企业市场价值最大化为目标,考察不同融资方式对市场价值的影响。两者都放宽MM理论理想假设条件,向现实逼近。而且两者的前提条件相互补充,共同涵盖了影响企业资本结构的众多重要因素,都有很强的现实意义。

(2) 两者实际上都肯定了债务融资优于权益融资。在优序融资理论中,债务融资明显优先于权益融资。而在权衡理论中,则是先考虑债务融资各种优势带来的收益,再考虑债务融资受限制情况带来的成本,从而认为需在两者之间平衡。其着眼点也是优先考虑债务融资,直至用尽债务融资的好处才考虑使用权益融资。此外,两者都是对成本进行"权衡"的理论,只不过优序融资理论"权衡"比较的是内源融资、债务融资和权益融资三者之间的成本,而权衡理论"权衡"比较的是作为融资方式之一的债务的边际成本和收益。

(3) 两者都未能得出企业合理资本结构的准确公式。但两个理论都表明，现实中资本结构与企业的市场价值有关，其合理与否会影响到企业的治理结构和股东、债权人、管理者等利益相关者的利益。

(4) 两者对企业的融资方式和股利政策的指导效果比较一致。虽然动机有所不同，但两者在股利政策上的决策原则基本一致。两者都认为，在其他条件不变的情况下，盈利多的企业会有更高的股利支付率，有更多投资机会的企业会有更低的股利支付率，经营风险大、未来盈利和现金流不稳定的企业会有更低的股利支付率和杠杆比例。1994年的一项研究表明，当公司提议增加其财务杠杆时，当日其股票价格大幅上扬；反之，当公司提议降低财务杠杆时，当日其股票价格大幅下跌。这与权衡理论认为财务杠杆的增减会影响税收优惠的增减，从而导致股票价格相应涨跌的预测一致。另一方面，该项研究也可看成是优序融资理论的证明。这是因为，财务杠杆比例的提高可以看成企业未来具有高现金流和高盈利的信号。根据有关资料，自20世纪50年代以来，西方发达国家的企业融资结构变化的共同趋势是内部融资的比率明显上升，外部资金的比重有所下降；而在外部融资中，银行融资的比重有所下降，债务融资比重上升，而股票融资呈下降趋势，甚至出现股票融资为负（股票回购大于发行）的情况，这些成为优序融资理论现实解释能力的有力证据。

### （三）信号模型

信号模型是一种方法，它将斯宾塞的信号理论引入资本结构研究中，探讨如何在信息不对称条件下将资本结构作为信号向市场传递有关公司价值的信息，以此来影响投资者的融资决策。

ROSS首先做出了开创性的研究，他的研究仅仅放松了MM理论中关于充分信息的假设，而保留了MM理论的其他假设条件。也就是说，该理论建立在信息灵通的经理人与信息不灵通的外部股东之间存在信息不对称的基础上。罗斯认为公司经营者在获得有关公司收益真实分配、预期现金流量信息方面具有垄断优势，而外部投资者则处于劣势。当有好的内部消息产生时，公司经营者会有很强的愿望将这一好消息传递给外部投资者，从而提升该公司的股票价格。但是，在信息不对称条件下，经理人不能简单地声称他们有好消息，因为其他经理人都会有这样的动机，并且会向股东适当地描述自己的优势，而这些陈述仅能随着时间的流逝被证实或证伪。资本结构就是这样的信号，经营者可以通过采用不同的杠杆水平向外界传递消息。如果公司采取高杠杆，外部投资者将高负债视为较好质量公司的信号，他们会认为该公司未来拥有良好的预期。而低质量的公司都有很高的期望边际财务困境成本，因此，低质量公司的经营者不会通过举债来仿效高质量公司，此举可能导致低质量公司不堪重负而破产。

该理论暗示了管理层可以选择财务杠杆，作为向社会公众传递有关公司未来业绩的明确信号方式，这些信号不能被不成功的公司仿效，因为不成功公司没有足够的现金流量来支持。

## 四、资本结构的影响因素

企业的负债率多少才合适？现代公司金融理论的回答是，不同的企业有不同的特点，它们应该有不同的最优负债率。资本结构理论为融资决策提供了有价值的参考,可以提供决策思考框架。但是应该指出的是,由于融资活动本身和外部环境的复杂性,目前还很难将以上所提到的理论量化,因此,在一定程度上,融资决策还要依靠有关人员的经验和主观判断。没有公式可以把所有影响企业资本结构的因素联系在一起,从而给出一家企业的最优债务比率。分析一家企业资本结构是否合适的最佳起点是考虑行业中类似企业的平均债务比率。然后,可以考虑以下归纳的影响资本结构的主要和重要因素(见表7-8和表7-9)。

表7-8 支持企业债务融资的因素

| 分 类 | 因 素 | 解 释 |
|---|---|---|
| 主要因素 | 公司所得税 | 负债可以减少公司的所得税金额,因为利息支出可以从税前收入中扣除,而红利和留存收益不可以 |
| 重要因素 | 股票的代理成本 | 债务可以帮助减少股权融资的代理成本,该成本的产生是因为经理们进行并不符合股东利益最大化的决策。债务融资可以增加对经理们的监控以及限制经理们的行动,这些管理者们就不太可能"浪费"太多股东的资金 |
| | 信息不对称 | 发行债券使企业可以避免发行新股份时出现的股价下跌问题。这一现象的出现是因为外部股东认为管理层只有在企业股票价格被高估的情况下才会进行股权融资 |

表7-9 阻止企业过度债务融资的因素

| 分 类 | 因 素 | 解 释 |
|---|---|---|
| 主要因素 | 财务困境成本 | 过多的债务增加了公司陷入财务困境的可能性。陷入财务困境的可能性越高,财务困境的预期成本就越高,企业的价值就越低 |
| 重要因素 | 债务的代理成本 | 额外的借款通常都有附加条件。贷款者会在新的债务合约中要求越来越有限制性和高成本的保护条款,防止经理们为了股东的利益而不合理使用资金 |
| | 股利政策 | 过多的债务可能会束缚公司采取平稳股利政策的能力 |
| | 财务弹性 | 过多的债务可能会减少企业的财务灵活性,也就是说,会增加企业再融资的难度,从而减少企业快速抓住可以创造价值的投资机会的能力 |

## 第四节 中国上市公司的资本结构

如果要深刻理解中国上市公司的资本结构,那么就有必要了解中国上市公司资本结构的基本特征。中国有着和西方国家不同的制度环境,这使中国上市公司形成了符合自身特色的资本结构,与西方国家的资本结构存在差异。

## 一、中国企业融资结构的发展历程

考察中国企业融资模式的发展历程,可以大致分为三个阶段,即计划经济体制下财政主导型融资模式、转轨经济体制下银行主导的融资模式和市场经济体制下多元发展的融资模式。从建国初期到1978年改革开放前,中国实行的是高度集权的财政主导型融资模式。1978年以后,银行融资得以发展,特别是1985年"拨改贷"的实施,使中国企业的融资体系出现重大变化。1990年后,上海证券交易所和深圳证券交易所相继成立,资本市场直接融资功能加强,成为中国企业融资体系的重要组成部分。银行信贷和股权融资共存,一个多元发展的融资模式得以形成并日趋成熟。

改革开放前,中国实行高度集中的计划经济体制,国家主要依靠财政手段,以近乎无偿的方式进行社会资金的集中与分配,企业融资主要依靠国家财政拨款,银行对融资的作用微弱,企业融资渠道单一。在这一阶段,国有企业的资产负债率非常低,1980年,全部国有及规模以上(营业收入大于500万)非国有企业的平均资产负债率仅为18.7%。

1978年开始的改革开放,使中国进入了特殊的转轨经济体制时期。整个国家的国民收入分配格局、社会储蓄结构和投资结构都发生了巨大的变化。中国国有企业的融资模式也随着经济体制的变革发生了相应的变化,银行融资模式发挥了重要作用,企业的融资渠道和方式由过去单一的财政资金供给逐步转变为银行主导的融资模式。其间进行了一系列改革:(1)改革固定资产折旧制度。企业可以分类计提折旧,同时提高折旧比例,折旧基金归企业自主使用。(2)改革利润分配制度。企业留存收益增加,自我积累能力增强,内源融资开始占一定比例。(3)调整流动资金管理体制。国家财政不再增拨流动资金,不足部分通过银行贷款补充。这使国有企业大部分流动资金来源从财政拨款变为银行贷款。(4)固定资产投资资金的募集方式走向负债化。1985年,实行"拨改贷"政策,1988年,设立基本建设基金贷款,资金募集方式逐步走向负债化。这些改革使以银行为主导的融资体系迅速发展。在此期间,国有企业及规模以上非国有企业资产负债率发生了巨大变化,从1980年的18.7%迅速上升到1993年的70.8%。财政预算占全社会固定资产投资的比重不断下降,财政融资功能日趋弱化。

随着改革开放的不断深化,由国家财政或银行贷款提供资金的单一融资模式逐渐被打破。1994年以后,银行融资虽然仍为企业融资的重要渠道,但其重要性不断下降。国有企业及规模以上非国有企业资产负债率在1993年达到峰值后,逐年缓慢下降,不过在2015年仍然有56.6%。1992年,中国开始推行市场经济体制。政府提出,国有企业改革的方向是建立现代企业制度,改变过去以政府行政手段分配资本、企业融资渠道单一、信贷约束软化的局面。20世纪90年代初股票市场和上市公司的出现,使股票融资方式有了广阔的市场。同时,商业信用融资、国际融资、债券市场也迅速发展起来,企业融资方式日益灵活。

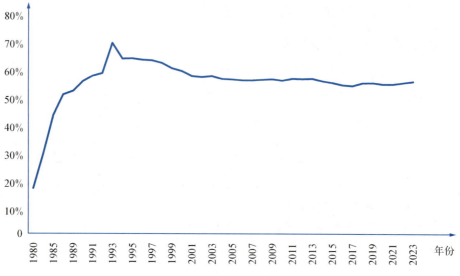

图 7-9 国有及规模以上非国有企业资产负债率变化趋势

## 二、中国上市公司资本结构的变化趋势

中国证券市场是企业筹资的重要场所。创业板、科创板、北交所市场的开放,降低了企业登陆资本市场的门槛,为企业融资模式走向多元化提供了重要平台。上市公司从无到有,从1991年上海证券交易所成立至今,中国资本市场的上市公司已超过5 000家。市场融资总额也不断扩大,2002年上市公司股权融资额仅为600亿元,2016年股权融资额已超过19 000亿元,达到历史峰值(见表7-10)。

表 7-10 中国上市公司证券发行统计

| 年份 | 融资金额(亿元) | | | 公司数量(家数) | | |
| --- | --- | --- | --- | --- | --- | --- |
| | 募资总额 | 新股发行 | 配 股 | 上市总数 | 新股发行 | 配 股 |
| 2002 | 600.05 | 508.45 | 26.80 | 1 223 | 67 | 10 |
| 2003 | 642.49 | 453.51 | 74.39 | 1 285 | 66 | 25 |
| 2004 | 648.86 | 353.46 | 126.69 | 1 373 | 98 | 24 |
| 2005 | 330.05 | 57.63 | 2.62 | 1 378 | 15 | 2 |
| 2006 | 2 578.06 | 1 564.06 | 11.52 | 1 421 | 66 | 3 |
| 2007 | 7 742.38 | 4 611.64 | 232.55 | 1 530 | 125 | 7 |
| 2008 | 3 311.05 | 1 034.38 | 139.50 | 1 604 | 77 | 8 |
| 2009 | 5 052.91 | 1 945.93 | 105.97 | 1 700 | 100 | 10 |

续　表

| 年份 | 融资金额(亿元) | | | 公司数量(家数) | | |
|---|---|---|---|---|---|---|
| | 募资总额 | 新股发行 | 配　股 | 上市总数 | 新股发行 | 配　股 |
| 2010 | 9 515.00 | 4 745.43 | 1 487.62 | 2 063 | 347 | 20 |
| 2011 | 7 848.01 | 2 777.35 | 372.56 | 2 342 | 281 | 13 |
| 2012 | 4 632.72 | 1 034.32 | 121.00 | 2 494 | 154 | 7 |
| 2013 | 4 185.12 | 0.00 | 475.73 | 2 489 | 1 | 13 |
| 2014 | 7 840.60 | 668.89 | 137.97 | 2 613 | 125 | 13 |
| 2015 | 14 050.21 | 1 630.24 | 6 258.53 | 2 827 | 218 | 6 |
| 2016 | 19 077.37 | 1 600.11 | 6 305.70 | 3 052 | 240 | 10 |
| 2017 | 15 335.81 | 2 210.70 | 180.47 | 3 485 | 437 | 8 |
| 2018 | 9 466.95 | 1 384.53 | 210.81 | 3 584 | 105 | 14 |
| 2019 | 9 988.82 | 2 489.81 | 133.88 | 3 777 | 201 | 9 |
| 2020 | 14 034.24 | 4 742.30 | 512.97 | 4 154 | 394 | 18 |
| 2021 | 15 475.36 | 5 426.68 | 493.36 | 4 697 | 522 | 7 |
| 2022 | 14 342.45 | 5 867.93 | 615.26 | 5 079 | 424 | 9 |
| 2023 | 9 956.35 | 3 564.35 | 150.49 | 5 346 | 313 | 5 |

在证券市场飞速发展的大环境下,中国上市公司的资本结构也发生了较大改变。从表7-11的数据可以看出,中国上市公司资本结构和债务期限结构在过去十几年表现出一些明显的变化特点。首先,上市公司的资产负债率低于国有企业。对比同期国有企业的资产负债率(图7-9)可以发现,上市公司更多地使用了股权融资。一方面,银行贷款的成本不断上升,另一方面,中国证券市场的不成熟使公司管理层难以受到约束和限制,股权融资的成本很低。这就使中国的上市公司有强烈的股权融资偏好。

表 7-11　中国上市公司资本结构的变化趋势(1991—2007)

| 年　份 | 资产总额(亿元) | 负债总额(亿元) | 负债比率 | 流动负债比率 | 流动负债/总负债 |
|---|---|---|---|---|---|
| 1991 | 43.64 | 28.88 | 0.66 | 0.43 | 0.66 |
| 1992 | 373.51 | 204.70 | 0.55 | 0.4 | 0.72 |

续 表

| 年 份 | 资产总额（亿元） | 负债总额（亿元） | 负债比率 | 流动负债比率 | 流动负债/总负债 |
|---|---|---|---|---|---|
| 1993 | 1 699.41 | 774.78 | 0.46 | 0.34 | 0.75 |
| 1994 | 3 073.19 | 1 403.51 | 0.46 | 0.36 | 0.8 |
| 1995 | 3 939.81 | 1 966.72 | 0.5 | 0.4 | 0.8 |
| 1996 | 5 774.71 | 2 827.16 | 0.49 | 0.4 | 0.81 |
| 1997 | 8 885.22 | 4 152.04 | 0.47 | 0.36 | 0.78 |
| 1998 | 11 523.02 | 5 275.71 | 0.46 | 0.37 | 0.8 |
| 1999 | 14 198.71 | 6 527.24 | 0.46 | 0.37 | 0.8 |
| 2000 | 18 471.25 | 8 309.68 | 0.45 | 0.36 | 0.81 |
| 2001 | 25 665.24 | 12 134.17 | 0.47 | 0.36 | 0.77 |
| 2002 | 30 418.64 | 14 952.36 | 0.49 | 0.37 | 0.76 |
| 2003 | 35 891.63 | 17 982.39 | 0.5 | 0.38 | 0.75 |
| 2004 | 42 451.36 | 22 192.25 | 0.52 | 0.39 | 0.75 |
| 2005 | 47 511.20 | 25 845.26 | 0.54 | 0.41 | 0.76 |
| 2006 | 58 524.92 | 32 650.42 | 0.56 | 0.42 | 0.75 |
| 2007 | 94 923.86 | 51 316.42 | 0.54 | 0.39 | 0.73 |

其次，上市公司的资产负债率和流动负债比率之间有较强的相关性，两者的走势基本相同。流动负债在企业的总负债中占比很高，除 1991 年外，其余年份都超过了 70%，这说明中国上市公司的总负债很大一部分来自流动负债，而长期负债占比小。上市公司偏好流动性强的短期融资，这和中国的银行在融资中的强势地位以及企业债券市场发展还不成熟有关。

## 案例分析

### 许继电气资本结构的动态调整

#### 一、案例背景

（一）公司介绍

许继电气的前身为许昌继电器厂。1993 年，许昌继电器厂作为独家发起人以定向募集方式改组设立许继电气股份有限公司，设立时的股份总额为 8 800 万股，其中，国家股为 6 660 万股，占总股本的比例为 75.68%。1997 年 4 月 2 日，许继电气以全额预缴、比例配售、余款转存方式向社会公众公开发行人民币普通股股票5 000万股,并于1997年4月18日正式在深圳证券交易所挂牌上市交易,股票代码为000400。

许继电气是中国电力设备行业的领先企业。在特高压直流输电、智能变电站、智能配电自动化系统、电动汽车智能充换电站系统、地铁再生制动能量并网变流器等领域达到国际先进水平。公司聚焦特高压、智能电网、新能源、电动汽车充换电、轨道交通及工业智能化五大核心业务,拓展综合能源服务、智能制造、智能运检、先进储能、特殊特种行业全电化等五类新兴业务。产品主要分为智能变配电系统、直流输电系统、智能中压供用电设备、智能电表、电动汽车智能充换电系统、EMS加工服务等,覆盖一二次设备,应用于电力系统各个环节。以下主要介绍2019年许继电气通过融资主动增加负债进行资本结构调整的案例,研究公司金融不可脱离外部环境的影响,因此本文首先对宏观经济周期、行业特征的背景进行分析。

(二)许继电气与宏观经济周期

宏观经济的周期性至关重要,它能决定一段时间内某个整个行业的景气程度。许继电气在2016—2022年经历了一个"宽松货币政策—紧缩去杠杆—积极财政政策"的三阶段周期性波动。

(1)典型的宽松货币政策周期从2016年2月开始。2016年春节以后,上海房地产市场开始启动,并逐步从一线城市蔓延到二三线城市。房地产开始大幅上涨的同时,居民使用银行贷款加杠杆购房,创造了更多的货币并引发了通货膨胀。五粮液等白酒股价格大幅上涨,股票价格波动也更大,如图7-10所示。在2016年到2017年的货币政策周期中,主要政策目的是房地产去库存,此时通常会为保留政策空间而严控财政政策。

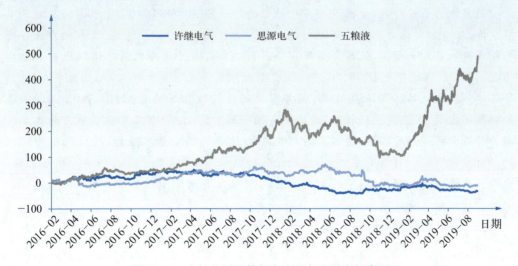

图7-10 宽松货币政策与电力设备公司市场表现

(2)2018年2月中央去杠杆政策开始,直至2019年8月均属于货币紧缩周期。在图7-10中将两个经济阶段的许继电气、同行业民营电力设备公司思源电气和五粮液作为对比。在货币宽松和货币紧缩两个阶段,许继电气这类电力基建公司,收入下滑了近20%,利润下滑近70%,股价也接近腰斩,这就是宽货币政策严财政政策的周期后果。

(3) 2018年8月国家提出逆周期加大特高压基建投入,由于积极的财政政策需要一段时间的规划,到2019年8月积极的财政政策才真正开始落地。将2019年9月到2022年12月定义为积极的财政政策周期(见图7-11),在这段时间中五粮液的股价几乎没有上涨,而许继电气上涨近150%,收入、利润、现金流均开始出现大幅反转。这些都表明宏观层面已进入积极财政政策周期,政府开始加大特高压电力基建投资。

图7-11 积极财政政策与电力设备公司市场表现

(三)许继电气与电力基建行业发展

聚焦电力基建行业,受前期四万亿计划的影响,2013年到2015年中国的房地产发展缓慢,政府加大电力基建投资以对冲经济增速下滑。2016年到2018年电力设备行业收入进入负增长周期,业绩大幅下滑。2018年,电力行业的利润率达到历史最低水平,2018年底许继电气ROE为2%,低于银行理财产品4%的收益率,由此判断2018年已达到行业低谷。2018年6月,国务院开始严控投资性购房;2018年8月,国家重启特高压投资,行业发生反转;经过近一年的规划时间,2019年三季度政策开始真正实施。行业景气周期反转后,通常会持续到电力设施的供给基本饱和,持续到电力设施的招标增速下滑。目前来看,电力基础设施仍供给不足,随着中国的"双碳"战略实施,电动汽车逐渐替代燃油车,中国的电力需求仍处于稳健增长阶段,特高压和充电桩等电力基建投资需要提前布局。

二、许继电气资本结构调整

顺应政策东风进行业务扩张离不开资金支持。图7-12反映了许继电气历年融资情况。可以发现2019年出现融资波峰。2019年11月,许继电气面向合格投资者公开发行公司债券5亿元(简称"19许继01",代码149004),发行期限为5年。根据网下向机构投资者询价结果,经公司和主承销商协商一致,最终确定债券票面利率为3.82%,按面值发行。此前几年的公司有息债务规模均较小,2019年9月末,有息债务仅有短期借款9 906.54万元。此次债券募集资金在扣除发行费用及偿还有息债务的部分后，主要用于补充公司日常生产经营所需流动资金。补充流动资金将主要用于智能变配电系统、智能中压供用电设备、智能电表、电动汽车智能充换电系统、直流输电系统、EMS加工服务及其他等各业务板块的营运资金需求。债券发行有助于公司业务的开展与扩张、市场的开拓及抗风险能力的增强。

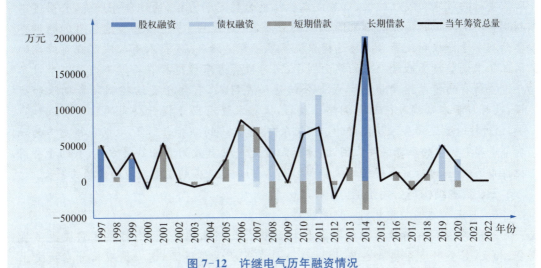

图7-12　许继电气历年融资情况

债券发行后，从负债结构角度，公司合并报表资产负债率由2019年三季度的41.19%提高至四季度的42.50%，长期资本负债率即非流动负债占长期资本的比例由2019年三季度的0.34%提高至四季度的5.98%，同期电网自动化设备行业资产负债率中位数出现普遍上升，如图7-13所示；从偿债能力角度，债券发行完成且上述募集资金运用计划执行后，公司合并报表的流动比率和速动比率将由发行前的2.06和1.55分别增加至发行后的2.16和1.64，流动资产对于流动负债的覆盖能力得到提升，短期偿债能力增强。

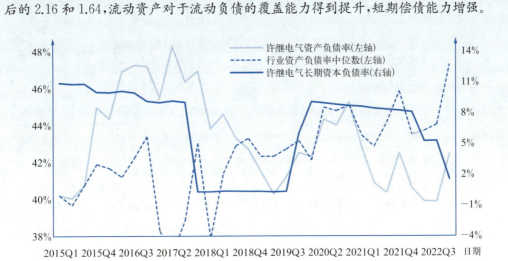

图7-13　许继电气各季度资产负债率

许继电气选择债券融资调整资本结构有着诸多好处。首先,债券融资使公司能够利用债务杠杆来扩大业务规模,而不必动用现金或其他资产,相比于股权融资,债务融资不会稀释现有股东的权益,债券持有者无权对公司经营进行干涉,公司可以在扩张业务的同时保持管理层的控制权,从而更好地执行战略决策。其次,债券融资还有助于降低公司的资本成本,尽管公司需要支付利息作为债务的成本,但相比于股权融资所需支付的股息和股权回报,债务成本往往更为稳定和可控,通过债券融资,公司可以利用市场上较低的债务利率来降低融资成本,提高盈利水平。此外,债券附加的调整票面利率选择权和投资者回售选择权提高了融资灵活性,发行人有权决定在存续期的第三年末调整债券后续期限的票面利率,同时投资者有权选择在存续期内第三个计息年度将持有的债券按面值全部或部分回售给发行人,有利于灵活控制融资期限和规模,及时对资本结构进行动态调整。最后,债券融资有助于提升公司的信用评级和声誉,通过按时偿还债务维护良好的信用记录,塑造良好的融资者形象,从而获得更多的融资渠道和更优惠的融资条件。因此,债券融资是一种有效的资金筹集方式,有助于公司把握市场机遇,进行更大规模的投资和扩张,从而加速业务的发展和市场份额的增长。

### 三、资本结构与公司价值

(一)资本结构调整动机:订单驱动

2019 年公司发行债券增加财务杠杆说明企业越来越景气,有订单才需要更多资金;相反,若公司债务越来越少,则说明公司景气度逐年下降,这一微观信号在历史上多次重复。随着政府加大特高压基建投入,公司在手的特高压、柔直输电项目订单充沛,其中 2017 年以来获得的:张北、乌东德、青海-河南、陕北-武汉、三峡如东、巴基斯坦等项目合计约 40 亿元(见表 7-12)。

表 7-12 公司特高压、柔直近年主要订单

| 中标时间 | 项目 | 中标产品 | 中标金额 |
| --- | --- | --- | --- |
| 2016 年 5 月 | 国网 2016 年渝鄂直流背靠背联网工程 | 换流阀、直流控保 | 10.46 亿元 |
| 2017 年 5 月 | 巴基斯坦默蒂亚里-拉合尔±660 kV 直流输电工程 | 换流阀和直流测量装置+控制系统和直流保护 | 6.285 亿元 |
| 2017 年 6 月 | 土耳其凡城 600 兆瓦背靠背换流站工程 | 换流阀和阀厅金具设备 | — |
| 2018 年 3 月 | 张北柔性直流电网试验示范工程 | 换流阀、直流控保等 | 8.1 亿元 |
| 2018 年 8 月 | 乌东德特高压多端直流示范工程 | 换流阀及阀冷却系统 | 10.3 亿元 |
| 2019 年 1 月 | 青海-河南、陕北-武汉 800 kV 特高压直流工程 | 换流阀、直流控保等 | 10.5 亿元 |
| 2019 年 9 月 | 三峡如东海上风电柔性直流输电示范项目 | 换流阀及直流耗能装置 | 4.3 亿元 |

资料来源:国网电子商务平台,南方电网供应链统一服务平台,三峡电子采购平台,许继集团网站,北极星输变电网等。

除此之外,2020 年上半年,公司进一步优化产业结构,成立电力电子分公司,打造国内领先的高中压电力电子解决方案和产品。同时公司完成山东电子 100% 股权收购,山东电

子以智能电网终端设备为主,包含电能表、集中器、采集器等,与公司存在同业竞争关系,2019年山东电子营收和净利分别为8.54亿元和4 907万元,按2019年业绩测算,对公司的业绩增厚达到15%。此次收购也将进一步提升公司在智能电表领域的领先优势。

(二)资本结构调整与经营业绩

国家电网加大电力基建投资,公司中标的新基建在2019年第三季度产生明显收入增速。特高压及柔直项目利润水平较高,毛利率平均在30%~40%,具有较高的经营杠杆,随着产量的增加,息税前利润将大幅增长,对公司整体业绩产生明显影响,上述订单收入确认周期主要在2019—2021年。2019年,公司实现营收101.56亿元,同比增长23.61%;毛利率18.04%,同比增长0.63%;归母净利润4.26亿元,同比增长113.52%,如图7-14所示。从单季度财务数据来看,公司营业收入和归母净利润同比增速在2019年第三季度达到峰值,分别为45%和297%,第四季度仍保持较快增长,如图7-15所示。这一单季收入增长是行业反转开启的重要信号。

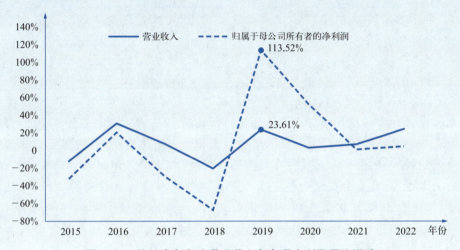

图7-14 许继电气年度营业收入与归母净利润同比增速

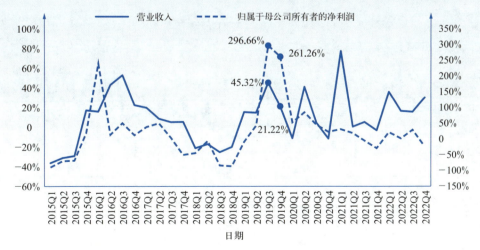

图7-15 许继电气单季度营业收入与归母净利润同比增速

（三）资本结构调整与市场反应

从估值角度，图 7-16 显示，许继电气自 2016—2021 年市净率（PB）波动较为剧烈，最高是 3.70，最低是 0.99。从其 PB 的波动可知，这是一个有显著周期性的公司。从 2019 年第三季度开始，公司 PB 进入上行区间。

图 7-16　许继电气的 PB 历史估值水平

从投资者行为角度，一方面，许继电气的大股东 2019 年底增持 2% 的股份，内部人员增持是一个重要的信号。国有企业增持和民营企业增持有所不同，国有企业增持往往是真的增持，而民营企业对股价比较敏感，增持通常是为了维护股价。另一方面，从机构行为来看，公募基金在业绩排名压力下往往会持有景气度较高的公司，即进行右侧投资，因此会出现行业景气顶点估值最高、景气底点估值最低的追涨杀跌行为。图 7-17 显示，2019 年第三季度许继电气基金持股比例仅为 0.02%。基金持股太低表明这个行业被严重低配了。

图 7-17　许继电气股价走势与基金持股比例

### 四、结语

本案例聚焦2019年许继电气通过融资主动增加负债进行资本结构调整的行为,结合宏观经济周期、行业特征的背景分析,对其资本结构调整的动机、经营情况和市场反应进行归纳总结。发现许继电气资本结构的动态调整,充分展现了企业在经济景气度较高时迎合订单需求、扩大生产规模的积极姿态,因此公司举债加杠杆的行为可以被视为积极的信号,预示公司正处于成长扩张阶段。这一信号同时也伴随着企业经营业绩的提升和投资者尤其是大股东的认可。

对此,企业应当保持敏锐的市场感知能力,顺应宏观经济和行业周期的变化,适时调整资本结构,以确保资金充裕;投资者要认识到公司资本结构调整行为承载的机遇,结合公司的经营实绩、估值和不同投资者的持仓情况进行全面评估,做出投资决策;金融机构也应发挥融资中介的作用,基于公司实际情况,提供合适的融资方案,帮助企业实现资金融通,促进公司在宏观经济和行业周期的推动下实现可持续发展。

## 本 章 小 结

关于资本结构最具有奠基性的理论是无税和有税MM理论。MM理论的前提是资产风险由息税前收益的波动决定,市场无摩擦,公司和个人可以以无风险利率借入借出资金,资金为永续现金流,这些假设条件构造了一个完美的市场环境。

在无税MM理论中,资本结构不能影响公司价值,同风险等级的无负债公司价值和负债公司相同。负债公司的权益资本成本是在同风险等级的无负债公司的权益成本上加一定的风险补偿。负债企业的权益资本成本随着负债占比增加而线性上升,加权平均资本成本和债务资本成本均为水平的直线。

而在有税MM理论中,负债企业的价值等于同风险等级的无负债企业价值加上税盾的现值。考虑公司所得税后,负债企业的权益资本成本是无负债企业的权益资本成本加一定的风险溢价,这个溢价和无税MM理论中的溢价相差一个系数$(1-T)$。随着杠杆水平的上升,负债企业的价值增加,加权平均资本成本下降,而权益资本成本线性增加。

目标资本结构的确定取决于税盾效应、财务困境成本、代理成本等多方面因素。财务困境指公司偿债出现较大困难,偿债压力使公司高管不会过度负债。财务困境成本分为直接成本和间接成本。企业营业利润的变动性、资产种类和出售的产品和服务的种类影响公司财务困境成本。"税盾学派"和"破产成本学派"最后总归于"权衡理论",其主要观点是公司的最优资本结构应该在税盾效应和破产成本之间进行权衡。随着杠杆水平的提升,企业的实际价值先上升后下降。新资本结构理论包括代理成本理论、新优序融资理论和信号模型。代理问题有股东和管理层的代理问题、企业内部大股东和小股东的代理问题两类,过度权益融资和过度债务融资都会产生代理问题。新优序融资理论认为,内源融资优先于债务融资,债务融资优先于股权融资。信号模型认为,在信息不对称条件下,高杠杆向外部投资传递公司质量优良的信号。

不同的企业，合意的资产负债率水平不同，可以参考同行业水平。影响企业资本结构的因素包括公司所得税、股票的代理成本、信息不对称、财务困境成本、债务代理成本、股利政策和财务弹性等。

中国企业融资模式分为三个阶段：计划经济体制下财政主导型融资模式、转轨经济体制下银行主导的融资模式和市场经济体制下多元发展的融资模式。企业的资产负债率由极低水平迅速增加，随后又转而缓慢降低，企业融资渠道日益丰富。中国资本市场迅速发展，上市公司偏好股权融资。上市公司的资产负债率和流动负债比率有较强相关性，流动负债占总负债的比例高。

## 习题与思考题

1. 无税 MM 理论的具体内容是什么，如何证明？
2. 根据有税 MM 理论，有税环境下公司价值与资本结构的关系是什么？
3. 根据权衡理论，资本结构如何影响企业价值？
4. 不同资本结构下的代理成本有什么不同？
5. 根据优序融资理论，企业融资一般会遵循怎样的先后顺序？
6. 在信息不对称条件下，资本结构作为信号向市场传递了哪些信息？
7. 综合来看，影响企业资本结构的因素主要有哪些？
8. 某公司 2023 年税后利润为 450 万元，所得税税率为 25%。公司全年固定成本和利息总额为 3 000 万元，公司当年年初发行了一种 5 年期每年付息、到期还本的债券，发行债券数量为 1 万张，每张债券市价为 989.9 元，面值为 1 000 元，债券年利息为当年利息总额的 20%。该公司的财务杠杆系数为 2。

   要求：
   (1) 计算 2023 年税前利润。
   (2) 计算 2023 年利息总额。
   (3) 计算 2023 年息税前利润。
   (4) 计算 2023 年利息保障倍数。
   (5) 计算经营杠杆系数。
   (6) 计算 2023 年债券筹资的资本成本。

9. 某公司目前拥有资金 400 万元，其中，普通股 25 万股，每股价格 10 元；债券 150 万元，年利率 8%。目前的销量为 5 万件，单价为 50 元，单位变动成本为 20 元，固定成本为 40 万元，所得税税率为 25%。该公司准备扩大生产规模，预计需要新增投资 500 万元，投资所需资金有下列两种方案可供选择：(1) 发行债券筹集 500 万元，债券每张面值 100 元，每张债券的发行价格为 105 元，债券票面利率为 10.5%；(2) 发行普通股股票 500 万元，每股发行价格 20 元。预计扩大生产能力后，固定成本会增加 52 万元，假设其他条件不变。

要求：
(1) 计算两种筹资方案的每股收益相等时的销量水平。
(2) 若预计扩大生产能力后企业销量会增加4万件，不考虑风险因素，确定该公司最佳的筹资方案。

10. 乙公司是一家上市公司，适用的企业所得税税率为25%，当年息税前利润为900万元，预计未来年度保持不变。为简化计算，假定净利润全部分配，债务资本的市场价值等于其账面价值，确定债务资本成本时不考虑筹资费用。证券市场平均收益率为12%，无风险收益率为4%，两种不同的债务水平下的税前利率和β系数如表7-13所示。公司价值和加权平均资本成本如表7-14所示。

表7-13 不同债务水平下的税前利率和β系数

| 债务账面价值(万元) | 税前利率 | β系数 |
| --- | --- | --- |
| 1 000 | 6% | 1.25 |
| 1 500 | 8% | 1.50 |

表7-14 公司价值和加权平均资本成本

| 债务市场价值（万元） | 股票市场价值（万元） | 公司总价值（万元） | 税后债务资本成本 | 权益资本成本 | 加权平均资本成本 |
| --- | --- | --- | --- | --- | --- |
| 1 000 | 4 500 | 5 500 | A | B | C |
| 1 500 | D | E | F | G | H |

要求：
(1) 确定表2英文字母代表的数值。
(2) 依据企业价值比较法，确定上述两种债务水平的资本结构哪种更优，并说明理由。

# 第八章

# 股 利 政 策

**学习目标**

1. 掌握公司利润分配的内容与顺序。
2. 了解股利支付的程序与方式。
3. 了解股利政策和公司价值的关系,学习相关的理论。
4. 掌握公司在制定股利政策时考虑的因素和常见的股利政策。
5. 掌握股票股利、股票分割和股票回购的相关内容。
6. 理解中国上市公司的现金股利政策和股票股利政策。

## 第一节 利润分配与股利支付

股利分配是指公司制企业向股东分派股利的行为,是企业利润分配的一种形式。股利分配涉及的方面很多,如股利支付程序中各日期的确定、股利支付比率的确定、股利支付形式的确定、支付现金股利所需资金的筹集方式的确定等。其中最主要的是确定股利的支付比率,即用多少盈余发放股利、多少盈余为公司所留用(称为内部筹资),这可能会对公司股票的价格产生影响。

### 一、利润分配的项目与顺序

(一) 利润分配的项目

利润是企业在一定时期内的经营成果,而净利润是税前利润减去公司所得税后的净额,是属于企业所有者的投资收益。净利润的高低反映了企业为股东创造收益的能力大小。有很多和净利润相关的指标,比如总资产收益率、净资产收益率等,它们是目前评价股东财富是否增加的主要指标。如果公司当期的净利润为正,就表明公司当期的收入大于费用,在资产负债表上体现为所有者权益的增加,公司产生正的净利润是净资产增加的源泉。按照我国《公司法》的规定,公司利润具体的去向包括以下两部分:

第一是公积金,包括法定公积金和任意公积金,法定公积金从净利润中提取形成,用于弥补公司亏损、扩大公司生产经营或者转为增加公司资本。公司分配当年税后利润时应当按照10%的比例提取法定公积金;当公积金累计额达到公司注册资本的50%时,可不再继续提取。任意公积金的提取由股东大会根据需要决定。

第二是向投资者分配的利润,即股利。公司向股东支付股利,分配企业的税后利润,要在提取公积金之后。股利的分配应以各股东持有股份的数额为依据,每一股东取得的股利与其持有的股份数成正比。股份有限公司原则上应从累计盈利中分派股利,无盈利不得支付股利,即所谓"无利不分"的原则。但若公司用公积金抵补亏损以后,为维护其股票信誉,经股东大会特别决议,也可用公积金支付股利。

(二) 利润分配的顺序

公司向股东分配利润,应按一定的顺序进行。按照我国《公司法》的有关规定,公司利润首先应该按照国家相关规定做调整,增减有关收支项目,缴纳所得税后的利润,应按下列顺序进行分配:

第一,计算可供分配的利润。将本年净利润与年初未分配利润合并,计算出可供分配的利润。如果可供分配的利润为负数,即企业处于亏损状态,则不能进行后续分配;如果可供分配利润为正数,则可以进行后续分配。

第二,计提法定公积金。将抵减年初累计亏损后的本年净利润计提法定公积金。提取公积金的基数,不一定是可供分配的利润,也不一定是本年的税后利润。只有不存在年初累计亏损时,才能按本年税后利润计算应提取数。

第三,计提任意公积金。

第四,向股东支付股利。企业以前年度的未分配利润,可以并入本年度向投资者分配。

公司股东大会或董事会违反上述利润分配顺序,在抵补亏损和提取法定公积金之前向股东分配利润的,必须将违反规定发放的利润退还公司。

## 二、股利支付的程序与方式

(一) 股利支付的程序

公司的股利分配方案通常由公司董事会提出,经股东大会批准后实施。在不同的国家,公司每年发放股利的次数有差异,我国发放股利的上市公司都是一年发放一次,而美国公司则是一季度发放一次股利。股份有限公司向股东支付股利,其过程主要经历:股利宣告日、股权登记日、除息(除权)日和股利支付日(见图8-1)。

图8-1 公司股利发放的时间轴

(1) 股利宣告日(announcement date)。股份公司董事会根据定期举行董事会会议,讨论并提出股利分配方案,由公司股东大会讨论通过后,正式宣布股利发放方案。因此,公司董事会将股利支付情况予以公告的日期就是股利宣告日。公告中将宣布每股支付的股利、股权登记期限、股利支付日期等事项。

（2）股权登记日（record date）。股权登记难以在宣告股利之后立刻执行，从公司宣布股利发放到实际发放存在一定的时间间隔。上市公司的额股票处于不停的交易状态，公司股东也随着交易而发生变化。为了明确股利的归属，公司将确定一个日期，作为股权登记日，即有权领取股利的股东有登记资格的截止日期。只有在股权登记日前在公司股东名册上登记的股东，才有权分享股利。而在这一天之后买入公司股票的股东，将无法得到此次公司发放的股利，股利归原股东所有。

（3）除息（除权）日（ex-dividend date）。除息日是指股利所有权和股票本身分离的日期，即将股票中含有的股利分配权利予以解除，在除息日当日及以后买入的股票不再享有本次股利分配的权利。我国上市公司的除息日一般为登记日的下一个交易日。除息日对股票价格有着显著影响，除息日之后的股票价格，将不再包含股利，因此，除息日之后的股票价格低于除息日之前的股票价格。

（4）股利支付日（payable date）。它指公司确定的向股东正式发放股利的日期。公司通过资金清算系统或其他方式将股利支付给股东。

[例 8-1] 假定 C 公司 2024 年 11 月 15 日发布公告："本公司董事会在 2024 年 11 月 15 日的会议上决定，本年度发放每 5 元的股利；本公司将于 2025 年 1 月 2 日将上述股利支付给已在 2024 年 12 月 15 日登记为本公司股东的人士。"请问该公司股利的宣告日、股权登记日、除息日和股利支付日分别是什么时候。

解：2024 年 11 月 15 日为 C 公司的股利宣告日；

2024 年 12 月 15 日为其股权登记日；

2024 年 12 月 16 日为其除息日（遇节假日则顺延）；

2025 年 1 月 2 日则为其股利支付日。

(二) 股利支付的方式

股利支付方式有多种，常见的有以下几种：

第一，现金股利。现金股利是以现金形式将净利润的一部分向股东进行分配，它是股利支付的主要方式。公司支付现金股利除了要有累计盈余外，还要有足够的现金。现金股利有时也被称作"红利"或者"股息。"当然，这个股息不同于债券的利息，债券的利息是根据合同的规定固定支付的，不需要考虑公司的盈利状况，而公司没有规定定期支付现金股利，在没有盈利的情况下进行股利发放也是不现实的。股东能否得到现金股利，得到多少现金股利，都取决于公司的盈利状况。

第二，财产股利。财产股利是以现金以外的资产支付的股利，主要是以公司所拥有的其他企业的有价证券，如债券、股票，作为股利支付给股东。

第三，负债股利。负债股利是公司以负债支付的股利，通常以公司的应付票据支付给股东，在不得已的情况下也有发行公司债券抵付股利的。财产股利和负债股利实际上是现金股利的替代。这两种股利方式目前在我国公司实务中很少使用，但并非法律所禁止。

第四，股票股利。一般情况下，股票股利是公司以增发股票的形式发放。

## 第二节 股利政策与公司价值

影响公司利润分配的一个核心问题是,在其他条件不变的情况下,股利政策是否会影响公司价值。当公司向股东发放现金股利时,投资者获得现金收入。从市场的反应来看,保持适度的现金股利分配,有利于保证股东对企业的满意度和维持企业的市场形象,但现金股利分配金额过高,也会使投资者对企业的长远发展前景产生怀疑。因此,如何确定公司的股利政策,将税后利润在股利分配和留存收益之间做出配置,是公司利润分配政策的核心所在。

### 一、现金股利政策和公司融资

税后利润是企业重要的内部资金来源,企业的利润分配实质上就是企业要不要将利润进行再投资,以及将多少比例的利润用于再投资的问题。从图 8-2 可以看出,企业的资金来源包括内部和外部资金,它们是企业向债权人和股东募集到的资金。而企业将这些资金主要用于四方面:一是维持企业的简单再生产,即在维持现有经营规模和方式的条件下保证企业的持续运营;二是扩大再生产,即增加和扩张企业的经营规模或经营范围,这可以通过直接投资打造新的项目和兼并收购其他企业或资产来实现;三是向债权人分配,偿还债权人的本金和利息;四是向股东分配,主要包括现金股利、股票回购等方式。

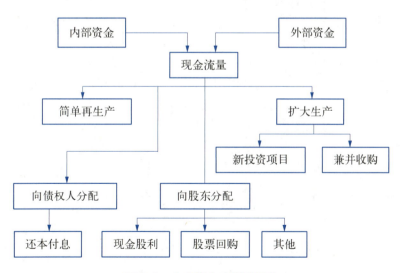

图 8-2 企业资金来源及用途

企业资金的来源与使用,在公司的财务上体现为三个重要的决策:投资决策、融资决策和利润分配决策,三者相互关联、相互作用。企业的利润分配决策和融资决策属于同一范畴。税后净利润是重要的内部资金来源,企业的投资决策既定的情况下,企业将更多的税后利润向股东分配,就需要从外部募集更多的资金,以满足投资的需要。企业的股利政策,就是要讨论将公司的利润作为现金股利即刻发给股东,还是用于再投资,留待以后分配,在时间上有一定区别。

## 二、股利政策对公司价值的影响

### (一) Miller-Modigliani 股利无关论

Miller-Modigliani 股利无关论的含义很简单:投资者并不关注其收益是以股利形式获得还是以股票增值形式获得的,股利政策对公司的市场价值不会产生任何影响,公司价值完全受其投资决策所决定的获利能力影响。这一观点和资本结构无关论都来自 Miller 和 Modigliani 在 1961 年发表的论文《股利政策、增长和股票价值》。这一理论建立在以下假设的基础上:

(1) 存在一个完全资本市场。在该市场上,任何投资者都无法大得足以通过其自身交易来影响操纵证券价格;投资者可以平等地免费获取影响股票价格的任何信息;证券的发行、买卖不存在发行成本、经纪人佣金及其他交易费用;资本利得和股利之间不存在税收差异。

(2) 理性行为假设。每个投资者都是个人财富最大化的追求者,新增加的财富是以现金支付还是表现为所持股票资本的增值并不重要,即实质重于形式。

(3) 不存在个人或公司所得税。这一条件保证了公司发行新股获得的资本收入等于新股东实际支付的现金。另外,政府对股利收入不征税,这可保证股东获 1 元股利与公司留存 1 元利润是等价的,他们都将之用于再投资,这样,就消除了资本收益与股利的差异。

(4) 公司的投资决策与股利决策彼此独立,即投资决策不受股利分配的影响。

(5) 公司的投资者和管理当局可以相同地获得关于未来投资机会的信息。

上述假定描述的是一种完美无缺的市场,因而股利无关论又被称为完全市场理论。Miller-Modigliani 股利无关论可以用数学方法来证明。假设公司的资金来源全部为权益资本,$NOI_t$ 表示 t 期公司的净收益,$DIV_t$ 表示 t 期现金股利发放的金额,$I_t$ 表示公司 t 期的投资额,$N_t$ 表示公司在 t 期发行在外的股份数,$S_t$ 表示 t 期公司股东权益的总价值,$P_{t+1}$ 表示 t+1 期公司股票的价格,R 表示贴现率,有

$$S_t = \frac{DIV_{t+1} + N_t P_{t+1}}{1+R} \tag{8-1}$$

即 t 期公司股票的价值等于 t+1 期的股利分配金额和股票市值总额的贴现值。又由于公司的资金来源和去向相等,所以有

$$NOI_{t+1} + M_{t+1} P_{t+1} = DIV_{t+1} + I_{t+1} \tag{8-2}$$

式中,$M_{t+1}$ 表示 t+1 期新发行的股票数量,移项后有

$$DIV_{t+1} = NOI_{t+1} + M_{t+1} P_{t+1} - I_{t+1} \tag{8-3}$$

将式(8-3)代入式(8-1),有

$$S_t = \frac{NOI_{t+1} + N_t P_{t+1} + M_{t+1} P_{t+1} - I_{t+1}}{1+R} \tag{8-4}$$

而股票的数量之间存在关系

$$N_{t+1} = N_t + M_{t+1} \tag{8-5}$$

所以式(8-4)可以转化为

$$\begin{aligned}S_t &= \frac{NOI_{t+1} - I_{t+1} + (N_{t+1} - M_{t+1})P_{t+1} + M_{t+1}P_{t+1}}{1+R} \\ &= \frac{NOI_{t+1} - I_{t+1} + N_{t+1}P_{t+1}}{1+R} \\ &= \frac{NOI_{t+1} - I_{t+1} + S_{t+1}}{1+R}\end{aligned} \tag{8-6}$$

在式(8-6)中，没有股利分配的金额出现，这说明只要公司的投资决策不随着股利发放数量的变化而变化，公司股票的价值就不会因股利发放金额的不同而出现差异，即公司股利政策和公司股票的价值无关。

Miller-Modigliani 股利无关论再次强调了一个道理，公司股票的价值取决于公司的投资决策，即在给定的风险条件下，公司是否能够为投资者创造出足够的收益，而这与公司如何筹集资金没有关系。基于这一原理，公司不应该放弃净现值为正的投资机会。

Miller-Modigliani 股利无关论假设新增投资所需资金可以无代价地从外部取得，资本利得可以转化为等额的现金股利。如果股利水平低于投资者所期望的水平，投资者可以出售部分股票以获取期望的现金收入；如果股利水平高于投资者所期望的水平，投资者可以用股利收入购买一些该公司的股票。但这只有在无发行成本和其他交易成本的情况下才可能，而在现实世界中，市场交易是相当昂贵的。

### (二)"一鸟在手"理论

"一鸟在手"理论可以说是流行最广泛和最持久的股利理论。其初期表现为股利重要论，后来经过威廉姆斯(1938)、林德勒(1956)、华特(1956)和戈登(1959)等的发展而逐步完善。

该理论认为，很多投资者都信奉"双鸟在林，不如一鸟在手"的理念。也就是说，在不确定的条件下，在投资者眼里，股利收益这个"手中之鸟"要比留存收益带来的资本利得这一"林中之鸟"更为可靠，又由于投资者一般为风险厌恶型，宁可收到较少的股利，也不愿承担较大的风险来等到将来收到金额较多的股利，因而投资者将偏好现金股利而非资本利得。在这种思想的影响下，当公司提高其股利支付率时，就会降低投资者的风险，投资者可要求较低的必要报酬率，公司股票价格上升；如果公司降低其股利支付率或延付股利，则会增加投资者的风险，投资者必然要求较高的必要报酬率，以作为承担额外风险的补偿，从而导致公司股票价格下降。由此可见，"一鸟在手"理论认为股利政策与公司的价值息息相关，支付股利越多，股价越高，则公司的价值越大。

"一鸟在手"理论虽然流行时间最久，也广泛地被实际工作者所采纳，但它很难解释投资者在收到现金股利后又购买公司新发行普通股的现象，这一理论实际上混淆了投资决策和股利决策对股票价格的影响。赫斯(1981)尖锐地指出："在未来资本利得贴现率大于未来股利所得贴现率的情况下，戈登的论点实际上建立在高风险投资政策与低市场价值之间的因果关系上,而非建立在股利本身的某些内在价值之上。"如果公司发放较少的股利而将资金留下来用于再投资,这些投资的未来收益具有很大的不确定性,而市场之所以对低股利的公司采用较高贴现率,是因为投资决策的风险而不是低股利。因此,用留存收益再投资所形成的资本利得的风险取决于公司的投资决策而非股利政策。股利支付并未改变整个公司投资的风险程度。在投资决策既定的前提下,公司的股利政策变化不影响投资者在此期间的总报酬,或者与总报酬相关的不确定性。或许有人通过观察发现,在其他条件相同的情况下,发放股利高的公司通常风险较小。但是必须明确的是,风险与股利之间的因果关系是高风险导致低股利,而不是低股利导致高风险。

股东的总财富包括收到的股利和股票增值,如果一家公司增加股利支付而投资决策仍保持不变,则在股利上获益的投资者就会发现在股票增值上损失了以现值表示的相同数量。从长远来看,公司给予投资者的现金流风险最终是由公司经营的现金流风险所决定的,而不是股利政策。

### (三) 税差理论

股利收益与出售股票的资本收益是不同的,一般来说,股利收入的税率高于资本利得税的税率,仅从这点考虑,投资者理应更偏好资本利得。最早从事这方面研究的是法勒和塞尔文(1987),后来布伦南(1970)通过创建一个股票评估模型,将法勒和塞尔文的研究扩展到一般均衡情况。税差理论的结论主要有两点:(1) 股票价格与股利支付率成反比;(2) 权益资本成本与股利支付率成正比。

按照税差理论,公司在制定股利政策时,必须采取低股利支付率政策,才能使公司价值最大化。然而,约翰·朗(1978)经过深入研究后发现,与税差理论的观点不同,市场上存在着大量的偏好现金股利的投资者。这个问题可以从以下几个方面进行解释:① 投资者非理性;② 有的投资者收入不高,需要支付的税收不多,因而不关心二者在税率上的差异;③ 有些投资者需要改善资产流动性,因而急需现金;④ 股票的交易成本较高,并且可能存在交易股数的限制。

不管何种原因,不同的投资者对股利收入和资本利得确实存在不同的偏好,这足以说明公司的股利政策确实影响市场投资,进而影响股价走势。

以上几种理论的争论主要集中于股利政策与股票价格和公司价值是否有关的研究上。Miller-Modigliani 股利无关论认为股利不会引起股价变化,"一鸟在手"理论和税差理论认为股利会引起股价变化,但前者赞成高股利政策,认为股利发放得越多越好,后者支持低股利。经过激烈的论战后,股利无关论在其严格的假设条件下基本为理论界所接受,然而,在现实经济生活中,却很少有公司信奉股利无关论。为了解决理论和实务的矛盾,西方学者分别从不同的角度,运用不同的方法进行了大量的理论和实证研究。进入 20 世纪 80 年代以后,股利之争主要集中于股利为什么会引起股价格的变化,相应地形成了顾客效应、信号理论、代理理论和行为学派等。

### (四) 其他理论

#### 1. 顾客效应

顾客效应学派是对税差学派的进一步发展,可以说是广义的税差学派。该学派从股东的边际所得税率出发,认为每个投资者所处的税收等级不同,由此会导致他们对待股利的态度不一样,例如,边际税率高的投资者(富人)偏好低股利支付率或不支付股利的股票,而边际税率低的投资者(穷人)则喜欢高股利支付率的股票。

据此,公司会相应调整其股利政策,使股利政策符合股东的愿望。达到均衡时,高股利支付率的股票将吸引边际税率较低的顾客而低股利支付率的股票将吸引边际税率较高的顾客,投资者将选择实施满足自己偏好的股利政策的公司的股票,这种现象称为"顾客效应"。按照该学派的观点,公司的任何股利政策都不可能同时满足所有股东对股利的要求,公司股利政策的变化,只是吸引了喜爱这一股利政策的投资者,而另一些不喜欢这一股利政策的投资者则会出售该股票,转而投资于其他公司的股票。对不同股票的供求会通过市场机制达到一个动态均衡,一旦市场处于均衡状态,则没有公司能够通过改变股利政策来影响股票价格。这实际上从另一个角度证明了股利无关论。

"顾客效应"最早由米勒和莫迪格利亚尼提出,后来的许多经济学家都对此进行了研究,但对于现实经济中是否存在"顾客效应"仍没有达成普遍一致的意见。

#### 2. 信号假说

信号假说放松了股利五无关论关于投资者和管理当局拥有相同信息的假定,认为管理当局与公司外部投资者之间存在着信息不对称,管理当局占有更多的有关公司前景方面的内部信息。而股利是管理当局向外界传递其掌握的内部信息的一种手段,金融市场对公司采取的对将来现金流量和公司价值产生潜在影响的每一个行动都会作出相应的反应。公司宣布改变股利政策,无疑向投资者传递了公司收益状况的信息,或者反映了公司管理层改善经营状况的决心。但是,股利政策的变化所传递的是有利的还是不利的信号,还需要作出具体的分析。

(1) 增加股利。当公司获得了很好的投资机会,并可能因此得到持续发展时,如何向市场传递这样的信息?简单地向市场宣布这一信息是成本最低的方法,但往往也是效果最差的,因为市场通常对公司的宣布持怀疑态度。信号传播原理认为,增加股利是公司向市场传递信息的有效方式。投资者会认为,增加股利无疑增加了公司的成本,但既然公司愿意这样做,说明公司相信自己有能力在长期内创造出所需的现金流量。这个积极的信号因此也就会使投资者对公司的价值进行重新评估并引起股票价格的上扬。

但是,并不是所有的公司都可以采用这样的方式向市场传递信息。对于规模较小的公司来说,传递信息的方式相对较少,采用增加股利的方式传递信息可能是不错的选择。但对于规模很大的公司来说,他们拥有大量的传递信息的方式,股利未必是成本最低、效果最好的方式,例如,通过公司的分析报告,信息或许能更有效地进行传递。增加股利并不总是向市场传递积极的信号,如果一家公司发展迅速,投资项目的收益率很高,但是从未支付过股利。当这家公司开始发放股利时,股东们可能反而会把它作为公司投资收益开始下滑的信号。

(2) 减少股利。减少股利通常向市场传递不利于公司的信号,所以公司往往都不愿意削减股利,一旦公司采取这样的行动,投资者会认为公司陷入了长期的财务危机,于是纷纷抛售股票,引起股价下跌。

#### 3. 其他探索理论

除了顾客效应和信号假说,经济学家还从代理成本和行为学的角度探讨了股利政策。

代理成本学说认为现实世界中,并不像 Miller-Modigliani 股利无关论的假设那样,公司经营者和股东之间的利益完全一致,事实上,二者存在着不同的效用函数。于是,该学说将委托代理理论纳入股利政策的分析中,并认为发放股利能够有效地降低代理成本。代理学说对股利政策的研究成果并不是很多。

从行为学的角度对股利政策进行研究始于 20 世纪 80 年代,主要代表人物有米勒、塞勒、谢弗林和施特德曼。目前这方面的成果并不多,但可以预见,它将逐步成为一个重要的、具有广阔发展前景的研究方向。

### 三、股利政策制定时应考虑的因素

股利政策是公司在支付股利方面所坚持的策略。股利决策是股份公司的一项重要工作,它影响到公司的市场价值、筹资能力以及公司的未来发展。公司应该考虑本公司的具体情况,制定适合本公司的股利分配政策。

实际上公司的股利分配对公司市场价值有影响。在现实生活中,不存在 Miller-Modigliani 股利无关论提出的假定前提,公司的股利分配是在种种制约因素下进行的,公司不可能摆脱这些因素的影响。这些因素也是公司在制定股利政策时不得不考虑的因素。

#### (一) 法律因素

公司进行股利决策时不得不考虑法律方面的约束。为了保护债权人和股东的利益,有关法规经常对公司的股利分配施以各种限制。

##### 1. 资本保全要求

各国法律都要求公司在支付股利时要保全资本,禁止资本损害行为。资本是由股东投资形成的,如果将资本作为股利发放给股东,债权人的利益就有可能受到损害。

##### 2. 公司积累

公司应该按照净利润的一定比例提取法定盈余公积金和法定公益金。我国的《公司法》规定:"股东大会或者董事会违反规定,在公司弥补亏损和提取法定公积金、法定公益金之前向股东分配利润的,必须将违反规定分配的利润退还给公司。"

##### 3. 净利原则

各国的法律都规定,公司的利润只有在弥补全部亏损之后才能发放股利。

##### 4. 超额累积利润

为了鼓励公司积累资本以期得到更好的发展,很多国家对资本利得征税的税率都很低。但有的公司却通过累积利润,使股价上涨,帮助股东避税,因而许多国家均规定公司不得超额积累利润。例如,在美国,国内税务局对不合理的留存利润征收惩罚性税收。我国目前尚无这种限制性规定。

#### (二) 债权人的要求

公司对外举债时,要与债权人签订债务合同,尤其是长期债务。债权人为防止股东、公司管理当局滥用权力,以求保护自身利益,往往要在合同中加入关于现金支付的限制性条款,比如规定公司每股股利的最高限额,等等,这些限制有可能使公司的股利分配受到约束。

### (三) 股东的要求

股东从自身的利益出发,也会对公司的股利分配产生一定的影响。

#### 1. 稳定的收入和避税要求

对于风险厌恶型的投资者而言,他们往往依靠股利维持生活,因而会要求公司支付稳定的股利,并且倾向于高股利支付率;另外一些投资者则倾向于承担风险,出于避税的考虑(股利收入的所得税高于股票交易的资本利得税),他们往往会反对高股利支付率,而是偏好资本利得。

#### 2. 控制权的稀释

如果公司支付较高的股利,必然导致留存盈余减少,这意味着将来发行新股的可能性加大,而发行新股将稀释老股东对公司的控制权,如果这些老股东无力购买新股的话,他们宁愿少分配股利也要反对增发新股。

### (四) 公司内部因素

#### 1. 盈余的稳定性

公司能否获得长期稳定的盈余,是其股利决策的重要基础。盈余相对稳定的公司能够较好地把握自己,有可能支付比盈余不稳定的公司更高的股利;相反,如果公司的盈余不稳定,则一般采取低股利政策,这样可以减少因盈余下降而造成的股利无法支付、股价急剧下降的风险,此外还可以将更多的盈余再投资,以提高公司权益资本的比重,减少财务风险。

#### 2. 资产的流动性

资产的流动性是指公司资产的变现能力。支付现金股利是公司的现金流出,会降低公司资产的流动性,资产流动性过低必将加大公司的经营风险,甚至出现严重的财务危机,所以公司可能会出于保持公司资产流动性的需要而减少股利支付。

#### 3. 偿债能力

支付现金股利后,可能会影响到公司的偿债能力,严重的甚至会导致公司破产,因此,公司在确定股利政策时,必须考虑偿债问题。

#### 4. 举债能力

发放股利和留存盈余是一对矛盾,存在此消彼长的关系,如果公司的举债能力不强,不得不更多地依靠留存盈余进行筹资,则应该支付少量或不支付股利;如果公司具有较强的举债能力,能够及时筹措所需的资金,则可以采取较为宽松的股利政策。

#### 5. 投资机会

公司可行的投资机会和现行的投资项目也是公司确定股利政策时不得不考虑的因素。如果公司预期将来会有较好的投资机会并且需要大量的资金支持,则可能会采取低股利政策,而将大部分盈余用于投资;相反,如果公司缺乏良好的投资机会,则保留过多的盈余会造成资金的闲置,于是倾向于支付较高的股利。

一般来说,处于成长中的公司多采取低股利政策;陷入经营收缩的公司往往采取高股利政策。

#### 6. 资本成本

保留盈余是公司项重要的资金来源,而且具有较低的资本成本。因而,保留盈余是公司调整加权资本成本,提升公司价值的一项重要选择。当公司决定更多地通过保留盈余筹集资本时,必然会导致股利支付的减少。

### 7. 通货膨胀

在通货膨胀的情况下,一方面,大多数公司的盈余会随之提高,但多数股东往往希望公司支付较多的股利以抵消通货膨胀的不利影响;另一方面,公司的折旧基金购买力下降,严重的情况下甚至不能重置固定资产,致使公司正常的生产经营无以为继,这时公司往往会留存较多的盈余以弥补资金不足。

由于存在上述种种影响股利分配的限制,股利政策与股票价格就不是无关的,公司的价值或者说股票价格不会仅仅由其投资的获利能力所决定。

## 四、常见的股利政策

公司在确定股利政策时,会综合考虑各方面的因素。常见的股利分配政策包括剩余股利政策、稳定股利额政策、固定股利率政策和正常股利加额外股利政策四种。

### (一) 剩余股利政策

公司在股利政策制定时,需要考虑公司投资活动的资金需要。剩余股利政策就是以首先满足公司资金需求为出发点的股利政策。根据这一政策,公司将按以下步骤确定其股利分配额:

(1) 确定公司的最佳资本结构,即确定权益资本和债务资本的比例;
(2) 确定公司下一年度的资金需求量;
(3) 按照最佳资本结构,确定为了满足资金需求量,需要增加的股东权益数额;
(4) 将公司税后利润首先满足公司下一年度的资金增量需求,剩余部分用于发放当年的现金股利。

[例8-2] 目前,甲公司有累计未分配利润1 000万元,其中上年实现的净利润500万元。公司正在确定上年利润的具体分配方案。按法律规定,净利润要提取10%的盈余公积金。预计今年需增加长期资本800万元。公司的目标资本结构是债务资本占40%、权益资本占60%。公司采用剩余股利政策,应分配的股利是多少?

解:应分配的股利=500-800×60%=20(万元)。

按照剩余股利政策,公司只需将剩余的盈余用于发放股利。这样可以保持理想的资本结构,使加权平均资本成本最低,有利于公司价值的提升。但剩余股利政策也有缺点,公司每年发放的股利金额是变化的,有时甚至会有很大的差距。

### (二) 稳定股利额政策

这一政策要求公司每年发放的现金股利保持稳定或者稳中有升的态势。它以确定的现金股利分配额作为利润分配的首要目标,一般不会随着公司资金需求的波动而变化。采用稳定股利额政策,要求公司对未来的支付能力做出较好的判断。一般来说,公司确定的股利数额不应太高,以免使公司的未来支付陷入困境。这一股利政策有两个好处:

(1) 稳定的股利额政策向市场和投资者释放稳定的信号。当公司利润下降而现金股利保持稳定时,投资者对公司仍保持着信心,但如果此时公司调低现金股利,会损害投资者信心。企业管理层通过这一股利政策向外界传达信号:公司的状况并没有想象中的那么糟糕,公司有能力在短期改变现有的利润下滑局面,可以保障股东的收益。当然,如果公司不能在短期内扭转这一局面,公司缺乏足够的现金,稳定股利额政策将难以维持。

(2)许多长期投资者希望公司股利能够成为其稳定的收入来源,以便安排消费和其他支出,稳定股利额政策有利于帮助公司吸引这部分投资者的投资。

不过,这一股利政策的缺点在于股利的支付和盈余脱节。当盈余较低时仍要支付固定的股利,这可能导致公司资金短缺、财务状况恶化;同时,不能像剩余股利政策那样保持较低的资本成本。

### (三) 固定股利率政策

这一政策要求公司每年按照固定的比例从税后利润中支付现金股利,每年的股利随公司经营的好坏而上下波动,利润较多的年份股利高,而利润较少的年份股利低。从企业支付能力的角度来看,这是一种真正稳定的股利政策,使股利和公司盈余紧密结合,体现了"多盈多分、少盈少分、不盈不分"的原则。

但是公司支付的现金股利的金额将随着税后利润的变化而变化,这给外界传递了一种公司不稳定的信息,不利于稳定股价。因此,很少有企业采用这一股利政策。

### (四) 正常股利加额外股利政策

根据这一政策,企业除了每年按照固定股利额向股东发放正常股利,还会在企业盈利较高、资金较为充裕的时候,向股东发放高于一般年度正常股利金额的现金股利,高出的部分即为额外股利。这一股利政策为利润和资金需求浮动范围较大的企业提供了一定的灵活性。一方面,企业可以设立一个较低的正常股利额,保证每年都有足够的支付能力执行这一政策。股东不会有股利跌落感;另一方面,当企业盈利较高或资金需求较低时,可以额外支付一部分现金股利,增加股东的现金收入以及对公司经营的信心。

不同的股利政策各有其优缺点,公司应该视具体情况而制定适合自己公司的具体股利政策。

## 第三节 股票股利、股票分割和股票回购

### 一、股票股利

除了现金股利,公司还可以向股东发放股票股利,即向股东赠送股票,又被称为"送红股"。和发放现金股利不同,发放股票股利只是将公司的税后利润转化为实收资本和资本公积,并不会导致现金流出企业,股东权益的账面价值总额也不会发生变化。但发放股票股利将增加发行在外的普通股股票数量,导致每股股票拥有的股东权益价值变小。由于每位股东持有公司股份的比例不变,他们所持有的股票的市场价值总额也保持不变。

[例8-3] 某公司发放股利前的股东权益如下:股本3 000万元(每股面值1元),资本公积2 000万元,盈余公积2 000万元,未分配利润5 000万元。若每10股发放1股普通股作为股利,股利按面值计算,则公司发放股利后,未分配利润、股本和股东权益是多少?

解：未分配利润=5 000-3 000/10×1=4 700(万元)

股本=3 000+3 000/10×1=3 300(万元)

股东权益金额不变,仍为3 000+2 000+2 000+5 000=12 000(万元)

在上例中,由于发放股票股利,公司普通股总数上升,而每股的净资产下降,这会导致每股股票的市场价值减少。因此,在发放股票股利后,股票的市场价格下跌。从理论上讲,分配股票股利只是增加了流通中的股份数,并没有增加股东权益的市场价值,每股股票的市场价值因此被稀释,股票市场价格下跌的幅度应该和股票股利分配的比例相同。但股票价格实际变化的幅度取决于市场对这一消息的反应程度。如果股票股利发放后,股价下跌幅度小于股票股利的分配比例,股东因此获益,反之则股东权益受到损害。

对公司来说,发放股票股利既不需要向股东支付现金,又可以在心理上使股东认为获得了投资回报,是一种低成本的传达利好信息的方式。管理层拥有比外部投资者更多的信息,外部投资者将公司发放股票股利视为利好信息。平均来看,发放股票股利后股价会在短时间内上升。不过,如果未来几个月市场没有见到股利或者盈余真的增加,股价会回到原来的水平。在公司资金紧张、无力支付现金股利的情况下,发放股票股利不失为一种权宜之计。另外,由于发放股票股利可以降低公司股票价格,对那些价格较高的股票,公司常通过发放股票股利降低价格,促进股票交易。

## 二、股票分割

股票分割是指公司用特定数额的新股按一定比例交换流通在外的股票的行为。例如,两股换一股的股票分割,是指两股新股换一股旧股的行为。从会计角度看,股票分割对公司的资本结构、资产的账面价值以及股东权益的各个账户都没有影响,只是增加了公司发行在外的股票数量,每股股票代表的账面价值降低。因此,股票分割和股票股利的作用相似,都是在不增加股东权益的情况下增加股票的数量。股票分割不属于某种股利方式,但它产生的效果和发放股票股利近似,因此将其放在这个专题介绍。但两者不同的是,股票分割导致的股票数量增加可以远大于股票股利,而且两者在会计处理上有不同。在上面一个例子中,如果按照2∶1进行股票分割,表格中的各个数字将不会发生变化。

[例8-4] 某公司发行面额为2元的普通股200 000股,若按照1股换成2股的比例进行股票分割,分割前的每股收益计算如下,求分割后这些指标的数值。

| | |
|---|---|
| 普通股股本(面值2元/股) | 400 000元 |
| 资本公积 | 800 000元 |
| 未分配利润 | 4 000 000元 |
| 股东权益合计 | 5 200 000元 |

解：股票分割后的股东权益变化如下所示,股本数量由原来的200 000股变为400 000股,每股面值由2元变为1元,其余数值未发生变化。

| 普通股股本（面值1元/股） | 400 000 元 |
|---|---|
| 资本公积 | 800 000 元 |
| 未分配利润 | 4 000 000 元 |
| 股东权益合计 | 5 200 000 元 |

假定公司本年净利润 440 000 元，那么股票分割前的每股收益为 2.2 元（440 000÷200 000）。分割后的每股收益为 1.1 元，如果市盈率不变，每股市价也会因此而下降。

虽然股票分割不会导致会计科目发生变化，但是它能在某些方面起到一定作用：

（1）降低股票价格，便于股票交易，提高股票的流动性。股票的交易价格太高或者太低都不利于股票交易，股票分割使每股代表的权益价值下降，股票价格也会相应变化，股价的降低有利于中小股东的交易。

（2）向股票市场和投资者传递信息，表明公司目前不但业绩好、利润高，而且有很好的增长潜力。公司股票价格可能在目前的高价位上进一步上升，公司投资者信心增强。

和股票分割相反的一种操作是进行股票合并，即公司利用一股新股换取一股以上的旧股。股票合并将减少流通的股份数，提高每股股票的面值和其所代表的净资产，进而提高公司股票的市场价格。股票合并通常是一些业绩不佳、股价过低的公司进行的，他们希望通过这种操作来提高公司股价，使之达到一个合理的交易价格水平。

### 三、股票回购

#### （一）股票回购的基本定义

股票回购是指公司有多余现金时，公司向股东收回部分已经发放的股票，以此来替代现金股利。股票回购的方式主要有三种：一是公司公开宣布在股票市场上购回已发放的股票；二是以高出市场价的溢价购回指定数目的股票；三是公司直接向大股东洽购。

有时候，股票回购可以作为现金股利发放的有效替代方式。当公司拥有超额现金留存且缺少投资机会时，公司会以高于市场价格的溢价向股东回购一定数量的股份，变相发放现金股利。当资本利得税低于个人所得税时，股票回购比直接发放现金股利更能够最大化股东财富。股东从股票回购交易中获得的利益为资本利得，直接获得的现金股利则为个人所得，显然，股票回购降低了股东的税负。当公司不愿意长期承担高现金股利发放率时，它们会在缺乏投资机会的时候，进行股票回购，一方面将多余现金返还给股东，另一方面减少股份数，减轻了未来现金流的压力。

[例8-5] 某公司普通股的每股收益、每股市价等资料如下所示。

| 净利润 | 7 500 000 元 |
|---|---|
| 流通股数 | 1 000 000 股 |
| 每股收益 | 7.5 元/股 |

| | 续　表 |
|---|---|
| 市盈率 | 8 |
| 预计分红后每股市价 | 60元 |

公司拟将 4 000 000 元用于发放现金股利，则

$$每股股利 = 4\,000\,000 \div 1\,000\,000 = 4(元)$$

普通股股东将有每股价值 60 元的股票和每股 4 元的现金股利，即每股合计价值 64 元，股权价值合计 64 000 000 元（64×1 000 000＝64 000 000）。

如果公司改用 4 000 000 元以每股 64 元价格回购股票，则

$$回购股数 = 4\,000\,000 \div 64 = 62\,500(股)$$

$$未被回购普通股每股价值 = \frac{64\,000\,000 - 4\,000\,000}{1\,000\,000 - 62\,500} = 64(元)$$

被回购和未被回购的普通股股东的股票每股价值均为 64 元。

### (二) 股票回购的目的

#### 1. 防止国内外其他公司的兼并与收购

以美国为例，进入 20 世纪 80 年代后，特别是 1984 年以来，由于敌意并购盛行，许多上市公司大举进军股市，回购本公司股票，以维持控制权。比较典型的有：1985 年菲利普石油公司动用 81 亿美元回购 8 100 万股本公司股票；1989 年和 1994 年，埃克森石油公司分别动用 150 亿美元和 170 亿美元回购本公司股票。再如日本，60 年代末至 80 年代初，为了防止本国企业被外国资本吞并，企业界进行了著名的"稳定股东工作"——职工持股制度和管理人员认股制度。前者是指企业对职工购买、持有本企业股票给予某种优惠或经济援助，奖励职工持股的制度；后者是指企业给予高级管理人员优惠认购本企业股票权利的制度，其目的是提高管理人员的责任感，确保企业有优秀的管理人才。而允许企业在一定条件下回购本公司股票，则是建立职工持股制度和管理人员认股制度、维持企业控制权的前提条件。正因如此，进入 20 世纪 80 年代后，在欧美国家修改《公司法》的同时，日本也修改了《公司法》，并放宽了企业回购本公司股票的限制。

#### 2. 振兴股市

1987 年 10 月 19 日的纽约股票市场出现股价暴跌，股市处于动荡之中。从此，美国上市公司回购本公司股票的主要动机是稳定和提高本公司股票价格，防止因股价暴跌而出现的经营危机。据统计，当时，在两周之内就有 650 家公司发布大量回购本公司股票的计划，其目的就是抑制股价暴跌，刺激股价回升。

#### 3. 维持或提高每股收益水平和公司股票价格，减少经营压力

例如，经历了 20 世纪五六十年代快速增长时期的 IBM 公司，70 年代中期出现大量的现金盈余，1976 年末现金盈余为 61 亿美元，1977 年末为 54 亿美元。由于缺乏有吸引力

的投资机会,IBM 公司在增加现金红利(1978 年的红利支付率为 54％,而五六十年代红利支付率仅为 1‰至 2‰)的同时,于 1977 年和 1978 年共斥资 14 亿美元回购本公司股票。据统计,1985—1989 年期间,IBM 公司用于回购本公司股票的资金达到 56.6 亿美元,共回购 4 700 万股股票,平均红利支付率为 56％。另据了解,美国联合电信器材公司在 1975—1986 年期间,一直采用股票回购现金红利政策,使公司股票价格从每股 4 美元上涨到每股 35.5 美元。

20 世纪 80 年代中期,日本的许多企业步入成熟期,按照企业发展理论,一旦企业步入成熟期以后,不再片面追求增加设备投资,扩大企业规模,而日益重视剩余资金的高效率运作。然而,如何高效率地运用剩余资金,成为当时日本企业面临的重要课题。恰在此时,美国的 HBO&CO 公司利用剩余资金回购了 26％的发行在外的股票。受此影响,许多日本上市公司也开始利用剩余资金回购本公司股票。

#### 4. 重新资本化

大规模借债用于回购股票或支付特殊红利,从而迅速且显著提高长期负债比例和财务杠杆,优化资本结构。重新资本化往往出现在竞争地位相当强、经营进入稳定增长阶段、但长期负债比例过低的公司。这类公司具有可观的未充分使用的债务融资能力储备,按照资产预期能够产生的现金流入的风险与资本结构匹配的融资决策准则,提高财务杠杆,可以优化公司资本结构,降低公司总体资本成本,增加公司价值,从而为股东创造价值。同时,也有助于防止敌意并购袭击。因为在有效的金融市场环境中,具有大量未使用的债务融资能力的公司,往往容易受到敌意并购者的关注和袭击。

### (三) 股票回购的优点与局限性

#### 1. 股票回购作为现金股利替代形式的优势

(1) 有规律的股利支付往往意味着对将来持续支付股利的允诺,而股票回购则不同,它只是被视作返还现金的一次性行为。因此,如果公司拥有过剩现金流量,但不能保证未来仍能持续地保有这些现金流量,那么该公司应该实行股票回购。当然,公司也可以选择支付特别股利的方式,因为特别股利也没有允诺将来进行类似的支付。

(2) 与支付股利相比,股票回购赋予公司更大的灵活性,因为股票回购可以撤销或延期。大量的数据表明很多宣称进行大规模股票回购的公司最后都没有完成其计划。

(3) 对股东来说,股东在回购过程中处于主动地位,拥有出售的选择权,当部分股东满意收购价格时,他们会放弃股权而获取资本收益。而且,由于流通在外的股票股数减少,股价上涨,其余的股东也同样可以获得资本收益。

(4) 与支付股利相比,股票回购可使股东享受税收上的便利。股利按照所得税率征税,而从股票回购中获得资本收益则按照资本利得税率征税,后者比前者的税率低。

(5) 当公司的股权资本比例过高时,可通过股票回购调整资本结构。实施股票回购后,财务杠杆增大,普通股股数减少。当内部人选择不出售股票,他们就会拥有公司更多的股份比例,对公司有更大的控制权,因而股票回购也是公司提高内部人控制程度的重要手段。

(6) 股票回购还可以用来防止某些股东的恶意控股和恶意兼并。

**2. 股票回购的局限性**

（1）股票回购体现公司对未来现金流量的信心不足，如果市场形成这样的认识，必然会对公司的经营进行重新评价，从而对公司股票的价格和公司价值产生不利的影响。因此，公司宣布股票回购时，应当详细说明回购股票的原因。

（2）股票回购计划撤销或者延期，一方面使公司的政策选择更为灵活，另一方面也可能会引发市场的怀疑。

（3）政府对股票回购有严格的限制。政府如果认为公司的回购是为了帮助股东逃税，或者为了操纵股价，就会对公司进行调查或处罚。我国《公司法》对股票回购行为作了十分严格的限制。

## 第四节 中国上市公司的股利政策

### 一、上市公司的现金股利政策

对中国上市公司现金股利政策的衡量可以从支付意愿和支付能力两方面来综合考量。

发放现金股利的上市公司家数占上市公司合计数的比例反映了上市公司总体发放现金股利的意愿和趋势。从表 8-1 的数据可以看出，2006—2016 年中国上市公司派现比率呈现出稳定上升的趋势，上市公司派现的数量逐渐超越不派现的公司数量。整体来看，中国上市公司的派现意愿随年份的增加呈不断提升的趋势，许多上市公司已经从一毛不拔的铁公鸡变为了乐于向投资者分享公司收益的公众公司。2016 年，参与现金股利分配的公司数量为 83.09%，达到历史新高，2016 年之后派现公司占比保持相对稳定。

表 8-1 中国上市公司现金股利分配意愿统计

| 年份 | 派现公司数 | 未派现公司数 | 上市公司总数 | 派现公司数量占比 |
| --- | --- | --- | --- | --- |
| 2006 | 679 | 742 | 1 421 | 47.78% |
| 2007 | 774 | 756 | 1 530 | 50.59% |
| 2008 | 816 | 788 | 1 604 | 50.87% |
| 2009 | 966 | 734 | 1 700 | 56.82% |
| 2010 | 1 269 | 794 | 2 063 | 61.51% |
| 2011 | 1 556 | 786 | 2 342 | 66.44% |
| 2012 | 1 738 | 756 | 2 494 | 69.69% |

续表

| 年份 | 派现公司数 | 未派现公司数 | 上市公司总数 | 派现公司数量占比 |
|---|---|---|---|---|
| 2013 | 1 816 | 673 | 2 489 | 72.96% |
| 2014 | 1 916 | 697 | 2 613 | 73.33% |
| 2015 | 2 058 | 769 | 2 827 | 72.80% |
| 2016 | 2 536 | 516 | 3 052 | 83.09% |
| 2017 | 2 869 | 616 | 3 485 | 82.32% |
| 2018 | 2 700 | 884 | 3 584 | 75.33% |
| 2019 | 2 765 | 1 012 | 3 777 | 73.21% |
| 2020 | 3 055 | 1 099 | 4 154 | 73.54% |
| 2021 | 3 272 | 1 343 | 4 697 | 69.66% |
| 2022 | 3 310 | 1 607 | 5 079 | 65.17% |

上市公司现金股利分配意愿提升，但是现金股利的支付能力的提升需要重新考量。一般用现金股利支付率来衡量公司现金股利的支付能力，现金股利支付率是公司当年支付的现金股利和该年实现的归属于母公司股东的净利润的比值。从表8-2的数据可以看出，接近90%的上市公司现金分红比例低于60%。2008—2016年，上市公司的现金分红比例有逐步提高的趋势，在0～20%区间的上市公司数目占比减少到2016年的38%，而2016年之后这一趋势逐步放缓。

表8-2 中国上市公司现金分红比例累计频率分布

| | [0, 20] | (20, 40] | (40, 60] | (60, 80] | (80, 100] | >100 |
|---|---|---|---|---|---|---|
| 2006 | 59.47% | 73.33% | 87.83% | 93.88% | 96.76% | 100.00% |
| 2007 | 64.12% | 80.07% | 92.22% | 96.86% | 98.56% | 100.00% |
| 2008 | 61.60% | 79.93% | 90.65% | 94.70% | 96.63% | 100.00% |
| 2009 | 57.88% | 78.24% | 89.24% | 94.76% | 97.59% | 100.00% |
| 2010 | 55.26% | 78.77% | 90.50% | 95.69% | 98.16% | 100.00% |
| 2011 | 51.54% | 77.84% | 90.22% | 95.52% | 97.65% | 100.00% |

续 表

| | [0, 20] | (20, 40] | (40, 60] | (60, 80] | (80, 100] | >100 |
|---|---|---|---|---|---|---|
| 2012 | 45.35% | 75.34% | 88.17% | 93.87% | 96.55% | 100.00% |
| 2013 | 44.80% | 79.31% | 90.04% | 94.66% | 97.23% | 100.00% |
| 2014 | 46.31% | 79.10% | 89.63% | 94.22% | 96.36% | 100.00% |
| 2015 | 44.71% | 76.41% | 88.61% | 94.30% | 96.18% | 100.00% |
| 2016 | 37.88% | 73.92% | 87.58% | 93.18% | 95.61% | 100.00% |
| 2017 | 38.25% | 75.12% | 88.44% | 94.29% | 97.25% | 100.00% |
| 2018 | 43.08% | 76.59% | 88.48% | 93.72% | 96.37% | 100.00% |
| 2019 | 44.27% | 77.23% | 89.44% | 94.23% | 96.66% | 100.00% |
| 2020 | 42.08% | 76.00% | 88.44% | 93.60% | 96.32% | 100.00% |
| 2021 | 45.59% | 77.27% | 89.30% | 94.00% | 96.66% | 100.00% |
| 2022 | 46.63% | 75.57% | 87.59% | 92.64% | 95.63% | 100.00% |

现金分红比例的变化离不开政策的引导。自1990年至今A股上市公司分红政策在监管指引下主要经历了三个演变阶段。

一是《公司法》为指导的阶段(1990—2000年)。1990—2000年是A股市场起步的最初十年,由于仅有《公司法》对上市公司的利润分配次序进行了原则性规定,上市公司分红政策以《公司法》为指导。2001—2012年,出于监管层对上市公司现金分红能力的关注,上市公司分红政策主要与再融资挂钩。截至1999年底,沪深两市有42家公司每年坚持现金分红,这一标杆理念在A股市场发展的初期十分难能可贵。

二是与再融资挂钩的阶段(2001—2012年)。2001—2006年,证监会多次发布相关政策规定,将现金分红与上市公司再融资直接挂钩,间接鼓励、规范并倒逼上市公司现金分红。此后2008年1月,证监会首次颁布有关现金分红的专门性文件《关于修改上市公司现金分红若干规定的决定》,更加严格修改上市公司分红条款为"最近三年以现金方式累计分配的利润不少于最近三年实现的年均可分配利润的30%",同时要求对不分配红利公司加强信息披露与监管,要求详细说明未分红的原因、未用于分红的资金留存公司的用途,以列表方式明确披露公司前三年现金分红的数额及与净利润的比率。2012年5月,证监会发布《关于进一步落实上市公司现金分红有关事项的通知》,首次明确规范上市公司现金分红政策的定义和内涵。

三是与回购减持挂钩的阶段(2013—2023年)。2013—2023年,受监管政策影响,上市公司分红行为开始与回购减持明确挂钩。2013年1月,上海证券交易所发布《上市公司现金分红指引》,首次明确规定"上市公司当年实施股票回购所支付的现金视同现金红利,与利润分配中的现金红利合并计算",同年11月,证监会发布《上市公司监管指引第3号——上市公司现金分红》,是监管层首次发布有关现金分红的专门性监管指引,进一步量化与细化政策指引。国有控股上市公司、上市商业银行成为现金分红的重要力量。

虽然分配现金股利的上市公司比例有所上升,但股利的支付金额普遍不高,许多上市公司的股利回报率还不如银行的一年期定期存款利率,而且股利连续性较低,每年变化较大。而且在监管层近年实施强化现金分红政策的背景下,这种现象并没有得到明显改善。在中国,个人投资者居多,而他们往往不会关注企业的经营水平或者是财务状况等影响投资的因素,而是利用资本市场进行一系列投机行为。上市公司的投资者买卖股票往往不是为了真正成为该企业长期的投资者,而是利用市场短期的变化来赚取投机的收益,投资行为明显趋于短期化。在我国,也正是因为上市公司的管理者都十分清楚投资者这种投机的心理,所以才会选择不合理的股利分配政策。

股票回购与现金股利有一定相似之处,同样都是现金减少且所有者权益减少。不同之处在于股票回购政策下,股东得到的资本利得,需缴纳资本利得税;而现金股利政策下,股东需缴纳股利收益税。在西方资本市场,股票回购在20世纪80年代中期以后发展很快。20世纪90年代中期,美国上市公司的股票回购总金额与现金股利总金额已经基本持平,原因在于资本利得税通常低于股利收益税。但股票回购在中国资本市场比较少见,这是因为中国监管层对股票回购有严格的限制。总体来说,中国资本市场的股票回购发生数量还是比较少,行政色彩较浓。

## 二、上市公司的股票股利政策

相较于现金股利,通过送转发放股票股利的上市公司数量较少。从图8-3可以看出,上市公司近年来送转次数相较派现次数呈下降趋势。

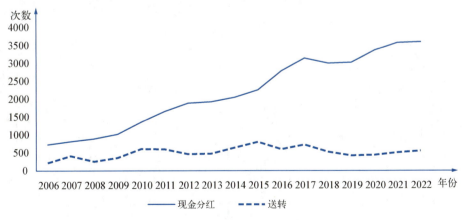

图8-3 中国上市公司不同形式股利政策分布

图8-4为中国上市公司每股送股比例分布。可以发现,截至2022年,在分配股票股利(送转)的上市公司中,有70%的公司每股送股比率达到或超过0.5。

图 8-4 中国上市公司每股送股比率分布

> **案例分析**

## 福华化学：IPO 前的高额现金股利

### 一、背景介绍

IPO 是公司吸纳和募集资金的主要途径，公司可以通过 IPO 公开上市，以更加迅捷合法的方式吸纳资金（刘少波和戴文慧，2004；方军雄和方芳，2011；李青原和史珂，2021）。但目前，很多企业 IPO 前会进行大量现金分红。如拟上市公司福华化学，IPO 报告期分红高达 33 亿元，同时招股说明书中拟使用 27.51 亿元募集资金补充流动性。

如图 8-5 所示，对我国 2010—2022 年 A 股市场的公司进行统计后发现，共有 3 502 家公司 IPO 上市，其中 2 179 有家公司在上市前三年进行了分红，占上市企业总数的 62.22%，且个别企业分红金额高达净利润的 300% 以上。这与企业用 IPO 募集资金的动机出现背离，也让人困惑：IPO 前现金分红是基于拟上市公司要向市场传达经营良好的基本面信息？还是基于原来股东不愿意新投资者共享已有的留存收益？

图 8-5 2010—2022 年间 A 股上市公司 IPO 前分红统计

公司大量用 IPO 募集资金来补充流动性,是否是源自 IPO 前过多现金分红导致的现金流短缺? IPO 前现金分红究竟呈现"信息传递效应"还是"现金悖论效应"呢?

以往大量的研究发现,股利政策是企业基本面信息的反映,对股价具有影响(Bhattacharya,1979;Litzenberger and Ramaswamy, 1979;陈晓等,1998;Wayne and Jarrad 2000)。上市公司可以通过现金股利向市场传达企业经营的积极信号,增强投资者信心,从而提升股价信息含量,降低股价崩盘风险。同样,拟上市公司 IPO 报告期内进行现金分红,不仅可以向发审委传达企业经营良好的信息,还可以吸引投资者,从而稳定股价,降低股价崩盘风险。但另一方面,基于大股东掏空理论,拟上市公司 IPO 前大额现金分红的现象频发可能是出于防止上市后与公众股东分配上市前累计利润的动机,与现金分红的初衷相悖。如果以"掏空"拟上市公司为动机进行 IPO 前现金分红,则可能使投资者对公司管理层产生不信任,增加信息不对称程度,从而使企业行为无法得到市场认可,降低股价信息含量。且对 IPO 前累计利润的"掏空"行为会导致企业使用大量募集资金补充流动性,对实际项目投资减少,上市后可支配资金短缺的情况,对企业经营不利。这一系列负面影响累计会增强企业上市后股价崩盘风险。本文主要研究 IPO 前现金分红所传递的信息价值,以揭示拟上市公司 IPO 前现金分红的"黑箱"。

**二、IPO 前现金分红的相关理论**

(一)现金分红的"信息传递效应"

现金分红的"信息传递效应"是指当公司盈利状况、未来发展前景预期良好时,管理者会通过增加现金股利分配的方式向市场传递这一积极的信号,从而激励现有投资者并吸引更多的潜在投资者的现象;与之相反,当公司业绩有所下滑,未来发展前景预期较差时,公司减少现金股利甚至不分配现金股利的决策会向市场传递出利空信号。美国经济学家 Lintner(1956)最早提出现金股利政策的信息传递理论,之后 Bhattacharya(1979)指出公司发放股利是对未来业绩的预期信号,可以增强投资者信心。John 和 Williams(1985)发现股利政策可以有效降低信息不对称,向市场传递基本面信息。Miller 和 Rock(1985)认为经营较好的公司具有足够的能力支付较高的现金股利,以区别于经营较差的公司。宋逢明等(2010)认为,持续稳定的股利政策是公司经营良好的信息,可以提升股票市场效率,而较好的股利政策也是公司治理机制较好的体现。吴育辉等(2018)发现上市公司增加现金股利能向外界传递出公司违约风险低的信号,从而降低债券投资者要求的风险补偿。

2012 年 5 月 9 日,证监会在《关于进一步落实上市公司现金分红有关事项的通知》中要求首次公开发行股票公司应当在招股说明书"重大事项提示"中,提醒投资者关注公司上市后的利润分配政策、现金分红的最低比例、未来 3 年具体利润分配计划和长期回报规划。并在《上市公司监管指引第 3 号——上市公司现金分红》又进一步对上市公司现金分红的政策制定、实施程序、管理监督等方面作了较为全面的规定,提高了招股说明书中现金分红政策的信息含量。

基于信息传递理论,现金股利政策可以反映公司价值(Fama 和 French,1998;Kale 等,2012)。公司管理层可能会为迎合投资者偏好,发放现金股利(Baker 等,2003)。

Eun和Huang(2007)的研究发现,中国市场投资者更倾向于具有高现金股利的公司。因此一些价值较低的公司会进行迎合现金股利政策,这可能会造成现金股利无法反映公司实际情况的现象,加重信息不对称风险。尽管如此,当现金股利水平较高时,其"真实性"增强,可以有效反映公司价值(尹力博和聂婧,2021)。对于首次公开上市募集资金的公司来讲,由于其信息不对称程度较高,拟上市公司可能会在IPO前报告期内实施现金股利政策以向市场传达基本面信息。

基于股利持续理论,人们认为持续的现金分红政策是公司经营良好的表现,可以吸引投资者,提升股票定价。为此,当IPO前现金分红政策体现拟上市公司的治理水平、现金持有水平、融资约束水平、盈利能力时,IPO前现金分红政策可以向市场传递积极信息,影响企业上市后的市场反应。已有的研究表明IPO前公司治理水平较高的公司更倾向于发放现金股利(Wellalagea等,2014)。因此,有些拟上市公司会用持续稳定的分红向外部传递公司治理机制健全、具有持续盈利能力的信息。现金股利承诺制度的研究还发现,现金股利承诺会传递公司价值,市场反应更佳(王国俊和王跃堂,2014),拟上市公司为迎合这一趋势,可能会进一步进行IPO前现金分红。

(二) 现金分红的"现金悖论效应"

现金分红的"现金悖论效应"是指出于募集资金为目的的IPO公司在现金流短缺的情况下进行IPO前现金分红,违背了上市的动机,具有掏空拟上市公司滚存利润,侵害拟上市公司未来投资者利益的可能。基于代理理论,现金分红还可以有效缓解代理问题(Rozeff,1982;Jensen;1986;魏志华等,2017)。但从大股东掏空的角度来看,IPO前现金分红导致的滚存利润减少,会降低上市公司现金流,从而可能影响上市后业绩(Johnson等,2000;La Porta等,2002;Chen等,2009;Jens Martin等,2010)。为此,胡建平等(2022)提出IPO前大规模分红不仅损害投资者和公众的利益,还会扰乱证券市场秩序。

大部分拟上市公司在招股说明书中会说明,将IPO前滚存利润与上市后的公众股东分享,以降低代理成本,增强上市后中小股东的信心。但由于我国对非公共领域的监管制度不够健全,使公司上市前具有不太稳定的股利政策(Cesari,2009),我国拟上市公司分红行为也各有千秋。对我国2010—2022年上市公司的IPO前现金分红情况进行统计发现,大部分公司IPO前现金分红与年度净利润的比值在50%以下,处于适当水平;但有些拟上市公司,凭借其控股权力或公司治理缺陷在上市前夕大规模分红,以掏空拟上市公司。出于资金短缺而进行上市募集资金的IPO公司在上市前进行高额分红的行为存在矛盾,具有"现金悖论效应"。从大股东掏空理论来看,IPO前分红过多意味着控股股东存在分割拟上市公司利润,提前透支配股融资所带来的大量现金流的嫌疑,极其可能会通过IPO前现金分红转移留存收益,使拟上市公司出现真正现金流短缺,增加流动性风险。并且从股利迎合理论分析,我国投资者倾向于大额现金分红企业的特点可能使拟上市公司为吸引投资者而进行大额分红,以传递企业积极现金分红政策。

### 三、福华化学 IPO 前发放高额现金股利的案例

（一）公司情况与事件介绍

福华化学是一家集矿产资源开发、基础化学品与精细化学品应用研究开发的全球综合性化学品企业，目前已形成了矿产资源、化工中间体、终端化学品的全链条绿色循环产业模式，产品范围涵盖精细化学品和基础化学品。其中，精细化学品主要包括草甘膦及其制剂、草铵膦及其制剂、一氯甲烷、甲缩醛、十二水磷酸氢二钠等。公司基础化学品主要包括烧碱、双氧水、甘氨酸、液氯、多聚甲醛、盐酸、三氯化磷等。该公司实际控制人张华合计控制公司62.59%的股份表决权，其妻子及两个女儿与张华为一致行动人，合计持股26.51%。因此，实际控制人及其一致行动人合计控制该公司89.12%的股份表决权。

2023年6月，福华化学申请在深市主板发行上市。公司拟发行不超过2.75亿股、募资60亿元，投向"10万吨/年磷酸铁及配套装置""4万吨/年甲基亚磷酸二乙酯""福华研究院""智慧工厂"和补充流动资金及偿还银行贷款。其中，拟用于补流和还债的金额为27.51亿元，占募资总额的比例达到45.85%。将募资用于"补流""还债"的同时，福华化学IPO前还曾进行大额分红。招股说明书显示，在报告期内未分配利润为负数的情况下，福华化学在2021年、2022年先后向股东分配了7亿元、26亿元的现金股利，共33亿分红。

（二）分红与融资并行的原因

对于分红的必要性，福华化学也在招股书中做出了阐述。"报告期内，公司实施大额现金分红主要系为了解决与控股股东等关联方之间的非经营性资金往来问题，具有合理性及必要性。"报告期内，福华化学的控股股东福华集团、实控人张华及其控制的其他公司都曾经为了满足自身经营及临时资金周转需求，占用福华化学的资金。其中，2022年福华集团曾经占用福华化学36.60亿元的资金。截至2022年末，福华化学与福华集团及其关联方的非经营性资金往来均已经得到了清理。"针对上述关联方非经营性资金往来事项，公司按照上市公司规范运行要求进行了整改，截至2022年12月31日，上述关联方非经营性资金往来已全部清理完毕，公司不存在被关联方资金占用的情况，且未再发生关联方非经营性往来情况。"通俗理解，福华化学借给福华集团的钱，又通过分红得以偿还，颇有"左手进、右手出"的意味，这也是市场争议的主因。

福华化学高额分红是控股股东福华集团高负债下迫不得已的举动。2020—2022年，福华集团的资产负债率分别达到89.03%、87.55%、63.16%。如此之高的负债率，源自福华集团曾欲通过收购江山股份(600389.SH)实现将福华化学注入上市公司中完成"曲线上市"的计划。2018年9月，福华集团子公司四川省乐山市福华作物保护科技投资有限公司（以下合称"福华集团"）举债18.03亿元从江山股份第一大股东中化国际(600500.SH)手中购得其所持有的江山股份29.19%的股份。福华集团本以为通过此次收购可以顺利成为江山股份的第一大股东，但没想到2018年7月至2018年9月，江山股份的第二大股东南通产业控股集团有限公司及其一致行动人南通投资管理有限公司（下称"南通产投"）增持江山股份3.90%的股份，至此南通产投凭借合计29.69%

的持股成为江山股份的第一大股东。两方的股权仅相距0.50%，江山股份也处于无实控人状态。虽然夺得控制权无望，但2021年3月福华集团还是推动江山股份收购福华化学的股权，只是最终并未成行。彼时18.03亿元投资给福华集团带来了较大的债务压力。正因如此，福华集团持续通过福华化学的分红、减持江山股份缓解债务压力。截至2023年10月19日，福华集团对江山股份的持股已经下降至10.73%。

福华化学自身同样债务高企。2022年末福华化学的资产负债率高达76%，而行业可比公司平均值只有44%。同时，福华化学流动资产与流动负债的比率是0.54，而同行是1.60。流动比率低于1，说明其存在短债长投的高风险操作，也就是把还款期限在一年以内的借款投到了变现周期在一年以上的资产上了。更重要的是，2022年末福华化学现金短债比只有0.11，也就是一年内要归还的有息负债高达45.80亿元，而可动用的现金只有4.85亿元。今年即使公司能够从日常经营中，获得跟2021年一样多的现金净额19.34亿元，也只能偿还一半的短期有息负债。因此福华化学计划上市募资60亿元，并将其中27.51亿元用来补充流动资金以及偿还银行贷款。

（三）相关讨论

该事件发生之时，上市规则并未禁止IPO项目申报期间不能进行大额分红和将IPO募资用于补充流动资金。大额分红在IPO之前，似乎分红的钱与IPO募集资金无关。但用IPO募集资金补充公司因分红产生的流动资金缺口和未能及时归还的贷款，实际上就是用募集资金进行了分红和还贷，且仅是向上市前原始股东进行分红，这是上市前大额分红最为关键和重要的实质性问题。

深交所于2023年7月发出第一轮审核问询函，就公司大额分红的合理性、控股股东将分红所得用于归还所欠公司款项、拟将相当比例募集资金用于补充流动资金及偿还银行贷款等事项，进行了重点审核问询，要求发行人予以充分说明，要求保荐机构、会计师事务所审慎核查并发表明确意见。

2023年11月初，引起舆论哗然的福华化学主动撤回IPO材料。自受理之日起，该公司为期4个月的IPO之旅宣告结束。此次终止消息发出后，福华化学也通过媒体回应了遭受广泛质疑的几个关键问题。福华化学认为追求长远发展是目标，高负债率只是表象，高投入才是实质。补充流动资金更多是为了缓解公司生产经营规模上去后所产生的短期经营资金需求。另一方面公司也希望募集资金到位后，减少部分流动资金贷款，优化资金结构。

上市前高额分红的同时将拟募集资金大比例用于补充流动资金的行为会对资本市场造成恶劣影响。企业在上市前突击大额分红将"家底"瓜分一空，而后试图通过IPO"补血"，导致上市公司将问题推给市场，让普通投资者为公司"买单"，扭曲资本市场功能，弱化市场资源配置效率，舍本逐末式的"边分红边融资"严重损害了中小投资者的权益。

目前监管规则仍处在逐步完善的进程中。2024年3月15日，证监会发布《关于严把发行上市准入关从源头上提高上市公司质量的意见（试行）》，提出密切关注拟上市企业是否存在上市前突击"清仓式"分红等情形，严防严查，并实行负面清单式管理。

2024年4月12日,上交所有关负责人就加强IPO企业分红监管提出,交易所正在研究对拟上市企业上市前突击"清仓式"分红行为的监管,引导拟上市企业承诺申报后的在审期间不进行现金分红,鼓励企业更多将累积利润留存用于企业发展或上市后与新股东共享;在指标方面考虑,对于报告期三年累计分红金额占同期净利润比例超过80%的,或者报告期三年累计分红金额占同期净利润比例超过50%且累计分红金额超过3亿元,同时募集资金中补流和还贷合计比例高于20%的,将不允许其发行上市。

**四、结语**

IPO前现金分红行为在国内外拟上市公司中均普遍存在,而近年来我国市场中高额分红行为屡见不鲜。IPO前高额现金分红既有积极的信息传递效应,又存在现金悖论效应。监管机构应重视IPO前的高额现金分红行为,规范拟上市公司行为,保护投资者利益。

首先,基于IPO前现金分红具有信息传递作用,监管机构应强化对拟上市公司现金分红行为的引导,规范拟上市公司IPO前现金分红比以及拟上市公司管理层行为,制定科学合理的现金分红政策,以增强IPO前现金分红信息传递效应。其次,基于IPO前现金分红比过高的现金悖论效应,监管机构应加强对异常分红行为的监管,促进拟上市公司制定合理的资本结构。再次,基于募集资金补充流动性会促进现金悖论效应,监管机构应针对募集资金补充流动性进行具体规范,在合理范围内控制上市公司使用募集资金补充流动性,引导公司募集资金投向凝聚公司核心竞争力的主业方向,规范上市指引。最后,资本市场IPO由审核制转为注册制,监管机构在跟进企业IPO整个过程发问询函时,要重点关注拟上市公司IPO前突击分红行为,避免拟上市公司利用IPO前突击分红把资金压力和风险传导给上市公司,为促进我国上市公司高质量发展把好第一道关。

# 本 章 小 结

公司利润分配的项目包括三类:公积金、股利和未分配利润。利润分配的顺序是先弥补亏损,然后计提法定盈余公积,再计提任意盈余公积,最后视公司所有者的决定,发放股利。公司向股东支付股利主要经历股利宣告日、股权登记日、除息(除权)日和股利支付日。股利支付的方式包括现金股利、财产股利、负债股利和股票股利等。

公司现在将税后利润发放给股东,就不能把这笔资金用于再投资,股利政策在给予股东回报的时间上有差别。如果满足完全资本市场、不存在所得税、投融资决策分离等前提,Miller和Modigliani认为股利政策对公司的市场价值不会产生影响。"一鸟在手"理论和税差理论认为股利会引起股价变化,但前者赞成高股利政策,后者支持低股利政策。"顾客效应"认为每个投资者所处的税收等级不同,对待股利的态度也不一样。信号假说认为公司管理层与外部投资者之间存在信息不对称,股利的发放向外部投资者释放了与公司有关的内部信息。公司在股利政策制定时需要考虑法律因素、债权人要求、股东要求和公司内部因素。常见的股利分配政策有剩余股利政策、稳定股利额政策、固定股利率政策和正常股利加额外股利政策四种。

股票股利指向股东赠送股票,这会降低每股股票的净资产,从而影响股票价格。高价股可以通过发放股票股利降低股价,促进交易。股票分割增加了公司发行在外的股票数量,每股股票代表的账面价值降低。股票回购指公司收回已经发放的股票,主要目的是防止敌意收购,振兴股市和公司股价,重新资本化、提高财务杠杆等。它是一次性的现金返还活动,有更大的灵活性,股东在活动中处于主动地位,股东可以获得税收优惠,其缺点在于向市场传递公司对未来现金流量信心不足的信号,引起市场怀疑。

中国上市公司派发现金股利的数量增加,但是派发意愿仍然不是特别强,而现金股利的支付集中在10%~40%的范围内,上市公司仍然将大部分利润留存在公司内部。中国上市公司分配股票股利和实施股票转增的次数较多,市场炒作"高送转"题材概念股,回购目前在中国市场较为少见。

## 习题与思考题

1. 股利无关论认为股利分配对公司市场价值不产生影响,该理论的前提假设是什么?
2. 根据"一鸟在手"股利理论,公司应采取怎样的股利政策?
3. 请比较股票分割与股票股利的异同。
4. 请比较股票回购与现金股利的异同。
5. 股票回购对公司有哪些作用?
6. 公司在制定股利政策时,需要考虑什么因素?
7. 甲公司有累计未分配利润1 000万元,其中上年实现的净利润500万元。公司正在确定上年利润的具体分配方案。按法律规定,净利润要提取10%的盈余公积金。预计今年需增加长期资本800万元。公司的目标资本结构是债务资本占40%、权益资本占60%。公司采用剩余股利政策,应分配的股利是多少?
8. 甲上市公司2023年度的利润分配方案是每10股派发现金股利12元,预计公司股利以10%的速度稳定增长,股东要求的收益率为12%。于股权登记日,甲公司股票的预期价格为多少?
9. 甲公司2023年度利润分配方案:向全体股东每10股送2股转增4股并派发现金股利2元。2024年5月12日是股利宣告日当日收盘价108元;5月18日是股权登记日,当日收盘价107元。甲公司股票的除权参考价是多少?
10. 甲公司是一家高科技上市公司,流通在外普通股加权平均股数2 000万股,2023年净利润5 000万元。为回馈投资者,甲公司董事会正在讨论相关分配方案,资料如下:
    方案一:每10股发放现金股利6元。
    方案二:每10股发放股票股利10股。
    假设甲公司股票股权登记日收盘价为30元。

要求：
(1) 如果采用方案一，计算甲公司每股收益、每股股利。如果通过股票回购等额现金支付给股东，回购价格每股50元，则应回购多少股？
(2) 如果采用方案二，计算发放股票股利后甲公司每股收益、每股除权参考价。如果通过股票分割达到同样的每股收益稀释效果，请设计股票分割方案。

# 第九章

# 企业价值评估

> **学习目标**
> 1. 了解企业价值评估的目的和基本对象。
> 2. 掌握价值评估中的价值类型。
> 3. 掌握价值评估中的绝对估值方法。
> 4. 掌握价值评估中的相对估值方法。
> 5. 了解经济周期对企业价值评估的影响。

## 第一节 企业价值评估基本介绍

企业价值评估是财务管理的重要工具之一,具有广泛的用途,是现代财务的必要组成部分。

### 一、企业价值评估的目的

企业价值评估简称价值评估,目的是对企业的经济(市场)价值进行评估,为分析和衡量企业整体和股权的公平市场价值提供有关信息,以帮助投资人和管理者改善投资决策和经营管理。价值评估的目的主要表现为三个方面:价值管理目的、资产运作目的和资本运作目的。

(一) 管理目的

企业价值管理强调对企业整体获利能力的分析与评估,通过制定和实施合适的发展战略及行动计划以保证企业的经营决策有利于增加企业股东的财富价值。企业价值管理要求管理人员运用企业价值评估来展望企业未来,致力于提高利用企业当前资产在未来创造财富的能力。将企业价值增值情况作为激励和考核管理者的重要指标,可以为企业管理水平的优劣提供评判标准。因此,通过企业价值评估,可以对企业价值进行定量描述,根据企业价值的变动情况判断企业价值管理水平,为企业改进管理提供参考依据。

(二) 资产运作目的

资产运作是企业对其拥有或控制的资产,通过各种可行的途径、方式加以利用,最大限度地提高其使用效率和效果,实现企业价值最大化而进行的资产配置和经营运作的活动。出于资产运作的目的,企业常常需要借助企业价值评估,发现企业的资产是否得到合理配置以及充分使用,并对那些未得到合理配置或充分使用的资产进行重新管理提供可行性建议。如果被评估企业价值评估结果太低,主要原因是企业资产的周转率过低,这就在一定程度上说明企业资产使用的有效性和充分性较弱,进而为企业价值最大化目标提供改进意见和决策支持。此外,通过价值评估,还能发现不能为企业创造价值的资产,如溢余资产等。

因此,企业价值评估的一个重要目的就是试图对各种要素资产进行合理配置,通过改变资产的使用者、使用空间、使用途径、使用方式、存在形态及组合方式,来改变资产的利用效率、效果,从而改变其为企业创造价值的能力。例如,将闲置资产作价转让或由溢余资产变为有效资产,实行资产多元化经营、资产重组、并购、分割而改善原有用途,开发新的使用领域等。这些资产运作方式都是为了实现企业能够以尽可能低的投入创造尽可能高的产出,实现企业资产保值增值和企业价值最大化。

### (三) 资本运作目的

资本运作是资本所有者在既定的风险水平上,将资本投资于有关项目或企业,以实现资本投资期望收益最大化为目的的资本所有权交易行为。与资产运作不同,资本运作影响资本所有权的变动,而资产运作不会影响资本的最终所有权,对于企业而言,常见的资本运作方式有以下三种:

(1) 以财产换取资本,让渡财产占有、使用、处置权,如企业增资扩股。
(2) 以资本换取财产,出让资本所有权而获得财产,如企业收购、企业出售等。
(3) 资本运营主体整合,实现资本重组。如企业兼并。

无论进行哪种资本运作,都需要对目标企业的价值进行评估。在评价和挑选目标企业的过程中,需要使用企业价值评估技术,判断目标企业的业务和风险,评估公司的盈利能力和现金流量状况,对企业的价值做出评估结论,为资本所有权交易行为提供决策依据。

## 二、企业价值评估的对象

企业价值评估的首要问题是明确"要评估的是什么",也就是价值评估的对象是什么。企业价值评估的对象通常包括企业整体价值和股东全部权益价值。不同评估对象的内涵和需要被关注的点是不一样的。

### (一) 企业整体价值

企业整体价值是指公司所有出资人(包括股东、债权人)共同拥有的企业运营所产生的价值,即所有资本(付息债务和股东权益)通过运营形成的价值。企业整体价值的评估是将企业作为一个有机整体,依据其拥有或占有的全部资产状况和整体盈利能力,充分考虑影响企业盈利能力的各种因素,结合企业所处的宏观经济环境和行业发展状况,对企业整体价值进行的综合性评估。

从数量上来看,企业整体价值并不等于资产负债表中的资产合计数量,原因有以下三点。

（1）资产负债表中的资产是以历史成本作为计量依据的账面价值，不能够体现被评估企业通过运营产生的真实价值。企业的整体功能，只有在运行中才能得以体现。企业是一个运行着的有机体，一旦成立就有了独立的"生命"和特征，并维持它的整体功能。如果企业停止运营，整体功能随之丧失，不再具有整体价值，它就只剩下一堆机器、存货和厂房，此时企业的价值是这些财产的变现价值，即清算价值。企业整体能够具有价值，在于它可以为投资人带来现金流量。这些现金流量是所有资产联合起来运用的结果，而不是资产分别出售获得的现金流量。

（2）资产负债报表中的资产合计数是单项资产账面价值的简单相加，无法反映企业作为资产综合体的整体获利能力。企业作为整体虽然是由部分组成的，但企业不是各部分的简单相加，而是有机的结合。这种有机的结合使企业总体具有它各部分所没有的整体性功能，所以整体价值不同于各部分的价值。企业的整体性功能，表现为它可以通过特定的生产经营活动为股东增加财富，这是任何单项资产所不具有的。企业是有组织的资源，各种资源的结合方式不同就可以产生不同效率的企业。

（3）企业整体价值评估范围是企业的全部资产，既包括表内资产也包括表外资产，因此资产负债表上的资产总计不是构成企业整体价值的全部。

在企业价值评估实务中，根据《资产评估准则——企业价值》的规定，企业整体价值等于企业总资产价值减去企业负债中的非付息债务价值后的余值，或者企业所有者权益价值加上企业全部付息债务的价值。

## （二）股东全部权益价值

股东权益代表了股东对企业净资产的所有权，反映了股东在企业资产中享有的经济利益，因此，企业股东全部权益价值就是企业的所有者权益或净资产价值。和企业的整体价值一样，资产负债表上的股东权益或净资产数额并不能代表企业价值评估实务中的股东全部权益价值，同样需要基于特定的评估目的，在一定假设条件下，综合分析影响股东权益价值的各种因素，选择合适的估值方法，估算被评估企业股东全部权益在某一时点的客观的公允的价值。由于企业整体价值等于股东全部价值加上全部付息债务的价值，因此股东全部权益价值可以通过企业整体价值扣减全部付息债务价值得出。为了进一步了解企业整体价值和股东全部权益价值的关系，可以通过表9-1做一个简单的说明。

表9-1　简化的资产负债表

| 流动资产(A) | 流动负债和长期负债中的非付息债务价值(C) |
| --- | --- |
| 固定资产和无形资产价值(B) | 付息债务价值(D) |
| 其他资产价值(F) | 股东全部权益价值(E) |

表9-1是对企业全部资产和负债进行评估后的简化的资产负债表，流动资产、固定资产和无形资产价值与其他资产价值的和构成了企业总资产价值，即 A+B+F；流动负债和长期负债中的非付息债务价值加上付息债务价值和股东全部权益价值构成了全部负债

和权益的价值,即 C+D+E。企业整体价值等于企业总资产价值减去企业负债中的非付息债务价值后的余值,即 $(A+B+F)-C$;或企业所有者权益价值加上企业的全部付息债务的价值,即 D+E。因此,等式 $(A+B+F)-C=D+E$ 成立。根据该等式,企业整体价值和股东全部权益价值是包含与被包含的关系,即 $E=(A+B+F)-(C+D)$。

### 三、价值评估的价值类型

企业价值评估中,应该根据评估目的和被评估企业的具体情况,选择合适的评估假设,确定适用的价值类型。例如,当企业具有良好的历史经营业绩和较强的未来成长能力,并且评估的目的是出于股权交易时,通常选择持续经营假设,将市场价值作为评估的价值类型;而当企业经营不善面临清算时,则可能会选择清算假设,选用市场价值以外的其他价值类型——清算价值作为评估的价值类型。因此,企业价值评估中的价值类型可以划分为市场价值和市场价值以外的价值两类。

(一) 市场价值

企业价值评估中的市场价值从价值属性的角度来定义,是指企业在评估基准日的公开市场上,在正常的使用状态下,最有可能实现的交换价值的估计价值。从市场价值的一般性定义出发,它是指自愿买方和自愿卖方在各自理性抉择且没有受到任何强迫的情况下,评估对象在评估基准日进行正常公平交易的价值估计数额。因此,"市场价值"这一定义的构成需要满足以下要件:

(1) 自愿买方。自愿买方具有购买动机,没有被强迫进行购买。购买者会根据现行市场的真实情况和期望值进行购买,不会急于做出决策,也不会在任何情况下都决定购买,即不会付出比市场价格更高的价格。

(2) 自愿卖方。自愿卖方指既不准备以任何价格急于出售或被强迫出售,也不会因期望获得被现行市场视为不合理的价格而继续持有资产的一方当事人。自愿卖方期望在进行必要的市场营销之后,根据市场条件以公开市场所能达到的最高价格出售资产。

(3) 评估基准日。评估基准日是指市场价值是某一特定时期的时点价值,仅反映了评估基准日的真实市场情况和条件,而不是评估基准日以前或以后的市场情况和条件。

(4) 以货币单位表示。市场价值是在公平的市场交易中,以货币形式表现的、为取得资产所支付的价格,通常表示为本国货币。

(5) 公平交易。公平交易是指在没有特定或特殊关系的当事人之间的交易,即假设在互无关系且独立行事的当事人之间的交易。

(6) 资产在市场上有足够的展示时间。资产应当以最恰当的形式在市场上展示,不同资产的展示时间应根据资产特点和市场条件而有所不同,但该展示时间应当使该资产能够引起足够数量的潜在购买者的注意。

(7) 当事人双方各自精明、理性抉择。自愿买方和自愿卖方都合理地知道资产的性质和特点、实际用途、潜在用途以及评估基准日的市场状况,并假定当事人都根据上述知识为自身利益而决策,理性行事以争取在交易中为自己获得最好的价格。

(8) 估计数额。《国际评估准则》对"估计数额"的解释是,它是指资产的价值是估计的,而不是预定的价值或真实的出售价格;是在评估基准日,满足对市场价值定义的其他因素的条件进行交易的情况下资产最有可能实现的价格。市场价值中的估计数额是指在公平交易中,以货币形式表现的资产价格。

理解价值评估中的市场价值需要把握两个基本点:一是公开市场;二是资产的有效使用。市场是买方和卖方之间在价格机制作用下就商品和服务进行交易的体系,市场的存在是价值评估得以进行的基础条件之一。公开市场则是对充分竞争市场的一种抽象,充分竞争的市场是一个有着众多自愿买者和自愿卖者的市场,市场参与者彼此地位平等,信息对称,有充分的时间了解市场信息。市场价值便是建立在充分竞争市场的基础之上。在《国际评估准则》中,资产的有效使用是以资产的最佳用途概念出现的,它对"最佳用途"的解释是:一项资产最有可能的用途,是指被评估资产在实际上可能、处置合理、法律允许、财务可行并且能够得到最高价格时的用途。因此,评估人员在进行市场价值评估时,应当结合相关资料分析被评估资产的最佳用途,并在此基础上评估资产的价值。

### (二)市场价值以外的价值

企业价值评估中市场价值以外的价值并不是一种具体的价值类型,它是一系列不符合市场价值定义条件的价值形式的总称,是企业公允价值具体表现形式的概括,主要有投资价值、持续经营价值、清算价值和会计价值等。

#### 1. 投资价值

投资价值是指企业对于具有明确投资目标的特定投资者或某一类投资者所具有的价值,如企业并购中的被评估企业对于特定收购方的收购价值;关联交易中的企业交易价值;企业改制中的管理层收购价值等。企业的投资价值和市场价值不存在绝对的数量关系,投资价值可能正好等于企业的市场价值,也可能高于或低于市场价值,它们是两个不同的概念。投资性企业价值是指特定主体以投资获利为目的而持有的企业在公开市场上按其最佳用途实现的市场价值。

#### 2. 持续经营价值

持续经营价值是指被评估企业按照评估基准日当时的用途、经营方式、管理模式等继续经营下去所能实现的预期收益(现金流量)的折现值。企业的持续经营价值是一个整体的价值概念,是相对于被评估企业自身既定的经营方向、运营方式、管理模式等所能产生的现金流量和获利能力的整体价值。企业的持续经营价值与市场价值不存在绝对的数量关系,企业的持续经营价值可能正好等于其市场价值,也可能高于或低于市场价值。

#### 3. 清算价值

从性质上讲,企业的清算价值是设定企业处于清算、被迫出售、快速变现等非正常条件下所具有的价值。从数量上看,企业的清算价值是指企业所有者在特定条件下将所有资产在公开市场上出售,减去所有负债后的现金余额。通常来说,这种出售往往有一定的时间限制,交易双方的地位不平等,交易时间短,交易价格较低。同时,由于假定企业不再经营,清算价值不会考虑企业未来可能的收益,这时企业价值应是其构成要素资产的可变现价值。

根据企业清算的时间要求,清算价值分为有序清算价值和强制清算价值。有序清算价值是指企业停止结业时,某项资产或某些资产在合理的时间期限内出售时最高限度的变现净值;强制清算价值是指企业结业时,某项资产或某些资产以最快速度出售时的变现净值。二者的区别在于变卖的时间限制,在市场上公开出售的时间要求不同。一般情况下,强制清算价值低于有序清算价值。

### 4. 会计价值

会计价值是指资产、负债和所有者权益的账面价值。会计价值与市场价值是两回事。例如,青岛海尔电冰箱股份有限公司 2000 年资产负债表中显示,股东权益的账面价值为 28.9 亿元,总股份数为 5.65 亿股。该股票全年平均市价为 20.79 元/股,市场价值约为 117 亿元,与股权的会计价值相差悬殊。

会计报表以交易价格为基础。例如,某项资产以 1 000 万元的价格购入,该价格客观地计量了资产的价值,并且有原始凭证支持,会计师就将它记入账簿。过了几年,由于技术更新该资产的市场价值已经大大低于 1 000 万元,或者由于通货膨胀其价值已远高于最初的购入价格,记录在账面上的历史成交价格与现实的市场价值已经毫不相关了,会计师仍然不修改他的记录。会计师只有在资产需要折旧或摊销时,才修改资产价值的记录。

会计师选择历史成本而舍弃现行市场价值的理由有两点:(1)历史成本具有客观性,可以重复验证,而这正是现行市场价值所缺乏的。会计师以及审计师的职业地位,需要客观性的支持。(2)如果说历史成本与投资人的决策不相关,那么现行市场价值也同样与投资人决策不相关。投资人购买股票的目的是获取未来收益,而不是企业资产的价值。企业的资产不是被出售,而是被使用并在产生未来收益的过程中消耗殆尽。与投资人决策相关的信息,是资产在使用中可以带来的未来收益,而不是其现行市场价值。

## 第二节 企业的绝对价值评估

企业价值评估有多种方式,而本节介绍的绝对价值评估方法,是基于企业现金流量折现的模型(discount cash flow,DCF)。

根据金融理论,公司的价值等于未来股利的现值。因此,所有的价值评估方法都应该最终和这一原则一致。现金流量折现模型通过对公司在营运资本投资和扣减资本性支出后经营活动产生的现金流量作出具体的、长期的预测,并以估计的资本成本对该预测的现金流量进行折现以得出公司价值的现值。

在折现现金流法里,一种资产或一个公司的市场价值是由这种资产今后产生的现金回报(即现金流)来决定的,而不是由投资这种资产的成本决定。资产可以产生多年的现金流,而货币又具有时间价值,现在的 1 元钱比以后的 1 元钱更值钱,所以要将未来的现金流折现。资产或公司股票的价值就是它今后所有现金流折现后的现值之和。

现金流量折现模型可以通过两种方式来构造。第一种方法是预测权益所有者的现金流量,然后以权益资本成本对预期的现金流量折现,得到权益的估计价值。第二种方法是预测所有资本提供者的现金流量,然后以债务和权益的加权平均资本成本对预期的现金流量折现,得到企业的估计价值,这个价值要减去债务的价值后才能得到权益的价值。后一种方法运用更广泛,本节主要介绍现金流量折现模型的后一种方式,它主要包括四个步骤:

(1) 预测一定时期内(通常是 5~10 年)债务和权益所有者可得的自由现金流量。该预测期的最后一年被称为"终年"。

(2) 基于一定的简化假设,预测终年以后债务和权益所有者可得的自由现金流量。

(3) 以债务和权益的加权平均资本成本对债务和权益所有者可得的全部自由现金流量折现。这个折现额代表债务和权益所有者作为一个整体可以得到的自由现金流量的估计价值。

(4) 从债务和权益所有者可得的自由现金流量现值中减去当前债务的市场价值,得到权益的估计价值。如果公司拥有在前面的现金流量预测中被忽略的超额资产(如超过营运资本需要的现金)或非经营性资产(如可出售的证券或准备出售的不动产),则需要加上它们的价值。如果公司没有任何特殊的负债(如公司意外发生的损害赔偿金),这些负债没有记录在资产负债表上,也没有在盈利预测中加以考虑,则需要减去这些特殊负债的预期费用。

## 一、自由现金流量预测

### (一) 自由现金流量

资产的自由现金流量(Free Cash Flow for the Firm,FCFF)是指由企业经营活动的现金收入去掉除了融资成本(投资者要求的回报率)以外所有现金成本、现金费用和现金投资后的净现金收入。资产的自由现金流量是企业全部现金流入扣除成本费用和必要的投资后的剩余部分,它是企业一定期间可以提供给所有投资人的税后现金流量,可以用来支付融资成本即利息和股息,也可以用来还债或回购股票,也可以用来进行企业新的投资。

$$
\begin{aligned}
&\text{企业资产的自由现金流量} \\
&= 经营活动产生的现金流量 - 净营运资本支出 - 资本性支出 \\
&= 息税前利润 \times (1-税率) + 折旧和摊销 - 净营运资本支出 - 资本性支出 \quad (9-1)
\end{aligned}
$$

在资产的自由现金流量里面减去对债权人的收入就是股权的自由现金流量(Free Cash Flow to Equity,FCFE)。股权现金流量是一定期间企业可以提供给股权投资人的现金流量,它等于企业实际现金流量扣除对债权人支付后剩余的部分。理论上,股权的自由现金流量是股东可以自由支配的现金流量,它的计算公式是

$$
\begin{aligned}
&\text{股权自由现金流量} \\
&= 资产的自由现金流量 - 债权人获得的现金流量 \\
&= 资产自由现金流量 - 税后利息支出 - 偿还债务本金 + 新借债务 \\
&= 资产自由现金流量 - 税后利息支出 + 债务净增加 \quad (9-2)
\end{aligned}
$$

股权现金流量模型也可以用另外的形式表达,以属于股东的净利润为基础扣除股东的净投资,得出属于股东的现金流量为

$$
\begin{aligned}
&\text{股权自由现金流量} \\
&= 税后净收益 + 折旧和摊销 - 营运资本增量 - 固定资产投资 \quad (9-3)
\end{aligned}
$$

股权的自由现金流是将应该支付给债权人的现金流(如利息)从资产的自由现金流减掉后得到的现金流,这个现金流理论上是由股东自由支配的。用这个现金流按股东要求

的回报率折现后得到的直接就是公司股权的价值。资产的自由现金流是没有将应该支付给债权人的现金流去掉的现金流,这个现金流是属于所有投资者的,用这个现金流按平均资本成本(投资者平均的回报率)折现后得到的是企业的总价值(股权价值加上债权的价值)。

(二) 某一特定时期的自由现金流量的具体预测

在实践中,自由现金流量通常分为两部分:一是对某一特定时期自由现金流量的具体预测,二是对某一特定预测期以后的自由现金流量的综合预测,即对"终值"的预测,这里先着重讨论前者。

首先,需要确定预测期的长度。证据表明大多数公司预期股东权益的收益在5~10年的时间里回复到正常水平。随着行业和公司的成熟,公司销售收入的增长率会由于需求的饱和及行业内部的竞争而变慢。即使一家公司目前正在高速增长,但假定目前的高增长率将可以无限期地持续下去是不切实际的。就大多数公司而言,预期新增投资的盈利回复到正常水平所需的时间可能会更短些,因为即使当全部投资的盈利保持在正常水平时,新增投资的盈利也可能会回复到正常水平。因此,对大多数公司来说,5~10年的具体预测期是合理的。

其次,一旦确定了预测期间,就要对公司的经营业绩作出一整套假设以便能够进行预测。合理预测的关键在于所作的基本假设必须符合公司的实际情况,因此,在预测时必须仔细考虑在公司的经营战略分析和财务分析中所涉及的因素和提出的问题。

下面对A公司2017—2021年的自由现金流量做预测。预测主要基于以下假设:

(1) 2017—2021年销售收入每年保持15%的增速。该速度是以公司以往的销售收入水平、行业销售收入的预期增长率和公司在行业中的竞争地位为依据。

(2) 销售毛利率在2017年为37%,此后每年下降0.5%,到2021年下降到35%。假定公司的经营策略不变,销售毛利率的下降是因为预期竞争的不断增加。

(3) 利息费用占债务平均余额的比率为8.9%。这是在既定的公司资本结构和融资策略的条件下,根据预期利率计算的。

(4) 假定公司的资本结构不变,债务余额(包括短期债务和长期债务)与资产总额的比率保持在12.3%的水平。

(5) 预期长期资本支出将为使固定资产净值与销售收入的比率保持在23%所需的金额。该假设反映了公司现有的资产周转率水平和折旧以及摊销政策。

(6) 公司平均所得税率为38%。

根据上述假设进行测算,得到公司的自由现金流量预测相关的财务指标如表9-2所示。

表9-2 A公司的自由现金流量预测

单位:百万元

| | 假 设 | 2017年 | 2018年 | 2019年 | 2020年 | 2021年 |
|---|---|---|---|---|---|---|
| 营业收入 | 增长率为15% | 7 618 | 8 761 | 10 075 | 11 586 | 13 324 |
| 营业成本 | 占营业收入63%~65% | 4 799 | 5 563 | 6 448 | 7 473 | 8 661 |

续 表

| 假　　设 | | 2017年 | 2018年 | 2019年 | 2020年 | 2021年 |
|---|---|---|---|---|---|---|
| 毛利 | | 2 819 | 3 198 | 3 627 | 4 113 | 4 663 |
| 销售/管理费用 | 占营业收入23% | 1 752 | 2 015 | 2 317 | 2 665 | 3 065 |
| 折旧和摊销 | 占期初固定资产净值17% | 260 | 298 | 343 | 393 | 453 |
| 息税前利润 | | 807 | 885 | 967 | 1 055 | 1 146 |
| 利息费用 | 债务平均余额的8.9% | 32 | 37 | 43 | 49 | 56 |
| 税前利润 | | 775 | 848 | 924 | 1 006 | 1 090 |
| 所得税 | 平均所得税率38% | 294 | 322 | 351 | 382 | 414 |
| 净利润 | | 480 | 526 | 573 | 624 | 676 |
| EBIT(1−T) | | 500 | 549 | 600 | 654 | 711 |
| 营运资本净额变化 | | 54 | 62 | 71 | 82 | 94 |
| 长期资产净额变化 | | 228 | 263 | 302 | 348 | 400 |
| 企业自由现金流量 | | 218 | 224 | 226 | 224 | 217 |

## 二、"终值"预测

从理论上说,现金流量的持续年数应当等于资源的寿命。企业的寿命是不确定的,通常采用持续经营假设,即假设企业将无限期地持续下去。预测无限期的现金流量数据是很困难的,时间越长,远期的预测越不可靠。为了避免预测无限期的现金流量,大部分估价将预测的时间分为两个阶段。第一阶段是有限的、明确的预测期,称为"预测期",这个阶段一般是5~10年,增长率一般比较高。在此期间需要对每年的现金流量的组成部分(销售、成本、费用、资本投入等)进行详细预测,并根据现金流量模型计算其预测期价值;第二阶段是预测期以后的无限时期,称为"后续期",或"永续期",在此期间假设企业进入稳定状态,有一个稳定的增长率,可以用简便方法直接估计后续期价值。一般这个稳定的增长率取整个经济体GDP的长期平均增长率。这里的逻辑是,由于竞争的存在,一个企业或行业的增长率不太可能永久高于整个经济的平均增长率。在国外成熟的市场里,这个长期平均增长率一般取3%左右。

在上文的案例中,公司难以永久保持15%的营业收入增长率,除非这家公司受到专利或者商标品牌的保护。如果预期高额利润将吸引足够的竞争,从而驱使公司的盈利最终下降到正常的水平,超额利润消失,所有新增项目给公司带来的净现值为零,公司没有继续扩大业务的冲动。那么,可以假定在预测期后的营业收入保持稳定,公司营运资本和长期资产净额变化均为零。其他的假设保持不变,得到公司在后续期的自由现金流量相关的财务指标如表9-3所示。

**表 9-3  A公司自由现金流量预测**

单位:百万元

| | 假　　设 | 2021年 | 2022年 | 2023年 | 2024年 | 2025年 |
|---|---|---|---|---|---|---|
| 营业收入 | 增长率为0 | 13 324 | 13 324 | 13 324 | 13 324 | 13 324 |
| 营业成本 | 占营业收入65% | 8 661 | 8 661 | 8 661 | 8 661 | 8 661 |
| 毛利 | | 4 663 | 4 663 | 4 663 | 4 663 | 4 663 |
| 营业和管理费用 | 占营业收入23% | 3 065 | 3 065 | 3 065 | 3 065 | 3 065 |
| 折旧和摊销 | 占期初固定资产净值17% | 453 | 521 | 521 | 521 | 521 |
| 息税前利润 | | 1 146 | 1 078 | 1 078 | 1 078 | 1 078 |
| 利息费用 | 债务平均余额的8.9% | 56 | 61 | 61 | 61 | 61 |
| 税前利润 | | 1 090 | 1 017 | 1 017 | 1 017 | 1 017 |
| 所得税 | 平均所得税率38% | 414 | 386 | 386 | 386 | 386 |
| 净利润 | | 676 | 631 | 631 | 631 | 631 |
| EBIT(1−T) | | 711 | 669 | 669 | 669 | 669 |
| 营运资本净额变化 | | 94 | 0 | 0 | 0 | 0 |
| 长期资产净额变化 | | 400 | 0 | 0 | 0 | 0 |
| 企业自由现金流量 | | 217 | 669 | 669 | 669 | 669 |

要计算这些现金流量的现值,只需要将2022年及以后年份的公司自由现金流量分别贴现到2021年,最后将汇总的这些贴现值统一以给定的贴现率贴现回当前时点即可。这类似于递延的永续年金现值的计算公式,这一方法已经在前面的章节详细分析过。后续期价值也被称为"终值"或"永续价值"。也可以假定公司在后续期的营业收入以一个较低的速度增长,按照类似的方法,也可以算出公司自由现金流量的后续期的价值。总的看来,企业价值被分为两部分:预测期价值和永续价值。

$$企业价值 = 预测期价值 + 永续价值 \tag{9-4}$$

## 三、预期自由现金流量贴现

前面计算的自由现金流量为公司资产的自由现金流量,因此,应该采用的贴现率是加权平均资本成本。公司加权平均资本成本是用债务和权益各自的市场价值在资本总价值

中的比重作为权重而计算的债务和权益资本的加权平均成本。计算公式为

$$WACC = \left(\frac{E}{E+D}\right) \times K_E + \left(\frac{D}{E+D}\right) \times K_D \times (1-T_C) \quad (9-5)$$

式中，$WACC$ 表示加权平均资本成本；$K_E$ 表示股权资本成本；$K_D$ 表示债权的资本成本；$T_C$ 表示公司所得税税率；而 $E$ 和 $D$ 分别表示权益和债务的市场价值。

通过对上述案例公司的加权平均资本成本测算，得到 A 公司的加权平均资本成本为 13%，可以用这一贴现率对预测的自由现金流量进行贴现。假定 2016 年为现在时点，那么，可以测算得到公司的总价值如表 9-4 所示。

表 9-4　由 A 公司自由现金流量贴现计算公司总价值

单位：百万元

|  | 2016 年 | 2017 年 | 2018 年 | 2019 年 | 2020 年 | 2021 年 | 2021 年后 |
| --- | --- | --- | --- | --- | --- | --- | --- |
| 企业自由现金流量 |  | 218 | 224 | 226 | 224 | 217 | 669 |
| 折现因子 |  | 1.13 | 1.28 | 1.44 | 1.63 | 1.84 |  |
| 自由现金流量现值 |  | 193 | 175 | 157 | 137 | 118 |  |
| 永续期价值 | 2 793 |  |  |  |  |  |  |
| 公司总价值 | 3 573 |  |  |  |  |  |  |

## 四、权益价值的计算

如果在折现现金流方法里用的现金流是企业资产产生的自由现金流，没有剔除债权人获得的现金流量，那么使用的折现率是资本的平均成本，折现后得出的价值就是企业总的价值，即股权和债权价值之和。

$$企业的总价值 = \sum_{t=1}^{\infty} \frac{资产自由现金流量_t}{(1+加权平均资本成本)^t} \quad (9-6)$$

从简化的角度来看，将债权的价值从企业的总价值里减去以后，可以间接地估计公司权益的价值。具体来说，从企业的价值出发，计算股东权益的价值的方法可以分为三步：先扣除债务的市场价值，然后加上非经营性资产的价值，最后减去特殊负债的预期费用。

(一) 扣除债务的市场价值

企业资产的价值包括股东和债权人投资的价值。在计算权益的价值时，需要减去债务（包括短期债务和长期债务）的市场价值，将公司的价值转化为权益的价值。不过需要注意的是，这里不需要减去经营性流动负债（比如应付账款）的价值，因为它们对公司价值的影响在预测自由现金流量的过程中已经被考虑。

(二) 加上非经营性资产的价值

如果公司拥有任何非经营性资产，而这些资产将会产生的现金流量在前面的自由现

金流量预测中没有被考虑,那么此时需要加上这些非经营性资产的价值。公司常见的非经营性资产是可销售的证券、准备出售的土地以及超额的养老金资产等。

### (三) 减去特殊负债的预期费用

如果公司拥有任何特殊的负债,这些负债没有记录在资产负债表上,也没有在盈利预测中加以考虑,那么需要减去这些特殊负债的预期费用。常见的特殊负债有公司意外发生的损害赔偿金、不足额的养老金负债以及不足额的医疗保险负债,等等。

如果在折现现金流方法里用的现金流是股权的自由现金流,那么,使用的折现率就是股东要求的回报率,将此现金流折现后得出的价值就是股权的价值。

$$股权价值 = \sum_{t=1}^{\infty} \frac{股权自由现金流量_t}{(1 + 股权融资成本)^t} \tag{9-7}$$

自由现金流量折现法的优点是:它可以将影响企业价值的各种因素都仔细考虑到。在估算现金流和折现率时,必须收集有关企业销售额、成本、费用、营运资本和固定资本投入和融资成本的详细信息,并考虑宏观经济形势、行业特征以及企业的特定因素对现金流和折现率的影响。

然而,折现现金流量的优点也就是它的缺点,要运用折现现金流量估值必须对企业有很详细的了解,必须有很多信息。当估值者没有这些信息时,是比较难运用这个方法的。

## 第三节　企业的相对价值评估

企业的相对价值评估是指用类似的上市公司的市场乘数来估值,常用的市场乘数有市盈率、市净率、市销率、市现金流率等。这一方法较简单,和上一节的绝对价值评估方法不同,该方法不需要对增长率、盈利和资本成本等种种变量进行具体测算。

基于可比公司乘数的价值评估方法包括以下三个步骤:

第一步,选择一个业绩或价值指标作为乘数运算的基础。常用的业绩或价值指标是盈利、销售收入、现金流量、股东权益账面价值、资产账面价值等。

第二步,估计可比公司某个选定的业绩或价值指标的乘数,比如市盈率、市净率、市销率等。

第三步,将可比公司的乘数应用于被评估公司相应的业绩或价值指标,从而得出被评估公司股东权益的估价。

### 一、市盈率法

市盈率(Price to Earnings ratio,P/E ratio)是股票每股市场价格 P(Price per Share)与每股收益 EPS(Earnings per Share)的比值。市盈率是一种直接统计比率,能够将股票价格和公司当前的盈利状况直接联系在一起。同时,对大多数上市公司而言,公司的历史收益、当前收益和预测收益都是公开的,市盈率易于计算且容易得到。再者,市盈率可以作为公司成长性和一些其他特征的代表。因此,市盈率简单明了的特点使其在股票首次公开发行(IPO)到相对价值判断等一系列的实务运用中成为极具吸引力的选择。但是，如果不对这一比率进行深入的了解，市盈率被误用的可能性也较大。

市盈率最终是由公司预期增长率($g$)、红利支付率($b$)和风险决定的，可以通过戈登增长模型得到这一结论。当公司处于稳定增长阶段时，可以根据股利固定增长率模型，即戈登增长模型，得到稳定增长公司股权资本的价值为

$$P_0 = \frac{D_1}{r-g} \tag{9-8}$$

式中，$P_0$ 为股权资本的价值；$D_1$ 为下一年预期的每股红利；$r$ 为股权资本成本；$g$ 为预期的股息增长率。给定 $b$ 为红利支付率，有

$$D_1 = EPS_0 \times b \times (1+g) \tag{9-9}$$

股权资本的价值公式可以转变为

$$P_0 = \frac{EPS_0 \times b \times (1+g)}{r-g} \tag{9-10}$$

等式两边同时除以 $EPS_0$，得到市盈率 $PE$ 的表达式为

$$PE = \frac{P_0}{EPS_0} = \frac{b \times (1+g)}{r-g} \tag{9-11}$$

如果等式两边同时除以 $EPS_1 = EPS_0(1+g)$，即用下一期的预期收益表示市盈率，即动态市盈率，那么公式可以简化为

$$PE_1 = \frac{P_0}{EPS_1} = \frac{b}{r-g} \tag{9-12}$$

不难得出结论，对稳定增长的公司而言，$PE$ 随着红利支付率和增长率的增加而增加，随着公司风险程度($r$)的增加而减少。这种关系在高增长的公司中同样存在。

[**例 9-1**] 甲企业今年的每股收益是 0.5 元，分配股利 0.35 元/股，该企业净利润和股利的增长率都为 6%，股票贝塔值为 0.75。政府长期债券利率为 7%，股票的风险溢价为 5.5%。请问，该公司本期市盈率和预期的市盈率分别为多少？

乙企业与甲企业是类似企业，今年实际每股净利为 1 元，根据甲企业本期市盈率对乙企业估值，其股票价值是多少？乙企业预期明年每股净利是 1.06 元，根据甲企业预期市盈率对乙企业估值，其股票价值是多少？

解：甲企业的股利支付率为

$$b = \frac{D}{EPS} = \frac{0.35}{0.5} = 70\%$$

甲企业的股权资本成本为

$$r = r_f + \beta \times (r_M - r_f) = 7\% + 0.75 \times 5.5\% = 11.125\%$$

甲企业的本期市盈率为

$$PE = \frac{b \times (1+g)}{r-g} = \frac{0.7 \times (1+6\%)}{11.125\% - 6\%} = 14.48$$

甲企业的预期市盈率为

$$PE_1 = \frac{b}{r-g} = \frac{0.7}{11.125\% - 6\%} = 13.66$$

$$\begin{aligned}乙企业股票价值 &= 目标企业本期每股收益 \times 可比企业本期市盈率\\ &= 1 \times 14.48\\ &= 14.48(元/股)\end{aligned}$$

$$\begin{aligned}乙企业股票价值 &= 目标企业预期每股收益 \times 可比企业预期市盈率\\ &= 1.06 \times 13.66\\ &= 14.48(元/股)\end{aligned}$$

上面由公司基本因素推导出来的市盈率是一种理论的市盈率,是基于股票价格代表了公司的理论股权资本价值的假设得出的。而公司的实际市盈率是根据证券市场实际的股票交易价格和公司盈利相除得出的。人们常通过理论市盈率和实际市盈率的比较来判断公司股票价格是否和自身真实价值相符。当理论市盈率和实际市盈率大致相等时,股票交易价格和理论价值相近。而当股票交易价格高于或低于理论价值时,理论市盈率和实际市盈率之间会存在一定差异。

[**例 9-2**] 什么样的企业会有较高的市盈率?

高市盈率的原因可以有很多,最主要的原因是企业的成长率。一般说来,高成长的企业其市盈率比较高。比如在美国纳斯达克股票市场上市的网络搜索公司 Google,它的市盈率按 2005 年 10 月的股价来算是 92,比美国公司平均的 20 倍市盈率要高好多。这是因为高成长型企业的当前的收益比较低,而对未来的盈利有较高的预期导致了较高的市价,所以这类公司有较高的市盈率。

从理论上讲,市盈率可以在不同国家之间、不同企业之间和企业的不同发展阶段之间进行比较。但是由于基本因素的差异,不同行业和不同企业之间的市盈率各不相同。例如,在其他条件相同的情况下,高增长率会导致高市盈率。因此,在利用参考企业数据估计被估公司的市盈率时,应注意参考企业的选择问题,应该充分考虑公司的风险性、成长性以及红利支付率等方面的差异。

参照上市公司市盈率求取被评估公司的市盈率时,首要任务是计算出被评估公司的市盈率。具体的步骤是:首先选择一组可比公司,然后计算出这一组企业的平均市盈率,最后根据被评估企业和可比公司之间的差别对平均市盈率进行主观上的调整,得到可用于被评估企业的市盈率。

在估计目标企业的价值时,如果选定了目标企业的盈利为当期利润,那么这一净利润应该与可比公司平均的本期市盈率相乘,得到目标公司的估值。如果目标企业选定的是预期的净利润,那么在乘数选择时,需要选取可比公司平均的预期市盈率。这一原则也适用于后面提到的其他乘数估计方法。

市盈率法的优点是计算市盈率的数据容易获得,计算简单。同时,市盈率将价格和收益联系起来,直观地反映投入和产出的关系。市盈率涵盖了风险溢价率、增长率和股利支付率等因素的影响,具有较高的综合性。但市盈率法也有其自身的局限性。当目标企业的净利润为负值时,这一方法失去意义。再者,市盈率除了受企业本身基本面的影响,还受到整个经济体景气度的影响。在经济繁荣时,市盈率上升,在经济衰退时,市盈率下降。因此,周期性行业的企业价值如果用市盈率法来估计,在不同的经济发展阶段,其价值会有较大差异,可能发生价值扭曲的现象。

## 二、市净率法

市净率(Price to book ratio,PB)是股票每股市场价格除以每股净资产的账面价值或者公司的权益价值除以公司净资产的账面价值。对周期性行业的公司而言,在企业价值评估中,市净率是一个比市盈率更为可靠的指标。无论行业景气度与否,上市公司的每股净资产一般不会出现大幅波动,企业盈利的大幅变动只会引起净资产的小幅波动。同时,账面价值提供了一个对价值相对稳定和直观的度量,对那些不相信未来现金流量贴现方法计算出的价值的投资者而言,账面价值提供了一个非常简单而可靠的比较标准。

对稳定增长企业而言,可以通过一定的数学推导,得到决定市净率 $PB$ 这一权益乘数的因素。根据戈登增长模型,一家稳定增长企业的权益价值可以表示为式(9-8),进一步可以求出式(9-10)。在这里,给定净资产收益率等于每股收益和每股净资产账面价值($BV$)的比值,即有

$$ROE = \frac{EPS}{BV} \tag{9-13}$$

对当期的净资产收益率而言,有

$$ROE_0 = \frac{EPS_0}{BV} \tag{9-14}$$

因此,可以得出市净率的表达式为

$$PB = \frac{P_0}{BV_0} = \frac{ROE \times b \times (1+g)}{r-g} \tag{9-15}$$

如果净资产收益率是基于下一期的预期收益,那么上式可以简化为

$$PB_1 = \frac{P_0}{BV_1} = \frac{ROE \times b}{r-g} \tag{9-16}$$

由上面的公式不难看出,市净率和净资产收益率、红利支付率以及增长率之间为正相关关系,而和企业的风险程度之间呈负相关关系。

当企业的净资产收益率和增长率之间有如下关系时

$$g = ROE \times (1-b) \tag{9-17}$$

计算市净率的公式可以变为

$$PB = \frac{P_0}{BV_0} = \frac{(ROE-g) \times (1+g)}{r-g} \qquad (9\text{-}18)$$

$$PB_1 = \frac{P_0}{BV_1} = \frac{ROE-g}{r-g} \qquad (9\text{-}19)$$

转化后的公式可以用来计算不支付红利的公司的市净率,但应用这一变形公式的前提是公司的收益增长来自留存收益的再投资,如果不符合这一前提,就不能用变形公式计算企业的市净率。如果净资产收益率(ROE)高于权益资本要求收益率($r$),股票的市场价格就会高于公司权益的账面价值;如果净资产收益率低于权益资本要求收益率,股票的市场价格就会低于公司权益的账面价值。

利用参考企业数据估计 PB 和前述市盈率计算方法大致相同。在利用 PB 对企业进行估值时,首先选择一组可比的参考公司,计算平均市净率。然后根据这一平均值估计被评估企业的市净率。为了更好地反映被评估企业和可比参考企业在基本因素方面的差异,往往需要对计算出的平均值做出一些主观上的调整。

[**例 9-3**] 下表列出了某年汽车制造业的 6 家上市公司的市盈率、市净率和全年的平均实际股价。请用这 6 家公司的平均市盈率和市净率评价江铃汽车的股价,哪一个更加接近实际价格?为什么?

| 公司名称 | 每股收益(元) | 每股净资产(元) | 平均价格(元) | 市盈率 | 市净率 |
| --- | --- | --- | --- | --- | --- |
| 上海汽车 | 0.53 | 3.43 | 11.98 | 22.6 | 3.49 |
| 东风汽车 | 0.37 | 2.69 | 6.26 | 16.92 | 2.33 |
| 一汽四环 | 0.52 | 4.75 | 15.40 | 29.62 | 3.24 |
| 一汽金杯 | 0.23 | 2.34 | 6.10 | 26.52 | 2.61 |
| 天津汽车 | 0.19 | 2.54 | 6.80 | 35.79 | 2.68 |
| 长安汽车 | 0.12 | 2.01 | 5.99 | 49.92 | 2.98 |
| 平　均 | | | | 30.23 | 2.89 |
| 江铃汽车 | 0.06 | 1.92 | 6.03 | | |

**解**:按照市盈率法估值,江铃汽车的股价应为

$$P = EPS_0 \times \overline{PE} = 0.06 \times 30.23 = 1.81(元)$$

按照市盈率法估值,江铃汽车的股价应为

$$P = BV_0 \times \overline{PB} = 1.92 \times 2.89 = 5.55(元)$$

市净率法得到的股价更接近实际价格。因为汽车制造业是一个需要大量资产的行业。

市净率方法主要适用于需要拥有大量资产并且净资产为正值的企业。尽管这一方法有诸多优点,但其缺点也不容忽视。首先,对参考企业的界定本身就带有主观性。即使参考企业为同行业的企业也不能完全解决问题,因为它们可能在经营风险和增长速度上存在较大的差异。其次,被评估企业和参考企业之间存在一定的差异性,需要经过专业分析后进行合理调整,多数情况下存在较大的主观性。

## 三、市销率法

市销率(Price-to-sales,PS)又称为收入乘数,是指股票每股市场价格除以每股销售收入的比值。它反映了每股收入所支撑股价的程度,表明了在证券市场上,投资者愿意为每一元的销售收入而支付的价格。

市销率法和其他相对估值方法不一样,不会因为利润、净资产为负或者微利而使指标失去意义。上市公司每股销售收入都为正值,计算市销率时,几乎不需要剔除任何上市公司,可以将所有上市企业作为样本,这样保证了计算数据的客观性。同时,销售收入对于经济形势的变化相较于利润的变化要小,波动性也小得多。因此,这一指标比较稳定,不易受上市公司经营状况年度变化的影响,更能体现上市公司的投资价值。再者,以客观收入为基础的市销率指标更能体现上市公司的经营能力、发展能力和盈利能力等状况,难以被人为操纵,有利于投资者更加清晰地了解公司的实际情况。

对稳定增长的企业,根据戈登增长模型,有

$$P_0 = \frac{D_1}{r-g} \tag{9-20}$$

式中,$P_0$ 为股权资本的价值;$D_1$ 为下一年预期的每股红利;$r$ 为股权资本成本;$g$ 为预期的股息增长率。给定 $b$ 为红利支付率,有

$$D_1 = EPS_0 \times b \times (1+g) \tag{9-21}$$

结合上面两式,得到

$$P_0 = \frac{EPS_0 \times b \times (1+g)}{r-g} \tag{9-22}$$

而销售净利率(Net Profit Margin,NPM)等于每股收益除以每股销售收入,即

$$EPS_0 = NPM \times S \tag{9-23}$$

那么,市销率 $PS$ 可以表示为

$$PS = \frac{P_0}{S_0} = \frac{NPM \times b \times (1+g)}{r-g} \tag{9-24}$$

如果销售净利率是依据下一期的期望利润来计算的,那么上式可以简化为

$$PS = \frac{NPM \times b}{r - g} \tag{9-25}$$

上式表明,市销率(PS)和销售净利率(NPM)、股利支付率(b)和增长率(g)呈正相关关系,而与企业风险(r)呈负相关关系。在影响市销率 PS 乘数的四个因素中,销售净利率是关键性因素。

[**例 9-4**] 甲公司是一个大型连锁超市,具有行业代表性。该公司目前每股营业收入为 83.06 元,每股收益为 3.82 元。公司采用固定股利支付率政策,股利支付率为 74%。预期净利润和股利的长期增长率为 6%。该公司的 β 值为 0.75,假设无风险利率为 7%,平均风险股票报酬率为 12.5%。乙公司也是一个连锁超市企业,与甲公司具有可比性,目前,每股营业收入为 50 元。请根据市销率模型估计乙公司的股票价值。

解:营业净利率 = 3.82 ÷ 83.06 = 4.6%

股权成本 = 7% + 0.75 × (12.5% − 7%) = 11.125%

市销率 = $\dfrac{4.6\% \times 74\% \times (1 + 6\%)}{11.125\% - 6\%}$ = 0.704

乙公司股票价值 = 50 × 0.704 = 35.2(元)

市销率指标本身的高低并不能说明公司股票或不同证券市场被"高估"或"低估",它的绝对数值不能直接作为公司股票是否具有高风险或投资价值的依据。在进行市销率比较时应当关注销售净利率,有高的销售净利率的公司或行业将有较高的市销率。市销率法主要适用于销售成本率较低的服务类企业,或者销售成本率趋同的传统行业的企业。

市场乘数法是经常被运用的估值方法,它的优点是简单直观。因为它采用的是相似可比的上市公司的乘数,最大优点是能反映当前市场对类似公司定价的信息,给定价人提供一个现实的定价范围。

它的主要缺点是没有两家企业是一样的,即使在同一行业的企业也可以有很不同的情况,所以价值可以很不一样。用类比法估值很难将企业的很多特殊情况考虑进去。

## 第四节 宏观经济周期对企业价值的影响

### 一、美林时钟与经济周期

美林证券投资时钟理论是一种基于经济周期的资产配置理论。美林时钟将经济周期分为四个阶段:复苏阶段、过热阶段、滞胀阶段和衰退阶段(见图 9-1 和图 9-2)。在复苏阶段,经济增长正在逐步加速,但通货膨胀率较低,此时应进行股票资产配置。在经济过热阶段,经济增长仍然很高,通货膨胀率也很高,此时,可以配置商品资产以进行分配。在滞胀期间,经济增长放缓,但通胀仍然很高,选择现金是获得价值的最佳方式。在经济衰退期间,经济增长放缓,通胀放缓,此时债券资产是最好的投资策略。

#### (一)衰退阶段

衰退阶段往往实施积极的货币政策,主要通过降低利率等,增加市场上的流动资金,从而强化市场活力。利率下降会造成债券价格上升,因此债券是衰退期较为理想的投资手段。

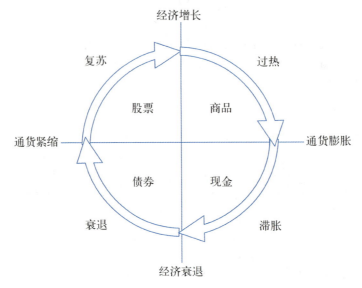

图 9-1　美林时钟图示

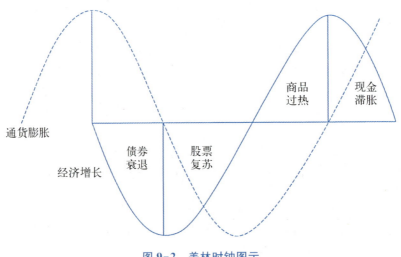

图 9-2　美林时钟图示

(二) 复苏阶段

经济复苏阶段，闲置的生产力得到完全释放，积极的经济政策带来了宽松的流动性和充足的生产资本，人民生活水平提高，消费需求也不断上升，经济趋势向着高于实际潜力的发展方向而去。此时，在衰退期空置的生产能力还有所空间，使通胀继续下降，企业盈利快速上升。因此，复苏阶段是股票市场投资的"黄金时期"。

(三) 过热阶段

当经济出现过热，央行开始紧缩政策，利用加息给经济降温。企业随着供给不断增加，开始面临产能约束，盈利增长减速，通胀开始转而上升。由于股票价格的表现是经济预测的前置指标，所以此时的股票价格已经出现了泡沫。由于商品具有实际的应用价值和基本的利润作为支撑，所以商品成为这个时期比较好的保值和增值产品。

### （四）滞胀阶段

通胀依旧保持着上升趋势，而经济增长已经疲乏。生产要素和劳动力成本随着通胀不断增加，企业业绩急剧下滑，股票的表现也急剧下滑。由于通胀趋势尚未掉头，经济政策还不能放松，这就使债券市场还不见好转。大宗商品也不断跌价，此时，现金是最佳选择。

## 二、经济周期对企业估值的影响

价值股是指进入成熟期，拥有一定的行业地位，盈利能力较为稳定，估值相对较低股息相对较高的公司。成长股则是指规模相对较小，盈利能力及增速较不稳定，业绩处于高增长阶段或具有爆发潜力，估值相对较高分红相对较少的公司。价值股和成长股的特点如表 9-5 所示。

表 9-5 价值股和成长股的特点

|  | 稳定性 | 成长性 | 估值 | 风格指数 |
|---|---|---|---|---|
| 价值股 | 稳定 | 低 | 低 | 国证价值<br>大盘价值<br>中小价值 |
| 成长股 | 不稳定 | 高 | 高 | 国证成长<br>大盘成长<br>中小成长 |

在典型意义的牛市和熊市中，价值股和成长股通常是一荣俱荣，同涨共跌，但也存在周期性轮动的特点，即一段时间内是价值股表现占优，一段时间内成长股表现占优。成长价值风格轮动受经济周期影响。

宽松政策通常利好成长股。一方面，成长股通常依赖融资进行业务扩张，宽松的政策环境有利于成长型企业获得低成本资金，从而推动其未来现金流增长；另一方面，宽松政策通常会提高市场的风险偏好，投资者更愿意投资那些预期未来高增长的公司，这对成长股形成积极的市场情绪。

紧缩政策通常利好价值股。价值股通常具有稳健的盈利和稳定的现金流，能够在压力下保持业务的稳定性，在紧缩货币政策下更具优势；紧缩货币政策可能导致市场对风险的担忧增加，价值型公司多拥有实体资产，在不确定的市场环境下有望保值甚至增值。

图 9-3 描绘了国证价值指数和国证成长指数 2008—2023 年的走势。从成份股来看，国证价值指数包括了中国平安、招商银行、美的集团、长江电力、中国神华等龙头，均是各行业的价值股代表；国证成长指数则有宁德时代、东方财富、迈瑞医疗、立讯精密等，也大致代表了典型成长行业的龙头。

图 9-3 价值股与成长股走势

2008—2010 年成长风格占优，主要背景是金融危机和流动性宽松。2008 年下半年开始，国际金融危机导致中国出口下滑，增速从年初两位数以上降至负增长。出口贸易等基本面的恶化导致工业企业利润增速下降，制造业产能收缩，使传统的价值风格走势急转直下，市场逐渐转向成长股以寻求新增长点。同时，政府于 2008 年 11 月推出了"四万亿"投资计划以应对金融危机。宽松的政策直接拉升了未来的盈利预期，盈利触底反弹，成长股开始崛起。从另一个角度看，2008 年底开始市场触底反弹，成长股由于弹性更高，持续相对占优。

2011—2012 年价值风格占优，主要背景是经济下行和流动性紧缩。从 2010 年 11 月开始，通胀升温，CPI 同比增速突破 5%，政府开始相应收紧流动性。2011 年房贷利率多次上调，M2 增速明显下跌。国际背景下，2011 年欧债危机的持续冲击，导致海外需求萎缩，经济低迷。经济的下行使市场更偏向抗风险属性较强的价值风格，利率抬升也压制了对于利率端敏感的成长风格走势，市场进入价值占优趋势中。

2013—2015 年 6 月成长风格占优，主要背景是流动性宽松、新兴产业政策以及小盘股壳价值获追捧。由于此前经济的疲软以及市场的萧条，政府于 2012 年 2 月开启新一轮降准降息进行刺激。到了 2013 年，经济指标出现弱复苏迹象。随后国家发布《关于深化科技体制改革加快国家创新体系建设的意见》助力建设互联网。在经济转型背景下，新兴产业风口初现，互联网革命加速发展，智能手机普及率大幅度提高，以 TMT 为代表的科技行业如日中天。市场偏好代表中国未来新兴成长方向的创业板，股市迎来结构性牛市行情。与此同时，证监会开展了 IPO 自查，IPO 一度暂停，小盘股的壳资源优势明显，对于成长风格的起飞也有所助力。2014 年下半年在"一带一路"倡议背景下，建筑、钢铁等板块爆发，价值风格阶段性回升。但进入 2015 年，宽松的流动性下，成长风格继续占优。

2015 年 6 月至 2019 年 1 月价值风格占优，主要背景是供给侧结构性改革。2015 年 6 月中旬之后，市场在成长风格的推动下冲向高点之后开始回调。2016 年以来，证监会对于借壳、并购、再融资逐步收紧，伴随 IPO 逐渐提速，小盘成长股壳价值覆灭。第十三个五年规划纲要发布，将着力推进供给侧结构性改革，进一步从供给侧落地企业改革，做到去产能、去库存、去杠杆、降成本、补短板。消费和金融在供给侧结构性改革推进中脱颖而出，传统行业龙头公司直接受益，大盘价值股热度再次升高。另外，随着陆股通的开通，16年北向资金加速流入，大举买入食品饮料与金融等核心标的资产，海外加息背景下更强化了价值风格。

2019年2月至2021年11月成长风格占优，主要背景是宽货币宽信用以及半导体、新能源产业崛起。在经历了2017年的全球经济复苏和供给侧结构性改革之后，2018年以来经济缓慢下行，产能收缩的大环境下传统行业表现低迷，市场整体表现不佳。政府开始了新一轮降准降息周期，以刺激经济发展。20年初的新冠疫情对经济产生了巨大的冲击，导致政府进一步出台刺激性政策。与此同时，中美贸易摩擦以及高科技领域的限制倒逼中国走向国产替代、自主研发之路，半导体等行业迎来一波发展高潮。同时，为了实现"双碳"目标，在政府和市场双重推动下，新能源汽车板块表现亮眼。从流动性维度分析，一方面长端利率在2019—2021年持续下行，M2增速于2019年末开始提升，社融规模存量增速也相应提高，宽松的货币政策以及信用扩张显著利好成长风格。2019年以来机构抱团现象明显，公募基金持股比例上升。公募基金的考核机制决定了机构投资者更青睐于大盘且业绩成长性好的股票，持仓主要分布于食品饮料、电子、医药生物、新能源、传媒等成长领域。因此这一时段市场形成了强烈的大盘成长风格。

2021年12月至2022年4月价值风格占优，主要背景是海外加息周期、全球通胀压力以及国内疫情扰动。2022年上半年，挥之不去的疫情影响以及俄乌地缘冲突的愈演愈烈，使市场盈利预期回落和风险偏好大幅下降，各行业总体收益率为负数。俄乌冲突持续对全球金融市场构成较大冲击，全球通胀压力急剧上升，市场对于美联储的加息预期进一步压制成长股的估值。偏价值的周期资源股由于资源品价格上升，在今年上半年表现亮眼。

2022年5月至2022年8月成长风格占优，主要背景是股市反弹，国内经济处于复苏轨道。经历年初市场的大幅回调后，4月底股市整体触底回升，前期下跌最多的成长风格快速反弹。受疫情影响3、4月经济数据不理想，但触底复苏的市场预期较为一致，市场风险偏好逐步恢复。

2022年9月至2023年底价值风格占优，主要背景是政策缺乏积极表态以及经济地产数据低迷。在碧桂园和中植系先后违约的背景下，市场风险偏好下降，价值风格有"中特估"相关概念催化，表现亮眼；而成长风格则受新能源板块景气度下行和TMT板块回落拖累，进一步下跌。

从成长价值风格轮动的历史中，可以初步地归纳总结出一些规律。从两种风格占优的市场环境来看，价值风格4次占优的时段中，最近3次都发生在市场低迷的区间中（2010/11—2013/02、2015/06/—2019/01、2021/12—2022/04、2022/09—2023/12），这反映了价值风格的防御属性。而成长风格占优的阶段往往出现在市场表现较好的趋势中（2008—2010、2013/02—2015/06、2019/02—2021/11、2022/04—2022/08）。从流动性的角度出发，可以看出成长价值风格的相对走势与流动性的宽松与紧缩密切相关。成长风格对于利率端敏感，宽松的流动性环境下成长风格往往占优。

> **案例分析**

## 百济神州：科创板亏损公司的定价

### 一、案例背景

**（一）公司介绍**

公司成立于2010年，聚焦于肿瘤的创新型分子靶向及肿瘤免疫治疗药物的研发及商业化，总部位于美国麻省剑桥和中国北京，在全球五大洲拥有超过8 000名员工，联合创始人分别为欧雷强先生和王晓东博士。经历10余年的发展先后在纳斯达克全球精选市场、港交所、国内科创板上市，成为首家实现美股＋H股＋A股三地上市的创新药企业，已经成长为一家具备早期药物发现、临床研究、规模化的高质量药物生产和以科学为基础的商业化能力的全方位一体化的全球性生物科技公司。公司主要发展历程如表9-6所示。

表9-6 百济神州主要发展历程

| 年度 | 主 要 事 件 |
|---|---|
| 2010年 | 作为一家研发型公司在北京成立 |
| 2011年 | 在北京建立研发中心；启动PARP和RAF抑制剂项目 |
| 2012年 | 启动PD-1和BTK抑制剂项目 |
| 2013年 | 在澳大利亚开始lifirafenib的临床研发 |
| 2014年 | 在澳大利亚开始帕米帕利和泽布替尼的临床研发 |
| 2015年 | 开始在中国进行临床试验；成立在美国马萨诸塞州剑桥市的首个办公室，公司正式进军美国市场 |
| 2016年 | 于美国上市，成为首家在纳斯达克上市的中国生物科技公司 |
| 2017年 | 启动关于泽布替尼的首个全球临床Ⅲ期试验；与新基公司（现为百时美施贵宝）就替雷利珠单抗开展全球战略免疫肿瘤合作；获得新基的商业团队及在中国的商业化产品注射用阿扎胞苷（维达莎®）、来那度胺（瑞复美®）和注射用紫杉醇（白蛋白结合型）（ABRAXANE®）；苏州产业化基地竣工并投入使用 |
| 2018年 | 于香港联交所上市；在巴塞尔设立办事处，公司业务扩展至欧洲；来那度胺和注射用阿扎胞苷纳入国家医保目录 |
| 2019年 | 泽布替尼首次获得美国食品药品监督管理局（FDA）批准上市；替雷利珠单抗成为首个在中国获批的产品；与安进公司达成全球肿瘤战略合作；广州生物药生产基地第一工厂竣工；成立百济神州苏州研究院 |

**（二）公司业绩情况**

百济神州的营业总收入和营业收入在2017—2022年呈现波动增长的趋势，其中2019年和2021年增长较快，分别达到125%和258%，而2018年和2020年则出现下滑，分别降低19%和28%。这可能与公司的产品上市时间、市场竞争、药价调整等因素有关。具体来说：2019年，公司的营业收入大幅增长，主要得益于百悦泽（BRUKINSA）在美国获批上市，并与默克雪兰诺达成授权协议，获得高额里程碑收入。2020年，公司的营业收入出现下降，主要受到新冠疫情的影响，导致临床试验进度延迟、市场推广受阻、药品销售减少等。2021年，公司的营业收入再次大幅增长，主要得益于百悦泽（BRUKINSA）在中国获批上市，并与诺华达成授权协议，获得高额里程碑收入；同时，百泽安（Tislelizumab）在中国及其他国家和地区也取得了良好的销售业绩。2022年，公司的营业收入继续保持增长态势，主要得益于百泽安（Tislelizumab）在美国获批上市，并与阿斯利康达成授权协议，获得高额里程碑收入；同时，百悦泽（BRUKINSA）和帕米帕利（Pamiparib）在中国及其他国家和地区也取得了良好的销售业绩（见图9-4）。

图9-4　公司营业收入增速较快

百济神州的归母净利润和经营净现金流在2017—2022年均为负值，且逐年扩大，表明公司的盈利能力和现金流水平较差。这可能与公司的高研发投入、高销售费用、高财务费用等因素有关（见图9-5）。

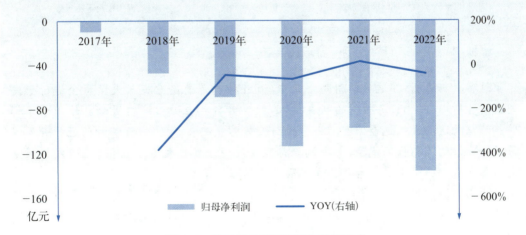

图9-5　公司归母净利润近年持续为负

（注：由于归母净利润皆为负，同比YOY取负处理）

## 二、科创板上市公司亏损情况分析

### (一) 百济神州亏损原因在于研发费用

百济神州持续的巨额亏损与高昂的研发投入之间存在显著正向关联。在 2017 年至 2023 年第一季度,百济神州的研发开支分别达到 20.17 亿元、45.97 亿元、65.88 亿元、89.43 亿元、95.38 亿元、111.52 亿元与 28.18 亿元,占同期营业收入的 125.2%、350.9%、223.0%、421.8%、125.7%、117% 与 92%。这清晰地展示了连续几年大规模的研发投入对百济神州的经营业绩产生了明显的影响。

然而,这种大量投资的模式与创新药研发的高投入、长周期和高风险特性相符,但在创新药企业中,像百济神州这样大规模的研发投入仍然相对罕见。举例来说,恒瑞医药同样在创新药领域运营,其当前市值已经超过 3 000 亿元,但近几年的研发费用占营收比例基本都控制在 20% 左右,2022 年最高时达到 23.0%。此外,君实生物作为一家创新药企,尽管也存在持续亏损的情况,但其 2018 年至 2023 年第一季度的亏损额只有 7.23 亿元、7.47 亿元、16.69 亿元、7.21 亿元、23.88 亿元和 5.43 亿元,与百济神州相比,基本不在同一个量级。而且,从研发投入占营收比例来看,其 2019 年至 2023 年第一季度的平均研发强度为 131.2%,低于百济神州的 195.8%(见图 9-6)。

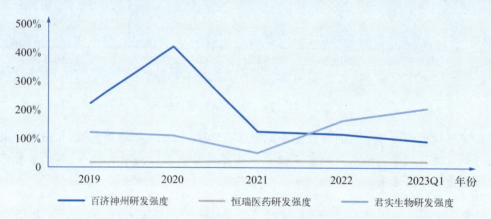

图 9-6 百济神州在可比公司中研发强度较高

(注:研发强度=研发费用/营业收入)

这些数据表明,在这些创新药企业中,百济神州是最愿意投入大量资金进行研发的公司。所以,对于百济神州的研发投入,投资者自然会关心这些资金具体用于了哪些领域以及这些投入是否合理。公司的高级副总裁汪来曾提到,百济神州已经开展了许多全球性的三期临床试验,每个试验都需要花费十几亿元人民币,因此研发投入巨大。其在可比公司中归母净利润亏损幅度情况可参考图 9-7。

根据百济神州财务报表,百济神州在过去几年中持续亏损,主要原因是其研发费用极高。研发费用是生物科技公司的重要投入,反映了公司的创新能力和未来发展潜力。百济神州的研发费用从 2017 年的 20.17 亿元增长到 2022 年的 111.52 亿元,占营业收入的比例从 125% 增长到 117%。

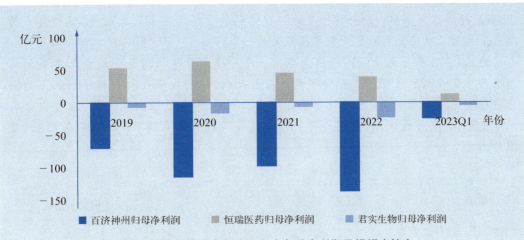

图 9-7　百济神州在可比公司中归母净利润亏损幅度较大

如果将研发费用加回到营业利润中,可以看出百济神州的经营情况有所改善。从 2017 年到 2020 年,百济神州的营业利润加回研发费用后由正转负,但亏损幅度较小,分别为 −1.59 亿元、−1.64 亿元和 −23.04 亿元。2021 年和 2022 年,百济神州的营业利润加回研发费用后由负转正,分别为 0.41 亿元和 −22.73 亿元。

同样,如果将研发费用加回到 EBITDA 中,也可以看出百济神州的盈利能力有所提升。从 2017 年到 2020 年,百济神州的 EBITDA 加回研发费用后由正转负,但亏损幅度较小,分别为 −2.12 亿元、−1.30 亿元和 −21.24 亿元。2021 年和 2022 年,百济神州的 EBITDA 加回研发费用后由负转正,分别为 5.13 亿元和 −2.46 亿元。高额的研发费用反映了其对创新药物开发的重视和投入。如果将研发费用视为一种资本支出而非运营成本,那么百济神州的经营和盈利情况就不会显得那么糟糕(见图 9-8)。

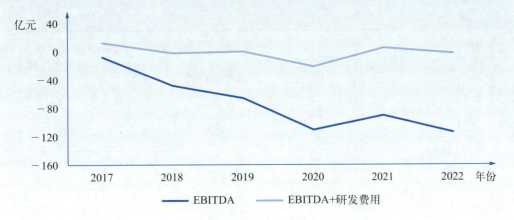

图 9-8　EBITDA 加研发费用在盈亏平衡点附近

(二)科创板中亏损公司与盈利公司异同

根据大象君的统计数据,截至 2023 年 4 月 25 日,科创板总共拥有 519 家上市公司,其中在 IPO 阶段尚未实现盈利的有 49 家,占比高达 9.44%。在这些未盈利的公司中,百州神济在上市前一个会计年度的扣非净利润亏损高达117.39亿元,这使其成为所有未盈利且成功上市的企业中亏损最大的一家。

截至2023年5月19日,根据上市前一年年报归母净利润是否大于0,本案例将组别分为了盈利和亏损组。拟合了两组在营业收入、研发强度与归母净利润上的概率密度图像。结果显示,盈利与亏损组在营业收入的中位值上差异不大,亏损公司的峰度更低、整体较平坦,表明公司IPO前发生亏损并非主要源于收入较低所致(见图9-9)。

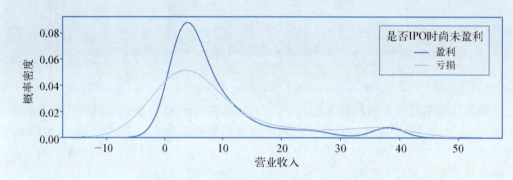

图9-9 亏损公司的峰度更低、整体较平坦

就研发强度而言,亏损公司的研发强度显著高于盈利公司,其中位数处于40%左右,而盈利公司的研发强度仅略高于5%。从该数据中可以大致推断,科创板公司的亏损原因主要源于大幅研发所致。高研发的亏损公司或许表明其具备独特的社会和投资价值,市场如何对该类公司定价是较为重要的,这也是本案例研究的初心(见图9-10)。

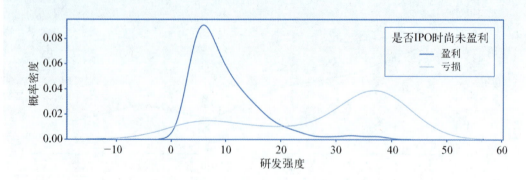

图9-10 亏损公司的研发强度显著高于盈利公司

就归母净利润而言,亏损组的整体走势与盈利组相近。亏损组的归母净利润高峰出现在-2亿与0附近。亏损组的副高峰或许展现了部分亏损公司以盈亏平衡作为依据,倒推研发投入金额(见图9-11)。

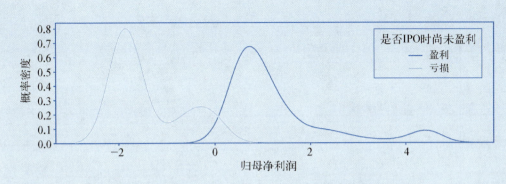

图 9-11　盈利公司与亏损公司的归母净利润形态较为接近

在以上的分析中,亏损公司展现出了其独特之处,也展现出其对于中国资本市场的价值和意义。就市场表现而言,亏损组的持有收益上限水平平均高于盈利组,但极端表现不如盈利组,展现出目前亏损组定价总体较为合理。两者的中位数差异极小,反映了市场对两者的认可程度相当,并未侧重于某一方。就下限而言,亏损公司持有至今的亏损幅度整体小于盈利组,这表明目前对于亏损公司的定价未出现较高情况。

### 三、科创板亏损公司如何定价

**(一)估值方法概述**

在科创板的投资分析中,对于尚未实现盈利的公司,传统的利润相关估值方法可能并不适用。因此需要寻找其他的财务指标来对这些公司进行估值。在这个背景下,营业收入、市销率以及息税折旧摊销前利润(EBITDA)便显得尤为重要。(1)营业收入是衡量公司业务规模和增长潜力的关键指标。尤其对于那些投入巨大、周期长但仍处在研发阶段、尚未实现盈利的科技公司来说,营业收入的增长可能是其实现规模经济、提高盈利能力的重要前提;(2)市销率(PS)是一种重要的相对估值工具,它将公司的市值与其营业收入进行对比,用以衡量投资者愿意为公司的每一元营业收入支付多少价格。在许多情况下,尤其是对于那些处在快速增长阶段但尚未实现盈利的公司,市销率可能是一种更为合理的估值工具;(3)EBITDA 是一种衡量公司经营性现金流的重要指标。与净利润不同,EBITDA 将非现金费用如折旧和摊销以及利息和税费排除在外,因此它能更好地反映公司的经营现金流情况。对于科创板的亏损公司,由于他们往往会有较高的折旧、摊销甚至利息费用,因此,EBITDA 可能是一种更为合理的衡量其经营性现金流情况的指标。科创板上市企业 IPO 阶段是否盈利与涨跌幅的箱式图如图 9-12 所示。

**(二)百济神州定价**

由于百济神州在 A 股上市后走势几乎与 H 股一致,在 A 股上市之前的日期本文采用了港股数值。在生物制药公司百济神州的案例中,可以发现研发强度与市净率(PB)之间存在显著的跨期关系。具体来说,研发强度的变动与二年后的 PB 存在强相关性。

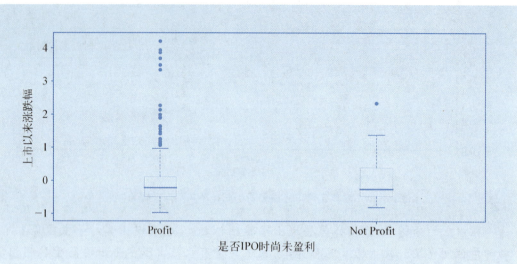

图 9-12　科创板上市企业 IPO 阶段是否盈利与涨跌幅的箱式图

2019 年,百济神州取得了重要的研发成果:PD-1 抑制剂药物"帕博利珠单抗"(Tislelizumab)在中国获批上市,用于治疗复发或难治性经典型霍奇金淋巴瘤。这一成功使百济神州的研发投入开始转化为实际的市场价值。2019 年 PB 为 6.55,而此后两年的研发强度分别为 453% 和 422%。这表明公司在获得了 PD-1 抑制剂药物的成功经验之后,进一步加大了研发投入;百济神州的另一款重要产品是 BTK 抑制剂药物"祖替尼"(Zanubrutinib)。2019 年 11 月,祖替尼在美国获批上市,用于治疗曼氏细胞淋巴瘤(MCL)。此后,公司不断扩大祖替尼的适应证范围。

在这个过程中,研发强度与 PB 的跨期关系逐渐显现。生物制药行业以高研发投入、高风险和高回报的特点而著名。在新药研发周期中,公司需要投入巨大的研发资金,但在一段时间内可能无法看到明显的收入增长。然而,一旦新药研发成功并获批上市,公司可能会实现快速的收入增长和业绩突破,进而带来市值的大幅提升。这就可能导致研发强度与 PB 之间存在跨期关系:在研发投入增加的阶段,市净率可能相对较低;而在研发成果转化为收入并体现在公司业绩上的阶段,市净率可能会显著提升。

在百济神州的例子中,随着公司研发强度的提升,其未来的 PB 值也有所增长,这可能是市场对其未来发展潜力的一种预期。在营收并没有显著增长的情况下,这种增长更可能是基于公司研发成果的价值认知,而非单纯的收入增长。这进一步印证了在生物制药领域,研发投入与公司价值的关系密切(见图 9-13)。

然而,为了确认这种关系不是由营业收入的变动所驱动,可以进一步对比营业收入滞后两年与 PB 的关系。结果显示,尽管营业收入在这期间也有所增长,但其与 PB 之间的关系并不明显。这可能意味着市场对百济神州的估值更多的是基于其研发能力以及未来新药上市的预期,而非当前的营业收入水平(见图 9-14)。

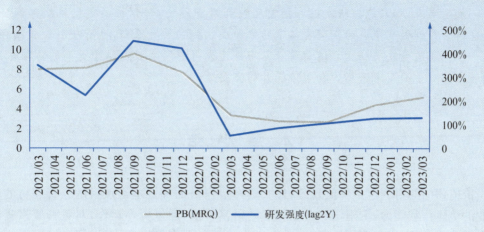

图 9-13　即期的研发强度与两年后的定价存在显著关联

图 9-14　滞后两期的营业收入似乎与定价没有显著关系

### 四、亏损公司盈利前景较远

近年来,科创板亏损公司的数量正在逐渐增加,这在一定程度上展现了公司在向发达市场靠拢的态势。看似负面的亏损状况,其实是公司为了长期发展和科技进步,大力投入研发资金的结果。这样的亏损并非公司业务能力不足,反而是公司在专注于未来而大胆投入研发、致力于实现长远的科技创新。

科创板亏损公司和非亏损公司在研发强度上存在显著的差异,但他们在营业收入上的差距并不大。这说明尽管一部分公司在短期内可能面临亏损,但这种亏损并未影响到他们的基本经营活动,而是他们选择主动投入更多的资源在研发上,从而提高自身的竞争力,积累未来发展的潜力。

案例研究发现,亏损公司的即期研发强度与两年后的估值存在显著的正相关关系。这种跨期关系既反映了投入到产出的时间大约为两年,也反映了目前的定价机制存在时滞。也就是说,当前的市场定价可能没有充分反映出公司的研发投入以及因此带来的未来价值,这是当前资本市场需要深思和改进的地方。

> 展望未来,如果能把研发投入提前反映到现有股价,科创板的定价机制可能会更加完善。科创板有望成为我国资本市场更加成熟和完善的象征,也有望引领我国经济进一步向高质量发展转变。这需要资本市场为公司的研发投入赋予更高的价值认知,明确它们对于公司未来增长和市值提升的重要性。

## 本 章 小 结

价值评估的目的包括价值管理目的、资产运作目的和资本运作目的。管理目的关注企业的整体获利能力,希望增加企业股东的财富价值;通过资产运作,对各种要素资产进行合理配置,提高资产使用效率;而资本运作包括以财产换取资本、以资本换取财产和资本运营主体整合。企业价值评估的对象通常包括企业整体价值和股东全部权益价值,前者从企业所有出资人的角度出发,而后者只考虑股东对净资产所有权的价值。企业价值评估中的价值类型划分为市场价值和市场价值以外的价值两类。市场价值是指企业在评估基准日的公开市场上,在正常的使用状态下,最有可能实现的交换价值的估计价值。市场价值以外的价值主要包括投资价值、持续经营价值、清算价值和会计价值等。

企业现金流量折现模型通过选定预测期,给出假设,算出平均资本成本,得到企业资产的价值,最后减去债务市场价值得到股东权益的价值。自由现金流量分为资产的自由现金流量和股权的自由现金流量。终值预测是预测无限期的现金流量的现值,企业的价值就等于预测期价值和永续价值之和。在使用加权平均资本成本作为贴现率后,可计算出公司自由现金流量的贴现值,加总得到企业总价值。从企业的价值出发,计算股东权益的价值需要先扣除债务的市场价值,然后加上非经营性资产的价值,最后减去特殊负债的预期费用。

企业的相对价值评估是指用类似的上市公司的市场乘数来估值,包括市盈率法、市净率法和市销率法。市盈率由公司预期增长率($g$)、红利支付率($b$)和风险决定,在使用市盈率法给目标公司估值时,可比公司的平均市盈率要和目标公司净利润在时期上吻合。市净率方法主要适用于需要拥有大量资产并且净资产为正值的企业,账面价值提供了一个对价值相对稳定和直观的度量。市销率反映了每股收入所支撑股价的程度,适用于销售成本率较低的服务类企业,或销售成本率趋同的传统行业的企业。

企业价值受经济周期影响。美林时钟理论提出了基于经济周期的资产配置方法。聚焦股票,价值股和成长股存在周期性轮动的特点,宽松政策通常利好成长股,而紧缩政策通常利好价值股。

## 习题与思考题

1. 企业价值评估中的价值类型有哪几类?
2. 什么是现金流量折现模型?

3. 参考可比公司进行相对价值评估方法包括哪些步骤?
4. 市盈率、市净率和市销率模型各自的驱动因素是什么,适用什么企业的估值,有什么优劣之处?
5. 甲公司是一家大型连锁超市企业,目前每股营业收入为 50 元,每股收益为 4 元。公司采用固定股利支付率政策,股利支付率为 40%。预期净利润和股利的长期增长率均为 5%。该公司的 β 值为 0.8,假设无风险利率为 5%,股票市场的平均收益率为 10%。乙公司也是一个连锁超市企业,与甲公司具有可比性,目前每股营业收入为 30 元,则按照市销率模型,估计乙公司的股票价值是多少?
6. 甲公司 2023 年每股收益 0.8 元,每股分配现金股利 0.4 元。如果公司每股收益增长率预计为 6%,股权资本成本为 10%。股利支付率不变,公司的预期市盈率是多少?
7. 2024 年年初,甲投资基金对乙上市公司普通股股票进行估值。乙公司 2023 年营业收入 6 000 万元,销售成本(含销货成本、销售费用、管理费用等)占营业收入的 60%,净经营资产 4 000 万元。该公司自 2024 年开始进入稳定增长期,可持续增长率为 5%。目标资本结构(净负债∶股东权益)为 1∶1;2024 年年初流通在外普通股 1 000 万股,每股市价 22 元。

该公司债务税前利率 8%,股权相对债权风险溢价 5%,企业所得税税率 25%。

为简化计算,假设现金流量均在年末发生,利息费用按净负债期初余额计算。

要求:

(1) 预计 2024 年乙公司税后经营净利润、实体现金流量、股权现金流量。

(2) 计算乙公司股权资本成本,使用股权现金流量法估计乙公司 2024 年年初每股价值并判断每股市价是否高估。

8. C 公司是 2023 年 1 月 1 日成立的高新技术企业。为了进行以价值为基础的管理,该公司采用股权现金流量模型对股权价值进行评估。评估所需的相关数据如下:

(1) C 公司 2023 年的营业收入为 1 000 万元。根据目前市场行情预测,其 2024 年、2025 年的增长率分别为 10%、8%;2026 年及以后年度进入永续增长阶段,增长率为 5%。

(2) C 公司 2023 年的经营营运资本周转率为 4,净经营性长期资产周转率为 2,净经营资产净利率为 20%,净负债/股东权益=1/1。公司税后债务资本成本为 6%,股权资本成本为 12%。评估时假设以后年度上述指标均保持不变。

(3) 公司未来不打算增发或回购股票。为保持当前资本结构,公司采用剩余股利政策分配股利。

要求:

(1) 计算 C 公司 2024—2026 年的股权现金流量。

(2) 计算 C 公司 2023 年 12 月 31 日的股权价值。

(3) 造成评估价值与市场价格偏差的原因有哪些?

# 第十章

# 财务困境与公司重组

> **学习目标**
> 1. 了解公司财务危机的表现形式。
> 2. 学会财务危机管理的职能、内容。
> 3. 掌握财务型重组和战略型重组的相关内容。
> 4. 了解中国资本市场的并购重组情况。

## 第一节 财务危机与财务危机管理

### 一、财务危机

公司陷入财务危机的起因多种多样，表现形式也多种多样。财务危机是指企业不能正常履行资金支付责任，在资金周转和运用方面出现了入不敷出的现象。财务重组和战略重组是解决财务危机的重要途径。可以从财务危机最为常见的几种表现形式出发，对财务危机的内涵、特征进行描述。

#### （一）经济失败

经济失败（economic failure）是指企业收入低于包括其资本成本在内的全部经营成本。如果企业的投资者同意接受较低的投资收益率，并继续向企业投入资金，那么这类企业可以继续存活下去。但是，如果企业不能在一定时间内扭亏为盈，而投资者又不再愿意提供后续资金，这类企业的资产将会由于无法更新而不断减少，最后要么宣布关闭，要么减小规模，在一个可以产生正常利润的、资产数额较低的水平上继续生存。

#### （二）过度负债

财务危机可能与公司违约事件有关，违约是指公司无法履行合同中规定的条款，违约可以分为技术性违约和支付性违约。以债务契约为例，技术性违约是指公司不能履行债务契约中的常规条款或普通条款或特殊条款而发生的违约事件。支付性违约是指公司经营现金流量不足以抵偿现有到期债务时而发生的违约事件。

技术性违约情况的出现可能是企业资金暂时周转不灵、安排调度不当造成的。如果宽限一定时间，企业可以筹措到足够的资金来偿清债务，继续生存下去。但如果这种技术性违约同时又是企业经济失败的早期信号的话，企业如果不能从根本上有所改变，企业即使暂时渡过了目前的难关，也难免最后失败的结局。

### （三）破产

财务危机最常见的表现形式是破产。这里的破产包括资不抵债和正式破产。资不抵债表示公司的资产价值小于其负债价值，属于存量破产。公司出现连续亏损或者巨额亏损后，其股东权益会被亏损销蚀掉而出现负值，从而导致资不抵债。这一情况比违约严重得多，常常会导致企业破产清算，但资不抵债并不意味着企业一定会出现正式破产。

一旦公司发生存量破产，其债权人的债权将得不到完全补偿。从资不抵债的成因看，大多为公司业绩不佳所致。因此，除了由控股股东向资不抵债公司"输血"外，资不抵债公司很难依靠自身力量起死回生。公司的债权人为了最大限度保全其债权，避免更大损失，会诉诸法律，强制要求公司破产。而正式破产就是指企业因无力偿债而根据法律正式进入破产程序。

总的来看，企业的财务危机可以分为两大类，第一类是由于资产不足导致的财务危机，企业的股东权益为负值，如图10-1所示。第二类是因资金流动造成的财务危机，即企业可支配和调动的现金不足以支付到期债务，但企业的资产总额仍大于负债总额，企业的股东权益为正值，如图10-2所示。

**图10-1 正常企业和资不抵债企业的资产负债表情况对比**

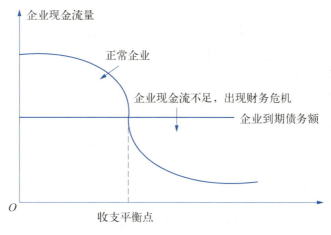

**图10-2 企业流动资金不足引起财务危机**

## 二、财务危机管理

财务危机管理是指组织或个人在财务运作过程中通过危机监督、危机预控、危机决策和危机处理等手段,达到避免和减少危机产生的危害,直至将危机转化为机会的过程。

### (一) 财务危机管理的职能

财务危机管理有两大基本职能,即事前的预防职能和事后的处理职能。

#### 1. 财务危机管理的事前预防

主要从以下两个方面进行:一是通过加强企业内控制度的建设来提高自身适应外部环境变化、抵御风险、防范财务危机的能力;二是经常做分析、诊断,加强危机预警,及时发现财务危机的征兆,以便及时采取措施。

(1) 建立健全企业内控制度预防财务危机的发生。完善的内部控制,对于防范财务危机的发生有着重要的意义。

(2) 建立健全财务预警体系预防财务危机的发生。财务危机并非一朝一夕形成,而是有一个较长的潜伏期,因此,有必要建立财务预警系统,在财务危机的萌芽状态预先发出危机警报,使管理层及时采取有效对策,改善管理,防止企业陷入破产境地。财务危机预警通常是依据财务数据构建一个模型,以这种模型来完成对财务危机的预测和报警。

#### 2. 财务危机管理的事后处理

财务危机管理的事后处理包括处理预案的制定和财务危机沟通两个方面。

(1) 财务危机处理预案是指企业为防止财务危机全面爆发和减少危机带来的损失,事先制定的危机应对和处理方案。

(2) 财务危机沟通是化解风险、争取机会的过程,是财务危机处理的关键。财务危机沟通主要通过媒体发布与对话、谈判协商、组织协调等具体方式,梳理、调节、缓和或化解以财务关系为主要内容的各种关系,以达到化解危机、转危为安的目的。

### (二) 财务危机管理的维度观

财务危机管理的维度是指管理危机的视角和角度。财务危机管理维度观认为,危机管理的维度主要有三个方面:时间维、策略维、制度维。

(1) 时间维:依不同时间阶段企业进入隐性和显性危机管理状态。正常状态下企业处于隐性危机管理状态,在财务危机爆发时,企业处于显性危机管理状态。而目前企业的危机管理往往是指显性危机管理部分,显然,这样的危机管理是不完整的。

(2) 策略维:基于财务危机诱因和传导机制所做出的危机管理策略选择。根据不同的危机处理方法,可以将策略划分为中止策略、隔离策略、清除策略和利用策略。中止策略是指中止导致财务危机的相关行为和活动;隔离策略是对部分财务危机或者诱因实施隔离,避免损失的进一步扩大;清除策略是指清除财务危机的行为及带来的后果;利用策略是假借财务危机诱因的名义,创造某些财务危机管理的契机。

(3) 制度维:为企业的动态危机管理提供有效的制度保证。从层次角度来看,企业制度又可以分成:高层决策、中层管理和信息系统、基层运营层和企业文化层四个层面。四种不同层面的制度和机制,分别为不同层面的财务危机管理提供制度保障。

### (三) 财务危机管理的内容

#### 1. 合理的经营战略和债务结构

经验研究表明，企业财务危机的主要原因是管理不善。企业的发展战略应当随着市场和企业外部环境的变化而不断调整。而一旦方向确定，就应当对公司业务范围和经营品种作出明确的界定，不应在不熟悉的业务领域大量地从事投资、经营或交易活动。对熟悉的领域，原则上不必绝对禁止积极的经营战略，但这种经营带来的风险必须是可控的：一方面，积极的经营管理可能带来盈利；另一方面，如果经营出现失误，企业必须有足够的资金准备。

公司的财务管理应当着眼于整个资产结构和债务结构的调整和优化，着眼于大笔现金流量的匹配。资产结构和债务结构的协调是现金流量匹配的前提。只要抓住资产与负债总体结构方面的协调，再抓住大笔现金流量的匹配，一般就不会发生长期性质的财务困难。

#### 2. 恰当的现金流量规划

现金流量规划是经理人配置公司资源的重要内容和防范财务风险的基本手段。在市场竞争日益激烈的今天，企业追求收益的强烈愿望与客观环境对资产流动性的强烈要求，使两者之间的矛盾更加突出。

企业的经营战略以获利为目标，通常包括更高的经营规模、市场占有率和新的投资项目等内容，这些战略的实施需以更多现金流出为前提，一旦现金短缺，其发展规划无疑就成了"无源之水"。因而，企业规划与战略都必须以现金流量预算为轴心，把握未来现金流量的平衡，以现金流量规划作为其他规划调整的重要依据，尤其是对资本性支出应该"量入为出，量力而行"的基本原则。即使公司的发展与扩张采用了负债经营，负债经营的规模也应该以未来现金流量为底线。维持经营也罢，扩充发展也罢，现金流量规划是关键制约因素。

#### 3. 财务危机的预测和监测

对财务危机的预测通常是以存量为基础的和"粗线条的"。比如，使用多群组判别分析等统计方法对各种财务比率，包括流动比率、债务杠杆比率和盈利率等指标进行同行业比较和长期跟踪，可以对本企业财务危机可能性的大小作出判断。当然，这种预测并不是对危机事件本身的预测，而是对危机发生可能性大小的预测。这种方法常常可以在危机发生之前的一两年作出预警。

对危机的监测应当是实时的，以现金流量为基础的。有无对风险的实时监测，采用什么程度的风险监测系统，是公司客户、投资者以及市场评价公司信誉的重要依据。比如在国际银行业首先开发使用，受到巴塞尔委员会肯定和推广的 VaR 方法就是一种先进的风险监测系统。VaR 方法虽然侧重于金融性企业的交易业务，但使用这种方法可以计算不同种类和不同地区业务的总体风险，因而在原则上也适用于一般工商企业。最后，把各种可能的"情景"加入现金流分析中去，就可以进行所谓"Worst case"的后果分析。比如，在经济回落时期，企业利润和现金流入可能降低的幅度有多大；随着产出的削减，企业相应地减少预期费用的幅度有多大；需要多长时间来将流动资产变现；变卖固定资产需要多长时间；这些固定资产的销路如何；如果整个行业不景气，这些固定资产在最差情况下转手价值是多少。通过上述情景分析得到结果，就可以了解企业对财务危机的承受能力。

#### 4. 建立财务危机应急预案

财务危机对策方案的建立与完善,标志着企业内部控制管理体系是否完备和成熟。每一个企业都应当建立明确的、便于操作的财务危机应急预案,避免事前无计划、事后手忙脚乱的现象。应急预案的内容可能随着企业经营范围的不同而有所侧重,但一般应当包括处置财务危机的目标与原则(包括最高目标和最低目标,也可以是目标的序列);与债权人的谈判策略;专家和组织;应急资金的来源;削减现金支出和变卖资产的次序;授权、操作和决策的程序等事项。

#### 5. 保持良好的信誉和企业形象

企业应当让债权人了解自己的诚信和竞争力,在日常经营中与之建立良好的信誉关系,以便共同迎接企业面临的机会与挑战,共同克服短期的困难。运营状况再好的企业,意外的事件发生时也需要临时地向银行借款,而企业和银行都不一定能预计到这些计划外借款的确切时间和数量。现实中的情况往往是,银行愿意向"不缺钱"的企业贷款。因此,同银行保持良好的信誉关系是明智的。当企业不需要借钱时,应当让银行了解自己的财务情况和现金流状况,以为自己今后的借款建立基础。一旦真正需要借款,便有可能按正常的条件借到所需数量的款项。

#### 6. 企业的所有制和组织结构

企业的所有制形式对其所承担的风险是有影响的。对于有限责任公司来说,股东对公司的债务只承担有限责任,即仅限于自己的出资数额。相反,合伙制企业和单一业主制企业的债权人不仅拥有对企业资产的追索权,而且拥有对企业所有者个人财产的追索权,单一业主所有制或合伙制企业的所有者是承担无限责任的。

小型企业由于资本水平较低而被认为具有较大的风险。但是,小型有限公司的债权人可以要求公司的主要股东对公司的债务提供个人担保。这样,对于债权人来说,有限责任公司就像单一业主所有或合伙制企业一样。实行个人担保虽然可以免费地为小企业提高信用级别,但将根本性地改变担保人的法律地位。如果公司经营状况恶化,就可能为担保人带来极为严重的后果。

企业集团的组织结构对于提高企业偿付能力和信用水平可以有很大帮助。在大型企业集团,往往是各个分公司分别计划自己的固定资产投资,而融资则是从整个集团的角度来安排。由于融资成本与债权人所承担的风险正相关,这种方式利用了集团的信誉,可以部分地减少债权人的风险,因而降低了融资成本。这时,是整个集团的资产,而不是其中一个分公司的资产,在为分公司的债务提供担保。当然,这也要求总公司对集团的总体风险负责并加以控制。

## 第二节　财务困境的解决办法

### 一、应对财务困境

财务困境是指一个企业处于经营性现金流量不足以抵偿现有到期债务,而被迫采取改组行动的一种状态。财务困境可能反映为资本流动能力的相对低下,可以通过一系列

非常行动使企业免于破产,维持企业继续经营的能力。这些行动包括:

（1）出售主要资产换取现金;

（2）与其他企业合并;

（3）减少资本支出;

（4）发行新股筹集资金;

（5）与债权人协商谈判,延迟还款;

（6）债权换股权。

其中前三项属资产重组,后三项属债务重组。公司重组(restructuring)是为了在战略上改善公司经营管理状况,强化企业的核心竞争力,推进企业创新而针对公司产权关系或其他债务、资产、管理结构所展开的公司改组、整顿与整合的过程。公司重组是以资本保值增值为目的,对企业的资源进行合理分配,达到资源最优配置。当这些行动无效后,才进入破产程序。

企业主要通过增加资产的变现能力和降低债务契约的刚性两种方式,来使企业摆脱财务困境。一方面,企业可以通过实施资产重组或股权置换来解决息税前利润率低下的问题,通过恢复和提升盈利能力来进行自身造血,积累资金,再逐步解决债务问题。这种策略对于迫切需要解决沉重债务负担的企业来说过于缓慢,企业可以通过被其他企业兼并引入资金解决这一问题。另一方面,企业可以实施债务重组,解决企业的债务支付问题。

目前我国市场上有两种主要的重组方式:财务型重组和战略型重组。财务型重组是指利用重组概念炒作,在二级市场上赚取价差。如象征性地进行一些置换,它并不能改变被重组公司的经营状况。战略型重组根据目的又可分为产业转型性重组和借壳型重组。产业转型性重组是指重组公司本身所处的行业不佳或看中了被重组公司的行业前景,重组后公司可利用其原有的技术、设备、销售网络,尽快占领市场,重组后被重组公司基本结构不会变化。对于借壳型重组,公司看重的是对方的壳资源,重组后再将自己的优质资产注入,并将原企业一些无关联的资产剥离。

由于目前股票市场公司退市机制逐步完善,特别是债务重组新规定的出台,单纯的财务型重组因不能改变公司实际状况将减少。因此着重介绍战略型重组。战略型重组方案一般包括股权重组、债务重组、资产重组三种形式。

## 二、股权重组

公司要对被重组公司进行重组,往往先取得被重组公司的大股东地位,减轻重组的阻力。取得股权常用的方法有资产换股权、股权互换、债权换股权、股权协议转让、法人股竞拍、二级市场收购。

（1）资产换股权的方式是较常见的,它是重组公司利用自己的优质资产换取公司股权,达到控股目的。优点在于取得股权的同时又完成了资产的注入过程。

（2）股权互换是双方股权之间的互相交换以达到相互持股的目的,其优点在于不必动用现金和重组公司的资产,其互换比例根据双方净资产评估出来的结果而定。

（3）债权换股权是由于重组公司本来就有一笔债权在被重组公司中,重组公司进行重组有两种可能:一是公司确实想进行重组;二是公司本无意重组,由于被重组公司无力偿还债务,迫于无奈进行重组。

根据收购目标公司股权的数量不同,收购完成后,收购方可能取得目标公司的控制权,也可能是以非控股形式介入目标公司及其经营领域。只是控股目的的收购能更有效地服务于企业的对外扩张战略。

### 三、债务重组

所谓债务重组,指在债务人发生财务困难的情况下,债权人按照其与债务人达成的协议或法院的裁定作出让步的事项。债务重组仅作为整个重组方案的一部分,债务重组的目的主要是为其他重组方案的顺利实施创造条件。如果重组公司与被重组公司没有债务牵连,其重组的前提是被重组公司尽量将债务剥离,以减轻入驻后的压力。如果重组公司本身就是债权人之一,债务处理的最基本方法是"债权转股权"。根据具体情况将债务转化为股权,或者制定延缓旧还贷款的规定,或在重组前冲销一定的债务,这必定会增加上市公司进行重组资产的积极性。

债务重组的一般方式包括以下几种:

(1) 以资产清偿债务。债务人常用于偿债的资产主要有现金、存货、短期投资、固定资产、长期投资、无形资产等。

(2) 债务转为资本,即债转股。应当注意的是,债务人根据转换协议将应付可转换公司债券转为资本,属于正常情况下的转换,不能作为债务重组处理。

(3) 减少债务本金、减少债务利息、停息挂账等。

此外,有的上市公司把巨额债务划给母公司或随着劣质资产以自我交易等手段塞给了控股母公司,等到在获得配股资金后再给母公司以更大的回报。有的债务人转让非现金资产给债权人以清偿债务,但同时又与债权人签订了资产回购协议。

无论以哪种方式进行债务重组,多以债权人做出让步为重组条件。对于债权人来说,第一,最大限度地回收债权;第二,为缓解债务人暂时的财务困难,避免由于采取立即求偿的措施,致使债权上的损失更大。

### 四、资产重组

资产重组是重组中的重点,减轻债务压力和取得控制权后如何理顺资产配置、寻找新的利润增长点是重组中应当重点考虑的问题。否则,重组效果和社会认同不佳,有悖于重组目的。

资产重组的主要方式有以下几种:

#### 1. 资产置换

在上市公司出售或收购资产的各种重组中,不涉及现金流动的资产置换重组成为上市公司重组的主流形式。

置换重组的一般做法是将上市公司的一些不良资产如高龄应收款项、不能盈利的对外投资等出售,而将等额的优质资产注入进来。表面上看,重组方与被重组方的资产置换重组是等额置换,但实质上是不等值的,账面上数值虽不变,但给日后评估增值留下了很大的空间。由于资产等额置换只能改变上市公司净资产的质量,但却不能在短期内改变上市公司净资产的数量,即所谓"远水不能解近渴"。在这种情况下,只有对这些困难上市公司实施资产赠予,即无偿地向上市公司赠予大笔资产,才可以迅速地增加上市公司的净资产值,使上市公司的每股净资产迅速地恢复到1元以上。

### 2. 资产剥离

资产剥离的交易方式有:协议转让、拍卖、出售;交易的支付方式则有现金支付(一次性付款、分期付款)、混合支付等。如果被重组公司缺乏现金,重组公司也可能动用现金购买其要剥离的资产。

将劣质资产从上市公司剥离是我国上市公司重组的一个重要内容。在劣质资产的剥离中,大量的债务也被剥离了出去,这些被剥离出去的债务并没有足够的净资产和具有盈利能力的业务作保障,很多债务实际上随着劣质资产以自我交易等手段被塞给了重组公司。上市公司常常将净值为负的(负债大于资产)所谓"不适资产"以一定价格或者零价格转让给重组母公司。

### 3. 资产租赁

这种资产重组的方式有两种可能:

第一,重组公司可能没有找到一种合适的方式将被重组公司的资产剥离出来,于是只好暂时采用租赁这种方式。这样还可以增加被重组公司的现金流量。

第二,被重组公司暂时没有能力获得重组公司的优质资产,只好先租赁。当然资金的确定和支付有很大的灵活性。

重组方对被重组方进行资产重组的具体原因主要有以下几个方面:

(1)当企业所在的行业竞争环境发生变化,例如由垄断进入完全竞争,从产品开发期进入产品成熟期之后,行业利润率呈现下降趋势时,企业通过资产剥离和出售可以实现产业战略收缩,转而投资新兴产业和利润更高的产业。

(2)当企业在所投资的领域不具备竞争优势,资产盈利能力低下的情形下,为了避免资源浪费和被淘汰出局,出售和剥离资产可以使企业掌握主动,减少风险,及早实现产业战略转型。

(3)在存量资产大量沉淀的企业里,存量资产的出售是实现资产保值增值的重要手段,并有助于企业集中资源优势,培养核心竞争力。

(4)重组方目前的产业与被重组方的产业不兼容。

资产和债权的转移和出售可以改善企业的财务状况,减少亏损、降低成本,增强企业的盈利能力。尤其是当资产受让方以现金支付来完成交易的情况下,资产出让方不仅可以获得一笔流动性资金,而且增强了企业的再投资功能。

## 第三节　中国上市公司的并购重组

### 一、中国并购重组发展概况

并购重组是优化资源配置、激发市场活力、加速产业升级的重要途径,能有效推动上市公司对接优质产业资源,还能够帮助中小企业通过战略资产出售及证券化链接上市公司资源,解决融资困难。同时,在 IPO 阶段性收紧背景下,也将逐渐成为 PE/VC 重要的退出渠道。全面注册制以来,并购重组市场化改革新政频出、信号积极,为并购重组业务开展创造了良好契机。

2016 年之前,中国并购金额增长迅速,2016 年增长到 3 万亿元。2016 年之后,并购金额相对稳定,在 2.4 万亿元到 3.2 万亿元之间波动。从行业分布来看,2019—2022 年信息技术行业的并购金额位居第一,2023 年出现收缩,除此之外,金融和工业也是并购的重点领域。从并购目的来看,公司并购多是为了实现横向整合、多元化战略、资产调整、战略合作、买壳上市、垂直整合等目的,其中,横向整合和多元化战略是公司并购的主要目的(见图 10-3、表 10-1 和表 10-2)。

图 10-3 中国并购市场规模

表 10-1 各行业并购金额

单位:亿元

|  | 2019 | 2020 | 2021 | 2022 | 2023 |
| --- | --- | --- | --- | --- | --- |
| 工 业 | 6 507 | 7 777 | 17 269 | 10 216 | 7 812 |
| 金 融 | 9 248 | 11 924 | 25 070 | 11 629 | 5 244 |
| 可选消费 | 3 949 | 8 686 | 8 583 | 3 855 | 3 568 |
| 材 料 | 2 822 | 3 011 | 5 582 | 3 685 | 1 990 |
| 信息技术 | 11 245 | 33 061 | 29 071 | 16 819 | 1 956 |
| 公用事业 | 1 549 | 1 314 | 3 368 | 1 961 | 1 096 |
| 房地产 | 3 423 | 2 232 | 3 483 | 3 509 | 1 079 |
| 医疗保健 | 955 | 8 692 | 8 854 | 6 135 | 1 050 |

续表

|  | 2019 | 2020 | 2021 | 2022 | 2023 |
|---|---|---|---|---|---|
| 能 源 | 534 | 3 872 | 1 378 | 2 983 | 821 |
| 日常消费 | 1 429 | 1 823 | 4 508 | 3 524 | 625 |
| 电信服务 | 1 874 | 924 | 3 414 | 7 | 549 |

表 10-2　各并购目的交易金额

单位：亿元

|  | 2019 | 2020 | 2021 | 2022 | 2023 |
|---|---|---|---|---|---|
| 横向整合 | 7 098.09 | 34 358.82 | 43 184.42 | 52 061.71 | 9 373.97 |
| 多元化战略 | 21 127.57 | 36 296.37 | 64 525.32 | 3 127.54 | 2 876.50 |
| 资产调整 | 4 221.98 | 7 899.33 | 8 630.68 | 3 256.66 | 2 018.75 |
| 战略合作 | 4 700.99 | 3 325.15 | 6 727.23 | 4 943.46 | 1 399.14 |
| 买壳上市 | 1 031.17 | 598.59 | 2 530.82 | 246.27 | 101.53 |
| 垂直整合 | 587.57 | 81.87 | 146.96 | 44.78 | 2.36 |
| 私有化 | 2.99 | 407.42 | — | — | — |
| 整体上市 | 66.00 | 85.19 | — | — | — |
| 财务投资 | 65.01 | 37.69 | — | — | — |
| 业务转型 | 5.28 | — | — | — | — |
| 获取资格牌照 | 0.99 | — | — | — | — |
| 其他并购目的 | 5 359.52 | 7 423.80 | 8 443.83 | 11 432.87 | 12 946.19 |

## 二、龙头企业上市与横向并购

行业中的龙头企业，是行业的标杆，推动龙头企业上市有利于行业发展。龙头企业要稳步推进主业发展，合理运用并购重组等资本市场工具，强化上市公司在战略性新兴产业、促进产业基础高级化和产业链现代化中的带动作用，推动上市公司做大做强。

随着工业化进程的加快，在经济一体化的背景下，经济活动日益复杂，企业间的专业化分工日益细化。一些行业重复建设严重、产业集中度低、自主创新能力不强、市场竞争力较弱的问题仍很突出。在资源环境约束日益严重、国际产业竞争更加激烈、贸易保护主义明显抬头的新形势下，推进企业同行业并购重组很有必要。

企业通过并购重组可以实现不同资源的优势互补,实现在生产资料、工艺技术、管理水平、销售渠道等各个方面的优化,实现强强联合或补足短板。为了促进行业发展,国家鼓励企业通过并购实现产业升级。近几年来,越来越多的企业通过横向并购来实现产业整合,从经营协同、管理协同、财务协同三个方面产生协同效应,从而提高效率。

(1) 经营协同:并购双方通过并购提升了经营活动的效率,例如企业并购后企业规模扩大,增强了企业对生产经营活动中成本的控制,同时与被收购方有效整合后,管理团队和营销团队效率提升,营业总成本得到了有效控制。对成本的控制力增强后,企业可能获得成本优势并能够将更多的资金集中用于拓展研发能力,包括产品的开发和技术的升级。经营协同能够增强企业的生存能力和可持续发展能力。

(2) 管理协同:当收购方的管理效率高于被收购方,收购方的管理资源能够通过并购向被收购方转移,使收购方富余的管理资源能够帮助被收购方提升管理效率,产生有效的管理协同效应,能够更加有效地利用管理资源,提高管理效率。

(3) 财务协同:财务协同效应是企业在并购后基于财务角度获得效率提升后带来的效益。财务协同效应是通过资源效率和税法等作用的影响产生的,具体表现包括合理避税产生的节税效果以及资本成本的下降。

交易所、证监部门对于上市公司重组,要处理好"放"与"管"的平衡。一方面,对无须核准或注册的重组,充分交由上市公司自己做主,而即便是需要核准或注册的重组,如果符合相关条件、有利于提高上市公司质量,同样也应一路绿灯。另一方面,对于注入垃圾资产或者经营具有高度不确定性资产的重组,监管部门当然要发挥好把关职能,要严防并购重组对上市公司持续经营能力带来负面影响、严防损害中小投资者利益。

同时值得注意的是,相关监管部门应对龙头企业横向并购的经营者集中进行持续性的监控。横向并购能够一定程度上改善行业集中度低的问题。但是龙头企业的横向并购也会使企业对市场的控制权获得增长,当企业并购具有显著的市场势力时,为了保障消费者福利,监管部门应对龙头企业横向并购给予足够的关注,不仅仅在并购前进行反垄断调查,在并购后也应进行持续的跟踪调查。

[例 10-1] 2024 年 1 月 28 日,深交所上市公司迈瑞医疗(300760.SZ)发布公告,拟通过全资子公司深迈控以协议转让方式收购惠泰医疗(688617.SH)14 120 310 股人民币普通股股份,占惠泰医疗总股本 21.12%,转让金额合计为人民币 6 652 419 049.75 元,收购价格为每股 471.12 元,相对公告前收购溢价超过 30%。交易完成后,深迈控及其一致行动人珠海彤昇(之前已通过二级市场收控惠泰医疗 3.49% 股权)合计持有惠泰医疗 24.61% 股份,惠泰医疗控股股东将变更为深迈控,实际控制人将变更为李西廷和徐航(与迈瑞医疗一致)。

医疗健康是关乎国计民生的重要领域。随着全球人口老龄化程度加剧,心血管疾病患者数量不断增加,全球心血管相关手术治疗数量持续增长。据 Evaluate Medtech 报告估算,在全球医疗器械市场规模排名中,心血管相关领域排名第二,仅次于体外诊断,且保持高速增长。在中国,心血管领域产品如电生理等市场规模大、渗透率相对较低,近年来在国家政策推动下,行业加速发展。

迈瑞医疗坚定看好电生理等心血管产品的市场发展趋势,且不断构建和丰富耗材型业务布局是公司重要发展战略方向之一,为此公司积极寻找全球优秀标的进行并购整合,内外协同发展。长期以来,标的公司惠泰医疗深耕电生理等心血管相关领域,在电生理及相关耗材多元化布局,拥有国内领先的技术储备、耗材原料研发、供应链体系和先进的生产工艺,是我国电生理等心血管相关领域的龙头企业之一。

通过本次交易,迈瑞医疗将以此进入心血管领域相关赛道,并将利用其在医疗器械领域的积累和人才储备,助力标的公司提升研发能力、优化产品性能。同时,迈瑞医疗将充分利用全球市场营销资源覆盖优势,推动电生理及相关耗材的业务发展,提升标的公司业务的全球化布局,促使标的公司实现从国内领先至国际领先的跨越。未来,迈瑞医疗还可以此为基础,横向拓展其他耗材领域,完善产品矩阵,进一步构建和丰富耗材型业务,提升公司整体竞争力。

这是中国医疗器械之王迈瑞医疗近年罕见的大手笔收购,是科创板上市公司第一单被另外A股上市公司收购并控股的并购交易,也是A股极具正向行业整合意义的横向并购。

## 三、并购重组与企业转型

受产品需求不足、传统经营模式乏力等内部因素和行业形势、政策取向等外部因素的影响,企业会通过并购重组的方式谋求转型升级。企业转型路径主要有以下四种。

### (一) 行业转型

企业需要拓展需求的边界,重新选择市场空间,利用原本优势要素,通过资本运作,开拓新的市场需求,抓住向新兴行业转型的机会,重塑竞争优势。行业转型路径主要内容:(1) 专注主业并多元布局,涉足新兴行业;(2) 仍保留原行业,但主业换行业,进入新行业;(3) 完全放弃原行业,转向新行业;(4) 不转变行业定位,延伸至行业上下游协作发展。

行业转型路径更适合处于成熟期,尤其是衰退期的大型传统企业,这些企业资源实力雄厚,主业发展已经到了一个非常高的程度,有企业自身的积累,在资金、技术、人才储备上具有优势。只要他们有勇气去实现行业转型,在行业转型过程中又不至于因资金链紧张而遭到阻碍,在消费者心中已有的品牌认知基础能让企业更快地脱离边缘化状态,不断壮大新兴产业。

### (二) 产品转型

企业原有产品供给的约束,制约传统企业效益的提升,而通过新产品研发一定程度上可以满足需求的变化。产品转型路径主要内容:(1) 研发新产品进入市场;(2) 提升原有产品的档次以及科技含量;(3) 产品品牌创新,提高品牌附加值。在产品同质化下,产品差异化策略是解决自身痛点的有效途径。要提高品牌认知差异化程度,不仅需要以供给端的创新为驱动,还应在大数据技术背景下精准定位需求偏好和趋势。

产品转型路径是一项十分繁杂的工作,从新产品构思与研发到新产品投放市场的每一个步骤都需要消耗大量心血,而且风险较大,适用于具有自有主流产品与品牌、生产能力强,但原有产品附加值低限制了企业利润空间而不得不加强产品转型的中型以上企业。这些企业对转型有着迫切的需求,并且兼具强大的科研实力、经济实力以及具备对未来市场超前的敏锐性及预判能力,能确保产品转型成功实现。同时产品转型路径对环境也有较高的需求,技术赋能整个产业链的革新程度是否有满足企业的需求,关乎着企业产品转型的成败。

### (三) 管理模式转型

管理模式转型路径主要内容:(1)增强员工凝聚力,注重业绩考核与激励约束机制的创新;(2)管理模式精细化;(3)管理理念柔性化,精准制定发展战略。企业管理模式存在原有的管理组织结构和市场发展需求不相符的情况,不适应经济转型时期企业发展需要,企业管理模式转型需要企业及时进行自我调节,进行管理模式创新,提升企业竞争水平。

管理模式转型是经济结构转型的刺激下企业同步于社会企业发展的必经之路,是各个企业在发展历程中需要加强关注和进一步思考的课题,管理模式的选择与企业所处的生命周期息息相关,且不同类型、不同行业的企业其管理模式也各不相同。

### (四) 商业模式转型

商业模式转型注重销售环节的优化。商业模式转型路径主要内容包括:(1)形成差异化的产品与销售;(2)充分借助大数据实现精准化营销,优化成本结构和收入来源;(3)拓展销售渠道,开发新市场(走向海外市场、拓展本国市场新领域、转型高端市场)。

商业模式转型路径基本适用于大部分的企业,对于价值链上其他环节已完成优化并寻求高质发展的企业,可以合理高效配置资源,更有针对性地对企业商业模式进行转型。商业模式转型路径对市场环境要求不高,而如果能充分借助网络资源和信息优势,充分挖掘其内在价值,并发挥出商业模式的中介作用实现价值传递,重塑核心能力,商业模式转型将取得更好的效果。

> **案例分析**
>
> **钧达股份:并购重组引领转型升级**
>
> **一、案例背景**
>
> **(一) 收购方介绍**
>
> 2003 年,钧达股份在海南省海口市保税区成立,彼时公司主营业务为汽车塑料内外饰件的研发、生产、销售,业务涵盖汽车仪表板、保险杠、门护板、装配集成等,其最大的客户是同在海南的海马汽车。2016 年是海马汽车发展的辉煌时刻,当年汽车销量21.6 万辆,营收高达 138.9 亿元,净利润达到了 2.3 亿元。乘着海马汽车的东风,钧达股份也于 2017 年成功在创业板上市,股票代码为 002865.SZ。
>
> 然而,随着第一大客户海马汽车逐渐衰微,钧达股份的营收和利润也逐渐陷入低迷。2018 年海马汽车全年汽车产量下跌 55.24%,2019 年产量再度下跌 52.06%。公司的其他客户如猎豹汽车、力帆汽车、众泰汽车、华泰汽车等车企,甚至在 2019 年传出了破产传闻。同时,钧达股份还在年报中披露了其通过诉讼手段仲裁手段要求客户回款的事项,这也印证了当时汽车市场的不景气。作为汽车零部件企业,下游车市的表现和钧达股份紧密关联,在连续两年车市下行的大背景下,大客户欠佳的表现必然通过供应链传导至上游零部件企业,公司经营逐步陷入困境。从财务数据角度来看,

2018年和2019年公司分别实现营收9.02亿元、8.27亿元,同比分别下滑21.71%、8.39%。业绩下滑在2021年尤为严重,汽车饰件业务共亏损2.24亿元,较2020年度净利润下滑2.37亿元,净利润同比下降1750.60%。受到公司经营状况及下游客户影响,二级市场上,钧达股份并不受资本追捧,股价在短暂达到40元左右后,长期处于低位,一度在10元左右徘徊,达到了历史的新低。

在公司管理上,钧达股份有鲜明的家族特征,实控人为"杨氏家族",包含祖孙三代共九人,在2017年上市时直接和间接合计控制公司91%的股份,杨仁元为杨氏家族事业创始人。在公司经营业绩下滑之际,钧达股份曾尝试聘用"杨氏家族"之外的职业经理人,只不过职业经理人的加入并没有为公司发展带来新的转机。2019年5月,接替杨仁元大女婿徐晓平担任董事长一职的王松林仅7个月即离职;当年7月,副总经理莫红远离职;当年9月,接替杨仁元三女婿徐勇任总经理未满一年的刘小洪离职。

在这种困境之下,2019年6月14日,董事会选举杨仁元大女儿陆小红为董事长。面对公司发展的疲软态势,自2019年陆小红任董事长以来,她一直在谋划转型。2021年7月,光伏电池片企业捷泰科技大股东宏富光伏准备转让自己持有的捷泰科技股权。这个契机拉开了钧达股份转型的序幕,陆小红带领公司通过多次重大资产重组,成就了"转型最成功的光伏新贵"的神话。

2021年7月,在宏富光伏公告准备转让股权后,陆小红果断出手,以14.34亿收购捷泰科技51%的股权,而此时公司货币资金仅有约3.33亿,公司净资产仅有10.48亿,要拿出14.34亿对于当时的钧达股份来说绝非易事,为凑齐资金,陆小红先申请6亿贷款,还向捷泰科技股东转让股权,通过多方筹措,才勉强完成这次收购,那么捷泰科技这家公司究竟有什么魅力,不惜让公司背上高额债务也要完成这次收购?

(二)被收购方捷泰科技介绍

捷泰科技所处赛道是当下大火的新能源赛道。捷泰科技成立于2008年,自2010年电池工厂奠基开工以来持续深耕光伏电池片领域,是国内最先进的太阳能光伏电池片生产商之一,拥有行业内一流的管理和研发团队,积累了相关领域丰富的研发、生产、管理和销售经验,产品品质已得到市场广泛认同,拥有稳定的优质客户群体。

2018年,捷泰科技光伏电池片出货量位于世界前列,但在2019年后,受到融资渠道、路线选择等因素影响,公司扩产节奏放缓,市场份额一度下降。2020年底,公司在看到行业发展趋势并做出战略决断后,开始大刀阔斧地改革。2020年12月,公司全面停产毛利率较低的多晶电池片业务,同时在单晶电池片业务内部,逐步向毛利率更高的182 mm及以上的大尺寸单晶PERC电池片转换。2021年上半年,捷泰科技年产5 GW新一代大尺寸单晶PERC电池片生产线投产。在钧达股份收购捷泰科技时,捷泰科技年产能约8.2 GW,产能规模在A股上市的独立电池厂商中仅次于通威股份和爱旭股份。同时,公司加注重研发创新,提前布局TOPCon电池片及HIT电池片,2022年捷泰科技成功完成N型TOPCon电池技术突破。

公司改革成果显著。在2021年全球硅料价格上涨,光伏全产业链毛利被压缩的情况下,公司逆势实现盈利正增长。2022年受益于大尺寸PERC电池片及TOPCon

电池片产品驱动,公司业绩实现高增长。2022全年,捷泰科技实现电池片出货10.72 GW(其中P型PERC产品8.85 GW,N型TOPCon产品1.87 GW)。

综上所述,捷泰科技主营产品为光伏电池片,相较于传统行业增长更迅速,盈利前景更加广阔。公司积累了丰富的经验以及稳定的客户群体,目前产能在国内位居前列。同时,公司通过改革及创新使未来产能、产品品质及效率得到进一步明显提升,为其未来的几年业绩增长提供了保证。因此对于钧达股份来说是一家很好的投资标的。

### 二、钧达股份并购捷泰科技全过程

钧达股份并购捷泰科技整个过程历时超过两年半,先是收购捷泰科技子公司,试水光伏;然后现金收购捷泰科技51%控股权实现并表;接着出售公司汽车内饰件业务,聚焦光伏、回收现金流;最后通过定向发行募集收购资金和运营资金,完成100%股权收购。

第一步,试水光伏。2021年2月19日,钧达股份向捷泰科技控股子公司弘业新能源增资1.5亿元,增资后将持有弘业新能源12%股权,成为其第三大股东。这是钧达股份进军光伏的第一步,事后来看,也是钧达股份试水收购捷泰科技的第一步。增资前,上饶捷泰新能源科技有限公司持有弘业新能源54.55%股份,上饶经济技术开发区城市建设工程管理有限公司持有45.45%股份。增资后,上饶捷泰新能源科技有限公司持股比例降至48%;上饶经济技术开发区城市建设工程管理有限公司持股比例降至40%;钧达股份持有12%股份。

第二步,收购捷泰科技51%股权。2021年6月13日,钧达股份披露重大资产购买草案公告,拟现金收购宏富光伏以及上饶展宏持有的捷泰科技51%股份,成为其最大控股股东,交易对价14.34亿元。重组草案显示,钧达股份拟通过江西产交所以支付现金的方式受让宏富光伏持有的捷泰科技47.35%的股权,交易金额约13.31亿元;同时通过协议转让方式受让上饶展宏持有的捷泰科技3.65%的股权,交易金额约1.03亿元。业绩承诺方面,管理层承诺捷泰科技2021—2023年的净利润分别不低于2.1亿元、2.7亿元、3.1亿元,累计净利润不低于7.9亿元。然而截至2021年3月末,钧达股份的货币资金余额仅为2.03亿元。14.34亿元交易总对价中,6亿元为股东借款,6亿元为并购贷款,剩余2.34亿元为公司的自有资金和其他自筹资金。

第三步,处置汽车内饰件业务聚焦光伏业务。2022年1月,钧达股份公告向其控股股东海南杨氏家族科技投资有限公司现金出售汽车塑料内饰件业务相关的资产组,合计作价10.57亿元。通过资产置出,上市公司剥离了增长乏力、亏损严重的汽车饰件业务,更加聚焦光伏电池片业务。通过该步骤,上市公司回流资金约10亿元。

第四步,定增募资全资控股。钧达股份2022年6月16日公告,公司拟参与竞买宏富光伏在江西省产权交易所公开挂牌转让的捷泰科技33.97%股权,挂牌底价10.53亿元;同时,通过协议转让方式受让苏泊尔集团持有的捷泰科技15.03%股权,交易额4.66亿元;合计收购捷泰科技剩余49%股权,交易对价15.19亿元。完成后,将100%持有捷泰科技。同时,公司拟非公开发行股票募资不超28.3亿元,用于收购捷泰科技49%股权、高效N型太阳能电池研发中试项目、补充流动资金及偿还银行借款。

### 三、并购成效分析

(一)市场反应

公司并购捷泰科技,转型新能源赛道的成效如何?可以从新闻报道对于此次并购的评价中一探究竟,"史诗级并购""一年股价暴涨560%!"一系列引人注目的新闻报道似乎都表明,钧达股份的转型是十分成功的。2020年12月31日,钧达股份收盘价仅有12.35元;2022年11月9日,钧达股份收盘价达最高点,收盘于180.54元,区间内股价涨幅达1 361.86%(见图10-4)。

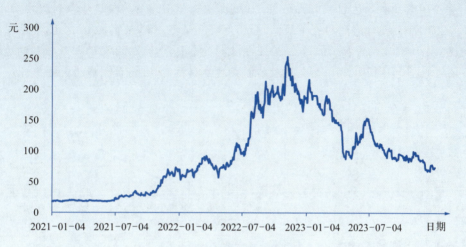

图10-4 钧达股份收盘价

(二)业务结构变动

2021—2022年,钧达股份逐步完成了对捷泰科技的收购,公司的业务结构和营业收入构成也发生了巨大变革。2021年,光伏电池片与汽车饰品分别占公司营业收入构成的57.34%和40.38%,而到了2022年,二者分别占比95.74%和4.01%。由此可见,光伏电池片业务占据其营收的绝对主导地位(见图10-5)。2022年9月,公司正式

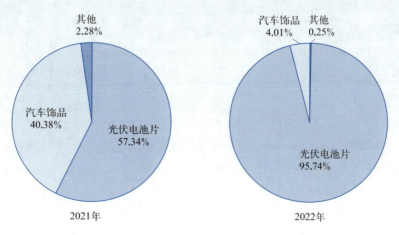

图10-5 2021年和2022年公司营业收入构成

更名为"海南钧达新能源科技股份有限公司",这也表明了公司未来的业务主导方向。公司业务向盈利空间大、未来发展前景较好的新能源领域发展,公司业绩增长未来可期。

(三) 收入与费用情况

公司营业收入及归母净利润如图 10-6 和图 10-7 所示,公司营业收入的拐点发生于 2021 年,彼时由于收购捷泰科技,公司不仅实现了扭亏为盈,还实现了归母净利润的急剧增长。具体来讲,公司的营业收入在 2018—2020 年连续三年呈颓势,徘徊在 9 亿元左右;然而,在 2021 年收购捷泰科技后,其营业收入增长到 28.63 亿;经过一段时间的发展,2022 年公司营业收入达到了 115.95 亿元,同比增长 304.95%。在归母净利润方面,公司 2018—2020 年的归母净利润逐年降低,分别为 0.42 亿元、0.17 亿元、0.14 亿元,甚至在 2021 年出现了 1.79 亿元的亏损。但是在 2021 年收购捷泰科技后,2022 年的归母净利润达到了 7.17 亿元,同比增长 501.35%。钧达股份收购捷泰科技后,公司盈利能力大幅提升。

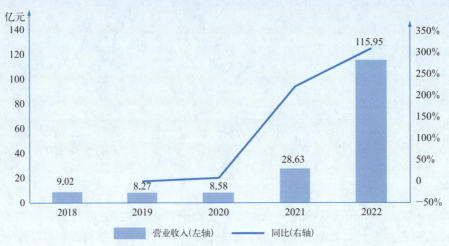

图 10-6　钧达股份历年营收变动趋势

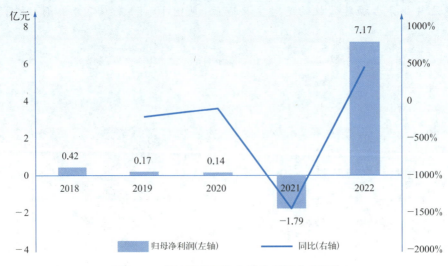

图 10-7　钧达股份历年归母净利润变动趋势

期间费用方面,在收购捷泰科技后,2022年公司研发费用相较于2021年增长102.12%,主要系报告期内公司产能快速扩张,加大研发活动投入,相应研发材料和人员费用支出增加所致,研发费用情况如图10-8所示,研发费用提升有助于公司提升TOPCon电池生产工艺,增强公司未来竞争力。而受到公司营业收入大幅增加的影响,钧达股份期间费用率得到改善,销售费用率、管理费用率和财务费用率均处于较低水平(见图10-9)。

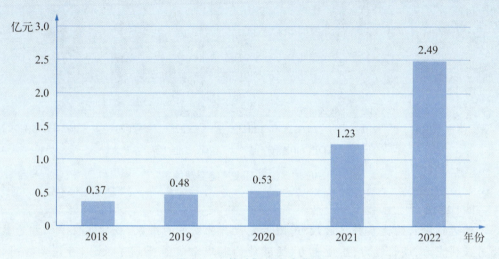

图10-8 钧达股份研发费用

图10-9 钧达股份期间费用率变动

(四)被收购方同样获得业务增长

值得一提的是,捷泰科技被收购后,其积极规划建设光伏电池片生产基地,公司产能规模快速增长,2022年公司拥有上饶基地9.5 GW PERC电池产能以及滁州基地8 GW TOPCon电池产能。2023年随着滁州基地二期项目与淮安基地一期项目的逐步建设完工,公司N型TOPCon电池产能预计将达31 GW,捷泰科技借助本次收购大幅扩产 PERC 电池,抓住了光伏产业技术迭代带来的机会,大大提升公司行业地位,而捷泰科技老股东也通过前期的股权转让享受到了钧达股价大幅上扬带来的红利(见图 10-10)。

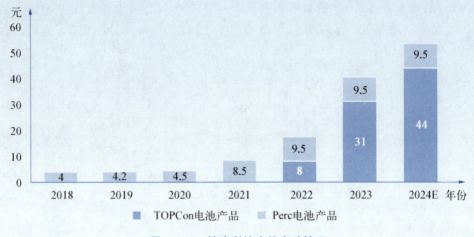

图 10-10 捷泰科技产能变动情况

### 四、结语

钧达股份收购捷泰科技后,公司乘着光伏行业发展的东风,成功实现了扭亏为盈,公司盈利能力、成长能力、偿债能力、运营能力和现金流等得到了改善,可谓是公司转型升级的成功典范,其并购重组过程值得读者学习,成功经验也可以供需要转型企业的参考。

但是,钧达股份股价亦存在波动,2023 年底,公司股价收于 77.48 元。相较于历史最高点,公司股价已下跌了 69%。2022 年 10 月,公司与淮安市涟水县政府签订 26 GWN 型高效太阳能电池片生产基地项目投资合作协议,总投资约 130 亿元,公司巨额投资未来的收益情况仍是未知数。同时,企业的转型升级也绝非易事,水能载舟,亦能覆舟,上市企业转型失败案例也并不少见,企业上市时需结合公司实际情况以及行业发展进行综合研判,以进一步提升转型成功的可能性。

# 本 章 小 结

财务危机指企业不能正常履行资金支付责任,在资金周转和运用方面出现了入不敷出的现象,具体的表现形式包括经济失败、违约和破产。财务危机管理的基本职能包括事前的预防职能和事后的处理职能。危机管理的维度主要有时间维、策略维、制度维。财务危机管理的内容包括合理的经营战略和债务结构、恰当的现金流量规划、财务危机的预测和监测、建立财务危机应急预案等。

改善财务困境的行动包括出售主要资产、与其他企业合并、减少资本支出、发行新股筹集资金、延迟还款、债权换股权等。重组方式包括财务型重组和战略型重组,前者是一种概念炒作,不能实际影响公司运营,而后者对公司经营管理有重大影响。战略型重组一般包括股权重组、债务重组、资产重组三种形式。股权重组常用方法有资产换股权、股权互换、债权换股权、股权协议转让、法人股竞拍、二级市场收购。债务重组以债权人做出让步为重组条件。资产重组的形式包括资产置换、资产剥离和资产租赁等。

并购重组是优化资源配置、激发市场活力、加速产业升级的重要途径。推动龙头企业上市有利于行业发展,龙头企业上市后合理运用并购重组等资本市场工具,可以强化上市公司在战略性新兴产业、促进产业基础高级化和产业链现代化中的带动作用,推动上市公司做大做强。此外,并购重组是上市公司谋求转型升级的重要途径,钧达股份便是通过并购实现转型升级的成功案例。

## 习题与思考题

1. 怎么理解财务危机的内涵和特征?
2. 如何进行财务危机管理?
3. 公司一般如何解决财务困境?
4. 公司重组方式有哪些?各自有何特点?
5. 中国资本市场应该如何利用并购重组来提高上市公司质量?
6. 企业宣布并购或重组计划后市场的典型反应是什么?如何管理市场的期望?
7. 为什么并购重组过程中需要尽职调查?请写一份尽职调查清单,覆盖财务、法律、商业模式等各个方面。
8. 选择一个具体的并购或重组案例,分析其成功或失败的原因。

# 第十一章

# 公 司 治 理

### 学习目标

1. 掌握公司制企业存在的弱点。
2. 了解代理问题的主要表现形式。
3. 掌握常见的处理代理问题的公司治理机制。
4. 了解中国国有上市公司的代理问题。
5. 了解中国国企改革的现状与策略。

## 第一节 公司治理与代理问题

公司治理并不等同于公司管理,公司治理的对象是有决策权或对公司决策有重要影响的公司高层管理人员而非所有的公司员工。公司治理的动因在于保护外部投资者利益不受掌握控制权的内部人员的侵害,使外部投资者的投资得到公平的回报。在当今经济格局下,股份公司在国民经济中的比例很高,很多大型、有影响力的公司都已经上市,因此,针对公众公司的公司治理对国民经济具有非常重要的影响。同等条件下,好的公司治理环境将促使投资者更愿意将资本投入企业的生产经营中去。反之,企业融资就会出现困难,而且公司治理差的企业,其投资决策也会偏离创造财富的方向。

公司治理与股东财富、公司资源分配、公司理财与评估、资本市场发展以及经济增长有着很大关联。公司所有者和管理层的冲突几乎发生在投资决策、融资决策、资产管理等所有公司金融领域。因此,在讨论公司治理之前,有必要对代理问题进行梳理。

### 一、两权分离和代理问题

本书第一章列举了公司制企业的种种优点。但是,公司制企业最大的弱点在于公司管理层和股东之间的利益冲突。由于公司的所有权和经营权相分离,股东必须通过选举产生公司董事,再由董事组成的董事会聘用管理人,管理者代表股东行使公司经营权,董事会受托监督管理者并保护股东利益。在所有权和经营权高度分散的情况下,股东与管理者之间的冲突在所难免。

公司的授权关系自上而下形成了一个沙漏般的形状。上面是个倒三角,公司的投资者放弃亲自管理公司的权力,这个权力从很多股东和债权人手里被集中到最高经营层手中。为了使公司管理层权力的使用得到监控,公司的股东大会选举出董事会,专门对管理层进行约束。这样,股东作为一个整体只保留进行重大决策的权力,董事会负责公司战略性事务的决策,最高管理者负责日常决策。最高管理者也并没有把所有的日常决策权利都保留在自己的手中,他还会不断地向下授权。于是,在最高管理层下面,决策权力由集中变为分散,这形成了一个正三角的授权体系。公司组织的每一个环节都承担着一部分与公司日常经营相关的决策权力(见图11-1)。

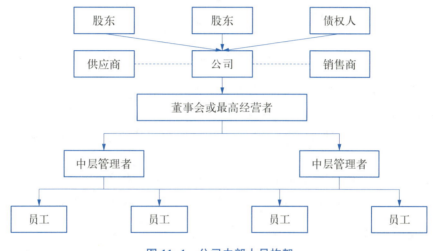

图11-1　公司内部人员构架

公司的一切活动都应该围绕着一个目标,为股东创造价值。当一个公司在成立之前,无论它是公开对外招股,还是通过私人募集的方式获得资金,它都要通过分析和承诺对外进行说明。这个说明应该既包括对业务的分析和计划,也包括对投资收益的承诺。对于私人募集的方式,这个说明书一般就是商业计划书;而对于公开发行股票进行资金募集的方式,它就是招股说明书。但无论是什么形式的说明,它都要回答一个基本的问题,就是投资的回报情况。投资者或股东所要的是公司的价值创造,价值创造是一切企业的核心目标。能够创造高于资本成本的价值,是衡量一切管理者经营能力和工作业绩的根本标准,也是对企业做出判断的关键依据(见图11-2)。

公司作为组织体,它本身不能自行活动,其目的必须依赖所设置的机关才能实现。那么,怎样保证企业能够创造股东价值呢?从最理想的情况说,企业必须要进行科学有效的管理。最高管理层统筹公司的日常管理,下面分别设有专门人员进行公司的战略管理、财务管理、人力资源管理等。实现这些战略管理的目标需要一定的组织机构去实践,并且有一个较为规范的流程,这涉及公司内部的计划、预算安排、激励机制、控制制度等方面。由此种种,形成了公司的各个部门和机关,而代表公司的机关最终由自然人来充实。在公司所有者和经营者分离的情况下,作为公司所有者的股东,或者不具备经营企业的能力和经

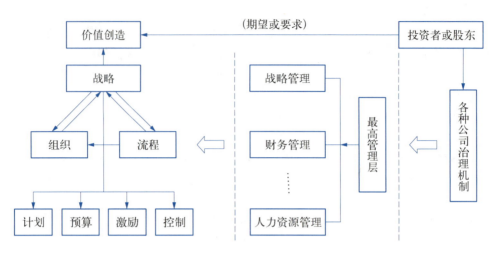

图 11-2　投资者价值创造与公司管理的关系

验,或者没有足够的时间和精力,他们需要将企业经营的大权交给专业管理人员来掌管、执行。这种股东和管理人员之间的关系,就是委托人(Principle)和代理人(Agent)的关系。西方产权经济学将这种由代理关系所产生的股东或公司债权人与公司董事、经理之间的利害冲突称为代理问题。即在股东失去了对公司的直接控制权和经营权后,由于委托人和代理人之间的利益背离和信息成本过高而导致的监控不完全,职业经理人所作的决策就可能偏离企业投资者的利益,即所谓"经营者强,所有者弱"的问题。

## 二、股份公司的代理问题

企业经营者只要不是公司财产百分之百的所有者,就存在委托代理关系,而这一关系是构成公司治理的重要理论基础。早期著名经济学家亚当·斯密在其著作中提道:"对经营者,作为其他人的资产而不是自己资产的管理者,他们不可能像经营者自己的钱那样尽心尽力地经营别人的钱。"1932年,美国的法学家伯利和经济学家米恩斯通过研究美国的公司,总结股份公司股权结构分散后所有权和经营权分离的现象,指出了两权分离在公司制度发展中的巨大历史作用。一方面,两权分离带来了经济上的高效率;另一方面,它又产生了负面影响和作用,即"股东的个人利益绝对服从于有控制权的经理团体"。股份公司在运行中,主要出现以下几种类型的代理问题。

### (一)股权分散和内部人控制

股份公司上市后,股权呈现分散化的趋势。股权分散化带来的问题是公司被管理层控制,即内部人控制。此时,没有哪一个股东能够对管理层形成足够的影响,管理层按照自己的意志而非股东意志行事。如果公司所有者和管理者之间能够签订一份完备的合同,对管理者所面临的未来可能出现的任何情况应该采取的态度和行为都进行详细约定,那么,双方在资源分配、决策权等方面都不会存在争议,也就不会发生代理问题。然而,未来是不确定的,资本支出的边界是模糊的,许多花费往往会超出先前制定的预算,订立完备合同也是不可行的。因此,公司所有者和管理者在一些不确定事件的决策权上存在争议。比如,研究开发支出、营销开支、培训和人才开发等常常不在资本预算的预算范围之内,这些资本支出或投资对公司成功经营至关重要,但是,这些支出何时发生、发生额为多少具有不确定性。如果公司股东的决策能力处于下风,管理者将获得这些支出的决策权,即剩余控制权。

公司管理者一旦拥有了剩余控制权,他们就可以根据自己的判断分配和处置股东的资本。在处置股东资本的过程中,不排除管理者给自己定了高额额外津贴的可能性,或成立一家属于管理者的公司,采用不正当划拨价格将其任职公司的现金和其他财富转移至其私有公司中;也不排除管理者为了谋取自身利益,承揽一些净现值为负值的项目,损害股东利益;或为了一己私利进行反收购,使其私人利益能够永远持续下去。在这种情况下,公司所有者会质疑自己是否得到了公平的回报,于是便会产生冲突。詹森认为,自由现金流越多的公司,其代理问题越发突出。在一些成熟的行业中,公司内部产生的现金流入超过了所有有利可图的投资机会所需要的现金流出,形成了大量的自由现金流。拥有超额自由现金流的公司管理者很有可能会想方设法侵占自由现金流,比如,为扩大管理者声望而进行一些无利可图的并购,此举将大大损害股东利益。

尽管股东、董事会可以对管理者行为进行监督,但是,在很多情况下,公司所有者处于弱势地位。首先,分散的股东没有足够的动机和力量来监督管理者的行为,因为监督所带来的收益由全体股东分享,但监督所发生的巨额成本则由单一股东承担。因此,"搭便车"现象以及巨额的监督成本会打消股东独立监督管理者行为的积极性。其次,董事会可能受到管理者操纵。如果与管理者关系非同一般的董事掌握了董事会,那么,董事会无法替股东监督管理者行为,也保护不了股东的利益。

### (二)"一股独大"对中小股东利益的损害

企业初创阶段,公司创始人用自有资金就可以维持企业的运营,此时企业没有外部投资人,也就不存在代理问题。但随着企业的发展壮大,创始人的个人资金和公司的内部现金流不能满足企业发展的需要,就需要外部资本的支持。而要从投资者手中获取资金,公司创始人必须制定公司章程以保障投资者的资金得到合理利用并使投资者从中获益。

股权分散带来内部人控制的问题,但股权集中也并不一定就能有利于公司治理。当单个股东拥有50%以上的股份时,该股东获得对企业的绝对控制权。在这种"一股独大"的情况下,内部人控制变为大股东控制,经常会出现大股东对中小股东利益的盘剥。大股东通过关联交易转移利润、挪用公司资金等。大股东和小股东在资源分配、决策权等方面会存在争议。通常,大股东拥有充分话语权,公司小股东的各项能力均处于下风。因此,控股股东将最终获得这些决策权。

在所有权分散化程度不高的公司中,大股东往往能够有效地控制管理者行为,可以按照自己的设想制定公司战略,使公司按大股东的设想进行运作,满足大股东利益最大化,但这往往会损害或者侵占小股东利益。大股东主要是指显赫的家族、国家、商业银行(如德国的由银行控股的公司)、权益股东(如美国由分散的权益股东控股的公司)。尽管许多国家的公司治理制度正在向以资本为基础的治理制度转变,资本市场的发展减弱了国家、家族以及商业银行对公司的控制力,但是,在发展中国家和一些发达国家,家族和国家对公司的控制力还是占重要位置的。

## 三、代理问题的表现形式

公司所有者和管理层的利益冲突几乎发生在所有公司金融的活动中,比如,为了追求良好的"政绩",管理者乐意投资回收期短的项目,宁愿牺牲有正的净现值的项目。为了避免还款压力,他们偏好内部资金,宁愿放弃低成本的外部资金。为了粉饰账目利润,管理层对有助于抬升会计利润的项目乐此不疲。因此,公司所有者和管理者的利益冲突会导致公司的投资决策、融资决策、资产管理不再最大化股东财富或最大化公司价值。代理问题的表现形式主要包括消极懈怠、享受特权、公司规模最大化、管理层战壕、滥用反收购策略和垂涎自由现金流。

### (一) 消极懈怠

管理者非常关心自身的未来,他们不会满足于固定的报酬。如果没有股票期权激励制度,没有额外红利,管理者除了消极怠工之外,更为严峻的是,他们寻求有创造性的新项目的激情将会下降,这对公司股东来说可能是致命的。正如詹森描述的那样,管理者可能尽量避免寻求新项目,因为这些投资活动会给管理者带来很大的麻烦,他们需要付出努力去学习管理或学习新的技术。显然,管理者很可能不会找寻和从事这些费时费力的项目,以避免承担个人成本和焦虑。

在没有额外红利、股票期权的情况下,仅凭固定薪酬,公司所有者很难激励管理者寻求和从事高风险、高收益的项目。通常,公司管理者不愿从事超过其风险承受能力的项目。如果风险项目投资成功,他们无权分享风险项目的巨额利润。然而,一旦项目失败,他们将承担巨大的责任,甚至面临被解雇的风险。因此,为了避免在经理人市场上名声扫地,管理者愿意从事安全的或者跟他所获得的报酬相称的项目,而排斥风险大但收益也大的项目。可见,管理者逃避风险的态度无法最大化股东财富或者最大化公司价值。

### (二) 享受特权

当管理者获得了剩余控制权之后,他们就可以给自己很高的额外津贴,进行在职消费。例如,占有装修奢华的办公室,举办高规格的公司会议,享受度假名胜地的休闲旅游等。更有甚者,管理者可以成立一家属于自己名下的公司,运用权力以不合理的划拨价格将其任职公司的财富转入管理者的私人公司。比如,以低于市场价格的划拨价格从管理者任职的公司购置商品或劳务,管理者任职公司的利润转给了管理者的私人公司。或者以高于市场价格的划拨价格向管理者任职的公司出售商品或者劳务,也能达到同样的效果。

### (三) 公司规模最大化

鲍莫尔(Baumol,1959)指出,被经理层控制的大公司的基本目标是最低利润约束下的销售收入最大化。这是因为在许多情况下,经理人员的一揽子报酬结构过多强调公司规模,他们的报酬和公司规模的相关度远远大于和公司利润的关联度。同时,大公司的管理者享有很高的社会地位和声誉,如世界科技巨头苹果公司、微软公司的首席执行官。因此,公司的管理者往往有通过扩大其所在公司的规模来提升其社会地位和声誉的动机和冲动,以满足其成就感。在这种情况下,公司管理者可能沉迷于并购或多元化经营,而不在乎这些投资项目的净现值是否为正值。他们会滥用公司的自由现金流,花费高额的代价实施并购,损害股东利益。例如,20世纪80年代,福特汽车公司自由现金流高达150亿美元,福特公司最高管理层首先想到的是如何成立金融服务公司、飞机公司或者进行其他多元化经营,而不是考虑如何有效地将自由现金流分配给股东或者进行再投资。

### (四) 管理层"战壕"

当管理人员按照与自己的技能相一致的方式,但未必是最大限度代表公司利益的方式进行扩展时,就会出现这种"战壕"。例如,当现任管理人员要求对那些他们持有特殊知识的业务进行投资时,他们实际上是在提高自己对公司的重要程度,降低自己被替换的可能性,从而构筑起"战壕"。恰如摩根公司的分析师所言:"每一位首席执行官在他的企业都有蜜月期",在其蜜月期结束以后,应该选择更适合的人生。但"管理战壕"可能非常坚固,以至于管理者不宜或不再继续胜任现有职务时仍然难以被替换掉。

### (五) 滥用反收购策略

并购市场可以督促和激励管理者努力工作,稍有懈怠,其所在公司就有可能成为猎物公司。一旦公司被收购,损失最大的是管理者,管理者极有可能被收购公司解雇,而股东可能因为新进入者拥有良好销售渠道、超强无形资产、优良技术等受益,也就是说,股东会因为原管理者被解雇而受益。管理者出于自身利益考虑,会借助反收购市场进行反收购布防。例如,管理者可以设置"毒丸","毒丸"的设置增加了收购方的收购成本,可以有效阻止外界收购。这一反收购策略常常被怀有私利的管理者利用,使绩效差、前景黯淡的公司仍可以立于不败之地,保全了管理者的位置,但却损害了股东的利益。为此,在美国,"毒丸计划"因易于被滥用而曾经受到监管部门的限制。

### (六) 垂涎自由现金流

公司管理者愿意保留充沛的自由现金流,除了以上提及的一些原因外,其垂涎自由现金流还基于以下两个原因:一是管理者可以怀着轻松心态使用自由现金流。他们可以避免因举债或者发行新股而受到资本市场的审查和监督,还可以避免还本付息压力或者支付红利的压力。因此,使用自由现金流进行的投资常常是不够用心的或者不能最大化股东财富的。二是追求管理绩效奖励。管理者的绩效往往与公司规模的扩大以及收益的增加挂钩,通过保留自由现金流而不是增发现金股利也能够增加公司的资产规模。公司规模扩大后,管理者可能获得更多的管理绩效奖励,但此举也无助于最大化股东财富。

## 第二节 公司治理机制

在代理问题出现后,人们开始思考如何缓解或者减少这些代理问题。20世纪50年代以来,各种监督措施、激励方案纷纷出现在公司金融实践中,但需要注意的是,公司治理机制仅仅能够减轻或者弥补代理问题,而无法从根本上解决代理问题。本节介绍几种常见的公司治理机制。

公司治理划分为内部治理、外部治理。由于各国经济、法律、文化等方面的差异性,形成了不同的治理模式。内部治理、外部治理在公司治理中发挥的作用,依据各国国情不同而有所差别。《公司法》所确定的法人治理结构属于内部治理的范畴,具体方式为通过股东大会、董事会、监事会、经理层的相互制衡,实施公司治理。企业所处的外部环境决定了外部治理的表现形式、作用方式。可以将外部环境分为两部分,一部分是企业所处的市场环境,另一部分是企业面临的宏观环境。市场环境包括:(1)企业发行股票、进行借贷的场所——资本市场;(2)销售产品、提供服务的产品市场;(3)经理人员、工人劳动力的交换场所,即经理人市场和劳动力市场。宏观环境可以用PEST(政治、经济、社会、技术)来概括。图11-3描述了公司治理的一般框架。

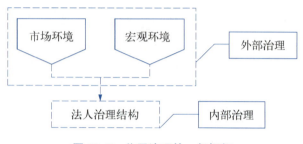

图11-3 公司治理的一般框架

## 一、内部治理

内部治理是通过法人治理结构实施的治理活动,它由一系列正式的制度安排构成(见图11-4)。具体而言,就是以有效的方式组织股东大会、董事会、监事会,展开对经理层的监督、激励。股东通过股东大会选举董事、监事,分别组成董事会、监事会,再由董事会选聘高级管理人员。董事会对股东负责,履行制定公司战略和聘任、监督经理等职责。监事会主要负责在重大交易、财务方面监督董事会、经理层。

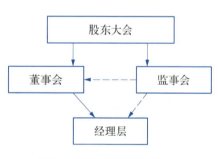

图11-4 公司治理法人结构

通常来说,股份公司的股东数量较多,各股东所持股份的数量也有差异,股东意见的收集、表达需要通过一定的渠道实现。股东大会是公司的最高权力机构,作为一个表决、投票的正式渠道,为股东权利的实现提供制度上的保证。股东通过股东大会,就公司的重大事项进行表决,一般按照一股一票制(优先股除外)进行投票,以多数票原则确定方案。股东大会的表决事项包括选举董事、监事、增资、扩股等。通常,公司每年定期召开一次股东大会(临时股东大会除外),公司的日常运营主要由董事会行使集体决策权。

### (一)董事会

大多数的公司条例要求股东选举一个董事会,而董事会负责决定首席执行官,监督管理层,对诸如并购、股票回购等重要问题投票。董事会的存在是基于市场的结果,是由于市场内生的针对公司组织方式的一种解决途径。董事会作为一种经济制度,理论上其作用在于帮助解决公司结构中存在的代理问题。Hermalin和Weisbach(1998)建立了一个公司表现结合董事会的监管来共同揭示 CEO 能力的模型。在模型中,董事会的监督力度是一个董事会独立性的函数,独立性成为一个内生变量。模型中董事会的任命是现有董事与 CEO 博弈的结果。而当公司越来越好的时候,CEO 的权力增长,董事会的独立性下降。模型对公司治理政策的启示在于,董事的选择过程和鼓励监督管理层的财务激励机制是重要的着手点。

理论研究的滞后并没有妨碍大量有关董事会的实证研究。目前对于董事会的实证研究主要针对以下几个方面:

(1) 董事会的组成(通常为内部董事与外部董事的比例)对公司表现的影响;
(2) 董事会的大小即董事人数的多少与公司表现的关系;
(3) 董事会的一些特性对其做出的决定的影响;
(4) 什么因素影响到董事会的变化。

大多数这一领域的研究包含着共同的隐含假设:董事会的有效性决定于董事会相对于管理层的独立性。

### (二) 大股东

大股东或者机构投资者被视为控制代理问题的另一种解决方式。当大股东在公司中拥有更大比例时,他有更强的动机来收集信息,对公司的表现和管理者的行为进行监督。这样能够一定程度上克服由于股本过度分散造成的监管搭便车的问题。从另一方面来看,股本相对集中在少数人手中,能够增加大股东在收购中的谈判地位,提高被收购的溢价。

最初的相关理论研究分析了大股东在收购中的促进作用(Grossman and Hart, 1980, Shleifer and Vishny, 1986)。另外一些研究从经典的道德风险的代理模型出发,分析大股东风险分散的要求与监管动机之间的平衡关系。例如,Leland 和 Pyle(1977) 在模型中说明风险规避的管理型大股东在上市时仍会保留部分所有权作为其未来管理质量的信号,或者说是表明了其承诺。但是当 Admanti, Pfleiderer 和 Zechner(1994)及 Huddart(1993)考虑一个回避风险的大股东的监管动机时,他们发现在均衡状态下,大股东持有的股权比例会非常低,并且监管力度较低。对大股东而言,分散风险对他们产生的影响要大于监管带来的好处。同时,他们发现单个大股东非常不稳定。隐含的政策指导原则是:要想通过大股东改善公司治理,或许可以通过补偿大股东的方式。换句话说,必须着眼于提高大股东的监管积极性。还有一类研究则考虑二级市场上的信息及流动性与大股东的监管成本之间的关系。例如 Aghion, Bolton 和 Tirole( 2004) 的模型分析了大股东的监管成本如何通过二级市场更准确的定价得以减少。更准确的定价不仅能够提供给大股东更好的流动性,同时也能够更好地将大股东监管所带来的附加值反映到股票价格中,继而提高大股东监管的积极性。

### (三) 管理者薪酬激励制度

内部治理的目标不仅在于进行制衡,更在于有效的激励。激励的对象包括董事、监事和经理层。通过激励促使他们努力工作,做出科学决策,实现企业价值最大化的目标。激励的方式包括工资、奖金、股票期权等,董事的激励方案由股东大会决定,经理层的激励由董事会决定后向股东大会报告,最终体现股东作为初始委托人的意志。

作为代理问题中的直接一方,管理者的行为是公司治理的重点。对其最直接的治理方式在于制定有效的薪酬激励制度,使管理者的目标函数尽可能地与股东的目标一致。薪酬制度的有效性决定于多大程度上薪酬能够将高层管理者的目标同股东的利益联系起来,其中最常用的一个测度就是管理层薪酬相对于公司表现的敏感程度(Pay-performance Sensitivity,PPS)。Murphy(1999)、Core等(2001)总结了美国数据后发现,整体来看,PPS随时间逐步增长。其中敏感性主要来自薪酬构架中管理者拥有的公司股票和股票期权,其中股票期权成为CEO薪酬中成长最快的组成部分。

将管理者与股东利益联系起来最直接的方式就是在管理者的报酬中加入公司的股票或股票期权。大多数有关薪酬制度的理论研究来源于道德风险下的契约理论(Mirrlees,1976;Holmstrom,1979;Grossman and Hart,1983)。在这种构架下,可以研究如何设置薪酬的具体结构,设计出最优的激励合同(Incentive contract)。激励合同可以采取各种方式:股票的所有权,股票期权,甚至当公司业绩表现太差时解雇管理层,等等。最优的激励合同受到管理者的风险规避、管理者决定对于公司的重要程度,以及其是否有能力购买部分股份等因素的影响。由于管理者本身已经将人力资本锁定在一个特定的公司,管理者的风险规避决定了他们会优先选择现金。股票或者股票期权对于管理者的价值是要小于公司提供薪酬的成本的,对于公司来说股权激励要比现金激励来得昂贵。

回顾近年来股权激励制度在国内的实践(不限于上市公司),对管理层股权激励大致可以分为几种模式。

### 1. 期股奖励模式

期股奖励模式是目前国内上市公司中比较流行的一种股权激励办法,也有人称之为业绩股票。其特点是,从当年净利润中或未分配利润中提取奖金,折股奖励给高层管理人员。相关案例如电广传媒,该公司从年度净利润中提取2%作为董事会成员、高层管理人员及有重大贡献的业务骨干的激励基金,用于为激励对象购买公司流通股,并做相应冻结,离职半年后可以抛出。采用了这种模式的公司还包括金陵股份、光明乳业、泰达股份、佛山照明等上市公司。

### 2. 股票期权模式

股票期权模式是国际上一种最为经典、使用最为广泛的股权激励模式。但是,国内证券市场关于股票期权的制度设计较为滞后。A股上市公司成功实施的比较少,成功实施股票期权制度的仅是部分在港上市的企业,如联想集团和方正科技等。

### 3. 股份期权模式

由于我国绝大多数企业在现行法律框架内不能解决"股票来源"问题,因此一些地方采用了股份期权模式这种变通做法,该模式实际上是股票期权改造模式。北京市是这种模式的设计和推广者,因此又曾被总结为"北京期权模式",该模式可总结如下:经出资人或董事会同意,高管可以群体形式获得公司5%~20%股权,其中董事长和经理的持股比例应占群体持股数的10%以上。经营者欲持股就必须先出资,一般不得少于10万元,而经营者所持股份额是以其出资金额的1∶4倍确定,三年任期届满且完成协议指标,再过两年后可按届满时的每股净资产变现。北京期权模式的一大特点是推出了"3+2"收益方式,所谓"3+2",即企业经营者在三年任期届满后,若不再续聘,须对其经营方式对企业的长期影响再做两年的考察,如评估合格才可兑现其收入。

### 4. 虚拟股票期权模式

虚拟股票期权不是真正意义上的股票认购权,它是将奖金延期支付,并把奖金转换成普通股票,这部分股票享有分红、转增股等权利,但在一定时期内不得流通,只能按规定分期兑现。这种模式是针对股票来源存在障碍而进行的一种创新设计,暂时采用内部结算的办法操作。虚拟股票期权的资金来源与期股奖励模式不同,它来源于企业积存的奖励基金。上海贝岭股份有限公司、早期的联想集团是这种模式的代表。

### 5. 年薪奖励转股权模式

年薪奖励转股权模式是由武汉市国有资产控股公司设计并推出的,因此也被称为"武汉期权模式"。武汉市国有资产控股公司所控股的上市公司原来实行企业法人代表年薪制,年薪由基本薪酬、风险收入、年金收入、特别年薪奖励四部分组成。这种模式下,70%风险收入转为股票期权(另外30%以现金形式当年兑付),国资公司按该企业年报公布后一个月的股票平均市价为激励对象购入该公司流通股。同时,由企业法人代表与国资公司签订股票托管协议,这部分股票的表决权由国资公司行使,需在第二年经对企业业绩进行评定后按比例逐年返还给企业经营者,返还后股票才可以上市流通。武汉期权模式本质上也是一种期股奖励模式。

### 6. 股票增值权模式

股票增值权不是真正意义的股票,没有所有权、表决权、配股权。这种模式直接拿每股净资产增加值来激励其高管人员、技术骨干和董事,无须报财政部、证监会等机构审批,只要经股东大会通过即可实施,具体操作起来方便、快捷。三毛派神曾采用此模式,通过模拟认股权方式,获得公司股票在年末比年初净资产的增值价差一定比例作为激励。

内部治理是否能在公司拟治理中发挥重要作用,与股东结构、内部治理机构(股东大会、董事会、监事会)、内部治理机制(制衡及激励)紧密相关,三者中任何一个因素不利于公司治理,都可能导致内部治理的效率低下。例如,在股权分散的情况下,股东对董事、经理层的影响力不足,容易出现"内部人控制"。出现内部人控制之后,内部治理机制很难发挥应有的作用,此时外部治理机制恰有用武之地。

## 二、外部治理

外部治理指的是外部力量对公司行为的治理机制,公司所处的市场环境、宏观环境都可以构成对公司的治理。市场环境主要指资本市场、产品市场、经理人即劳动力市场,宏观环境对公司治理的影响来自政府法规、消费者团体和环保组织等。

### (一) 资本市场

资本市场包括股票市场和借贷市场,是企业融资的主要场所。在发达的股票市场,企业的股价会随企业经营业绩的好坏而产生波动。企业业绩好时,投资者获得的回报更丰厚,投资该公司股票的意愿更强。这就意味着企业发行新股、配股时可以获得更高的溢价,从而为原股东、经理人员带来好处。相反,企业业绩不良则会导致股东抛售股票,股价低走。当公司价值被严重低估时,将会触发收购。收购者取得控股地位后,通常会改组董事会,重新选聘高级人员,促使企业价值回归。在这一过程中,原有董事、经理层被接管,这种接管威胁迫使他们尽职尽责工作，为公司利益的实现而努力。

借贷市场对公司治理的影响体现为，信用良好的企业能够以较低的利率发行债券或获得贷款。企业因经营不善而无力还本付息时，债权人可以按照借款协议的条款，通过诉讼强制企业还款，公司资产在此过程中会被拍卖，甚至整个公司会因此被破产清算。

市场本身提供了一些公司治理的机制，其中研究最为广泛的就是收购对公司治理的影响，这里的收购单指敌意收购。在敌意收购中，收购方直接在市场按照一定公示的价格收购全部或者部分公司的股票。收购方往往希望通过获得公司的控制权，进入董事会，进而指定管理层。尽管在全球范围内，敌意收购并不常见，美国也仅仅在 20 世纪 80 年代时因杠杆收购等方式的应用，相对出现得比较多，但是也从未成为主要的收购方式。在过去的十多年中，并购市场中绝大多数的收购都是以友好的形式进行的。但在学术界，敌意收购作为一种公司治理的市场机制得到了广泛的研究。

其中的原因除了敌意收购本身的戏剧性、突发性和高成本外，人们更愿意相信市场能够内生出更有利其本身发展的有效机制。在一定程度上说，收购能够成为外部公司治理机制的部分原因在于公司内部治理机制的失败。当公司内部治理机制无法使管理者将公司的价值最大化时，这将被外部看作一个可以获得利润的机会。通过购买股票获得控制权，收购方能够改善公司的运营情况，从而提高收购到的股票的价格。通常收购是以溢价方式进行的，对原有股东来说，他们获得了一个能够部分实现现有管理者无法创造出来的额外价值的机会。当然，收购是一种事后的校正管理者失败的方式，不像前面提到的方式可以在事前起到治理作用。因此很大程度上，收购的威胁比收购本身更为有效。市场上观察到的较少的收购并不代表作为一种公司治理制度，收购是市场缺失的或者没有效率的。敌意收购的缺失恰恰说明收购的危险本身作为一种机制能够约束管理者。

### (二) 产品市场

产品市场是否能够影响公司治理和很多因素有关，在竞争激烈、替代品众多、进入壁垒小的背景下，产品市场可以形成对经理层的有效激励和约束。如果经理层的能力不足或不够尽职，企业的市场份额将被竞争对手侵占，企业的客户也将转而选择其他厂商的产品。这种情况下，所有者、债权人、员工的利益受到损害，企业高级管理人员会因此而面临被接管的威胁。

### (三) 经理人及劳动力市场

在一个有效的经理人市场中，为企业带来良好业绩的经理可以获得高工资和快速提升的机会。能力不足或损害公司利益的经理将被辞退，经理人创造的业绩不良的信息能够在市场中被广泛传播，他们被雇佣的机会减少，甚至可能被逐出市场。对于替换成本高的员工，企业需要付出足够的工资才能吸引并留住这些人，员工对公司治理的影响反过来可以促进企业竞争力的提升。

## 第三节　中国上市公司的代理问题

根据南开大学发布的中国上市公司治理指数，近 20 年来上市公司治理水平总体上不断提高,在经历了2008年金融危机引发的回调之后,上市公司治理指数平均值逐年上升,并在2022年达到新高64.40,较2003年的49.62提高了14.78。

划分国有企业和民营企业来看,中国上市公司治理可分为两个阶段:2010年以前国有控股上市公司治理指数优于民营上市公司;2011年以后民营上市公司治理指数基本高于国有控股公司。(1)2004—2010年,国有控股上市公司在规范性等方面具有较高的治理起点,其治理指数高于民营上市公司。(2)2011年以后,随着民营企业公司治理的规范和市场化水平的持续提高,民营上市公司治理指数实现反超,十二年间,有十年高于国有控股上市公司。2022年民营控股上市公司治理指数均值64.46再度超过国有控股上市公司64.31,民营控股上市公司信息披露相关性、股东治理独立性等分指数改善幅度明显高于国有控股上市公司,分别高出3.83和1.00,使民营控股上市公司治理指数在整体上超过国有控股上市公司(见图11-5)。

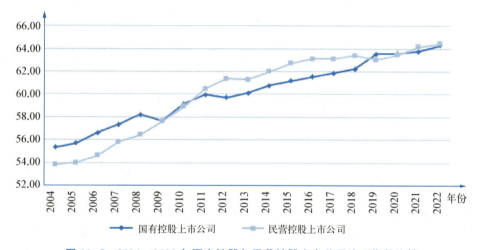

图11-5　2004—2022年国有控股与民营控股上市公司治理指数比较

这一结果表明,国有企业治理有待提升,需进一步导入市场化机制、提高经济型治理水平,完善中国特色现代企业制度。同时,两大阶段的变化也表明国资与民资两类股权各具优势,当前仍需持续推进混合所有制改革,实现国资与民资在治理层面的互补,推动国企治理改革的深化和治理能力的提升。

## 一、国有上市公司的代理问题

"一股独大"和"控股股东的国有性质"仍然是我国上市公司治理模式最典型的特征,目前国企公司治理依然有以下特征。

### (一)国有企业凭借市场垄断地位获取高额利润

部分国企凭借市场的垄断地位获取高额利润,形成与民企的不公平竞争,面临公众对国资垄断经营和不公平竞争的不满和愤怒。国企的利润主要来源于低廉的融资成本、土地及资源租金、政府补贴及税负减免等方面。国企表现出来的名义绩效并非其真实绩效,是国企在享受着种种政策优惠,和民企在不平等的经营环境下所获得的表面绩效。

天然的政治关联和管制垄断导致国企在资源配置中占据优势地位。国企和政府关系紧密的身份以及国企高管同时身兼企业管理者与政府官员双重身份,使国企与政府官员具有天然的政治关联。上述政治关联使国企在资源配置中占据优势地位,甚至可以影响政府的政策方向,使许多政策制定对国企给予优惠和倾斜。一些国有上市公司还通过聘用前政府官员担任独立董事,不仅能够获得更多的政策倾斜和扶持力度,减少可能遭受到的行政管制,减少公司因违规而受到的监管惩罚等隐性好处,还能带来税收优惠、政府补助两方面的实际利益。

国有垄断行业正是凭借强大的政治优势和资源优势,使国企创新和改革动力不足。与民企开展不正当竞争,则挤占了民企的发展空间,阻碍了国民经济健康、平衡的发展。

### (二) 国有企业人事任免由政府而非市场决定

现代公司区别于家庭作坊式的本质在于基于专业化分工思想的资本社会化和经理人职业化,通过所有权和经营权的分离,避免非专业的出资人对职业经理人经营管理决策的干预,以提升企业的运行效率。目前政府除了通过国有资产管理链条"管资本"外,还通过自上而下的人事任免体系和对国企官员晋升考核对企业经营产生实质性影响,使国企仍然置于多任务等经营管理状态。这使国企所有权与经营权无法真正分离。另一方面,由于所有者缺位和较长的委托代理链条,国有上市公司逐步形成以董事长为核心的内部人控制格局,存在严重的委托代理问题,代理成本居高不下。因而,国有上市公司既没有摆脱"家庭手工作坊式"的控制权对经营权的干预,无法利用社会专业化分工提高效率,又没有很好解决家庭手工作坊并不存在的代理问题。

由于在我国国民经济和社会发展中的特殊地位,国企不仅具有一般企业的特征,而且承担了对于普通企业难以想象的社会责任,包括稳定物价、促进就业、维护社会稳定等。当国企被当作政府政策的工具时,为实现政府的政治经济意图,国企需要服从国家经济建设和社会发展的大局,为政府的宏观政治经济政策服务。例如,利用国企作为反经济周期的手段,强制国企在衰退期扩大投资;为制止通货膨胀而使国企产品价格降低,或者为避免失业而使国企增加雇佣工人;在对外经济政策中,国企还被用来作为对付国际竞争的重要武器。国企的多任务显然阻碍了市场机制的有效运行,使国企成为一个行政和市场的混合体。

### (三) 国有企业高管权力缺乏有效监督

由于我国上市公司制度中的先天性缺陷,在法律环境不健全的转型经济条件下,改制后的中国国有企业更多地面临着管理层私利行为产生的风险,高管的权力普遍缺少有效的监督和约束。一方面,全民股东的高度分散性使国有企业实际上是由政府官员代理执行对高管层的监督,由于监督动力不足、经理层寻租诱惑以及监督信息匮乏等问题的出现容易导致监控弱化,使内部管理层在实质上拥有了对公司的重要控制权。另一方面,在许多由国企转制的公司中,总经理普遍由控股股东委派,且大多数总经理同时兼任董事甚至董事长职位,形成了高管自己聘用自己、自己监督自己的局面。任何权力不受制约和监督都可能会被滥用。

## 二、国有企业改革的策略

历经四十余年波澜壮阔的改革开放,我国的经济体制从计划经济逐步转向社会主义市场经济。国有企业改革因牵涉面广、错综复杂,长期以来是经济体制改革的中心环节和重点、难点,其发展历程可大致划分为五个阶段:放权让利(1978—1984年)、两权分离(1985—1992年)、产权改革(1993—2002年)、国资监管(2003—2012年)、分类深化(2013年至今)。

前四轮国企改革中,市场化、做大做强等取向与社会主义市场经济体制和基本经济制度的要求相适应。1978—2012年,国企改革从最初的放权让利,到所有权经营权分离,再到以产权制度改革为主线的股份制与现代企业制度,都力图在国有制的框架内,将国有企业改造成为自主经营、自负盈亏的市场竞争主体,最终使资源配置权从政府转向市场微观主体。这也符合"使市场在资源配置中起决定性作用"的核心要义。而20世纪90年代中后期以来实行的"抓大放小"改革方针和完善国有资产监管体制的一系列措施,则与我国基本经济制度所要求的"公有制为主体、多种所有制经济共同发展"相契合,意味着做大做强国有企业是国企改革的必然选择。

2015年是第五轮国企改革的关键之年。新一轮国企改革目的在于平抑公众对国资垄断经营和不公平竞争的不满和愤怒;实现国有资产保值增值目的;国企改制"资本社会化"传统逻辑的延续;旨在通过引入其他性质的股份,提高国有资本的运行效率;体现国有资产管理理念的革新——从经营企业到经营资本。混合所有制改革一个可能的实现路径是,国有资本通过持有(附加一定条件同时达到一定比例的)优先股来向民间资本做出排除隧道挖掘,直接干预和经营企业的庄严承诺,以此更好地实现国有资产的增值和保值目的。

作为我国经济体制改革的中心环节,国有企业改革的重点内容之一就是在企业实现由计划经济体制向市场经济体制逐步转型的同时,建立起与企业外部环境相匹配的、有竞争力的、科学合理的高管人员薪酬激励体系。不同于东欧国家"大爆炸"式的激进式改革路径,中国的国有企业采取了渐进式的改革策略。总体来看,我国国有上市公司已经逐步建立起基于业绩的薪酬激励机制,而薪酬业绩敏感性不断增强的趋势也一定程度上表明国有企业的公司治理运作正在趋于规范。虽然目前国企依然受到政府较多的行政管制,但是伴随着我国经理人市场的逐步形成,国有企业的薪酬制度也逐步引入了市场化因素从而具有了业绩型薪酬的特征。

党的二十大后,新一轮国企改革深化提升行动即将展开。党的二十大报告指出:"深化国资国企改革,加快国有经济布局优化和结构调整,推动国有资本和国有企业做强做优做大,提升企业核心竞争力。"2023年2月,习近平总书记在《求是》发表的《当前经济工作的几个重大问题》文章中对深化国资国企改革、提高国企核心竞争力继续作出重大部署。2023年3月,国务院国资委党委在署名文章中指出,国资国企将全面贯彻党的二十大精神和中央经济工作会议部署,以提高企业核心竞争力和增强核心功能为重点,深入实施新一轮国企改革深化提升行动,坚定不移推动国有资本和国有企业做强做优做大,在建设现代化产业体系、构建新发展格局中发挥更大作用。

推动建立中国特色估值体系,可能成为国企改革的又一新篇章。2022年11月21日,证监会首次提出了"探索建立具有中国特色的估值体系"的目标要求,同时强调"上市公司尤其是国有上市公司,一方面要'练好内功',加强专业化战略性整合,提升核心竞争力;另一方面要进一步强化公众公司意识,主动加强投资者关系管理,让市场更好地认识企业内在价值,这也是提高上市公司质量的应有之义。"当前,我国国有上市公司估值依然偏低,如何通过改革帮助国有企业实现价值重估,并与中国特色估值体系相互促进,可能成为未来国企改革新的焦点问题。

## 三、大股东与中小股东之间的代理问题

对于大多数国家的公司而言,基本的代理问题不是股东与管理者之间的冲突,而是大股东与中小股东之间的利益冲突。这种利益冲突集中体现为大股东由于处于控制地位而获得其他中小股东无法获得且不在所有股东之间按持股比例分享的私有收益,即所谓的"控制权私利"。我国资本市场投资者众多,根据上交所最新统计年鉴数据,2022年末持股市值在50万元以下的投资者占比为79.98%。但从股权结构角度来看,上市公司大股东持股比例仍然较高,存在"一股独大"现象。截至2024年1月底,A股所有上市公司第一大股东持股比例均值为31.9%,美股则为22.5%,较高的持股比例使大股东在公司内具有较大的话语权。中小股东由于数量多、分布广等原因,决策权集中难度较大,其权益易受大股东侵害。上市公司决策制衡体系并不完善,主要体现在以下几个方面:

一是独立董事、监事的监督流于形式。根据《上市公司独立董事管理办法》第九条独立董事由董事会、监事会、单独或者合计持有1%以上股份的股东提名,经股东大会选举决定。根据《公司法》规定,监事可以按照公司章程的规定或者股东大会的决议通过累积投票制选举。由于中小股东持股较为分散,在股东大会上的话语权较弱,独立董事、监事的选举很大程度上受大股东影响,使部分上市公司的独立董事、监事在其位不谋其政,无法对大股东进行有效的监督制衡。

二是中小股东参与公司治理渠道不通畅。部分上市公司主观上不愿中小股东参与公司治理,根据中证中小投资者服务中心披露的案例,部分上市公司人为增加中小股东参会难度,通过提高参会报名门槛、限制质询提问、选择隐匿模糊的会议地点等方式,迫使中小股东放弃参会。部分公司网络投票流于形式,投票过程不够透明,中小投资者很难对网络投票进行有效的监督。与此同时,中小股东参会缺少可靠途径,参会成本高,参会积极性偏低。

三是中小股东维权难度大。部分中小股东由于缺乏相关专业知识、维权意识淡薄,很难及时察觉大股东违规行为,对造成的损失无法及时进行维权。根据投服中心统计数据,有48%的投资者表示遭受过股票投资损失,在遭受股票投资损失的投资者中,75%的投资者认为损失为正常交易损失,22%的投资者认为自己的投资损失是由非法行为导致的。此外,中小股东维权还面临周期长、难度大等问题。以诉讼维权为例,诉讼时间半年以内的比例为45.21%,诉讼时间半年到一年的比例为34.65%。部分中小股东由于证据不足、缺乏专业的法律和金融知识、维权过程时间长、成本高等原因维权失败或放弃维权。

### 案例分析

#### 金帝股份:限售股融券借出下的变相减持

**一、公司介绍**

山东金帝精密机械科技股份有限公司(简称"金帝股份")主营业务为精密机械零部件的研发、生产和销售,立足精密冲压技术,并综合开发运用激光切割、数控精密机

加工、注塑和精密铸造等多种工艺,形成了轴承保持架和汽车精密零部件两大类主营产品。

金帝股份实际控制人为郑广会、赵秀华夫妇。郑广会直接持有公司12.17%股份,通过金帝咨询间接持有公司48.68%股份,与赵秀华通过鑫慧源间接持有公司1.64%股份,通过鑫智源间接持有公司3.36%股份,通过金源基金间接持有11.85%股份。实际控制人夫妇合计持有公司77.7%股份。

金帝股份于2023年9月1日在上交所上市,股票代码为603270,发行价21.77元,发行5 477.666 7万股,募资总额为11.93亿元。此次IPO同步设置了战略配售计划,其最终战略配售数量为470.087 1万股,占发行数量的8.58%。金帝股份高级管理人员与核心员工设立的专项资产管理计划,即国信证券金帝股份员工参与战略配售1号集合资产管理计划、国信证券金帝股份员工参与战略配售2号集合资产管理计划(合称"金帝股份资管计划"),为该公司战略配售投资者,限售期为12个月。按照发行价,获配股数对应金额分别约为9 493万元、740.8万元。

### 二、金帝股份限售股融券借出事件

2023年9月1日,金帝股份登陆A股,但同日也被纳入融资融券标的。中证金融公司官网数据显示,2023年9月1日,金帝股份转融券融出470万股,期末余额2.27亿元。这470万股分成7笔融出,期限均为27天,融出数量分别为39万股(融出费率21.6%)、141.3万股(融出费率22.6%)、16万股(融出费率23.6%)、247.7万股(融出费率24.6%)、2万股(融出费率25.6%)、8万股(融出费率27.6%)、16万股(融出费率28.1%),呈现出高融出费率的特点。当日,金帝股份出现2亿元融券"卖盘",融券卖出量为458.322 7万股。

这些融券标的来自何处?根据上交所官网数据,2023年9月1日,金帝股份战略配售可出借股份为0.09万股,出借余量为470万股。也就是说,市场上融券借出的470万股来自金帝股份高管与核心员工参与的战略配售资产管理计划。金帝股份高管与核心员工参与战略配售后,在上市首日由资管计划通过转融通业务将股票出借给证券金融公司,再由证券金融公司转融券给13家证券公司,124名投资者(包括35名个人投资者、89家私募基金)依规从13家证券公司融券卖出。最终导致的结果是限售股通过借出的方式实现了市场流通。

### 三、相关讨论

(一)中国融券做空环境

目前中国融资融券仍采用白名单的形式,即只有进入融资融券标的的股票方可进行信用交易(融资买入或融券卖空),自2010年3月融资融券交易启动以来,共计进行了六次扩容,可以看到沪深两市可做空标的数量和占比均持续上升,并在2019年占比超过了四成。同时,根据李湛和刘波(2019)的统计数据,在融资融券制度第六次扩容后,融资融券标的市值占比各自上市板块的比例分别为91%(主板)、72%(中小板)和60%(创业板),合计占比达到85%。综上所述,在经历了六次扩容后,融资融券标的数量出现了大幅的上升,同时已经基本覆盖了大市值上市企业,基本健全和完善了沪深两市的做空途径,形成了A股的做空生态(见表11-1)。

表 11-1　融资融券标的数量和占比情况(2010—2021 年)

| 事件 | 时间 | 上交所标的数量 | 深交所标的数量 | 合计 | 上市公司数量(家) | 占比 |
| --- | --- | --- | --- | --- | --- | --- |
| 首批 | 2010 年 3 月 | 50 | 40 | 90 | 2 041 | 4.4% |
| 第一次扩容 | 2011 年 12 月 | 180 | 98 | 278 | 2 320 | 12.0% |
| 第二次扩容 | 2013 年 1 月 | 300 | 200 | 500 | 2 468 | 20.3% |
| 第三次扩容 | 2013 年 9 月 | 400 | 300 | 700 | 2 468 | 28.4% |
| 第四次扩容 | 2014 年 9 月 | 500 | 400 | 900 | 2 592 | 34.7% |
| 第五次扩容 | 2016 年 12 月 | 525 | 425 | 950 | 3 034 | 31.3% |
| 第六次扩容 | 2019 年 8 月 | 800 | 800 | 1 600 | 3 760 | 42.6% |

注：上市公司数量定义为融资融券扩容事件当年末的上市公司数量。

另外，《证券公司融资融券业务管理办法》《上海证券交易所融资融券交易实施细则(2023 年修订)》和《深圳证券交易所融资融券交易实施细则(2023 年修订)》规定："融资、融券期限最长不得超过 6 个月。合约到期后，可以根据客户的申请办理展期，每次展期的期限最长不得超过 6 个月。"同时，规则要求："投资者融券卖出时，融券保证金比例不得低于 50%"。

在金帝股份上市首日融券做空的问题上，并不是该不该被融券做空的问题，或者是融券对股价的影响有多大的问题。而是金帝股份上市首日的融券来自哪里的问题。作为金帝股份战略投资者的金帝股份资管计划 1 号、金帝股份资管计划 2 号，它们的持股该不该被借出，成为融券的标的。作为战略投资者，金帝股份资管计划 1 号、金帝股份资管计划 2 号的持股都有 12 个月的限售期，12 个月的限售期内不应在市场上流通。如今，限售股通过借出的方式在市场上流通了，这还是限售股吗？

(二) 限售股融券借出是否符合监管要求

一般来说，限售股在限售期内是不能够自由流通的，需要等到限售期结束后才可以进行操作。但在具体操作中，有的限售股可能会成为融券标的物。关于此操作是否违规的问题，证监会回道，根据《证券发行与承销管理办法》第二十一条、第二十三条规定，发行人的高级管理人员与核心员工可以通过设立资产管理计划参与战略配售；参与战略配售的投资者在承诺的持有期限内，可以按规定向证券金融公司借出获得配售的证券。

上述规定的首要目的是改善新股上市初期流动性，抑制价格过度波动。战略投资者出借的证券到期后，将收回全部股份、仅获得出借收益，并继续作为限售股管理。对此案例，证监会认为，金帝股份上述融券业务符合当前监管规定，未发现相关主体绕道减持、合谋进行利益输送等问题。

除此之外,允许战略投资者出借股份还有一个原因在于扩大券源。国内融券制度推出之后,经常出现可融券的品种和数量较少、难以融到券的问题,这也是导致我国融资额远大于融券额的重要原因,所以转融通业务应运而生,允许战略投资者出借限售股可以增加融券的券源。

但在实际操作中,却容易变了味。限售股之所以采取一定时间的限售,主要是限售股拥有持股成本优势、信息优势等特征,如果没有了限售期,那么容易对股票市场造成集中抛售的压力。案例中本来应该限售的股份,却利用交易规则变相实现了股份流通。此次争议的核心在于高管与核心员工参与的资产管理计划在上市首日融券借出限售股,让人不得不怀疑证券出借人与融券方串通从而实现变相减持,存在钻制度规则漏洞或者对规则的不公平利用的现象。

2023年10月,证监会发布通知取消上市公司高管及核心员工通过参与战略配售设立的专项资管计划出借证券,并适度限制其他战略投资者在上市初期的出借方式和比例。截至2024年1月,融券余额较新规实施之初降幅达23.4%;战略投资者出借余额降幅更大,达到35.7%;新规发布后存在高管战略投资者的新股上市,上市初期均未发生出借。

(三)限售股出借中的投资者保护问题

金帝股份在上市当日遭融券大量抛售458万股,被疑是公司实控人、高管员工等集体做空,借此实现高位套现。回看金帝股份的走势,上市第一天股价最高61元,当日冲高回落报收48.27元,此后一路走低。在这个过程中,金帝股份被融券做空,股价下跌的空间就是做空者的大致收益空间(见图11-6)。中证金融数据显示,2023年9月1日金帝股份融券融出费率最高达28.1%,出借合约均为27天期限,即合约在9月28日到期,当日必须归还转融通合约。也就是说,融券做空者要出相关的费用,而这个融券融出费率大概就是高管等出借的收益,而资产管理人券商机构也能从出借收益中收取相应服务费。所以,在这个做空者、高管、券商多赢的局面中,亏损的只有在此期间买入的中小投资者。

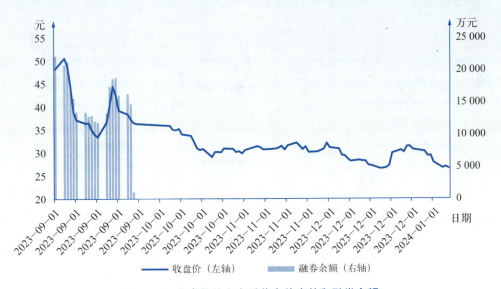

图11-6 金帝股份上市后收盘价走势和融券余额

股价走势下行，最受损的就是看好公司以及上市首日跟进的投资者。如果类似事件长存，那么还有多少人进行上市跟进呢？为维护法律的尊严并做好投资者保护，监管机构应重视此类事件，通过特定条件限制限售股成为融券标的，决不能让金帝股份上市首日被自己人限售股融券做空的事件在 A 股市场上重演。

### 四、进一步拓展："定增＋融券"交易模式

除上述 IPO 限售股融券借出的案例外，定增领域同样有"定增＋融券"的监管套利交易模式。投机者一方面通过定增的方式折价买入股票，另一方面通过融券的方式市价卖出股票，可以套取一二级的价差收益。该交易实现的条件包括：（1）融资融券标的；（2）稳定且长期的融券来源；（3）足够的一二级价差及流动性（本质是构建或选择最佳的套利时间窗口）。

从交易结构的角度，为规避融券交易相关监管规则，投机者通过控制多个证券股票账户（图 11-7 中仅用账户 A 和账户 B 作为示意），一方面通过定增的方式折价买入股票，另一方面通过融券的方式市价卖出股票，套取一二级的价差收益。从交易流程来看，首先，定增投资者会与上市企业主要股东进行沟通，锁定融券券源和成本，并与上市企业管理层沟通确认定增事件启动时间。随后，定增投资者利用股票账户 A 通过转融通机制间接或融券机制直接借入上市企业的股票，并根据定增发行的时间点，在

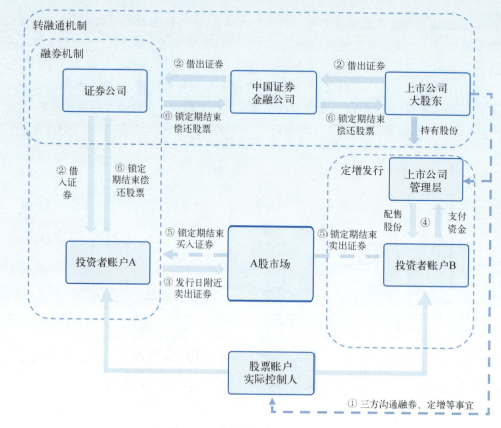

图 11-7 "定增＋融券"交易框架

发行日附近卖出股票,建立空仓头寸,锁定卖出价格。另一方面,定增投资者利用股票账户B在定增发行中参与定增发行,折价获得定增发行股份,锁定买入价格。此时,定增投资者已经完成股份收益锁定,按照财经报道及新规则下发行折扣估算,收益约为10%,几乎实现了无风险的套利交易。最后,在定增股份锁定期6个月结束后,定增投资者将股票账户B中的股份通过二级市场交易"倒仓"至股票账户A,并最终偿还上市企业大股东,实现"定增+融券"套利交易的闭环。

定增投资者(做空投资者)、上市企业管理层和上市企业大股东三个参与主体均存在参与动机。首先,金融机构流动性要求高,持股规模相对有限,"定增+融券"套利活动需要的股票基本只能从上市企业大股东借取。这样,上市企业大股东可以通过融券出借股票获取收入,甚至直接从套利交易中分红,增厚持股的收益。其次,上市企业在面临定增发行融资难的问题时,相较于通过盈余管理、释放利好信息等方式,融券卖空套利的形式更加隐蔽,且付出成本更低,定增完成资金募集解决了管理层考核问题,同时有助于提升资本市场正面形象,对于上市企业管理层来说有较强的动力。最后,定增投资者通过"定增+融券"套利交易获取几乎无风险的利益。因此,三者共同形成了交易的闭环,均存在较强的动机进行"定增+融券"交易。

以2021年7月7日发行的某A股上市公司为例,其在定增发行日前融券余额几乎为零,在发行日附近突然大幅上升,并在锁定期内基本稳定,而在解禁日后快速下降,重新回到差不多零的位置,具有明显的融券套利交易的特征(见图11-8)。

图11-8 某A股上市公司定增事件附近的融券做空情况

### 五、结语

构建公平透明的市场交易环境、打击证券违法违规行为是监管机构的主要职责。

中国金融体系呈现管制多、监管弱的突出特征，监管机构与市场主体间的关系常常被描述为"猫捉老鼠"或"跷跷板"的关系，两者相互对立，同时又相互适应和促进，金融创新和监管创新是长期的研究话题。在面对更加繁重的监管成本或政策改革带来的制度"红利"时，市场主体常常通过创新交易策略、变更运营主体等手段规避监管成本，博取监管套利收益，形成了监管套利现象。该行为会使监管制度设计复杂化，并降低其有效性，是金融监管的经典问题之一。

针对此类监管套利行为，一是要充分披露证券出借方、借入的券商、融券方等各方信息，特别是对涉及金额较大的融券方应披露其实际控制人及其与限售股融出方是否存在关联关系等，以接受社会的监督，防止相关主体存在关联关系或者抽屉协议等，杜绝绕道减持等行为，同时要规定限售股融出期间，其关联方不得在二级市场交易该券，对于大小非通过转融通来进行做空如果涉及利益操纵的违规行为要严格处罚；二是战略投资者通过转融通业务出借的股票数量不应太大，应设置一个合适的比例和期限；三是限售股转融通业务不仅涉及IPO方面，也涉及定增等存在限售股的领域，特别是对于定增价格折扣较大的个股要重点监管，例如定增折扣如果太大，认购者在锁定期内就可以先融券卖出，等到解禁之后再归还股票，实现无风险套利，这方面也需要加以规范。

## 本 章 小 结

由于公司的所有权和经营权相分离，公司管理层和股东之间存在利益冲突。股东委托董事会行使公司重大事项决策权，董事会选出最高管理层负责日常经营决策，而管理层将权力下放，以使公司正常运转。公司所有者和管理者在不确定事件的决策权上存在争议，管理者往往拥有剩余控制权。满足大股东利益最大化往往会损害或者侵占小股东利益。代理问题的表现形式主要包括消极懈怠、享受特权、公司规模最大化、管理层战壕、滥用反收购策略和垂涎自由现金流。

公司治理划分为内部治理、外部治理。内部治理是通过法人治理结构实施的治理活动，它由一系列正式的制度安排构成，包括股东大会、董事会、监事会和管理层。内部治理既包括制衡，又包括有效的激励。

部分国企凭借市场的垄断地位获取高额利润，形成与民企的不公平竞争，面临公众对国资垄断经营和不公平竞争的不满和愤怒。政府除了通过国有资产管理链条"管资本"外，还通过自上而下的人事任免体系和国企官员晋升考核事实上对企业经营产生实质性影响。国企的多任务显然阻碍了市场机制的有效运行，使国企成为一个行政和市场的混合体。改制后的国有企业，其高管的权力普遍缺少有效的监督和约束。

新一轮国企改革目的在于平抑公众对国资垄断经营和不公平竞争的不满和愤怒；实现国有资产保值增值目的；国企改制"资本社会化"传统逻辑的延续；旨在通过引入其他性质的股份，提高国有资本的运行效率；体现国有资产管理理念的革新——从经营企业到经营资本。我国上市公司"一股独大"、交叉持股、金字塔结构等股权安排导致大股东的现金流权和所有权分离，使控股股东利用非公允关联交易行为进行盈余管理和掠夺资源以获取控制权私利的行为十分普遍。

## 习题与思考题

1. 公司治理包括哪些内容，与公司管理有什么区别？
2. 代理问题有哪些表现形式？
3. 内部治理和外部治理各自包括哪些治理机制？
4. 什么是管理层"战壕"？
5. 国有企业和民营企业面临的公司治理问题有什么区别？
6. 公司管理层为什么有使公司规模最大化的冲动？
7. 社交媒体的崛起对公司治理和声誉管理有何影响？
8. 在公司治理层面，应如何制衡大股东权力，抑制大股东"掏空"行为，从而保护中小投资者的利益？

# 第十二章

# 公司的盈利能力和绩效评估

**学习目标**

1. 掌握企业的盈利能力衡量指标的定义和内涵。
2. 掌握杜邦分析法，分析企业净资产收益率的影响因素。
3. 理解经济增加值的含义，学会计算经济增加值。
4. 掌握基于 EVA 的企业价值评估模型的基本内容和具体步骤。
5. 了解计算 EVA 时，对会计报表的调整。
6. 理解中国上市公司业绩粉饰的动因和手法。

## 第一节 盈利能力和比率分析

前面的章节主要介绍企业的投资和融资决策，并分析这些决策的风险及其对企业价值的影响。这些决策和分析都是从经济学里所谓"事前"即预期的角度出发的。当在执行这些决策后，必须要有事后的绩效评估和获利能力的分析，才能验证事前决策时判断的准确性以及预期的增值是否实现。这一章还会介绍企业的获利能力和绩效评估的一些常用方法。

### 一、企业盈利能力分析

企业的盈利能力指标有两种，一类是将利润和销售收入相比，另一类是将利润和投资额相结合进行分析。

#### （一）利润和销售收入相比

**1. 销售毛利率**

销售毛利率这一指标主要反映经营效益和产品定价。

$$销售毛利率 = \frac{销售毛利}{销售收入} = \frac{销售收入 - 销售成本}{销售收入} \times 100\% \qquad (12-1)$$

### 2. 销售净利率

销售净利率是企业税后利润和销售收入的比值,它反映了单位销售额所能创造的净利润,反映了产品售价中利润含量的高低。

$$销售净利率 = \frac{净利润}{销售收入} \times 100\% \tag{12-2}$$

销售毛利率和销售净利率结合分析,可以洞察公司在经营上的成本费用控制和定价决策是否合理。如果过去多年的销售毛利率都较为稳定,但是销售净利率逐年下滑,那么可能是期间费用失控,也可能是投资遭遇了重大损失,或者存在意外支出;如果销售毛利率下降,那么可能是原料价格上升或价格竞争所导致的。

### 3. 经营利润率

经营利润率又称为基本盈利能力,它的定义是

$$经营利润率 = \frac{息税前利润}{销售收入} \times 100\% \tag{12-3}$$

经营利润率之所以称为基本盈利能力,是因为它反映了在排除不同财务杠杆和不同税制环境影响的情况下,公司使用其拥有的资产,从事主营业务获取利润的能力。

## (二) 利润和投资额相比

### 1. 投资报酬率

投资报酬可以用净利润、利润总额或者息税前利润等指标,投资额可以用资产总额或净资产等指标。由这一比率可以演化出净资产收益率和总资产收益率。

$$投资报酬率 = \frac{投资报酬}{投资额} \times 100\% \tag{12-4}$$

### 2. 净资产收益率

净资产收益率(Return of Equity, ROE)又称为权益报酬率,它的定义是

$$净资产收益率 = \frac{净利润}{平均所有者权益} \times 100\% \tag{12-5}$$

净资产收益率指标揭示了股东的账面投资额的盈利能力,常用于同行业不同公司的比较。净资产收益率也可以用市场价值来表述,它的结果是市盈率的倒数。长期来看,美国大型公司的平均净资产收益率在 $9\% \sim 11\%$ 之间。在我国,净资产收益率是上市公司取得配股资格和保持上市资格的关键指标。

### 3. 总资产收益率

总资产收益率(Return of Assets, ROA)又称为资产报酬率,是净利润和平均总资产的比值。

$$总资产收益率 = \frac{净利润}{平均总资产} \times 100\% \tag{12-6}$$

## 二、杜邦分析法

不同财务指标之间存在着各种各样的相互关联。由美国杜邦公司首先采用的杜邦财

务分析体系就揭示了权益报酬率指标和各种相关财务指标间的关系。了解杜邦分析法，有助于深入理解企业的财务状况和经营状况，分析企业净资产收益率的影响因素。

杜邦分析法是利用学过的各种财务比率，将净资产收益率一步步拆分，展现各财务比率之间的相关关系。净资产收益率ROE可以拆分成为总资产收益率ROA和权益乘数的乘积，具体表示为

$$净资产收益率 = \frac{净利润}{总资产} \times \frac{总资产}{所有者权益} = 总资产收益率 \times 权益乘数 \quad (12-7)$$

又因为权益乘数等于债务权益比加上1，所以有

$$ROE = ROA \times 权益乘数 = ROA \times (1 + 债务权益比) \quad (12-8)$$

在式(12-7)的右侧再乘以"销售收入/销售收入"，有

$$\begin{aligned}净资产收益率 &= \frac{净利润}{总资产} \times \frac{总资产}{所有者权益} \\ &= \frac{净利润}{销售收入} \times \frac{销售收入}{总资产} \times \frac{总资产}{所有者权益} \\ &= 销售净利率 \times 总资产周转率 \times 权益乘数\end{aligned} \quad (12-9)$$

这一公式叫作杜邦恒等式，它将净资产收益率分解为反映经营效率的销售净利率、反映资产利用效率的总资产周转率和反映财务杠杆的权益乘数三个部分。

净资产收益率是反映企业为股东创造利润的能力大小的重要指标，是企业投资、筹资等各种经营活动效率的综合体现。由杜邦恒等式可知，净资产收益率由总资产收益率和权益乘数的乘积决定，提高两者的值就能提高净资产收益率。但是，提高总资产收益率和提高权益乘数的意义有极大不同。总资产收益率反映的是企业利用现有资产创造利润的能力，它的提高是企业经营效率和资金利用效率提高的表现，表明投资者的资本投入在企业中得到了更为有效的利用，是企业管理人员对股东的真正贡献。而权益乘数的提高虽然也可以提高净资产收益率，但这是以提高股东的财务风险为代价的。

总资产收益率由销售净利率和总资产周转率的乘积决定。因此，提高总资产收益率可以从提高销售净利率和总资产周转率两方面入手。提高销售净利率又可以从两方面入手：一是提高销售收入，二是降低销售成本和各种费用支出。提高总资产周转率实际上是要在资产总额给定的情况下提高销售收入，这可以从两方面入手：一是降低单位产品的成本，从而在资产周转期不变的情况下减少单位产品占用的资产，使同样的资产可以生产更多的销售收入。二是提高各类资产的周转率，缩短产品占用资产的时间，创造更多的销售收入。

从以上的公式可以看出，如果一个公司的投入资本回报率不是太高的话，它可以通过更高的负债率来提高财务杠杆乘数，进而到达提高净资产回报率的目的。这就是杠杆效应：运用更多的负债和较少的股本，以小博大，来提高股东的回报率。原因是负债的融资成本一般是低于权益的融资成本的，用较低融资成本的资金来置换较高成本的资金可以提高股东的平均回报率。杜邦分析法如图12-1所示。

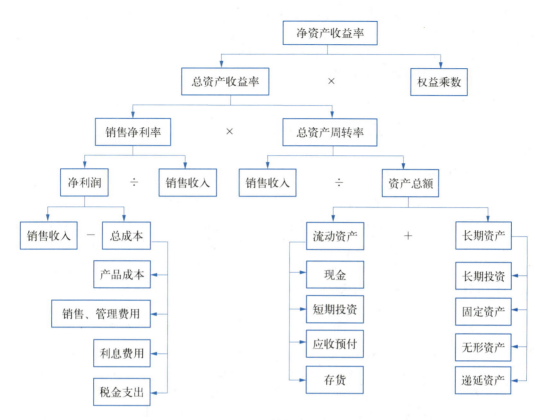

图 12-1　杜邦分析法

## 三、可持续增长模型

希金斯(Robert Higgins)认为可持续增长率是企业在财务资源未耗尽的状况下,公司销售所能增长的最大比率。可持续增长模型需要满足以下假设：

(1) 企业资本结构和股利政策保持不变。
(2) 企业不筹集新股,保持股票数目稳定。
(3) 企业的总资产周转率不变。

企业在不增发新股的情况下筹备资金,资产、销售及股东权益增长率是一致的。用 SGR 表示企业可持续增长率,可获得如下的模型或者公式

$$\begin{aligned} SGR &= 股东权益增长率 \\ &= \frac{股东权益变动值}{期初股东权益} \\ &= \frac{本期留存收益率 \times 本期净利润}{期初股东权益} \\ &= 本期留存收益率 \times \frac{本期净利润}{本期销售收入} \times \frac{本期销售收入}{期末总资产} \times \frac{期末总资产}{期初股东权益} \\ &= 本期留存收益率 \times 销售净利率 \times 总资产周转率 \times 权益乘数 \end{aligned} \qquad (12\text{-}10)$$

可持续增长模型显示,影响财务可持续增长的因素主要在于对企业的经营效率和财务政策两方面的影响。其中销售净利率和总资产周转率可以直接作用于企业的经营效率;而企业的财务政策受到权益乘数和留存收益率的影响。所以,希金斯可持续增长率是在企业经营效率和财务政策的共同影响下获得的增长率。

## 第二节 企业的绩效评价分析

### 一、经济利润和经济增加值

#### (一) 经济增加值的基本内容

各种财务指标和市场价值指标从多个方面反映了企业的财务状况和经营状况。但这些指标会存在一个重要的缺陷,它们没有直接考虑权益资本投资者的投资成本,即权益资本成本。利润表中的净利润是销售收入扣减各项成本费用和税金支出后的余额,是归属于权益资本投资者的收益。但是,即使企业创造的净利润为正,也不能说明这个企业是否真正为权益投资者创造了财富,使其价值得到增值。对权益投资者而言,净利润只是一种收入,没有扣除相应的成本,这个成本就是他们要求的投资回报率。比如,权益资本的投资者为企业投入100万元,要求的年回报率为10%,这意味着每年有10万元的回报。但如果企业只取得了一年5万元的利润,这显然没有满足权益资本投资者的基本要求。从这个角度看,企业非但没有给股东创造回报,反而使他们的投资贬值,按照10%的收益率要求,5万元回报的价值只有50万元,而不是股东投入的100万元。

为了克服会计指标的上述不足,人们引入了经济增加值(Economic Value Added, EVA)。它是美国的Stern Stewart咨询公司在20世纪80年代提出来的衡量企业经济盈利能力的指标。它和普通的会计盈利概念最大的区别在于经济增加值是去掉所有投资人的融资成本以后的盈利,传统的净利润概念或净资产回报率的概念是没有去掉股权融资的成本的。这个方法的一大优点是它提供了一种评价公司经济效益的方法。EVA的核心理念是资本效率,即资本回报与资本成本的差额,这一理念强调对资本成本包括股权成本的扣除,是以股东价值为核心且符合经济现实的理念。

经济增加值是所有成本被扣除后的剩余收入,它反映了企业运营的真实情况及股东价值的创造程度。经济增加值是从剩余收入或经济发展的理论演化而来的,并与经济学的经济利润概念有着相同的经济含义。EVA理论有两个原则性假说:第一,企业只有所获得的资本回报超过资本的机会成本时才是真正盈利;第二,只有当企业的管理者为其股东所作财务决策的净现值(NPV)为正时才会创造财富,EVA有助于投资者作出合理的财务决策。因此,从经济学理论来看,EVA是一个有效的业绩评价指标。

各个公司计算经济利润的方法大同小异,但基本按照以下的思路:先计算经过调整的税后营业利润(Net Operating Profit after-Tax, NOPAT),占用的资本即投入资本(Total Capital, TC);然后用公司的加权平均资本成本(WACC)按以下公式来计算企业的经济增加值(或经济利润)

$$\text{经济增加值} = \text{税后营业利润} - \text{投入资本} \times \text{加权平均资本成本} \quad (12\text{-}11)$$

即
$$EVA = NOPAT - WACC \times TC \quad (12\text{-}12)$$

税后营业利润(NOPAT)一般的计算方法是：营业利润(即息税前利润)×(1－所得税税率)。投入资本是被考核实体的占用的资本金：一般是占用的营运资本和固定资产投资之和。

(二) 基于 EVA 的企业价值评估模型

应用 EVA 评估企业价值,企业价值等于企业目前投资资本和企业未来 EVA 的现值之和。具体的公式为

$$\text{企业价值} = \text{投资资本} + \text{未来各年的 EVA 现值的总和} \quad (12\text{-}13)$$

EVA 的计算除了可以用式(12-12),也可以使用下面的公式

$$EVA = TC \times (ROIC - WACC) \quad (12\text{-}14)$$

式中,ROIC 表示投资资本回报率,即 NOPAT 与 TC 的比值。因此,这一方法算出的结果与式(12-12)的计算结果是相同的。

[例 12-1] 以(12-12)的方法为第一种方法,以(12-14)的方法为第二种方法,给出 A 公司的 NOPAT、投入资本、WACC 指标。试计算 A 公司每年的经济增加值。

解：根据公式和已知的数据,可以算出 A 公司 2014—2019 年的 EVA 值如下表所示。在下方表格中,经济差额是 ROIC 与 WACC 的差值。

**A 公司的历史数值和预测数值**

单位：万元

|  | 历 史 数 值 | | | 预 测 数 值 | | |
| --- | --- | --- | --- | --- | --- | --- |
| 方法1 | 2021年 | 2022年 | 2023年 | 2024年 | 2025年 | 2026年 |
| NOPAT | 3 208 | 3 981 | 5 083 | 5 185 | 5 741 | 6 342 |
| 投入资本 | 21 379 | 23 635 | 26 185 | 29 655 | 32 910 | 36 432 |
| WACC | 10.1% | 9.0% | 9.3% | 9.3% | 9.3% | 9.3% |
| 资本成本 | 2 159 | 2 124 | 2 438 | 2 761 | 3 064 | 3 392 |
| EVA | 1 048 | 1 857 | 2 645 | 2 424 | 2 677 | 2 950 |

|  | 历 史 数 值 | | | 预 测 数 值 | | |
| --- | --- | --- | --- | --- | --- | --- |
| 方法2 | 2021年 | 2022年 | 2023年 | 2024年 | 2025年 | 2026年 |
| ROIC | 15.0% | 16.8% | 19.4% | 17.5% | 17.4% | 17.4% |
| WACC | 10.1% | 9.0% | 9.3% | 9.3% | 9.3% | 9.3% |

续 表

| 方法 2 | 历史数值 | | | 预测数值 | | |
| --- | --- | --- | --- | --- | --- | --- |
| | 2021 年 | 2022 年 | 2023 年 | 2024 年 | 2025 年 | 2026 年 |
| 经济差额 | 4.9% | 7.8% | 10.1% | 8.2% | 8.1% | 8.1% |
| 投入资本 | 21 379 | 23 635 | 26 185 | 29 655 | 32 910 | 36 432 |
| EVA | 1 048 | 1 844 | 2 645 | 2 432 | 2 666 | 2 951 |

注：上述表格中两种方法的结果差异是由计算时四舍五入引起的。

EVA 的计算不是对会计报表的否定，也无须重新编制会计报表。这一方法的具体运用程序可以分为五步：

(1) 分析企业历史绩效。由于财务报表并不是专门为企业价值评估而准备的，如果要准确地评估一个企业的历史绩效，就必须重组财务报表以反映企业的经济绩效，得出一些新指标，如扣除调整税后的净营业利润、投入资本和自由现金流，衡量和分析企业的投入资本回报率和 EVA 以评估企业创造价值的能力，评估企业的财务状况和资本结构以确定企业是否有财务资源来经营业务和进行长短期的投资。

(2) 预测未来的 EVA。在开始预测未来各年的 EVA 之前，必须确定预测年限和预测的详细程度，预测年限一般为 3~5 年。预测时一般是对有明确预测期的 EVA 进行明确的预测，然后运用某一特定公式对其余年份的 EVA 进行预测，即预测连续价值 (Continuing Value, CV)。无论选择哪种公式，所有连续价值法都假设绩效表现稳定。

(3) 估算连续价值。引入连续价值的概念，为简化企业价值评估的计算过程提供了一种有用的方法。使用 EVA 模型得出的连续价值不等于企业在可明确预测期间之后的价值，而等于在可预测期间期末时企业投入资本的增加值。

EVA 的连续价值公式如下：

$$CV = \frac{EVA_{n+1}}{WACC - g} \times \frac{1}{(1+WACC)^n} \qquad (12\text{-}15)$$

式中，$EVA_{n+1}$ 表示第 $n+1$ 期的预测 EVA 值；$WACC$ 表示加权平均资本成本；$g$ 表示扣除调整税后的净营业利润的预期永续增长率。

(4) 计算加权平均资本成本。

(5) 将各项相加，估算出企业的价值。

通过上面的具体步骤，可以求出企业的价值。企业的价值就是预测期初的投入资本、可明确预测期间 EVA 现值以及可明确预测期后 EVA 现值这三者的总和。虽然 EVA 的连续价值与用折现现金流量法计算的连续价值不同，但在预测的财务绩效相同的情况下，企业的价值是相同的。

[例 12-2] 假设第 1 期期初，某公司投资 1 000 万元用于营运资本和固定资产，预计今后每年公司的息前税后利润为 100 万元(即资本回报率为 10%)，每年净投资为 0，公司

的加权平均资本成本为8%。试计算该公司的价值。

解：公司每年的经济利润为

$$EVA = 100 - 1\,000 \times 8\% = 20(万元)$$

该公司每年获得比投资者要求回报高20万元的收益，该公司的价值应该是现在的投入资本的价值加上经济利润的现值，年利率为8%。所以，经济利润的现值为

$$20 \div 8\% = 250(万元)$$

而公司的价值等于投入资本和预计的未来经济增加值现值之和。因此，企业的总价值为

$$1\,000 + 250 = 1\,250(万元)$$

## 二、计算EVA时对会计报表的调整

计算EVA的一个关键点是要进行会计事项的调整，调整的结果直接影响EVA计算结果的准确性。需要调整的会计事项很多，在进行调整项目的选择时，需要综合考虑成本和收益，并遵循一定的原则。

第一，重要性原则，即该调整项目是否举足轻重，是否对EVA有实质性的影响。

第二，可理解性原则，即调整项目应该便于企业价值评估报告使用者理解，便于评估人员操作，简单易行。

第三，可控性原则，即企业管理者能够控制和影响该调整项目，能够通过自身的努力，影响该费用或资本支出的水平，以增进股东利益。如果一项调整不能影响决策，就难以起到对EVA的激励作用。

第四，客观性原则。由于许多调整项目会横跨数个会计期间，因此计算本期EVA时还要考虑前期已发生调整事项对本期的影响。调整事项一经确定，就不应该经常变动，要保持其连续性，以便前后期比较，避免人为操纵业绩。如果取得数据需要高额的成本则得不偿失。

第五，适用性原则，即应结合被评估企业所在行业的特点和本企业的现实要求，将调整限制在必要的范围内。一些具体的会计调整对某些企业比较重要，而对其他企业可能无足轻重。比如，对于工业企业，坏账准备和存货跌价准备的调整比较重要，而对消费品生产企业，广告品的摊销是关键。

到目前为止，计算EVA可进行的会计调整已达200多种。调整的数量越多，计算结果越精确，但同时也增加了计算的复杂性和难度。因此，在实务中必须结合成本效益原则，根据调整目的，在精确性和复杂性之间做出权衡，从而确定调整的限度。通常调整的项目限制在5到10项左右，主要包括研究与开发费用、员工培训费用、广告费用、资产减值损失、商誉和非经常项目的损益等。在计算投入资本时，要将标准资产负债表里的不占用公司有偿融资资金的项目去掉。这些项目主要有：应付账款，递延税款，会计准备（坏账、存货投资跌价、无形资产等的预提和准备金）。

在计算税后营业利润时，一般将那些一次性但企业能长期收益的费用做资本化处理，

即将这些费用作为长期投资按收益的期限逐渐摊销掉。这些长期费用主要有：研究和开发费用，大型广告费用，等等。这种调整一般会增加公司短期的营业利润，同时也会增加它的投入资本额（因为将这些费用算入了投入资本）。

利息费用也不在计算营业利润时减掉。这是因为利息费用是平均资本成本的一部分，所以是在算经济利润时被减掉的那个乘积（投入资本×加权平均资本成本）里的一部分。如果在算税后营业利润时再减一次的话，那利息费用就会被多减了一次。在计算经济增加值时由于没有将利息费用减去，在计算税后经营利润时的所得税要比实际付的税多一点。但由于加权平均资本成本中的借债成本是税后的，计算税后经营利润时多算的税正好被计算资本成本里面少算的借债成本抵消。所以在理论上，这样算出的经济增加值是没有错误的。

### 三、对 EVA 价值评估模型的评价

基于 EVA 的企业价值评估模型的优点主要体现在 EVA 指标上：
(1) 考虑了股东资本成本的补偿，有利于管理层重视股东投入的回报。
(2) 对研究与开发、在建工程等项目进行了调整，有利于企业未来的价值创造。
(3) 扣除了非经常性损益，有利于企业突出主业，注重核心竞争力。

然而，一种模型是否具有长久的生命力，不仅在于其理论上的严密性，更重要的是在实践中是否具有广泛的应用价值。我国的一些企业也在尝试利用这种新的指标来评价经营成果、改善企业管理，如东风汽车、上海宝钢、青岛啤酒、TCL、深圳华为等。然而，在具体实施过程中，国内外企业都有成功的经验和失败的教训。其中，EVA 的计算不准确、不合理、不完善等问题，在很大程度上影响了 EVA 的推广和应用。

经济增加值最大的弱点是它是一个单期的经济价值增加的指标。一个项目或一个部门的投资活动往往是多期的，在开始阶段的投入的资本往往比较多，而盈利水平往往是比较低，经济增加值会有先低后高的规律。所以在对新开发的项目或新开张的部门进行绩效评估时，必须要注意到这一点。从理论上说，一个项目经济增加值现值的总和就是这个项目的净现值（NPV）。

运用经济增加值时，应当考虑经济增加值的适用范围。可以肯定的是，任何一个企业都可以得益于 EVA 所带来的价值创造观，但是事实表明，有一些企业比其他一些企业能获得更大的利益。由于 EVA 可以把创造价值的观念深入到部门基层的管理者，而不仅是局限于高层管理人员，因而那些采用独立部门制，部门经理有较大的经营和投资决策权的企业，比采用集权制的企业更适用 EVA。但是，那些多个部门分享资源的企业并不适用于 EVA 体系，共同使用的物力、人力资源会产生内部转移价格和成本的分配，这不利于 EVA 的计量和评价。

EVA 的激励体系要求管理者的收益激励与企业业绩有较强的联系。尽管 EVA 的激励补偿体系并不排斥利用股票期权来增加长期激励，但是如果过分强调股票期权，必然削弱 EVA 体系的效用。而且 EVA 的激励体系要有充分的透明度，以使管理者广泛地知道奖优罚劣的原因，"黑箱操作"终将影响管理者的信任度和积极性，安然帝国崩溃的事实充分证明了这一点。

最后,EVA 是一种放眼长期绩效的体系,需要 CEO 或企业部门领导的支持。如果企业管理者任期较长,比起那些频频更换高层管理者的企业而言,更能发挥 EVA 在价值创造和长期激励方面的优势。

## 第三节　中国上市公司的业绩粉饰和盈利质量

财务报表粉饰,是指企业管理当局为了自身利益而向报表使用者进行的有目的、有意图的财务报告信息传递,以掩盖企业真实财务状况、经营成果与现金流量情况,是一种人为的会计操纵,它主要指利用非法手段的粉饰,偶尔也指对合法手段的过度使用。非法手段的粉饰,也称为利润操纵,是一般意义上的会计信息失真,我国的银广夏事件就属于这方面的典型。它是指通过违法手段或利用会计方法本身的缺陷而人为造成利润的增加或减少,寻求对自己有利的财务成果。其有些手段貌似合乎会计准则和会计制度的要求,但是突破了一定的限度,已成为不合法的操纵行为,是管理当局利用信息的不对称,采取欺诈手段合法地调整企业的盈利,实现不当获利的仅是企业的管理者及少数大股东,而大多数股东和其他信息使用人则成为受害者。

### 一、上市公司业绩粉饰的动因

财务报表粉饰的产生有三个基础:企业所有者与经营管理者利益的不一致是其产生的动机;信息不对称为报表粉饰创造了机会;而外部监管不力使上述动机与机会转化为现实,是财务报表粉饰产生的现实基础。财务报表粉饰的具体动机主要有:业绩考核、信贷资金和商业信用、上市及配股、"壳资源"的保留、减少纳税、政治动机、明确或推卸责任等。

#### (一) 业绩考核

企业的经营业绩,其考核办法一般以财务指标为基础,如利润(或扭亏)计划的完成情况、投资回报率、产值、销售收入、国有资产保值增值率、资产周转率、销售利润率等,均是经营业绩的重要考核指标。而这些财务指标的计算都涉及会计数据,即财务报表。除内部考核外,外部考核如行业排行榜,主要也是根据销售收入、资产总额、利润总额等来确定的。经营业绩的考核,不仅涉及企业总体经营情况的评价,还涉及公司高管的经营管理业绩的评定,并影响其晋升、奖金福利等。为了在经营业绩上多得分,企业就有可能对其财务报表进行包装、粉饰。

#### (二) 信贷资金和商业信用

众所周知,在市场经济下,银行等金融机构出于风险考虑和自我保护的需要,一般不愿意贷款给亏损企业和缺乏资信的企业。然而,资金又是市场竞争取胜的四要素(产品质量、资金实力、人力资源、信息资源)之一。在我国,企业普遍面临资金紧缺局面。因此,为获得金融机构的信贷资金或其他供应商的商业信用,经营业绩欠佳、财务状况不健全的企业,难免要对其财务报表修饰打扮一番。

#### (三) 上市及配股

按我国的有关规定,无论公司在初次发行股票还是在以后增发股票和配股,均必须达到一定的业绩标准。如《公司法》规定,公司必须连续三年盈利且经营业绩较突出才有可能取得上市发行股票的资格;证监会规定,可以模拟计算改制前各年度每股税后利润作为定价依据。因此发行人为了满足发行条件及抬高发行价格,可能肆意对上市公司进行过度包装。

### (四)"壳资源"的保留

根据规定,连续两年亏损或者每股净资产低于股票的面值的上市公司将被作为ST公司(Special Treatment);如果连续三年亏损,将被证券交易所摘牌,即终止上市。在中国目前上市较困难的情况下,这些公司的上市资格本身就十分珍贵,ST公司并不愿意退市。而且ST公司的交易受到很多限制,对公司的名声也有很坏的影响。0%的净资产收益率又被上市公司称作生死线,出现了所谓的"0%现象",一些处于盈亏临界点附近的公司不得不对其财务报告加以粉饰。与虚报利润做法相反的,还有所谓的"洗澡"现象。若一家连续两年亏损的公司已经不可避免地被戴上ST的帽子,第三年仍然没有好转,公司面临着退市的危险。那么,公司可能会采取"洗澡"的方式,让现在亏损的、将来毁损的全部都在当期确认,并且称之为"保守"原则的体现。在这种情况下,市场上"第一年大亏、第二年扭亏""两年不亏、一亏惊人"等奇怪的现象也就不足为奇了。为了保持宝贵的壳资源,如果按正常途径无法实现目标,ST公司就有通过粉饰报表以达到目的的动机。

### (五)其他动机

#### 1. 减少纳税

企业所得税是在会计利润的基础上,通过纳税调整,将会计利润调整为应纳税所得额,再乘上适用所得税税率而得出的。因此,为了偷税、漏税、减少或推迟纳税,企业也会粉饰财务报表。但又基于业绩考核等因素,有的作假企业可能准备几套报表,以满足多方面的"需要"。通常利润高的一套报表报上级主管部门,以表现其"业绩";利润水平低甚至亏损的一套报表报税务部门以减少或推迟税收;另一套是真实报表,供自己备查。

#### 2. 政治动机

企业经营者为了仕途而粉饰财务报表。所谓"数字出官、官出数字",正是对这种粉饰动机的写照。从某种意义上讲,国有企业扭亏为盈、创造良好经营业绩已成为一项政治任务。对公司高管而言,国有企业很有可能粉饰财务报表。

#### 3. 明确或推卸责任

企业经营者可能为了明确或推卸责任而粉饰财务报表,将责任推给前任或后任企业经营者等。通常采用的方式是把坏账、积压存货、长期投资损失、闲置固定资产、待处理财产损失等虚拟资产一次性处理为损失,把长期挂账的高龄应收账款进行大刀阔斧地清理,从而导致利益大幅降低。

以上是我国企业粉饰财务报表的主要常见动机。从现象上看,各类企业因当前的主要追求目标不同,从而报表粉饰的方向(正向或反向)也就不同,如虚增或虚减利润。但就其本质而言,所有报表粉饰的动机,都是为了企业管理当局小集团的利益,追求企业小集体的发展,但却威胁甚或危害了国家乃至整个社会的利益。

总之,会计报表粉饰并不是性质单一的行为,它的产生依赖于一系列条件。美国注册舞弊审核师协会创始人Albecht教授创立舞弊三角形理论,提出压力、机会、借口构成了舞弊行为的三角因子,这三个因子是一个有机的统一体,缺少了其中任何一个因子,舞弊都不可能发生。压力因子是公司管理当局实施舞弊的行为动机,刺激个人为其自身利益而进行舞弊的压力大致可以划分为四类——经济压力、恶癖压力、与工作相关的压力和其他压力;机会因子是行为人实施舞弊行为而又能掩盖舞弊行为,使其不被发现或者逃避惩罚的时机;借口因子是行为人必须找到某个理由,使舞弊行为与其本人的道德观念、行为准则相吻合,无论这一理由是否真正合理。压力来自公司经营的特质,盈利的目的是其秉性;机会是制度环境的不完善;借口是不完善制度创造的造假机会。一旦三个条件同时存在,就必然产生舞弊。

## 二、上市公司业绩粉饰的手法

我国上市公司造假的主要手法是虚增利润,以达到上市、配股、增发、抬高股价等目的,当然也有少数上市公司基于扭亏及利润平滑需要,可能会虚减利润。上市公司业绩粉饰手法一般有以下几种,主要目的是虚增资产、收入和利润,虚减负债、费用。

### (一) 收入的调整

上市公司的收入调整是其财务造假的一种最重要的手段。收入造假主要有以下方式:

#### 1. 虚构客户,虚拟销售

上市公司虚拟销售对象及交易,对并不存在的销售业务,按正常销售程序进行模拟运转,包括伪造顾客订单、伪造发运凭证、伪造销售合同、开具税务部门认可的销售发票等。由于客户和交易是虚拟的,所以顾客订单、发运凭证、销售合同是虚假的,所用的客户印章是伪造的,但销售发票一般是真实的。虽然开具发票会多缴纳税金,但是为了达到增加利润这一更高的目标,上市公司认为多缴纳一些税金也是值得的。

#### 2. 以真实客户为基础,虚拟销售

上市公司对某些客户有一定的销售业务,为了粉饰业绩,在原销售业务的基础上虚构销售业务,人为扩大销售数量,使上市公司在该客户名下确认的收入远远大于实际销售收入。

#### 3. 利用与某些上市公司的特殊关系制造销售收入

例如上市公司将产品销售给予其没有关联关系的第三方,然后再由其子上市公司将产品从第三方购回,这样既可以增加销售收入,又可以避免上市公司内部销售收入的抵销。该第三方与上市公司虽没有法律上的关联关系,但往往与上市公司存在一定的默契。

#### 4. 对销售期间不恰当分割,调节销售收入

由于会计期间假设的存在,上市公司披露的会计信息需要有合理的归属期,其中会涉及销售收入在哪个会计期间予以确认的问题。上市公司为了调节各会计期间的经营业绩,往往对销售期间进行不恰当的分割,提前或延后确认收入。

#### 5. 对有附加条件的发运产品全额确认销售收入

通常,产品发运是确认上市公司已将商品所有权上的主要风险和报酬转移给购货方的最直观的标志之一,但产品发出并不意味着收入能够确认。例如上市公司将商品销售给购货方的同时,赋予其一定的销售退货权。此时,尽管商品已经发出,但与交易相关的经济利益未必能全部流入上市公司,只能将估计不能发生退货的部分确认为收入,但上市

公司为了增加业绩却全额确认收入。

### 6. 在资产控制存在重大不确定性的情况下确认收入

一般而言,上市公司只有让渡资产的所有权,才有取得索取该项资产价款的可能,也就是说,如果上市公司将资产转移给购货方,却仍然保留与该资产所有权相联系的继续管理权,则不能确认该项收入。

### (二) 多提或少提资产减值准备以调控利润

由于资产减值会计内涵复杂性,决定了同样一项资产有不确定性的价值,因为资产减值实际上是掺杂企业管理当局主观估计的一种市场模拟价格,资产减值的不确定性给企业管理当局利润操纵提供了极大的空间。资产减值计量难度更大,甚至超过上市公司财务部门及审计师的职业判断能力,除非寻求专业的不动产及无形资产评估师帮助,否则根本无法得出恰当的资产减值标准,从而影响减值准备计提的正确性。这就更为上市公司利用资产减值准备操纵利润提供了空间。目前,上市公司利用资产减值玩会计数字游戏,主要是利用资产减值准备推迟或提前损失,典型表现为某个年度出现巨额亏损,下一年度再调节回来一部分准备以达到调节利润的目的。

### (三) 通过非经常性损益事项调节财务数据

非经常性损益是指公司正常经营损益之外的、一次性或偶发性损益,例如资产处置损益、临时性获得的补贴收入、新股申购冻结资金利息、合并价差摊入等。非经常性损益虽然也是公司利润总额的组成部分,但由于它不具备长期性和稳定性,因而对利润的影响是暂时的。非经常性损益项目为公司管理盈利提供了机会。

### (四) 虚增资产和漏列负债

操作手法有:(1) 多计存货价值。对存货成本或评价故意计算错误以增加存货价值,从而降低销售成本,增加营业利益。或虚列存货,以隐瞒存货减少的事实。(2) 多计应收账款。由于虚列销售收入,导致应收账款虚列;或应收账款少提坏账准备,导致应收账款净变现价值虚增。(3) 多计固定资产。例如少提折旧、收益性支出列为资本性支出、利息资本化不当、固定资产虚增等。(4) 漏列负债。例如漏列对外欠款或短估应付费用。

### (五) 资产重组创造利润

用资产重组调节利润企业为了优化资本结构、调整产业结构、完成战略转移等目的,实施资产置换和股权置换便是资产重组。然而,近年来的资产重组很多发生在大量的ST公司,有些上市公司扭亏为盈的秘诀便在于资产重组。通过不等价的资产置换,为上市公司输送利润,目前仍然是利润操纵的主要手法之一。

上市公司财务造假手法还有很多,并且越来越呈现智能化、复杂多样性。

## 案例分析

### 比亚迪盈利能力分析

**一、公司介绍:不断进化的新能源汽车龙头**

比亚迪成立于1995年2月,公司业务包括汽车、手机部件及组装、二次充电电池等。从业务结构来看,2022年公司汽车、手机部件及组装占比分别为77%、23%。公司旗下子公司业务横跨电池、照明和信号系统、汽车电子和底盘技术、动力总成及组件、模具研发制造等方向,产品覆盖电池、电机、电控、车身、底盘、传动等中游制造关键零部件,形成产业链完备的新能源汽车龙头。

股权架构稳定,实控人为王传福。截至2022年,公司实控人王传福持股17.64%,吕向阳(实控人的表哥)和融捷投资控股(吕向阳控股子公司)合计持股达13.55%,股权架构稳定,实控人具备较高话语权。

多位管理层具备丰富的技术背景,助力公司构筑持续竞争优势。公司董事长王传福具备冶金物理化学学士、材料学硕士学位,并曾经担任北京有色金属研究总院副主任。其余董事、监事、高管等多位管理层具有技术背景以及相关工作经验,助力公司准确把握市场发展趋势,在行业变革中引领潮流,构筑持续竞争优势。

员工持股计划绑定核心团队。2022年5月公司发布员工持股计划,覆盖范围包括公司的职工代表监事、高级管理人员,以及比亚迪集团的中层管理人员、核心骨干员工,受让价格为0元/股。业绩考核方面,2022—2024年公司层面业绩考核清晰,营收增长率分别为30%、20%、20%,助力公司绑定核心团队。

## 二、产品:丰富产品矩阵助力企业高速发展

### (一)五大系列构建丰富的产品矩阵

丰富的产品矩阵构建公司强大的产品力。2022—2023年公司发布近20款新车,实现纯电、插电混动双轮驱动,形成王朝、海洋、腾势、潮牌(F)、高端(仰望)几大系列,涵盖低中高端以及豪华车型等全部价格区间,拥有丰富的产品矩阵。其中,海洋系列主打时尚、年轻的设计风格,王朝系列则以沉稳大气为主,两者互补形成对30万元以下车型的全覆盖。腾势系列定位30万~50万元的中高端价格区间,高端仰望系列"仰望"主攻80万~150万元的豪华车型,潮牌(F)定位或在王朝与腾势之间。公司产品力强大,新能源车市场份额逐步增加,2022年达28.6%,是第二名特斯拉的2倍多(见表12-1)。

表12-1 近年新能源汽车市场份额TOP5车企

| | 2020年 | | 2021年 | | 2022年 | |
|---|---|---|---|---|---|---|
| 1 | 比亚迪 | 15.6% | 比亚迪 | 18.1% | 比亚迪 | 28.6% |
| 2 | 上汽通用五菱 | 14.1% | 特斯拉中国 | 14.6% | 特斯拉中国 | 10.9% |
| 3 | 特斯拉中国 | 11.7% | 上汽通用五菱 | 13.7% | 上汽通用五菱 | 9.4% |
| 4 | 上汽乘用车 | 6.6% | 上汽乘用车 | 4.9% | 吉利汽车 | 5.1% |
| 5 | 广汽埃安 | 5.1% | 长城汽车 | 4.1% | 广汽埃安 | 4.2% |

### (二)借鉴成功经验,拓展市场份额

海洋网新发车型借鉴成功经验,降低开发成本,有望进一步拓展市场份额。公司海洋系列主打时尚个性的设计风格,在参数设置上借鉴已有车型的成功经验,形成强

大产品力。驱逐舰05、07和巡洋舰05、07车型借鉴王朝系列成功经验,降低开发成本。同时,随着海鸥、海狮等海洋网车型的上市,新品有望将抢占一定的市场份额。叠加公司已有的秦 Plus DM-i、宋 DM-i、元 PLUS EV、汉 EV、海豚等爆款车型,有望进一步拓展市场份额。此外,公司腾势 D9 主打高端 MPV 市场,叠加公司已有的秦 Plus DM-i、海豚、汉 EV 等爆款车型,有望进一步提升市场口碑。

### (三)插电混动车型可进一步放量

便宜、省油、长续航、平顺体验,有望对燃油车形成从过渡到替代。公司今年推出多款插电混动车型,搭载第四代混动技术 DM-i/DM-p,覆盖 10 万~30 万元价格带,大部分车型亏电油耗在 4L 左右,相对燃油车具备高性价比。同时新车续航里程在 1000 公里以上,有效缓解里程焦虑,成为家庭首款购车的极佳之选。以电为主的低油耗、平顺体验,高性价比以及长续航,形成对燃油车的强劲挑战。在公司产能逐步释放后,公司销量可进一步提升。

## 三、技术:技术全面,构筑核心优势

### (一)混动技术行业领先

混动路线已成公司技术集大成者。公司 2008 年 8 月推出 F3 DM,成为国产插混的起点。自公司发布以节能为核心的第一代混动技术后,经过多次迭代,形成以电为主、全面均衡的第四代混动技术(DM-p/DM-i)。DM-i 作为比亚迪混动技术的集大成者,采用 43.04% 热效率骁云发动机、扁线电机、功率型刀片电池等技术,实现了 1000 公里以上续航、百公里 4L 亏电油耗的强大产品力。

DM-i 技术可助力成本控制。将主流混动车型与其可比燃油车价格之差作为各车企混动技术成本,横向来看,相比其他混动系统,紧凑型 SUV(宋 DM-i)仅高出可比燃油车 1 万元。一方面体现了公司混动技术降成的结果,另一方面也体现了公司的定价策略,即没有燃油车定价包袱,利用成本优势实现抢占市场份额的定价策略,是两者综合的结果。纵向来看,公司秦系列混动价格有代际下降趋势,2013—2021 年其平均价格自 19.98 万元下降至 13.82 万元,2023 年秦 plus m-i 冠军版推出后,价格下探至 9.98 万元,平均价格达 12.28 万元,技术降本助力 DM-i 在行业竞争中保持领先优势。

### (二)纯电 3.0 平台持续迭代

公司纯电平台历经三代发展,实现整车架构平台化,核心模块进一步集成化,实现具备智能、高效、安全和美学优势的 e 3.0 平台。

高效八合一电驱,高集成度体现技术优势。零部件高度集成化趋势下,电驱集成度逐步提升,主流的电机、电控、减速器的三合一电驱不再满足部分厂商需求。比亚迪八合一电驱动系统成为全球首款量产的八合一深度集成的电驱动总成,有利于降低重量和减少空间占用,提高电动车效率。

CTB 车身一体化技术顺应电池包发展趋势。从传统的 CTM 技术,到 CTP 技术,再到 CTC 技术,随着集成度的提升,空间利用率和电量也逐步增加,但维修成本逐步上升。比亚迪 CTB 技术将原来的电池包"三明治"结构,集成为整车"三明治"结构,并且由于保留了底盘横梁,从而具备更好的横向结构强度。同时,电池维修的成本更低。

800 V超高压平台在解决里程焦虑和充电速度方面优势明显。800 V高压平台可以满足大电池容量高端车型的快充需求,在额定电池容量,充电枪最大电流不变情况下,减少充电时间。由400 V升至800 V超高压平台,使充电速度提升一倍以上,有效缓解里程焦虑和解决充电速度痛点。

（三）拥抱智能化产业趋势

智能驾驶领域多线并行持续合作。公司在软硬件层面与多家公司展开多维度合作。2013年起,公司与国内高校在线控自动驾驶实验汽车方面展开合作。2014年,公司与新加坡科技研究局通信研究院,在自动驾驶和智能交通进行合作研发。2015年,公司与百度达成合作,彼时百度自动驾驶事业部刚刚成立。2021年起,公司先后与地平线、速腾聚创、百度、英伟达在芯片(征程5)、激光雷达、行泊一体化及人机共驾地图,以及高级别智能驾驶平台(DRIVE Hyperion)等方面展开合作,多线并行持续合作,公司智能化进程可期。

打造智能网联系统DiLink开放平台。DiLink是基于人工智能、车联网、大数据等最新技术和用户洞察,完全独立自主研发的智能网联系统,旨在通过构建开放型智能汽车平台,全面实现人、车、生活、社会的互联互通。历经多次迭代,包含五大板块,分别为Di平台、Di云、Di生态、Di开放和DiUI。DiLink基于标准化API接口、开放车辆数据权限、Android开放系统,形成开放平台,应用于车辆深度交互。

四、盈利:基于杜邦分析法

受益于新能源车销量高增,比亚迪2022年实现营收4 241亿元,同比增长96%,五年CAGR达到32%;2022年实现归母净利润166亿元,同比增长4.5倍,五年CAGR高达33%。以2018—2022年比亚迪财务报表为研究对象,运用杜邦分析法,在测算其股东权益报酬率、营业净利润、总资产回报率、资产周转率、权益乘数的基础上,对比亚迪的盈利能力、营运能力、偿债能力进行全面分析。

（一）股东权益报酬率

从表12-2中可以看出,近年来比亚迪的股东权益报酬率波动较大。2018—2019年,股东权益报酬率降至2.62%。公司年报显示,2018—2019年,由于公司频繁采用股权融资,且自身获利不佳,其股东权益收益率有所下降。2022年比亚迪股东权益报酬率大幅提升,高达16.13%,远高于同期乘用车申万二级行业的股东权益报酬率中位数6.88%。杜邦分解后,2022年比亚迪营业净利率、总资产周转率和权益乘数分别为3.92%、1.07%、4.31,均高于行业中位数3.67%、0.76%、2.89。

表12-2 比亚迪股东权益报酬率

|  | 2018年 | 2019年 | 2020年 | 2021年 | 2022年 |
| --- | --- | --- | --- | --- | --- |
| 股东权益报酬率 | 4.96% | 2.62% | 7.83% | 4.04% | 16.13% |
| 营业净利率 | 2.73% | 1.66% | 2.70% | 1.41% | 3.92% |
| 总资产周转率 | 0.70% | 0.65% | 0.79% | 0.87% | 1.07% |
| 权益乘数 | 3.21 | 3.13 | 3.41 | 3.08 | 4.31 |

## (二)营业净利率

表 12-3  比亚迪营业净利率等指标

单位:%

| | 2018年 | 2019年 | 2020年 | 2021年 | 2022年 |
|---|---|---|---|---|---|
| 营业净利率 | 2.73 | 1.66 | 2.7 | 1.41 | 3.92 |
| 营业利润率 | 3.26 | 1.81 | 4.52 | 2.14 | 5.08 |
| 成本费用利润率 | 3.58 | 2.02 | 4.86 | 2.2 | 5.51 |

在杜邦分析法中,营业净利率是由总资产报酬率向下分解得出的指标,它反映了企业的盈利能力水平。2018—2021年,营业净利率从2.73%降至1.41%,但是在2022年,营业成本压缩(见表12-3),营业净利率得到了较大改善。比亚迪成本控制成效显著得益于以下几个策略:

一是弗迪系子公司助力降低成本,提升供给安全性。比亚迪成立弗迪系五家子公司,即弗迪科技、弗迪动力、弗迪电池、弗迪视觉、弗迪模具,业务横跨电池、照明和信号系统、汽车电子和底盘技术、动力总成及组件、模具研发制造等方向,产品覆盖电池、电机、电控、车身、底盘、传动等中游制造关键零部件,垂直一体化供应链为公司整车制造提供稳定供应,具备较为明显的成本控制优势,同时成为公司产品力向上的重要支撑。

二是战略布局上游锂矿,控制核心零部件原材料成本。2010年起,比亚迪就参股盐湖锂矿扎布耶盐湖布局盐湖提锂,随后与多家锂矿公司展开合作,战略布局国内多家锂矿。2022年比亚迪进一步加强了在国内外的锂资源布局,若公司后期成功收购6座非洲锂矿矿山,战略布局上游锂矿有望为公司电池原材料提供稳定供应,也将为公司动力电池外供业务提供坚实基础。

三是整车放量发挥规模效应。随着整车销量稳步提升,2017—2022年费用率逐步下降。随着公司销量增长带来规模效应的提升,公司单车固定成本逐步降低,2022年第四季度公司单车折旧摊销达1.03万元,单车固定成本达3.33万元。单车净利自2021年由负转正,2022年第四季度单车净利达0.98万元。在未来多款新车陆续发布背景下,规模优势有望带动成本进一步下行。

从研发费用来看,公司坚持研发与创新是业务高质量发展的重要驱动力。2022年公司研发投入187亿元,同比增长133%,研发费用率4.4%,同比增加0.7个百分点(见表12-4)。根据公司2022年年报,公司的主要研发投入包括刀片电池技术、CTB电池车身一体化技术、DM-i和DM-p混动系统、易四方技术等。根据比亚迪官网,公司是全球率先同时拥有电池、电机、电控三大新能源汽车核心技术的车企。

表 12-4　比亚迪成本费用占营业收入比重

|  | 2018年 | 2019年 | 2020年 | 2021年 | 2022年 |
| --- | --- | --- | --- | --- | --- |
| 营业收入 | 100.00% | 100.00% | 100.00% | 100.00% | 100.00% |
| 营业成本 | 83.60% | 83.71% | 80.62% | 86.98% | 82.96% |
| 税金及附加 | 1.65% | 1.22% | 1.38% | 1.40% | 1.71% |
| 销售费用 | 3.64% | 3.40% | 3.23% | 2.81% | 3.55% |
| 管理费用 | 2.89% | 3.24% | 2.76% | 2.64% | 2.36% |
| 财务费用 | 2.30% | 2.36% | 2.40% | 0.83% | −0.38% |
| 研发费用 | 3.84% | 4.41% | 4.77% | 3.70% | 4.40% |
| 资产减值损失 | 0.53% | −0.12% | −0.58% | −0.40% | −0.33% |
| 其他收益 | 1.79% | 1.35% | 1.08% | 1.05% | 0.41% |

### （三）总资产周转率

总资产周转率指的是一家公司的经营收入在公司总资产中所占的比重,是衡量企业资产使用效率的重要指标,也是企业经营能力的重要指标之一。表 12-5 显示,2018—2022 年,比亚迪的总资产周转率一直在上升,只有 2019 年稍降,说明其总资产的整体经营能力较好。从库存周转率和应收账款两方面来看,2018—2020 年,比亚迪增加了存货储备,导致存货周转率下降。2018—2022 年比亚迪的应收账款周转率大幅提升,2022 年达到峰值 11.30%,尽管比亚迪销售增长导致应收账款同比增长了 7%,但其应收账款周转能力较强,营运效率较高。

表 12-5　比亚迪总资产周转率

|  | 2018年 | 2019年 | 2020年 | 2021年 | 2022年 |
| --- | --- | --- | --- | --- | --- |
| 总资产周转率 | 0.7% | 0.65% | 0.79% | 0.87% | 1.07% |
| 存货周转率 | 4.71% | 4.12% | 3.64% | 5.03% | 5.75% |
| 应收账款周转率 | 2.41% | 2.74% | 3.68% | 5.58% | 11.30% |

### （四）权益乘数

权益乘数是反映资产、负债和股东权益三者之间关系的重要指标。2018—2022 年,比亚迪权益乘数处于较高水平。2022 年资产负债率达到最高点 75.42%,同期乘用车申万二级行业的资产负债率中位数为 65.43%,主要是由于其他应付款占总资产的比例由 2021 年的 13.98% 提高至 2022 年的 24.74%（见表 12-6）。这与比亚迪的扩张策略有关，在此快速发展时期公司需要大量的资金扩充市场；此外，研发的大量投入也离不开资金的支持，以此保持其技术优势。虽然比亚迪采用高杠杆可能会降低财务成本，但若长期坚持高杠杆发展战略，可能会导致公司财务风险较高。

表 12-6 比亚迪权益乘数与资产负债率

| 项　目 | 2018 年 | 2019 年 | 2020 年 | 2021 年 | 2022 年 |
| --- | --- | --- | --- | --- | --- |
| 权益乘数 | 4.31 | 3.13 | 3.41 | 3.08 | 4.31 |
| 资产负债率 | 68.81% | 68.00% | 67.94% | 64.76% | 75.42% |

**五、结语：业绩正向周期，领军中国新能源汽车势起向上**

比亚迪产品矩阵丰富，技术全面，2022 年全年业绩实现爆发式增长。从量和价两个角度来看：从量上看，2022 全年比亚迪整车销量达 180.2 万辆，同比增长 149.88%，公司再次问鼎全球新能源汽车销量冠军；从利上看，2022 年比亚迪 ROE 为 16.13，较上年增加了 3 倍，用杜邦分析法将 ROE 分解为营业净利率、总资产周转率和权益乘数，2022 年三个指标均有提升，横向比较处于行业领先地位。

新能源汽车是全球汽车产业转型发展的主要方向，是促进世界经济持续增长的重要引擎，是落实碳达峰、碳中和目标的重要途径之一。比亚迪需坚定发展战略，强化核心技术的自主可控，持续推出更多更具竞争力的产品；积极响应市场需求，进一步提升交付能力；加强市场敏锐度，以消费者需求为导向，不断提升服务质量，持续推进品牌建设，保持新能源汽车行业领先身位，助力中国自主品牌引领全球新能源汽车浪潮。

# 本 章 小 结

企业的盈利能力指标有两种，一类是将利润和销售收入相比，另一类是将利润和投资额相比。前者包括的指标为销售毛利率、销售净利率、经营利润率等，而后者包括的指标为投资报酬率、净资产收益率、总资产收益率等。杜邦分析法是将净资产收益率一步步拆分，展现各财务比率之间的相关关系。杜邦恒等式将净资产收益率分解为反映经营效率的销售净利率、反映资产利用效率的总资产周转率和反映财务杠杆的权益乘数三个部分。

经济增加值是所有成本被扣除后的剩余收入，它反映了企业运营的真实情况及股东价值的创造程度，与经济学的经济利润概念有着相同的经济含义。EVA 的计算的具体程序分为五步：分析企业历史绩效；预测未来的 EVA；估算连续价值；计算加权平均资本成本；将各项相加，估算出企业的价值。企业的价值是预测期初的投入资本、可明确预测期间 EVA 现值以及可明确预测期后 EVA 现值这三者的总和。计算 EVA 的一个关键点是要进行会计事项的调整,调整的结果直接影响 EVA 计算结果的准确性。基于 EVA 的企业价值评估模型考虑了股东资本成本的补偿,扣除了非经常性损益,有利于企业突出主业,注重核心竞争力。但 EVA 最大的弱点是它是一个单期的经济价值增加的指标。EVA 方法有适用范围。

财务报表粉饰的具体动机主要有:业绩考核、信贷资金和商业信用、上市及配股、"壳资源"的保留、减少纳税、政治动机、明确或推卸责任等。上市公司业绩粉饰手法主要是虚增资产、收入和利润,虚减负债、费用。具体包括收入的调整、多提或少提资产减值准备以调控利润、通过非经常性损益事项调节财务数据、虚增资产和漏列负债、资产重组创造利润。收入的调整包括虚构客户,虚拟销售;以真实客户为基础,虚拟销售;利用与某些上市公司的特殊关系制造销售收入;对销售期间不恰当分割,调节销售收入;对有附加条件的发运产品全额确认销售收入;在资产控制存在重大不确定性的情况下确认收入。

## 习题与思考题

1. 企业的盈利能力有哪些衡量指标,具体内涵是什么?
2. 请介绍杜邦分析法。
3. 请介绍可持续增长模型。
4. 什么是经济增加值 EVA,相比财务指标和市场价值指标,用 EVA 评价企业绩效有什么优点?
5. 基于 EVA 的企业价值评估模型有哪些优缺点?
6. 中国上市公司业绩粉饰的动因是什么?
7. 常见的业绩粉饰的手法有哪些?
8. 请选择一家上市公司,撰写一篇报告分析其盈利能力。

# 第十三章

# 案例研究：党建引领下的山东港口文化建设

## 一、案例分析

### (一) 历史：山东港口的诞生

#### 1. 一体化改革的宏大背景

在 2018 年 3 月 8 日，习近平总书记在参加十三届全国人大一次会议山东代表团审议时，强调了加快建设世界一流海洋港口的必要性。鉴于山东各港口的地理优势及其在服务国家和地方战略中的关键作用，省内港口的一体化改革显得尤为迫切。一方面，山东港口作为"一带一路"的海陆交汇点，不仅在联通全球、协同区域发展中起到"棋眼"作用，还承担着推动高质量发展、服务黄河流域生态保护等国家战略的重要任务。另一方面，山东沿海的 7 市具有"一市一港"或"一市多港"的特点，拥有如青岛港、日照港、烟台港等全国前十的大型港口。然而，这些港口长期以来存在的无序竞争、资源分散和投资盲目问题，与世界一流港口相比，山东各港口在业态上显得较为传统和单一。例如，伦敦港的装卸、吞吐仅占 5% 的收入，其余 95% 来源于金融、贸易、服务等领域，而山东各港口的传统装卸业务贡献率高达 80%，新兴业态贡献不足 20%。这也与国内先进的上海港 45% 的新兴业务贡献率形成了明显差距。

#### 2. 一体化改革的成功实践

山东港口一体化改革之所以能顺利推进，关键在于坚强有力的组织领导和全面深入的调研论证。省委和省政府将此项改革提升至重要议程，由省委书记和省长亲自挂帅，常务副省长牵头，成立专门的推进工作机制，确保各级政府和相关部门的密切协作。为保证改革的有效实施，成立了由分管副省长领导的专班，负责统一调度和解决机制障碍，逐条解决整合过程中的具体问题，确保改革措施落到实处。此外，省直部门组成的联合调研组深入沿海七市，进行现场勘察，明确发展难点，并到浙江、江苏、辽宁等地学习港口一体化改革的经验，通过网上和书面方式，广泛吸收国内外的先进经验，为改革打下坚实的理论和实践基础。

在顶层设计和实施策略上，改革坚持"两手抓"，即政府引导与市场运作相结合的策略，按照"三步走"的原则逐步推进，先是组建渤海湾港，随后威海港并入青岛港，最后成立省港口集团。同时，确立了"三不变"原则，保持港口企业注册地、股权和税收关系的稳定，以及"三分离"原则,确保决策权、经营管理权和收益权的合理分配。推进实施中,按照"整合、融合、耦合"的思路,妥善处理党建与改革发展的关系,实现了党建工作全面融入改革的每一个环节。此外,通过新的管理和运营模式,优化了各权属企业间的关系,促进了省域内各港口间的优势互补和协同发展,形成了以青岛港为龙头的一体化协同发展新格局。这一系列措施使山东港口实现了"一盘棋"的港口规划、"一张网"的管理服务和"一张图"的资源开发,彻底解决了以往港口间的无序竞争和重复建设问题,标志着山东港口大整合迈出了决定性步伐。

整合过程中也注重港口与城市的关系,确保港口发展与地方经济的互利共赢。通过"三个更加"理念,即与地方党委政府的关系更加密切、融入地方经济社会发展的程度更加深入、对地方经济增长的贡献更加突出,加强了与地方政府的联系,特别是以港产城融合发展为抓手,助力地方经济发展。这样的策略不仅加强了港口与地方政府的良性互动,也为地方经济提供了新的增长点,促进了区域经济的整体提升。通过这一整合,山东港口不仅增强了自身的竞争力,也为地方经济的发展贡献了重要力量,实现了从传统港口向现代综合性港口集团的转变。

最终,山东港口整合被设计成三步走:2018年3月,首先由山东高速集团控股整合滨州港、东营港、潍坊港,组建山东渤海湾港口集团;2019年7月9日,威海港100%股权无偿划转青岛港;同年8月6日,由青岛港、日照港、烟台港和渤海湾港四大港口组建的山东省港口集团正式挂牌成立。这场涉及山东7市的沿海港口大整合,迈出了决定性的一步(如图13-1所示)。

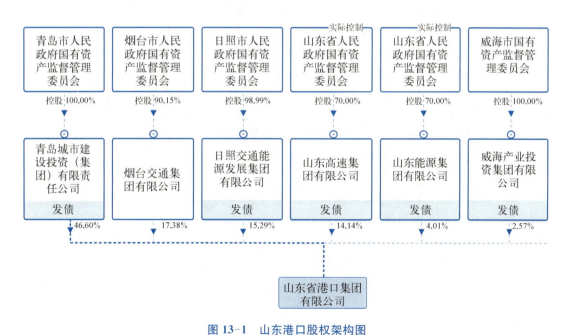

图 13-1 山东港口股权架构图

### (二)发展:从"极不平凡"中走来,向"更加辉煌"驶去

自2019年8月26日成立以来,山东港口集团以卓越的成绩和创新的精神不断迈向

新的高度。成立之初,集团便拥有285个生产性泊位,港口吞吐量近13亿吨,在多个领域的吞吐量居全国第一,集装箱吞吐量超过2 700万标准箱,居全国第三。集团不仅拥有全球最大的40万吨矿石码头和45万吨原油码头,还建设了可停靠2.2万标准箱船舶的集装箱码头、可停靠22.7万吨级邮轮的专用码头,以及亚洲首个全自动化集装箱码头,成为西太平洋主要的国际贸易枢纽。通过架设262条集装箱航线,连接全球180多个国家和地区,并在陆上建设内陆港,开通多式联运班列,构筑了东西双向互济、陆海内外联动的开放格局,打造"一带一路"海上战略支点、世界一流的海洋港口和国际航运中心。成立当年,青岛港全自动化码头(二期)正式投产运营,推出了六项全球首创科技成果,为全球港航业奉献了"中国方案"。在全国沿海港口中,山东港口货物吞吐量和集装箱吞吐量分别居第一和第二位,实现量效齐增,标志着一体化改革首战告捷。

2020年,山东港口集团开启了智慧绿色港口建设的新篇章。5月27日,交通运输部确定山东港口为首个"智慧港口建设"试点单位,形成一批先进经验和典型成果。青岛港"云港通"电商平台建成运行,成功入选"全国智慧港口示范工程",实现了完全零排放。日照港获得国家首批"四星级绿色港口"称号,集装箱场桥设备全部实现电力驱动。集团被交通运输部确定为自动化码头技术交通运输行业研发中心,智慧绿色港口建设取得显著成效。11月12日,国家物流枢纽联盟成立大会在青岛召开,山东港口集团党委书记、董事长霍高原当选首轮理事长,推动物流枢纽互联成网。12月30日,山东港口货物吞吐量突破14亿吨,集装箱吞吐量突破3 000万标箱,海铁联运突破200万标箱,新增航线37条,保障了产业链供应链稳定,助力"六稳""六保"。

2021年,山东港口集团进入融合发展新阶段,改革迈入深水区,发展进入攻坚期。7月,集团召开党委理论学习中心组(扩大)读书会,标志着改革迈入深水区。从8月6日山港产融产业发展(日照)有限公司挂牌成立,到9月28日山东港口物流集团协同青岛港成功启动洛阳内陆港业务,物流集团60天实现12项融合业务突破。集团通过一系列创新举措,优化资源配置,提升业务协同能力。12月23日,山东港口货物吞吐量突破15亿吨,集装箱量突破3 400万标箱,同比分别增长5.8%、8.1%,稳居全球第一、第三位。智慧港口建设结出新硕果,全球首创智能空中轨道集疏运系统在东营港广利港区投产,全球首个顺岸开放式全自动化集装箱码头在日照港落地,智慧绿色示范港口建设取得重大进展。

2022年,山东港口集团继续深化改革,开启全面融合年,进入系统性重塑和整体性重构阶段。集团制定了思想融合、干部融合、业务融合、制度融合、文化融合、作风融合六个方面的融合措施,进一步优化资源配置,深化一体联动和业务协同。在面对疫情时,集团强化防控举措、优化生产组织、提升接卸能力,成为全国唯一一个三年没有封港的规模以上港口。关键时刻,山东港口挺身而出,为抗击疫情捐物近3 000万元,提供金融支持超280亿元,保障产业链供应链稳定。2022年12月,山东港口货物吞吐量突破16亿吨,集装箱量突破3 700万标箱,继续稳居全球第一、第三位,增幅分别达6.4%、8.7%。集团自主研发全球首套一体化码头智能生产指挥控制系统A-TOS,自动化码头装卸效率第九次刷新世界纪录。山东港口改革成果丰硕,"1+4+12"一体化改革模式获多项国家级创新奖项,成为国企改革的典型案例。

# 第十三章 案例研究：党建引领下的山东港口文化建设

2023年，山东港口集团在党的二十大精神指引下，继续推进高质量发展，规模体量再上新台阶。全年货物吞吐量和集装箱吞吐量分别实现17亿吨和4 000万标准箱"双突破"，继续稳居全球首位。青岛港前湾港区自动化码头三期、日照港30万吨原油码头三期等重大工程建设完成，新增年设计通过能力8 187万吨。集团新增航线32条，内陆港达到32个，班列达到82条，海铁联运箱量同比增长20%。山东港口供应链综合服务中心揭牌成立，推动供应链综合服务体系建设。集团加强自主创新，推动"数智"转型、绿色低碳发展，打造全球智慧绿色码头新标杆。12月，全国首个全国产全自主自动化集装箱码头——青岛港自动化码头（三期）投产运营，标志着我国在自动化码头研发建设领域实现全新突破。集团荣获全国企业文化优秀成果特等奖、全国内部审计先进集体等多项荣誉，进一步提升了港口领域的产业链核心竞争力。山东港口在国际化布局上取得重大进展，成立东南亚、欧洲、非洲公司及哈萨克斯坦代表处，开启国际化发展的崭新局面。集团贯彻落实习近平文化思想，大力实施"文化强港"战略，开展多项员工关爱和文化活动，提升员工的获得感、幸福感和安全感。

什么样的港口才是世界一流的海洋港口？这是山东港口成立以来始终叩问内心的核心命题。接下来，山东港口进一步把握经济发展动态趋势和港口建设规律，落实"港口规划'一盘棋'、资源开发'一张图'、管理服务'一张网'"的一体化发展思路，近、中、远期发展策略相得益彰，勾勒出"十位一体"发展战略体系，提出"港通四海、陆联八方、口碑天下、辉映全球"的发展愿景，明确了智慧绿色港、物流枢纽港、产城融合港、金融贸易港、邮轮文旅港"五个国际领先"的发展定位，紧扣港口主业高效发展，依托港口优势放大发展，跳出港口窠臼创新发展，在国家战略大格局中精准定位、谋划布局。

### （三）牢记使命，赓续血脉，熔铸山东港口文化体系

山东港口在党建引领下，扎实开展主题教育和意识形态工作，凝聚改革发展的强大合力，通过构建和谐文化、忠诚文化、创新文化和卓越文化，形成了具有高度文化认同感和强大凝聚力的企业文化，不断推动企业向世界一流目标迈进。

#### 1. 党建引领企业文化建设

山东港口牢记习近平总书记"加快建设世界一流的海洋港口"的殷殷嘱托，汲取百年港史中涌动的红色血脉和文化基因，打造宏大的文化格局，将企业的思想和文化高度融入国家发展战略，形成了独具特色的文化体系（如表13-1所示）。

表13-1 山东港口文化体系

| 名　称 | | 内　容 |
| --- | --- | --- |
| 核心价值观 | | 同心同德、忠诚奉献、创新开拓、追求卓越 |
| 发展战略 | 使命 | 服务国家发展战略，服务山东高质量发展，服务客户和员工 |
| | 定位 | 建设以国际领先的智慧绿色港、物流枢纽港、金融贸易港、产城融合港、邮轮文旅港为载体的东北亚国际航运枢纽中心 |

续表

| 名称 | 内容 |
| --- | --- |
| 发展战略 | **目标**：到2025年：东北亚国际航运枢纽中心建设实现新突破。转型发展实现新跨越。规模实力实现新提升。经济效益实现新增长。投资比例实现新优化<br>到2035年：东北亚国际航运枢纽中心地位更加稳固，智慧绿色港、物流枢纽港、金融贸易港、产城融合港、邮轮文旅港建设全面实现国际领先，集团公司成为世界知名的供应链综合服务商<br>**理念**：创新、协调、绿色、开放、共享<br>**策略**：紧扣港口主业高效发展，依托港口优势放大发展，跳出港口窠臼创新发展<br>**原则**：聚焦主业、业绩为王、效率为先、安全第一<br>**思路**：对内：统筹发展、协同发展、特色发展。即统筹传统业务和新兴业务，形成协同发展、各有优势、特色鲜明的良好发展局面<br>对外："三个更加"。即与地方党委政府的关系更加密切，融入地方经济社会发展的程度更加深入，助力地方经济增长的贡献更加突出<br>**路径**：东西双向互济，陆海内外联动，"五个转型"发展<br>**格局**：以青岛港为龙头，日照港、烟台港为两翼，渤海湾港为延展，各板块集团为支撑，众多内陆港为依托的一体化协同发展格局<br>**愿景**：港通四海、陆联八方、口碑天下、辉映全球的世界一流的海洋港口 |
| "八个勇于、八个自觉" | 勇于崇高站位，强化政治自觉；勇于担当责任，强化使命自觉<br>勇于阔大胸襟，强化团结自觉；勇于协调配合，强化全局自觉<br>勇于创新开拓，强化发展自觉；勇于扬弃自我，强化学习自觉<br>勇于争创一流，强化卓越自觉；勇于严格要求，强化规矩自觉 |
| "五种精神" | 充满激情、不负韶华的拼搏精神<br>不畏艰辛、百折不挠的开拓精神<br>思想解放、敢试敢闯的创新精神<br>不达目的、决不罢休的钉子精神<br>从不满足、勇争一流的卓越精神 |
| 新时代"振超精神" | 爱岗敬业、为国奉献的主人翁精神<br>艰苦奋斗、勇于开拓的拼搏精神<br>与时俱进、争创一流的创新精神<br>团结协作、相互关爱的团队精神<br>精益求精、超越自我的工匠精神 |

一是牢记初心使命，宏大文化格局。山东港口认为，一个企业的思想高度、文化高度，决定了它的格局站位和发展视野。不同于一般意义上的企业，山东港口作为基础性、枢纽性设施，经济发展的重要支撑，以"国之大者"挺起文化担当。将文化建设的落脚点放到服务"服务国家发展战略、服务山东高质量发展、服务客户和员工"的企业使命当中，厚植家国情怀，挺起勇担使命的文化"脊梁"。以"世界一流"提升文化高度。紧密对接国家需求，

将文化建设根植于对"港通四海、陆联八方、口碑天下、辉映全球的世界一流的海洋港口"企业愿景的实践追求中,将家国情怀转化为报国之行,以实干担当崇高文化高度。以"人民至上"共筑家和业兴。改革成败,关键在人。践行"人民至上"发展思想,坚持职工的心、企业的根,厚植"一家人、在一起"家和业兴理念,以家港同梦提升文化温度。

二是坚持守正创新,熔铸文化特性。人心相通,重在价值相通、理念相同,其根本则是文化认同。山东港口围绕一体化改革发展中心任务,将凝聚文化认同作为核心工作,塑造契合实践需要、特性突出的山港文化体系。赓续红色血脉,保持文化连续性。根植百年港史,继承"革命+拼命""干就干第一,争就争一流"等红色基因,凝练"同心同德、忠诚奉献、创新开拓、追求卓越"核心价值观,构建起一体化改革发展精神航标。融入时代元素,保持文化创新性。立足新时代新征程新使命,坚持守正不守旧、尊古不复古,在改革实践中凝练形成"省思"文化、"赶考"文化、"融合"理念,与时俱进充实新时代基因,激活山港文化旺盛生命力。坚持一元文化,保持文化统一性。把文化融合作为一体化改革的结果体现,以更高站位、系统思路统一规划文化建设,深入开展"守正创新,解码基因,内塑山东港口精神"等活动,保持工作原则、核心理念、管理内涵高度一致。坚持融合耦合,彰显文化包容性。坚持对内"统筹发展、协同发展、特色发展"发展思路,形成"以青岛港为龙头,日照港、烟台港为两翼,渤海湾港为延展,各板块集团为支撑,众多内陆港为依托"的一体化协同发展格局。坚持美美与共,展现文化和平性。坚持对外"与所在市党委政府关系更加密切、融入地方发展大局程度更加深入、助力腹地经济增长贡献更加突出"发展思路,与沿黄九省(区)城市、全省16地市、全国10个重要港口缔结战略合作,缔结命运共同体,努力提升在服务全国大局中作用和势能。

### 2. 企业文化融入一体化发展

第一,塑造同心同德的团结文化,凝聚改革发展的强大合力。团结就是力量。山东港口一体化改革发展,同心是精神基石,同德是内在动力,万众一心,步调一致,是成功的关键。以真心换同心。坚持以人民为中心的发展思想,怀着一颗对职工群众的真心,把共建共享发展成果作为出发点和落脚点,坚持发展依靠职工、为了职工、惠及职工,真心实意关爱职工,不断提升广大职工获得感、幸福感、安全感,赢得了6万职工衷心拥护。以同德聚民心。把思想引领作为人心向背的关键性因素,融入改革发展全过程,引导广大干部职工在形势任务教育中辨明奋斗方向,在宣传宣讲中讲出同心同德,在算好"五笔账"中算出忠诚担当,在"四德教育"中涵养文明风尚,统一思想、凝聚共识、鼓舞斗志。

第二,厚植忠诚奉献的使命文化,勇挑矢志报国的时代担当。坚持做到初心如磐、使命在肩,带领全体党员职工把小我融入大我,锚定目标、忠诚奉献,加快建设世界一流的海洋港口。世界级港口群交融嬗变。全面贯彻落实《山东省沿海港口改革方案》,高效完成整合迈向全面融合,实现港口与板块相互间同心携手、互促共赢,释放更大融合效能。经济支撑作用更加凸显。全面服务国家重大发展战略、区域经济高质量发展,强化与省内16市战略合作,加快打造覆盖全省的"三区互融"百亿产业基金集群。社会责任担当有为。落实"疫情要防住,经济要稳住,发展要安全"要求,投入5亿元,创新防疫举措600余项,做到三年未封港,全心全力保稳保供。积极参与社会公益,"生态援疆""希望小屋"等彰显大爱,连续多年获评"山东社会责任企业"。

第三,熔铸创新开拓的奋斗文化,打造向海图强的强劲引擎。山东港口围绕建设依托港口的一流的供应链综合服务体系,厚植新时代创新开拓的奋斗精神,带领广大干部职工创业创新、砥砺奋进,答好一体化改革"发展答卷"。"开拓"促进传统业务提档升级。永葆"闯"的精神、"创"的劲头、"干"的作风,集团公司的吞吐量和集装箱位居世界第一、第二位。青岛港、日照港、烟台港纷纷实现进位争先,渤海湾港生产经营实现翻番式增长。"创新"推动新兴业务蓬勃兴起。创新制定系列支持新兴业务高质量发展意见。新兴主业成为持续优化盈利结构、稳步提升发展质量,助推传统主业高位发展的"关键一招"。

第四,砥砺追求卓越的一流文化,建设辉映全球的港口企业。围绕建设世界一流海洋港口、世界一流企业,山东港口追求卓越、创新发展,让"四个一流"成为靓丽文化名片。以"一流的设施"提升能级。建有全球最大铁矿石、原油码头、效率最高的自动化集装箱码头,做到"世界上有多大船,就有多大码头",拥有 327 条航线,数量和密度均居北方沿海港口之首,构建起服务经济发展的"万能接口"。以"一流的技术"引领行业。高质量通过交通强国"智慧港口建设"试点验收,加快筹建国家级智慧港口技术创新中心,成功研发上线新一代码头智能管控系统,第 9 次打破自动化码头装卸效率世界纪录,科技创新成为港口变革的新动力。以"一流的管理"强基固本。重视发挥文化管理作用,构筑起战略文化、安全文化、内控文化、廉洁文化等专业文化,进一步丰富现代企业治理体系。山东港口文化成为更高级的管理形态。以"一流的服务"口碑天下。坚持"客户至上、服务至上",举办陆海联动研讨会、贸易大会等,组织召开港航交流恳谈会,推出"提升港口服务质效、助力口岸营商环境优化 16 项措施",进一步提升平台服务能级和效能。

### (四) 党建引领企业实现高质量发展

#### 1. 党旗红则港口兴

坚持党的领导、加强党的建设,是我国国有企业的光荣传统,是国有企业的"根"和"魂",是我国国有企业的独特优势。山东省港口集团党委深刻领悟习近平总书记的重要指示精神,把党建作为深化一体化改革的"压舱石"、助推港口高质量发展的"红色引擎",高站位,强管理,带队伍,促发展,以高质量发展助力交通强国、海洋强国建设。五年来,山东港口的党建成绩十分优异,"党旗在基层一线高高飘扬"活动创新做法得到中组部肯定。现有党员 13 964 个,党支部 670 个,"过硬党支部"603 个,"五星党支部"150 个,形成党建品牌 4 000 余个。其中,"连钢创新团队"荣膺"时代楷模",青岛新前湾集装箱码头公司党委荣获"全国先进基层党组织",自动化码头科技创新基地成为全国爱国主义教育示范基地等多项荣誉。

山东省港口集团党委高度重视党建品牌创建工作,通过深化支部品牌建设,建立党委、支部上下联创机制,拓展"一个党员一面旗帜,一个支部一座堡垒"新内涵,打造基层队、基层公司、直属单位等不同领域、特色鲜明的党建品牌,由点及面,由内而外,初步形成党建品牌矩阵,不断提升基层党组织的组织力和引领力。例如,山东港口日照港党委在 2021 年制定出"红日照海港"党建品牌创建方案,提炼"红旗迎风展、日出曙光照、永远跟党走"三大内涵,建立"党委、支部、党员岗、党员""四位一体"品牌矩阵,实施"领航、红旗、锚固、清风、暖阳"五项计划,凝练弘扬以"红心向党、敢闯敢拼、日新日进、勇立潮头"为核心要义的新时代日照港奋斗精神,以正确的用人导向引领干事创业,以奋斗的精神特质融入一体化改革发展。

### 2. 党建优则港口强

山东港口充分发挥党建工作在领航、赋能、培根、铸魂四个方面的作用,巧妙将其融入公司治理和战略管理当中,不仅加强了企业内部的团结和凝聚力,也在新时代背景下不断提升综合竞争力和服务水平,实现了高质量发展。

(1) 党建领航:融入国家战略,锚定发展方位。山东港口坚持将党的政治建设作为根本,全面落实"第一议题"和党委理论学习中心组学习制度,深入学习贯彻习近平总书记的重要讲话精神和党的十九届历次全会精神,深刻领会"两个确立"的决定性意义,增强"四个意识"、坚定"四个自信"、做到"两个维护"。始终坚持两个"一以贯之",把讲政治作为第一要求,不断提升政治判断力、政治领悟力、政治执行力,把党的政治优势转化为企业的创新优势、发展优势、竞争优势。扎实落实"四同步""四对接",实现所属企业党建入章全覆盖,党建工作与生产经营同步谋划。通过精准制定党委研究议事清单,明确党委会、董事会和总经理办公会的研究事项边界,充分发挥党委"把方向、管大局、促落实"的领导作用,以党的建设促进业务高质量发展。山东港口高度重视思想政治工作,结合"不忘初心、牢记使命"主题教育和党史学习教育,把港口发展历程融入百年党史大体系,深入学习习近平新时代中国特色社会主义思想。集团公司党委在一体化改革中,通过紧密结合实际,开展了一系列有特色的思想政治工作,汇聚起团结奋进的强大正能量。领导干部带头学,党员职工全员学,创新学习载体,广泛凝聚思想共识。通过这些举措,山东港口的思想政治工作不仅加强了党员干部的政治素养,还在全体员工中形成了强大的凝聚力和向心力,为企业的高质量发展注入了源源不断的动力。

(2) 党建赋能:落实新发展理念,开创发展新局面。山东港口以加快建设世界一流的海洋港口为政治使命,紧紧围绕国家《交通强国建设纲要》和《关于建设世界一流港口的指导意见》等宏观规划,认真研究港口建设发展规律,学习国际国内先进港口建设经验,紧扣港口主业高效发展,依托港口优势放大发展,跳出港口窠臼创新发展。通过整合各港口的物流、贸易等业务单元,形成"十位一体"战略发展体系,建立了以青岛港为龙头,日照港、烟台港为两翼,渤海湾港为延展,各板块集团为支撑,众多内陆港为依托的一体化协同发展格局,不断增加港口发展的"含金量"和"附加值",全力打造东北亚国际航运枢纽中心。山东港口主动对接国家战略,开展联合推介,举办高峰论坛,建立"双循环"物流企业协作机制,加快推进中国北方生活消费品分拨中心、国际油气中心、港信期货公司等项目,进一步增强港口功能和竞争力。山东港口坚持在政治上对标对表,融入国家战略,制定服务地方经济社会发展的策略,主动对接山东自贸试验区、济南新旧动能转换起步区、上合示范区等重点区域,加快推进山东国际航运中心和邮轮母港建设。此外,山东港口通过进出口、投资、招商引资等方式与省内16地市的战略合作,在服务地方经济社会发展中展现出更强的贡献力和影响力。

(3) 党建培根:强化组织建设,夯实发展根基。山东港口始终坚持"强抓党建、重抓基层、狠抓责任"的工作理念,持续优化党员队伍结构,发挥党员干部示范引领作用,推动基层党组织全面进步、全面过硬。集团公司将党建工作责任制考核纳入各级单位负责人经营业绩考核,占比达20%,考核结果与负责人薪酬直接挂钩,压实各级党组织书记的第一责任。通过"小积分、大党建"党员量化积分管理制度、党员分类管理机制和"万名党员进党校"素质提升工程,不断提高党员教育管理的精细化、精准化水平。结合"党旗在基层一线高高飘扬"活动,组织党员成立志愿服务、争创高产、创新攻关等先锋队,充分发挥党员在疫情防控和生产经营一线的作用。健全党内关怀帮扶机制,组织开展"政治日谈话"、赠送政治生日贺卡等活动,增强党员的荣誉感、归属感、使命感。在融合发展时期,山东港口实施"五行五化"基层党建创新提升工程,深入落实《中国共产党国有企业基层组织工作条例(试行)》,扎实开展全国国有企业党的建设工作会议精神贯彻落实情况"回头看"活动,对重点检视问题全部整改。研究制定过硬党支部和支部评星定级实施办法,组织开展评定和质效评估工作,评定五星党支部、过硬党支部,创建过硬党支部示范点。通过跨地市整建制转接基层党组织、调整理顺党组织隶属关系,建立党务工作者选拔任用、考核激励等机制,确保党建制度的系统化建设,推动党务工作者的专业化发展,促进基层党建工作迈上新台阶。

(4) 党建铸魂:推进科学管理,提升企业效能。建设世界一流的海洋港口,离不开党组织的强力引领和支撑保障。山东港口在生产经营和管理中突出党对国企的绝对领导,把党管一切的要求融入公司治理各环节,内嵌到公司治理结构之中,为一体化改革发展把关定向、保驾护航。山东港口通过实施"领航""引航""续航"培训计划,提升干部的政治素质和综合管理能力,开展各类干部培训,建立多考合一机制,考准干部政治素质,真实、直观、准确掌握干部情况。通过上下挂职、轮岗交流,推进干部交流任职,树立战略眼光,储备年轻干部,探索选派年轻干部担任基层队"第一队长",强化基层实践锻炼。山东港口坚持党管人才,健全党管人才工作机制,实施招才引智激励机制,引进高层次人才,创建人才平台,构建经营管理、专业技术、操作技能三大职业发展通道,形成多通道晋升的管理体系,促进各类人才协调发展。通过完善制度体系,提升管理水平,推进国企改革三年行动,厘清治理主体权责边界,经理层成员任期制和契约化管理覆盖率达到100%,降低亏损企业户数和金额。加强质量管理,通过质量、安全、环境"三体系"认证,启动风险防控体系建设,组织专项整治,强化高风险业务分类管控,建立对标世界一流管理体系,出台制度办法,实现国际标准体系建设全覆盖。山东港口在党建引领下,通过科学管理,不断提升效能,为企业高质量发展提供了坚实的制度保障和强大的动力支持。

### (五) 业绩分析

自2019年成立以来,山东港口在党建引领下,不断推动企业高质量发展,并取得显著的财务成效。面对全球新冠疫情的挑战,山东港口展现出卓越的韧性和应对能力。2019—2023年,营业总收入从331.28亿元增长到1540.59亿元,净利润从12.35亿元跃升至78.50亿元,年化净资产收益率(ROE)从0.35%提升至5.74%。这一系列亮眼的财务数据背后,离不开党的坚强领导和企业上下的团结奋斗。山东港口通过构建独具特色的文化体系,将党建工作与企业发展深度融合,形成了以家国情怀、实干担当为核心的文化内涵。尤其在疫情期间,集团通过多项创新举措和严格的防控措施,确保港口运营稳定,为国家和地方经济发展作出了重要贡献。

在保持稳健财务的同时,山东港口持续优化管理和成本控制。营业总成本从2019年的318.17亿元增加到2023年的1 471.22亿元,增长幅度远低于营业收入的增长,显示出企业在扩大规模的同时有效控制了成本。销售费用和管理费用尽管有所增加,但增速较为合理,反映出公司在市场拓展和内部管理上的持续投入和优化。此外,投资收益从7.83亿元增长到21.21亿元,显示出公司在资本运作上的卓越能力。尽管资产负债率略有上升,但流动比率逐年提高,2023年达到1.05,表明公司的短期偿债能力不断增强。山东港口在党建引领下,深化改革创新,提升管理效能,实现了从量变到质变的飞跃,为未来的发展奠定了坚实基础。这些财务指标不仅彰显了企业的稳健运营能力,也反映出其在新时代背景下,依托党建优势,迈向世界一流海洋港口的坚定步伐(见表13-2)。

表13-2　山东港口2019—2023年主要财务指标

| 年　份 | 2019年 | 2020年 | 2021年 | 2022年 | 2023年 |
| --- | --- | --- | --- | --- | --- |
| 营业总收入(亿元) | 331.28 | 350.12 | 659.77 | 1 373.86 | 1 540.59 |
| 营业总成本(亿元) | 318.17 | 337.04 | 642.60 | 1 314.30 | 1 471.22 |
| 销售费用(亿元) | 0.04 | 0.12 | 0.14 | 0.88 | 1.24 |
| 管理费用(亿元) | 17.95 | 22.57 | 26.06 | 44.74 | 44.33 |
| 财务费用(亿元) | 23.81 | 18.83 | 21.37 | 32.71 | 30.81 |
| 投资收益(亿元) | 7.83 | 9.58 | 12.27 | 19.75 | 21.21 |
| 净利润(亿元) | 12.35 | 15.70 | 20.89 | 65.14 | 78.50 |
| 资产总计(亿元) | 1 358.01 | 1 525.45 | 1 693.55 | 2 520.40 | 2 725.57 |
| 负债合计(亿元) | 769.70 | 874.44 | 1 029.16 | 1 470.68 | 1 601.56 |
| 所有者权益合计(亿元) | 588.31 | 651.01 | 664.39 | 1 049.72 | 1 124.00 |
| 年化净资产收益率ROE(%) | 0.35 | 0.75 | 2.00 | 4.95 | 5.74 |
| 总资产报酬率ROA(%) | 3.43 | 2.92 | 3.24 | 5.83 | 5.17 |
| 资产负债率(%) | 56.68 | 57.32 | 60.77 | 58.35 | 58.76 |
| 流动比率 | 0.66 | 0.84 | 0.82 | 0.96 | 1.05 |

与山东港口集团的成立与一体化发展同频共振,作为"龙头"的青岛港(601298.SH)于2019年1月在A股上市。五年来,青岛港充分借助山东港口一体化改革的更大平台,抢抓"一带一路"、RCEP、山东自贸试验区、上合示范区等战略发展机遇,大力拓展海外航线,持续加密内陆班列,不断完善贸易航线网络,放大战略枢纽、核心节点作用,实现经营业绩靓丽增长,港口辐射能力进一步增强,沿黄流域"出海口"和对外开放"桥头堡"地位更加稳固,枢纽港地位进一步提升。2023年,青岛港完成货物吞吐量6.64亿吨,同比增长5.8%,完

成集装箱吞吐量3 002万TEU,同比增长11.9%,港口主业实现标志性跨越。在财务业绩层面,

青岛港在2023年实现总资产602.5亿元,同比增长4.8%;利润总额67.9亿元,同比增长3.6%;归母净利润49.2亿元,同比增长8.7%;扣非归母净利润47.9亿元,同比增长10.6%;基本每股收益0.76元,同比增长8.6%;加权平均净资产收益率12.70%,增加0.27个百分点;总资产收益率9.37%,增加0.6个百分点,表现亮眼。此外,青岛港在股东回报能力和质效均处于行业领先水平,2023年度利润分配方案为每10股派发现金红利2.927元(含税),较2022年同期增长8.7%,分红总额19亿元,占当年可分配利润的45%。从19年青岛港公司上市开始计算的股价日累计超额收益率(每日的青岛港股价回报率与上证综合指数回报率之差作为超额收益率)持续为正,虽然受到疫情影响下挫,高开低走,但是近两年股价预期开始稳步回升,整体保持高于市场的平均收益,是良好的投资标的(见图13-2)。

图13-2　青岛港累计超额收益率

### (六) 结论与启示

山东港口一体化改革发展的实践证明,党旗红则港口兴,党建优则港口强。通过党建引领,山东港口实现了从文化高度到发展质量的全面提升,为全球港口提供了可借鉴、可复制的"山港方案"。

通过总结山东港口坚持党建引领企业文化建设和推动企业高质量发展的实践经验,对于国有企业而言,可以得出以下启示:首先,坚持党建引领,全面贯彻习近平新时代中国特色社会主义思想,把党的领导作为企业发展的根,确保企业在新的征程上行稳致远。其次,胸怀国家战略,站位高远,充分发挥自身在国家战略中的重要作用,紧盯国家需求,服务全局,以高质量发展为目标,不断提高企业的综合竞争力和国际影响力。最后,深化

改革创新,优化体制机制,始终保持改革的活力和创新的动力,不断推进体制机制优化和企业文化建设,为员工创造幸福感、获得感和安全感,凝聚起强大的精神力量,推动企业持续健康发展。

## 二、案例使用说明

### (一)教学目的与用途

#### 1. 适用课程

本案例主要适用于公司金融、投资学、企业管理等课程涉及公司治理、公司战略、国企改革等相关领域的学习。

#### 2. 适用对象

本案例主要针对 MBA 和 EMBA 学员,以及有一定经济、管理学基础的硕士生和本科生。

#### 3. 教学目的

本案例总结了山东港口集团如何通过党建引领企业文化建设和实现高质量发展的实践经验,为国有企业的党建工作、文化建设和公司治理等提供了极大的借鉴意义。通过对案例的分析和探讨,力图在教学中实现以下三个具体目标:

(1) 何为"中国特色"的现代企业管理制度,国有企业为什么要建立中国特色的现代企业制度,如何将党建引领落实到具体的公司治理活动当中。

(2) 山东港口的一体化改革为什么是成功的,是偶然还是必然,给新组建、新整合企业经营带来哪些启示,如何做好"整合—融合—耦合"工作。

(3) 对于国有企业而言,如何较好地将党建工作与企业文化建设相结合,与企业的战略管理相结合,充分发挥基层党组织"战斗堡垒"的作用,提高企业经营绩效,实现高质量发展。

### (二)启发式思考题

#### 1. 何为中国特色现代企业制度?

【参考答案】

中国特色现代企业制度是社会主义市场经济体制的重要内容,是国有企业改革的方向,也是加快建设世界一流企业的制度基础。中国特色现代企业制度的核心特点是把党的领导融入公司治理各环节,把企业党组织内嵌到公司治理结构之中,明确和落实党组织在公司法人治理结构中的法定地位,做到组织落实、干部到位、职责明确、监督严格。

中国特色现代企业制度的主要内容包括:一是落实"党建进章程",将党建工作总体要求纳入企业的管理体制、管理制度、工作规范。二是落实党委(党组)书记和董事长"一肩挑"、党员总经理兼任副书记,符合条件的党组织领导班子成员通过法定程序进入董事会、监事会、经理层,确保党的领导与董事会决策的深度融合。三是落实"三重一大"决策制度,把党组织研究讨论作为董事会、经营管理层等决策重大问题的前置程序,保障党组织意图在重大决策中得到充分体现。四是坚持党管干部原则与董事会依法产生、董事会依法选择经营管理者、经营管理者依法行使用人权相结合,创新实现形式。五是加强制度建设，明确党组织与其他公司治理主体的关系与职责边界，减少重复决策，提高公司治理效率。

2. 在国有企业中，党建引领与文化建设的关系，是否存在冲突，党建工作如何推动企业文化建设？

【参考答案】

国有企业党建与企业文化建设是两个不同的概念，分别有着不同的工作内容和目标。(1) 国有企业党建强调普遍性，注重党的组织、思想和作风建设，以确保党的领导地位和作用；而企业文化建设则强调特殊性，基于企业中长期的基本价值观和目标价值观，根据企业自身特点，通过价值理念的整合、塑造和传播，统一员工意志，规范员工行为，凝聚员工力量，为实现企业总目标服务。(2) 党建工作凸显原则性，强调严格的纪律和无私奉献，确保党的方针政策在企业中的贯彻落实；而企业文化建设主张灵活性，旨在落实人本精神，让广大职工在文化管理中受益，体现的是灵活和人性化的管理。(3) 国有企业党建突出先进性，强调党的组织的先进性和引领作用；而企业文化建设蕴含层次性，是一个由浅入深、由表及里的持续过程，并且不同群体对企业文化的接受程度和速度不同。国有企业党建倡导无私奉献，强调党员干部的模范带头作用；而企业文化建设坚持以人为本，旨在调动工人阶级的积极性和创造性，强调"企业即人""企业为人""企业靠人"。

总体而言，党建与企业文化建设之间并不存在根本性的冲突。相反，两者是相辅相成、互相促进的关系。党建工作提供了企业文化建设的政治保障和方向引领，而企业文化建设则为党建工作提供了丰富的内涵和实际载体。企业可以根据企业文化软实力的发展需要，统筹安排和协调推进党建与文化建设工作。在企业的发展过程中，党建工作和企业文化建设可以形成"势"与"场"的相互作用，优化和增强企业的核心竞争力。

为推动企业文化建设，首先要完善法人治理结构，确立党组织在公司治理结构中的政治核心地位，实施党建与企业文化建设一体化策略，确保二者在目标和方法上的协调一致。其次，要构建党建企业文化建设工作网，将党的政治工作与经济管理手段相融合，将创先争优活动与企业文化工程和企业文化载体相结合，将党的工作模式与企业目标管理相结合，形成联动效应。通过这些措施，可以充分发挥企业党组织的政治核心作用，确保党的领导在企业发展中的引领作用，同时调动工人阶级的积极性和创造性，确保企业目标的实现。党建引领企业文化创新发展，通过党的强大优势推动企业文化的不断创新；而企业文化建设则推动党建工作与时俱进，确保党的工作符合时代发展需求，增强党的影响力和凝聚力。

3. 山东港口为什么要进行一体化改革，请搜集相关资料，结合 SWOT/PEST/波特五力等分析模型展开论述或进行案例分析。

【参考答案】

SWOT 分析是一种战略规划工具，用于识别企业的内部优势和劣势，以及外部机会和威胁。该分析可以帮助企业制定有效的战略，以利用其优势，减少劣势，抓住机会，避开威胁。

PEST 分析是一种用于分析宏观环境的工具，通过对政治(Political)、经济(Economic)、社会(Social)和技术(Technological)四个方面的因素进行评估，帮助企业理解外部环境对其战略和运营的影响。

波特五力模型是由迈克尔·波特提出的一种行业分析工具,用于评估企业所在行业的竞争态势。该模型通过五种力量分析行业竞争强度,帮助企业识别其在市场中的竞争优势和劣势。

以上三大经典分析模型如表13-3所示。

表 13-3 三大经典分析模型

| 工具 | 内容 | 定义 |
|---|---|---|
| SWOT分析 | 优势(Strengths) | 企业的内部优势,如品牌声誉、技术专长、强大的财务状况等 |
| | 劣势(Weaknesses) | 企业的内部劣势,如资源不足、技术落后、管理效率低下等 |
| | 机会(Opportunities) | 外部环境中的有利因素,如市场需求增长、新技术发展、政策支持等 |
| | 威胁(Threats) | 外部环境中的不利因素,如市场竞争加剧、经济衰退、法规变化等 |
| PEST分析 | 政治因素(Political) | 政府政策、法规、税收政策、贸易限制、政治稳定性等 |
| | 经济因素(Economic) | 经济增长率、利率、汇率、通货膨胀率、失业率等 |
| | 社会因素(Social) | 人口统计特征、文化趋势、生活方式变化、教育水平、社会习惯等 |
| | 技术因素(Technological) | 技术创新速度、研发活动、自动化、技术变革等 |
| 波特五力模型 | 现有竞争者的竞争强度(Rivalry Among Existing Competitors) | 行业内现有企业之间的竞争程度 |
| | 潜在进入者的威胁(Threat of New Entrants) | 新进入者对现有企业的威胁 |
| | 替代品的威胁(Threat of Substitutes) | 其他行业提供的替代品对企业产品的威胁 |
| | 供应商的议价能力(Bargaining Power of Suppliers) | 供应商在供应链中的影响力 |
| | 买方的议价能力(Bargaining Power of Buyers) | 客户在市场中的影响力 |

4. 如何理解"整合-融合-耦合",山东港口的一体化改革给新组建、新整合企业经营带来哪些启示?

【参考答案】

"整合-融合-耦合"是描述企业资源、能力、系统和文化在管理中的协调和结合过程。

整合是指将不同的资源、功能或系统进行组合，以提高效率和效果，消除冗余、优化资源利用并增强整体能力。通过资源、功能和系统的整合，企业可以实现物质资源、人力资源和财务资源的优化配置，协调各个职能部门的工作，集成不同的技术或信息系统，实现数据和信息的无缝流动。融合是在整合的基础上，进一步深化不同元素之间的相互作用，产生新的价值。融合强调的是深度结合和创新。通过文化、技术和业务的融合，企业可以将不同的企业文化深度融合，形成统一的价值观，结合不同的技术，创新开发新产品或服务，并结合不同的业务模式，创造新的市场机会。耦合是指不同系统、功能或要素之间形成紧密、相互依赖的关系，实现高度协同运作。耦合强调的是系统各部分的紧密连接和协调互动。通过组织、技术和流程的耦合，企业内部各个部门形成紧密的协作关系，确保信息和资源快速流动，技术系统或组件之间形成紧密的连接，确保高效稳定运行，业务流程之间形成紧密的衔接，提高运营效率。

山东港口的一体化改革为新组建和新整合企业提供了宝贵的启示。董事长霍高原提出的"整合-融合-耦合"三合理念在一体化改革过程中发挥关键作用，他认为，"三合"中最难且最关键的是融合，而融合中最难的是心合。为了实现心合，山东港口在两个方向上进行了努力：一是创造"一家人"理念，二是通过干部合理流动打破港与港的界限，最终形成人合和心合。具体而言，山东港口通过"一家人"理念，提升了员工的归属感和认同感，并通过建言献策、赛事活动、相亲活动等方式加强了员工之间的联系和互动，推动文化上的深度融合。同时，通过干部的合理流动，打破部门壁垒，增强组织的灵活性和战斗力。山东港口还坚持以人为本，提供多样化的员工上升通道和创新激励机制，提升员工积极性和创造性，从而实现企业高效运转和持续发展。通过发动员工建言献策，凝练出核心价值观，体现了员工的主人翁精神，提升了整体凝聚力。此外，定期进行第三方评估和反馈，确保改革方向正确并不断优化。这些措施缩短了企业的"阵痛期"，实现了平稳过渡和持续发展，对于新组建和新整合企业具有重要参考价值。

### （三）分析思路

（1）结合山东港口集团成立前的背景，从多方面、多角度阐释其一体化改革的必要性。可以结合国家和地方发展战略、港口行业发展现状、地域资源优势等展开。

（2）理论上探析中国特色的现代企业管理制度，为什么要突出党建引领？如何将党建融入企业管理制度当中？

（3）山东港口一体化改革突出哪些要点？取得了哪些成就？尝试分析其成功背后的原因所在。

（4）党建引领是中国特色的现代企业管理制度的应有之义，从理论和实践层面思考党建工作和品牌建设如何引领山东港口的一体化改革？

（5）思考山东港口的党建引领如何推动企业文化建设和公司治理活动，从而促进企业实现高质量发展，以及是否具有应用价值。

### （四）理论依据与分析

#### 1. 现代企业制度的一般理论

现代企业制度以股份制（包括有限责任公司和股份有限公司）为典型代表，其核心特征在于所有权与经营权（或控制权）的分离。历史上，企业经历了个人独资、合伙制和公制三个阶段或形态。个人独资企业是由一个人拥有并经营的,个人需要对企业的债务承担责任。合伙制企业由两个或两个以上的合伙人共同拥有,他们也需要对企业的债务承担个人责任。而公司制企业则由股东所有,所有权与股东持有的股份成比例。通常,股东选举董事会来经营企业,而董事会则雇用经理人负责企业运营。公司的基本特征是所有者对企业的债务只承担有限责任,因此公司的法律名称通常包含"股份有限"(Incorporated 或 Inc.)或"有限责任"(Limited 或 Ltd)等词语。公司制的产生是社会分工的结果,因为拥有资金的人未必懂得经营管理,而懂得经营管理的人未必有足够的资金。因此,资金所有者出资成立企业,雇用具有管理才能的人担任总经理负责日常经营,所有权和控制权因此分离。

这种分离产生了"委托-代理"问题或公司治理问题,从"委托-代理"的角度来看,企业管理者作为"代理方"相对于作为"委托方"的所有者,在企业的成本、竞争优势和发展战略等方面的信息处于优势地位,甚至所有者可能完全不了解企业的具体经营过程。二者之间的信息不对称,使所有者难以有效监督企业管理者,确保其行为符合所有者的利益。如果股权高度分散,大量的小股东对企业管理层几乎没有任何约束力。为了解决公司治理中所有者和控制者之间的"委托-代理"问题,企业通常会为高管制定包括工资、奖金、股票期权等在内的薪酬结构,以确保管理层的行为尽可能符合公司的长远利益。企业高管的薪酬其实包括两部分,一部分是劳动和努力的报酬,另一部分是利用不易监督的信息优势而获得的"信息租金"。对于国有企业来说,"委托-代理"的链条更长。股东和董事会之间、董事会和总经理之间构成的"委托-代理"关系是所有公司制企业共有的,而国有企业还多了一对"委托-代理"关系,即国家或政府(委托方)和代表国家行使所有权的机构或个人(代理方)之间的关系。根据这一理论框架,20世纪90年代中国的国有企业改革——建立现代企业制度,主要围绕公司制企业共有的"委托-代理"关系进行改革,而国有企业特有的政府和企业之间的"委托-代理"关系,则是进入21世纪以来国有企业改革的重点。

### 2. 国企改革困境

国有企业改革在实践探索中,充分借鉴了西方公司制的理论成果,使产权主体趋于清晰化,并初步建立了企业法人财产制度与公司法人治理结构。然而,"委托-代理"问题仍然困扰着国有企业的治理创新进程,成为改革的痛点和难点。国有企业的产权属于"全民所有",但无论是"全体人民"还是代表人民意志的"国家",都无法亲自行使所有者权利,这意味着国有企业治理存在所有者缺位问题,只能通过层层委托"代理人"行使所有者权利。这导致难以形成对管理者有效的监督和约束机制。已有研究表明,国有企业委托代理层级越多,信息不对称越严重,经理层权力越大,代理问题越严重,容易引发薪酬操纵、享受额外津贴等代理成本问题。此外,国有企业管理层由于信息优势,往往能够利用职权获取不当利益,进一步加剧了委托-代理问题的复杂性和严峻性。

此外,"政企分开"的改革方略要求增加委托代理层级,使"委托-代理"问题变得更加复杂棘手。政企分开之前,国有企业的委托代理关系是全体公民委托政府经营国有资产,政府扮演代理人角色;政企分开之后,政府又将经营权委托给经理人,延长了委托代理链条,加剧了委托人与代理人之间的信息不对称和激励不相容问题,进一步提高了代理成本。由于多层级的委托代理关系,政府与企业之间的沟通和监督变得更加困难,导致管理效率低下，企业决策的灵活性和市场反应能力受到限制。此外，政企分开带来的利益冲突和责任模糊也使管理者在执行政策和经营决策时难以权衡，进一步阻碍了国有企业的改革进程。这些问题表明，国有企业改革仍需在治理结构和监督机制方面进行更深入的探索和创新，以解决"委托-代理"问题，推动国有企业的健康发展，实现更高效的管理和运营。经过曲折的实践探索，国有企业改革充分借鉴了西方公司制的理论成果，让产权主体趋于清晰化，并初步建立了企业法人财产制度与公司法人治理结构。但国有企业"委托-代理"问题仍旧困扰着国有企业治理创新进程，成为国有企业改革的痛点和难点。

### 3. 党组织嵌入与中国特色现代企业治理制度建构

中国共产党领导是中国特色社会主义最本质的特征，通过正确发挥党组织的作用来解决国有企业"委托-代理"问题，成为建立中国特色现代企业治理制度的关键。中国共产党代表的是最广大人民的根本利益，执行的是国家的统一意志，因此党组织参与公司治理能够有效弥补所有者缺位所带来的不足。此外，党组织的民主集中制决策原则，与法人治理中的"总经理负责制"存在明显差异，因而能够有效抑制经理层滥用权力的弊端。

党组织嵌入国有企业治理，能够显著提升企业的信息透明度，抑制高管的自利行为与隐性腐败，从而降低代理成本，防止内部人控制和国有资产流失。一方面，党组织参与公司治理能够完善国有企业的治理结构，提升治理能力。党委会与公司法人治理结构的"双向进入、交叉任职"的制度化安排，有助于企业规避制度风险，提高企业监督审计的质量，减少委托人与代理人之间的信息不对称，从而抑制代理成本的产生，有效制约内部人控制的问题。另一方面，党组织嵌入公司法人治理结构，能够推动国有企业实现多方面的治理绩效，包括扩大就业、维护稳定、反腐败等政策性目标，确保国有资产保值增值、促进产品创新等经济性目标，以及保护环境、扶贫济弱等社会性目标。这种多重目标的实现，不仅有助于国有企业的长远发展，也能更好地服务于社会和国家的整体利益。

习近平总书记在 2016 年全国国有企业党建工作会议上明确指出："中国特色现代国有企业制度，'特'就特在把党的领导融入公司治理各环节，把企业党组织内嵌到公司治理结构之中。"在我国，国有企业全民所有的属性，要求国有企业在实现国有资产保值增值的同时，贯彻落实好全民意志；而最能够代表"国有"属性人民利益，最有能力保障人民利益的治理主体，就是中国共产党。因此，要保证中国国有企业的管理既符合人民的利益，又符合市场经济规律，必然选择就是在国有企业法人治理结构中嵌入中国共产党这一治理主体，通过将党组织内置于公司治理结构，达到国家利益与经济利益的平衡统一。

### （五）关键要点

#### 1. 关键点

本案例结合理论和实践分析国有企业通过党建引领企业文化建设和高质量发展的具体方法，深入挖掘山东港口集团一体化改革的成功经验，突出党建引领作用，为探索具有中国特色的现代企业管理制度提供参考和借鉴作用。

#### 2. 关键知识点

（1）国企改革与建设中国特色的现代企业管理制度；（2）党建引领在文化建设、公司治理和战略管理等方面的作用；（3）基于宏观及微观环境分析，深入探讨省级港口整合方案的优劣与行业发展趋势。

3. 能力点

分析和归纳能力、批判性思维能力以及结合理论解决实际问题的能力。

## 六、建议的课堂计划

本案例计划安排课前阅读 45 分钟,课堂讨论时间为 90 分钟,课后练习 40 分钟。可以根据学生对相应知识的掌握程度,适当调整课前阅读和课后练习的时间。

建议教学计划安排如表 13-4 所示。

表 13-4 教学计划安排示例

| 阶 段 | 内 容 | 预计时间 |
| --- | --- | --- |
| 课前阅读 | 学生 5 人一组,集中阅读案例、搜集相关资料,厘清山东港口一体化改革的背景 | 45 分钟 |
| 课堂安排 | 老师:概括案例脉络,提出案例探讨主题;<br>学生:幻灯片辅助,分组报告课前讨论的结论;<br>老师:联系课本重点知识,点评学生报告;<br>学生:提出相关问题,集体共同探讨;<br>老师:归纳总结,引导学生课后研究方向 | 5 分钟<br>40 分钟<br>25 分钟<br>15 分钟<br>5 分钟 |
| 课后作业 | 学生 5 人一组,基于公开资料,对比分析山东港口与国内外一流或先进港口的综合竞争力、一体化改革、文化和管理的软实力等方面差异,挖掘共性与个性,总结经验教训,撰写一份案例分析报告 | 40 分钟 |

# 参 考 文 献

[1] 李艳荣.公司金融理论在我国的研究现状[J].财经科学,2006(12):32-38.
[2] 江滨.破译"雅虎帝国":杨致远的经营战略与成功秘诀[M].中国对外翻译出版公司,2000.
[3] 中国人民银行上海总部调研部课题组,顾铭德,吴培新.Shibor 革命及其经济意义[J].上海金融,2008(7):5-9.
[4] 方先明,花旻.SHIBOR 能成为中国货币市场基准利率吗——基于 2007.1—2008.3 间 SHIBOR 数据的经验分析[J].经济学家,2009(1):85-92.
[5] 邹蜀宁,马居亭,丁培培.我国 SHIBOR 基准性地位研究及改进[J].金融发展研究,2008(12):38-41.
[6] 中国工商银行城市金融研究所课题组,詹向阳,樊志刚,赵新杰.银行间市场基准利率体系选择及 Shibor 运行分析——兼析基准利率变动对商业银行的影响[J].金融论坛,2008,13(4):3-8.
[7] 清华大学国家金融研究院课题组,吴晓灵,李剑阁,王忠民.完善制度设计 提升市场信心 建设长期健康稳定发展的资本市场[J].清华金融评论,2015(12):14-23.
[8] 吴晓求.中国资本市场研究报告.中国资本市场:制度变革与政策调整[M].北京大学出版社,2013.
[9] 张信东.中国资本市场效率研究:判别原理、方法与改进途径[M].科学出版社,2013.
[10] 张兵.中国股票市场有效性研究[M].南京大学出版社,2004.
[11] 余甫功.中国资本市场制度分析与机制研究[M].中国财政经济出版社,2001.
[12] 代桂霞,赵炳盛,李晓冬.公司金融[M].东北财经大学出版社,2012.
[13] 中国注册会计师协会.财务成本管理(2010 年度注册会计师全国统一考试辅导教材)[M].经济科学出版社,2010.
[14] 刘力.公司财务[M].北京大学出版社,2007.
[15] 上海财经大学金融学院《公司金融》编写组.公司金融:Corporate finance[M].中国人民大学出版社,2013.
[16] 黄辉.中国上市公司资本结构动态调整:速度、路径与效率[M].西南财经大学出版社,2012.
[17] 陆正飞.我国企业资本结构与融资行为:回顾、评述与展望——纪念我国会计与改革

开放30周年[J].财会通讯(综合版),2008(10):6-10.

[18] 张桂华.中美上市公司股利政策对比分析[J].国际商务财会,2016(03):47-49.

[19] 关于修改上市公司现金分红若干规定的决定[J].中国证券监督管理委员会公告,2008(10):19-20.

[20] 杨晔.用友集团股利分配政策分析[J].中国集体经济,2017(10):75-76.

[21] 梁星韵.中国上市公司股利政策信号传递研究[D].暨南大学,2016.

[22] 陈力农.公司价值评估[M].上海财经大学出版社,2012.

[23] 俞明轩.企业价值评估[M].高等教育出版社,2016.

[24] 闫长乐.公司治理[M].北京:人民邮电出版社,2008,4.

[25] 刘白兰,邹建华.关联交易、代理冲突与中小投资者保护[J].证券市场导报,2009(06):55-63.

[26] 代彬,刘星,郝颖.高管权力、薪酬契约与国企改革——来自国有上市公司的实证研究[J].当代经济科学,2011(04):90-98+127.

[27] 郑志刚.国企公司治理与混合所有制改革的逻辑和路径[J].证券市场导报,2015(06):4-12.

[28] 李维安等.中国上市公司治理评价研究报告[M].商务印书馆,2016.

[29] 孙笑.基于财务决策视角的企业内在价值评价方法研究[M].清华大学出版社,2014.

[30] 张先治,池国华.企业价值评估(第二版)[M].东北财经大学出版社.2013

[31] 陈文浩,张纯.公司财务.第2版[M].上海财经大学出版社,2009.

[32] 马亚明.现代公司金融学.第2版[M].中国金融出版社,2016.

[33] 贾鑫.我国上市公司财务造假问题探究[J].管理观察,2009(05):6-7.

[34] 谷斌.上市公司业绩粉饰的识别及稽查[N].财会信报,2008-10-20(B05).

[35] 杜爱霞.论财务报表的粉饰[J].对外经济贸易大学,2003.

[36] 谢圣姬.中国金融衍生品市场发展研究[D].复旦大学,2008.

[37] 王屯,于金西.金融危机背景下中国金融衍生品市场的发展[J].金融论坛,2010(02):42-48.

图书在版编目(CIP)数据

公司金融/沈红波编著. -- 2版. -- 上海：复旦大学出版社, 2025.1. --(金融专业学位研究生核心课程系列教材). -- ISBN 978-7-309-17639-1
Ⅰ.F276.6
中国国家版本馆 CIP 数据核字第 2024XQ2161 号

公司金融(第二版)
GONGSI JINRONG(DI ER BAN)
沈红波　编著
责任编辑/于　佳

复旦大学出版社有限公司出版发行
上海市国权路 579 号　邮编：200433
网址：fupnet@fudanpress.com　　http://www.fudanpress.com
门市零售：86-21-65102580　　团体订购：86-21-65104505
出版部电话：86-21-65642845
杭州日报报业集团盛元印务有限公司

开本 787 毫米×1092 毫米　1/16　印张 23.5　字数 543 千字
2025 年 1 月第 2 版第 1 次印刷

ISBN 978-7-309-17639-1/F·3064
定价：80.00 元

如有印装质量问题,请向复旦大学出版社有限公司出版部调换。
版权所有　　侵权必究